《企业会计准则讲解》系列丛书

企业会计准则讲解：

⑥报告类分册

郑泳州 著

中国财经出版传媒集团
中国财政经济出版社

图书在版编目（CIP）数据

企业会计准则讲解．⑥，报告类分册／郑泳州著
．--北京：中国财政经济出版社，2023．4
ISBN 978－7－5223－1101－2

Ⅰ．①企…　Ⅱ．①郑…　Ⅲ．①企业－会计准则－中国
Ⅳ．①F279．23

中国国家版本馆 CIP 数据核字（2023）第 012545 号

责任编辑：陈志伟　　责任印制：史大鹏
封面设计：卜建辰　　责任校对：胡永立

企业会计准则讲解：⑥报告类分册
QIYE KUAIJI ZHUNZE JIANGJIE：⑥ BAOGAOLEI FENCE

中国财政经济出版社 出版
URL：http：//www. cfeph. cn
E－mail：cfeph@ cfeph. cn

社址：北京市海淀区阜成路甲 28 号　邮政编码：100142
营销中心电话：010－88191522
天猫网店：中国财政经济出版社旗舰店
网址：https：//zgczjjcbs. tmall. com
北京时捷印刷有限公司印刷　各地新华书店经销
成品尺寸：185mm×260mm　16 开　35 印张　562 000 字
2023 年 4 月第 1 版　2023 年 4 月北京第 1 次印刷
定价：128. 00 元
ISBN 978－7－5223－1101－2
（图书出现印装问题，本社负责调换，电话：010－88190548）
本社质量投诉电话：010－88190744
打击盗版举报热线：010－88191661　QQ：2242791300

前　　言

本书采用逻辑会计思想，详细讲解我国企业会计准则的基本原理和会计逻辑，并结合实务中的会计案例来深入分析会计的精髓。

很多人员在学习准则的时候，经常搞不清楚准则为什么这样规定、背后的逻辑和理论依据是什么。尤其是随着经济的不断发展，实务中新型的经济发展模式不断创新，交易和事项日益复杂，从近几年修订的会计准则可以看出，准则越来越难以理解，对会计人员的要求也越来越高。

那么怎样运用会计准则规定的原则进行会计处理呢？这就需要会计人员根据会计准则的原则，结合会计理论，了解会计处理的深层次逻辑关系，运用大量的职业判断和逻辑推理，分析交易和事项的经济实质，得出恰当的会计处理方法。现行企业会计原则采用原则导向，尽量采用定性的判断，减少定量的判断，以简单明了的经济常识为基础，逻辑推理体系比较严密。

本书揭示了现行我国《企业会计准则》背后的逻辑和理论依据，让准则的内容以通俗易懂的方式呈现出来，帮助大家迅速领会准则背后的理论支撑，从而掌握会计准则的精髓，更好地指导会计实践。

本书具体特色有以下几个方面：

（1）业务分析部分，详细介绍会计准则规范的交易或事项。

（2）逻辑图部分，详细讲解会计准则整体的大逻辑、相关的准则之间的中逻辑、相关的知识点之间的小逻辑、知识点内在的小小逻辑。会计规则的核心是理论逻辑，这是理解会计规定的关键，逻辑图不同于思维导图，逻辑图明确指出了会计职业判断的逻辑过程，便于读者理解，而思维导图只是知识点的简单罗列，没有逻辑关系分析的。

（3）原理和注释部分，详细介绍会计准则规定的理论依据，对部分难点注释说明。从会计原理的角度搞清楚会计准则为什么这样规定，才能从深层次理解和掌握。

（4）案例部分，根据国内外有代表性的会计、审计实务中的最新案例编写，并从会计的逻辑与原理来剖析，帮助读者理解现行会计准则规定的会计原则的精髓，从而做好财务报表的编制和分析工作，也可以应对各种会计类考试。

（5）本书内容新颖，紧紧围绕截至出版的上年末最新修订的相关会计准则法规。

（6）随着国内外会计理论和会计准则的变化，将会持续保持对内容的更新。

（7）本书适合下列读者：①各大院校会计相关专业的学生、老师、教研人员。②参加会计职称、注册会计师、税务师、评估师、保荐代表人资格等会计相关考试的人员。③在企事业单位从事会计、审计、财务等实务工作的从业人员。④在中介机构执业的注册会计师、税务师、管理会计师、审计师、评估师、证券分析师等相关人员。⑤从事内部控制、内部审计、风险管理的相关人员。

（8）本书配套视频讲解及服务：为了帮助大家进一步深入理解本书的内容，掌握逻辑会计的精髓，本书全部内容有作者亲自讲授的视频课程。

（9）更多财税课程请扫二维码：

（10）读者服务群请扫二维码：

郑泳州

2023 年 4 月于北京

目　录

第一章 所得税

世界上大多数国家的会计和税法的规定都存在差异，因为两者目标不同。所得税会计的核心问题就是解决所得税对企业财务状况和财务业绩的影响，以及如何在会计报表中列报。

税法的目标是保证国家取得税收财政收入的需要，便于税收的征收管理，从而规定当期应交所得税。而会计的目标是给报表使用者提供决策需要的会计信息，会计上采用资产负债观对所得税的处理，根据所得税对企业权利和义务的影响，一方面确认所得税对企业当期所得税费用的影响，产生当期所得税；另一方面确认所得税对企业资产或负债的影响，产生递延所得税，从而反映所得税对企业当期和未来期间财务状况和经营业绩的影响。从利润表的角度来说，所得税会计反映了所得税费用在企业当期和未来期间如何进行分配。

由于两者的目标不同，导致同一项交易或事项产生了税会差异。对企业当期产生的纳税影响形成应交所得税，对企业未来期间产生的纳税影响形成递延所得税，这两部分一起构成了所得税费用。

《企业会计准则第 18 号——所得税》（下文简称“CAS18”）规范了所得税会计的确认、计量和列报。CAS18 的适用范围包括：第一，国内外所得税的会计处理。第二，利润分配中预扣所得税的处理。第三，政府补助或投资税款抵减产生的暂时性差异的处理。

所得税的复杂，就在于要同时考虑会计和税法两套规则，就像合并报表的复杂，也是因为要同时考虑单独主体和合并主体两套不同的规则。

2006 版 CAS18 与 2001 版会计制度相比，变化如表 1－1 所示。

表 1－1　　2006 版 CAS18 与 2001 版企业会计制度的区别

变化项目	2001 版企业会计制度	2006 版 CAS18
范围更广泛	采用以利润表为基础的纳税影响会计法，仅考虑利润表的时间性差异的所得税影响	采用是资产负债表债务法，关注资产负债表中所有资产及负债产生的暂时性差异，涵盖的范围相对于时间性差异要更广泛
未来税率变化	采用递延法，当未来转回的所得税税率发生变化时，对以前期间确认的递延所得税余额不需要进行调整	采用的是债务法，当未来转回的所得税税率发生变化时，对原已确认的递延所得税资产及递延所得税负债进行调整
递延所得税资产的确认	通常以未来三年很可能取得的用来抵扣的应纳税所得额为限来确认，一般不确认可抵扣亏损的所得税影响	以未来很可能取得的用来抵扣可抵扣暂时性差异的应纳税所得额为限确认递延所得税资产，在满足该条件的情况下，可以确认可抵扣亏损的所得税影响

所得税费用与财务报表以及会计准则、企业所得税法之间的关系如图 1－1 所示。

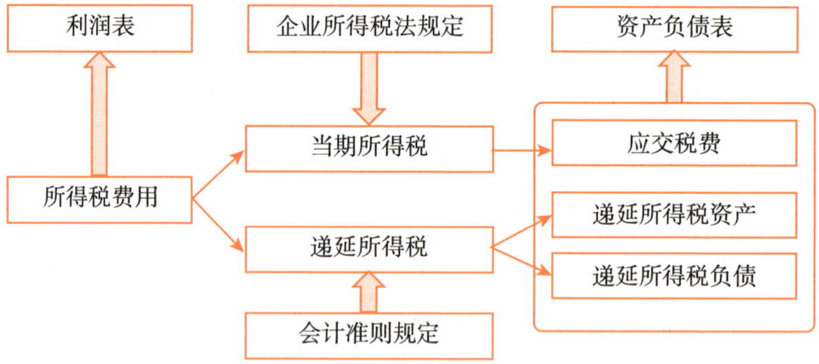

图 1－1　所得税费用与财务报表以及会计准则、企业所得税之间的关系

所得税的会计方法如图 1－2 所示。

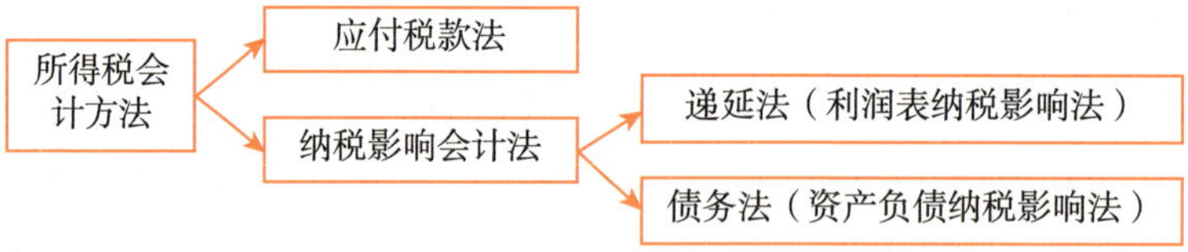

图 1－2　所得税的会计方法

应付税款法，是指根据当期应缴所得税来确认所得税费用。这种方法只反映了当期所得税，没有考虑递延所得税。这是最早采用的、最简单的方法。

纳税影响会计法，是指确认所得税费用时，既考虑当期所得税费用，又考虑递延所得税费用。同时，根据纳税影响会计处理方法的不同，又分为递延法和债务法。

递延法（又叫收益法），是指所得税费用应当与收益确认的期间相关联。根据会计收益计算所得税费用，根据税法收益计算应交所得税，两者之间的差额（即递延所得税）在资产负债表中作为递延借项或递延贷项反映。这种方法是收益费用观下的会计方法，是从利润表角度考虑，注重时间性差异。由于会计和税法对收入与费用的确认规定不同，产生的纳税差异应当计入该差异相应的会计期间。这种方法以历史成本为计量基础，采用实际发生的税率计算递延所得税，当未来期间税率变动时，不调整递延所得税，即不改变历史成本基础。但是，递延借项或递延贷项，不符合资产或负债的概念，在资产负债表中列报显得不伦不类，我国以前会计制度中很长一段时间采用了递延法。

债务法（简称资产负债法、资产负债表债务法），是指从资产负债表角度考虑，将每一项资产、负债在报告日的账面价值与计税基础之间的暂时性差异，未来能够产生抵税利益的确认为递延所得税资产，未来需要承担纳税义务的确认递延所得税负债，从而在资产负债表中列报递延所得税资产和递延所得税负债，符合资产和负债的概念。这是资产负债观下的会计方法，这种方法以现行价值为计量基础，采用暂时性差异预计转回的未来期间的税率计算递延所得税，当未来期间税率变动时，重新调整递延所得税，从而反映递延所得税资产或负债的现行价值。现在国际财务报告准则和中国企业会计准则统一采用资产负债表债务法。

第一节　所得税概述

一、所得税会计相关的专业术语

所得税会计相关专业术语如表 1－2 所示。

表 1－2　　所得税会计相关的专业术语

1. 资产的账面价值与计税基础	3. 会计利润（即利润总额）
2. 负债的账面价值与计税基础	4. 应纳税所得额

续表

5. 暂时性差异	10. 递延所得税负债
6. 永久性差异	11. 递延所得税资产
7. 时间性差异	12. 递延所得税
8. 应纳税暂时性差异	13. 当期所得税
9. 可抵扣暂时性差异	14. 所得税费用

1. 资产的账面价值与计税基础（见表1－3）

表1－3　　资产的账面价值与计税基础

资产	含义	公式
账面价值	是指根据会计准则规定计算的，代表资产未来产生的经济利益流入企业的金额	账面价值＝取得成本－会计折旧或摊销－减值准备
计税基础	是指根据企业所得税法规定计算的，代表未来收回资产账面价值的过程中流入的经济利益允许税前扣除的金额	计税基础＝取得成本－税法折旧或摊销＝未来可以税前扣除的金额

一项资产或负债的计税基础，是指计税时归属于该资产或负债的金额。

会计上，折旧或摊销按照资产价值预期消耗方式的不同来计提，而税法上，有专门的折旧或摊销的规定，两者不同导致后续计量产生税会差异。

例如，甲公司有一项存货取得成本为70万元，计税基础即未来销售时可以税前扣除的成本70万元。如果存货计提了跌价准备10万元，账面价值变成60万元，计税基础仍为70万元，就产生了差异。

再如，甲公司去年12月购入一台不需要安装的管理用设备，设备价款为200万元，会计采用年限平均法计提折旧，税法允许采用双倍余额递减法计提折旧，预计使用年限为5年（会计与税法相同），无残值（会计与税法相同）。

初始计量时，固定资产的账面价值＝计税基础＝200万元；

在当年末后续计量时，账面价值＝200－200÷5＝160万元；

而计税基础＝取得成本200－按税法规定已在以前期间累计税前扣除的金额200×2÷5＝120万元。

2. 负债的账面价值与计税基础（见表1－4）

表 1-4 负债的账面价值与计税基础

负债	含义	公式
账面价值	是指根据会计准则规定计算的，代表该负债未来产生的经济利益流出企业的金额	账面价值 = 账面余额
计税基础	是指根据企业所得税法规定计算的，代表负债的账面价值减去未来流出的经济利益可以税前扣除的金额后的余额，即未来不可以税前扣除的金额	计税基础 = 账面价值 - 未来可以税前扣除的金额 = 未来不可以税前扣除的金额

负债计税基础，因把可以税前扣除的金额都减掉了，余额表示未来不可以税前扣除的金额。例如，甲公司有一项应付账款账面价值 10 万元，计税基础为账面价值 10 万元减去未来偿还负债时流出的经济利益可以税前扣除的金额 0，还是 10 万元，也就是未来不可以在所得税前扣除的金额 10 万元。

根据 IAS12. 11 的规定，在合并财务报表中，暂时性差异应通过将合并财务报表中的资产和负债的账面金额与适当的计税基础进行比较来确定。在我国和一些国家，由于税法规定企业按照单独主体来缴纳所得税，那么计税基础应参照集团内单独主体的纳税申报表确定。而在其他一些国家，当地税法规定企业按照合并报表主体来缴纳所得税，那么计税基础应参照合并纳税申报表确定。

3. 会计利润，是指一个期间内扣除所得税费用前的损益。

4. 应纳税所得额，即应税利润，是指一个期间内根据税法规定确定的、据以缴纳所得税的利润（亏损）。

5. 暂时性差异，是以资产负债表为基础，在某个时点的资产或负债的账面价值和计税基础之间的差额，这种差异在未来期间会转回。暂时性差异，强调两个时点之间产生的差异，是一个时点指标。

暂时性差异在当期和未来期间都需要纳税调整，既影响应交所得税，又影响递延所得税。按照暂时性差异对未来期间纳税的影响，分为应纳税暂时性差异和可抵扣暂时性差异。

未作为资产和负债确认的项目，按照税法规定可以确定其计税基础的，该计税基础与其账面价值之间的差额也属于暂时性差异。

6. 永久性差异，是指会计准则与税法规定的不同产生的在未来期间不会转回的差异。这种差异只需要纳税调整，只影响应交所得税，不影响递延所得税。

暂时性差异与永久性差异的区别如表1－5所示。

表1－5　　　　　　暂时性差异与永久性差异的区别

区别	情形	举例
暂时性差异	会计上在本期确认收入，但税法规定在下期确认收入	分期付款销售，会计上规定当期一次性确认收入，以后期间不确认收入，而税法规定当期不确认收入，以后期间每期收款时确认收入
暂时性差异	会计上在下期确认收入，但税法规定在本期确认收入	预收租金收入，会计上不符合商品控制权转移条件时当期不确认收入，以后期间控制权转移时确认收入，而税法规定按照合同应付租金的日期当期确认收入，以后期间不确认收入
	会计上在本期确认费用，但税法规定在下期确认费用扣除	商品售后保修费用，会计上按照CAS13的规定根据预计的保修费用当期确认销售费用，以后期间发生保修支出时不确认费用；而税法规定实际发生保修支出时才可以税前扣除，即当期不确认费用，以后期间确认费用
	会计上在下期确认费用，但税法规定在本期确认费用扣除	会计上按直线法计提折旧费用，而税法上按加速折旧法计提折旧费用
	有些未作为资产和负债确认的项目，按照税法规定可以确定其计税基础的	允许结转以后年度税前扣除的广告费、公益性捐赠支出、可抵扣亏损等
永久性差异	会计上确认为收入，但税法规定免税	国债利息，居民企业之间的投资收益
	会计上确认为费用或损失，但税法不允许扣除	违法损失

7. 时间性差异，是以利润表为基础，在一个期间产生而在以后期间转回的应纳税所得额与会计利润之间的差异。这个差异强调某一个期间产生的差异，是一个期间指标。时间性差异的概念目前在会计准则中已经不再采用（见图1－3）。

递延法注重时间性差异，债务法注重暂时性差异。

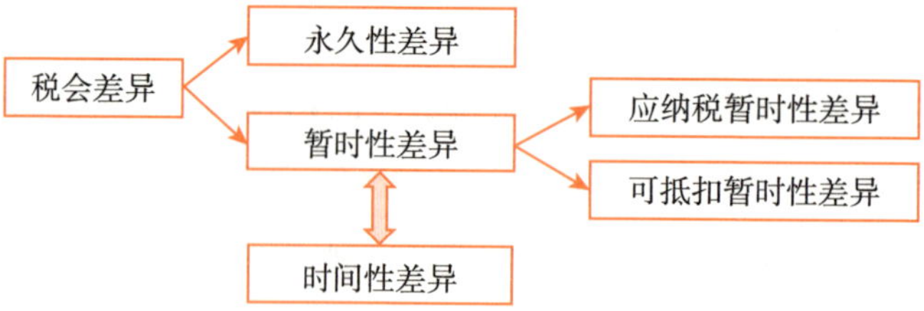

图1－3　税会差异

8. 应纳税暂时性差异，是指未来收回资产或清偿负债的账面金额时应当纳税的差异，形成递延所得税负债。

9. 可抵扣暂时性差异，是指未来收回资产或清偿负债的账面金额时可以抵税的差异，形成递延所得税资产。

暂时性差异与递延所得税的关系如表1－6所示。

表1－6　　　　暂时性差异与递延所得税的关系

暂时性差异	资产类：账面价值－计税基础	
	负债类：（账面价值－计税基础）×（－1）	
正差	表示资产的账面价值大于计税基础，或者负债的账面价值小于计税基础	形成应纳税暂时性差异
负差	表示资产的账面价值小于计税基础，或者负债的账面价值大于计税基础	形成可抵扣暂时性差异

正差为什么形成应纳税暂时性差异呢？对于资产来说，如果资产账面价值是100元，计税基础是80元，说明未来资产收回账面价值100元的时候，税前只能扣除80元，剩下的20元要交所得税，所以形成应纳税暂时性差异。对于负债来说，如果以公允价值计量的交易性金融负债，初始账面价值50元，与计税基础50元相等，后来公允价值下跌10元，账面价值变成40元，而计税基础50元不变，未来偿还负债的时候按照账面价值40元偿还，比计税基础50元少偿还的10元，形成企业的所得，需要交所得税，所以形成应纳税暂时性差异。

负差为什么形成可抵扣暂时性差异呢？对于资产来说，如果资产账面价值是60元，计税基础是70元，说明未来资产收回账面价值60元的时候，税前可以扣除70元，多扣除的10元可以抵扣所得税，所以形成可抵扣暂时性差异。对于负债来说，如果以公允价值计量的交易性金融负债，初始账面价值50元，与计税基础50元相等，后来公允价值上升10元，账面价值变成60元，而计税基础50元不变，未来偿还负债的时候按照账面价值60元偿还，比计税基础50元多偿还的10元属于损失，可以抵扣所得税，所以形成可抵扣暂时性差异。

10. 递延所得税负债，是指根据应纳税暂时性差异计算的未来期间应付所得税金额。

11. 递延所得税资产，是指根据可抵扣暂时性差异计算的未来期间可抵扣（或可收回）的所得税金额。

如果企业提前缴税或者多缴税了，就形成了未来可以抵税的权利，应当确认递延所得税资产，如果当期欠税或者少缴税了，就形成了未来需要纳税的义务，应当确认递延所得税负债。从资产和负债的角度来确认所得税费用，就是资产负债表债务法的核心思想。

12. 递延所得税，是指未来期间应当缴纳或抵扣的所得税，包括递延所得税负债和递延所得税资产。

13. 当期所得税，是指根据税法规定在当期应当缴纳的所得税金额，即当期应交所得税。

14. 所得税费用，是指在利润表中列报的所得税费用项目的金额，包括递延所得税费用和当期所得税费用。

二、资产负债表债务法的模型

从资产负债表出发，通过比较资产负债表上按照会计准则规定的资产、负债的账面价值和按照税法规定的计税基础，对于两者之间的暂时性差异，如果造成未来期间多交税的形成应纳税暂时性差异，从而进一步形成递延所得税负债，如果造成未来期间少交税的形成可抵扣暂时性差异，从而进一步形成递延所得税资产，在综合考虑当期应交所得税的基础上，确定利润表中的所得税费用（见图1－4）。

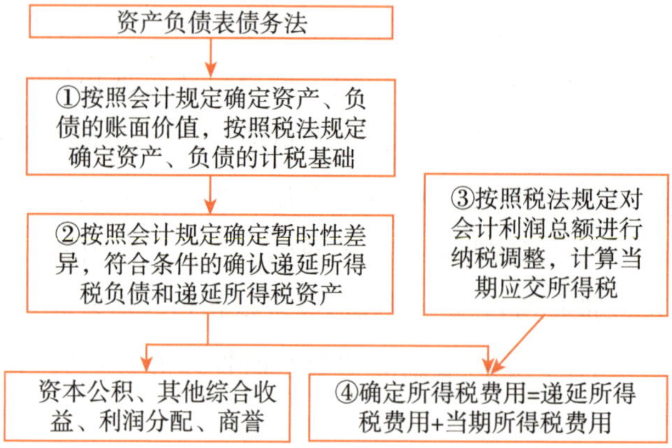

图1－4　资产负债表债务法

第二节 递延所得税的确认和计量

一、递延所得税的产生

一项交易对企业未来期间的纳税有影响（见表1－7），从而影响企业的财务状况和财务业绩，就产生了递延所得税。递延所得税的实质是所得税费用在不同会计期间的分配。

表1－7　一项交易对当期和未来期间的纳税影响

对当期的影响	有	有	无	无
对未来期间的影响	有	无	有	无

二、递延所得税的确认

递延所得税的确认如表1－8所示。

表1－8　递延所得税的确认

1. 确认依据	根据暂时性差异，确认递延所得税资产或递延所得税负债
2. 递延所得税负债	应当全部确认【1】
3. 递延所得税资产	企业应当以很可能取得用来抵扣可抵扣暂时性差异的应纳税所得额为限，确认由可抵扣暂时性差异产生的递延所得税资产，因无法取得足够的应纳税所得额而未确认的递延所得税资产应在会计报表附注中进行披露【2】
4. 账务处理【3】	(1) 与计入损益有关的交易或事项相关的当期所得税和递延所得税，计入所得税费用 借：所得税费用 　　递延所得税资产（借或贷） 　　贷：递延所得税负债（借或贷）

续表

4. 账务处理【3】	(2) 与直接计入所有者权益的交易或者事项相关的当期所得税和递延所得税，应当计入所有者权益（资本公积、其他综合收益、留存收益）【4】 借：资本公积、其他综合收益、利润分配 　　贷：递延所得税负债（借或贷） 借：递延所得税资产（借或贷） 　　贷：资本公积、其他综合收益、利润分配
	(3) 非同一控制下企业合并中取得的资产和负债产生的递延所得税，计入资本公积或商誉 借：资本公积/商誉 　　贷：递延所得税负债（借或贷） 借：递延所得税资产（借或贷） 　　贷：资本公积/商誉
5. 不确认递延所得税	商誉的初始确认和后续计量时计提的商誉减值准备【5】
	一项资产或负债若不是产生于企业合并交易，而且交易发生时既不影响会计利润也不影响应纳税所得额，则所产生的资产、负债的初始确认金额与其计税基础不同形成暂时性差异的，不确认递延所得税；相应地，因初始确认差异所带来的后续影响也不应当确认递延所得税（如自行研发的无形资产）【6】
	拟长期持有的长期股权投资，或者同时满足2个条件的长期股权投资：投资企业能够控制暂时性差异的转回时间，该差异在可预见的未来很可能不转回【7】
	专项储备【8】

【释1】为什么递延所得税负债要足额确认？因为递延所得税负债表示企业承担的未来纳税义务，为了避免低估负债，所以要全部确认。

【释2】为什么递延所得税资产要谨慎确认？因为第一，只有当企业赚得足够的所得来抵扣时，所得税支付额减少的经济利益才流入该企业。第二，递延所得税资产的对方项目是所得税费用，如果多确认了递延所得税资产，那么就虚增了利润。第三，判断时，应考虑以下两个方面的影响：一是通过日常经营活动能够实现的应纳税所得额，该部分情况的预测应当以经企业管理层批准的最近财务预算或预测数据以及该预算或者预测期之后年份稳定的或者递减的增长率为基础。二是以前期间产生的应纳税暂时性差异在未来期间转回时将增加的应纳税所得额。

【释3】企业对所得税影响（即递延所得税与当期所得税）的处理应当与该交易本身的会计处理保持一致，也就是说，对于确认损益的交易，相关的所得税影响也计入损益；对于在权益里确认的交易，相关的所得税影响也在权益里确认。

【释4】计入资本公积的递延所得税，例如，权益结算的股份支付在等待期内确认费用产生的所得税影响。

计入其他综合收益的递延所得税，例如，其他债权投资或其他权益工具投资公允价值的变动产生的所得税影响。

计入利润分配的递延所得税，例如，会计调整时对资产或负债的账面价值调整计入了留存收益产生的所得税影响，企业向股东分配股利时代扣代缴股东应缴纳的个人所得税产生的所得税影响。

【释5】见企业合并有关的所得税处理。

【释6】无形资产初始确认账面金额与初始计税基础不同时，该差异不属于暂时性差异，而是永久性差异，因此不应当确认递延所得税。

【释7】拟长期持有，或者未来很可能不会转回，都不符合暂时性差异的概念，所以不确认递延所得税。

【释8】专项储备在计提时，未产生资产、负债，即不属于资产和负债，企业并未与外部发生交易，也未导致所有者权益的增加或减少，不涉及资产负债的账面价值和计税基础之间的暂时性差异，所以不应当确认递延所得税。根据企业所得税法的有关规定，专项储备计提时不得扣除，需要纳税调增，实际支出时允许税前扣除，需要纳税调减。

三、递延所得税的计量

递延所得税的计量如表1-9所示。

表1-9　　递延所得税的计量

1. 适用税率	递延所得税的计量，应当反映资产负债表日企业预期收回资产或清偿负债方式的所得税影响，即采用未来转回期间的税率计量【1】
	正差×未来转回税率=递延所得税负债期末余额 本期递延所得税负债发生额=期末余额-期初余额 负差×未来转回税率=递延所得税资产期末余额 本期递延所得税资产发生额=期末余额-期初余额

续表

2. 不折现	企业不应当对递延所得税资产和递延所得税负债进行折现【2】
3. 递延所得税费用	递延所得税费用 = 计入损益的（递延所得税负债期末余额 - 递延所得税负债期初余额） -（递延所得税资产期末余额 - 递延所得税资产期初余额） = 计入损益的（递延所得税负债 + 递延所得税资产）贷方发生额 -（递延所得税负债 + 递延所得税资产）借方发生额 如果计算结果为负数，则为递延所得税收益【3】
4. 重新计量	适用税率发生变化的，应对已确认的递延所得税资产和递延所得税负债进行重新计量，调整金额应当与该交易本身的会计处理保持一致【4】
	调整金额 = 暂时性差异 × 新税率（期末余额）- 现有余额
5. 复核	资产负债表日，企业应当对递延所得税资产的账面价值进行复核【5】
	递延所得税资产的减值与转回：如果未来期间很可能无法获得足够的应纳税所得额时，应当减记递延所得税资产的账面价值，编制与确认递延所得税资产时相反的分录【6】 借：相关科目 　贷：递延所得税资产 如果以后期间很可能获得足够的应纳税所得额时，减记的金额应当转回，编制上述相反的分录
	递延所得税资产的确认：如果以前期间因无法获得足够的应纳税所得额而未确认的递延所得税资产，预计未来能够获得足够的应纳税所得额时应当确认该项以前未确认的递延所得税资产

【释 1】因为递延所得税是在未来期间转回的，所以要采用未来转回期间的税率计量。这就是债务法的思想。

例如，某项资产的账面价值为 100 万元，计税基础是 60 万元。税法规定，如果出售该资产，适用税率 25%，其他收益适用税率 30%。分别下面两种情况进行处理：

（1）如果企业预期出售该资产，应确认一项递延所得税负债 40 × 25% = 10 万元；

（2）如果企业预期通过使用该资产来收回其账面金额，则应确认一项递延所得税负债 40 × 30% = 12 万元。

【释 2】为什么递延所得税的计量不折现？因为第一，如果递延所得税折现，但是未来的收入与费用却未折现，导致损益与所得税不配比；第二，如果递延所得税折现，由此产生的利息费用，本来属于所得税费用的一部分，但是折现后将计入财务费用，导致所得税费用低估或高估；第三，递延所得税可以视为政府提供给企业的无息贷款，无须折现处理；第四，如果折现的话，需要企业详细地估计每一项资产或负债的暂时性差异转回的时间、金额、不同转回期间的折现率，同时需要判断采用哪种折现模型，这种估计相当复杂，而且不同企业的情况又不同，估计的结果将会导致不同企业之间的递延所得税信息不可比。

【释3】递延所得税费用和递延所得税收益，是指计入损益的递延所得税，不包括计入权益的递延所得税。

【释4】税率发生变化，是指国家统一调整税率，或者企业适用所得税的资质发生变化，可能导致适用税率发生变化。例如，企业原来所得税税率为25%，申请为高新技术企业后所得税税率为15%，或者原来是高新技术企业所得税税率为15%，后来不再符合高新技术企业认定条件了，变成了一般企业，所得税税率变成25%。

【释5】由于递延所得税的计量属于会计估计，因此，资产负债表日应当按照CAS28的规定进行复核。

【释6】递延所得税资产是估计出来的未来可以抵税的金额，因此，递延所得税资产减值采用的是预计损失法。

递延所得税资产减值反映的是企业未来可以抵税利益的减少，并不是真正的资产减值。因此，它既不同于非流动资产的减值（反映的是企业现有资产减值的信息），也不同于金融工具的减值（反映的金融工具面临的信用风险增加），所以，不能通过“资产减值损失”或“信用减值损失”科目来处理，没有“递延所得税资产减值准备”科目。

实务中，递延所得税资产的减值有时被企业用来作为利润平滑的工具。

第三节　当期所得税的确认和计量

当期所得税的确认和计量如表1-10所示。

表 1－10　　当期所得税的确认和计量

1. 当期所得税的确认	根据《企业所得税法》的规定，企业当期应交的所得税形成当期所得税。其中，当期和以前期间应交未交的所得税确认为负债，已支付的所得税超过应支付的部分确认为资产【1】
2. 当期所得税的计量【2】	按照《企业所得税法》的规定，根据当期所得税税率和对会计利润进行纳税调整后的应纳税所得额计量。 当期所得税费用＝当期应交所得税 ＝应纳税所得额×当期所得税税率 ＝（会计利润＋纳税调增－纳税调减）×当期所得税税率 ＝（会计利润＋可抵扣暂时性差异－应纳税暂时性差异＋/－永久性差异）×当期所得税税率 如果计算结果为负数，则为当期所得税收益，表示当期所得税缴多了，应当重分类为资产类项目列报
3. 账务处理	（1）与计入损益有关的交易或事项产生的当期所得税，计入所得税费用 借：所得税费用 　　贷：应交税费——应交所得税（借或贷）
	（2）与计入权益有关的交易或事项产生的当期所得税，计入所有者权益（资本公积、其他综合收益、留存收益）【3】 借：资本公积、其他综合收益、利润分配 　　贷：应交税费——应交所得税（借或贷）

【释 1】当期所得税负债和当期所得税资产举例如表 1－11 所示。

表 1－11　　当期所得税负债和当期所得税资产的举例

（1）甲公司当年应交所得税为 100 万元，已经预交 80 万元。		
如果在资产负债表日起未来一年内需要补交	在“应交税费”项目列报 20 万元	当期所得税负债
如果在资产负债表日起未来一年后才需要补交	在“其他非流动负债”项目列报 20 万元	
（2）如果当年应交所得税为 100 万元，已经预交 150 万元。		
如果在资产负债表日起未来一年内能够抵扣	在“其他流动资产”项目列报 50 万元	当期所得税资产
如果在资产负债表日起未来一年后才能够抵扣	在“其他非流动资产”项目列报 50 万元	

【释 2】当期应交所得税，应当以当期所得税税率计量，反映企业当期承担的纳税义务。

【释3】企业向投资者分配现金股利或利润时，如果按照税法规定需要代扣代缴投资者的税款，该部分代扣代缴税款应作为股利的一部分计入权益（即利润分配），因为代扣代缴的税款是利润分配的组成部分，反映投资者承担的所得税义务。

例如，甲企业为设立在我国境内企业，其主要投资者为境外A企业。甲企业某年董事会决定分派现金股利，其境外投资者按照持股比例计算可分得2 000万元，假定按照税法规定，其中10%应由甲企业代扣作为境外投资者在我国境内应交的所得税，则甲企业就该利润分配事项应进行的会计处理为：

借：利润分配——未分配利润　　20 000 000

　　贷：应付股利　　20 000 000

借：应付股利　　20 000 000

　　贷：应交税费——代扣代缴企业所得税　　2 000 000

　　　　银行存款　　18 000 000

第四节　所得税费用的确认和计量

所得税费用的确认和计量如表1－12所示。

表1－12　　所得税费用的确认和计量

1. 所得税费用的确认	与计入损益有关的交易或事项确认的当期所得税费用和递延所得税费用，构成所得税费用；与计入权益有关的交易或事项确认的当期所得税费用和递延所得税费用不构成所得税费用
2. 所得税费用的计量	（1）一般方法：所得税费用＝递延所得税费用＋当期所得税费用
	（2）简化方法：当期税率和未来税率不变时： 所得税费用＝(会计利润±永久性差异)×当期所得税税率
3. 账务处理	借：所得税费用 　　递延所得税资产（借或贷） 　　贷：应交税费——应交所得税（借或贷） 　　　　递延所得税负债（借或贷）

应交所得税在贷方，表示企业当期尚未缴纳的所得税义务；如果在借方，表示当期已交的所得税。

递延所得税负债在贷方，表示企业未来应当缴纳的所得税义务，形成递延所得税费用；如果在借方，表示减少企业未来应当缴纳的所得税义务，形成递延所得税收益。

递延所得税资产在借方，表示企业未来可以抵扣的所得税权利，形成递延所得税收益；如果在贷方，表示减少企业未来可以抵扣的所得税权利，形成递延所得税费用。

根据IAS34中期财务报告示例中的指南，如果财务报告年度与所得税年度不一致，财务报告年度内的中期所得税费用，应以适用于每个所得税年度的各加权平均估计实际税率，乘以各该所得税年度赚取的税前收益来计算。

在美国会计准则中，还要求将所得税费用进一步分为经常性项目的所得税费用、非经常性项目所得税费用、终止经营项目所得税费用，从而给报表使用者提供更详细的预测未来现金流量的信息。

第五节　账面价值与计税基础

一、部分资产的账面价值与计税基础比较

表1－13“递延所得税”一栏中，确认递延所得税的项目均假设符合递延所得税确认的条件，如果没有特殊说明，表示有可能确认递延所得税资产或确认递延所得税负债。

当期所得税一栏中，如果没有特殊说明，表示可能纳税调增或纳税调减。

表1－13　　　部分资产的账面价值与计税基础比较

项目	情形	账面价值	计税基础	递延所得税	当期所得税
1. 固定资产	折旧方法、折旧年限、计提减值准备产生税会差异	取得成本－会计累计折旧－减值准备	取得成本－税法累计折旧	确认	需要

续表

项目	情形	账面价值	计税基础	递延所得税	当期所得税
2. 无形资产	内部研发的无形资产	取得成本－会计累计摊销－减值准备	取得成本×175%－会计累计摊销×175%	因初始确认产生的差异不确认，因减值引起的差异要确认	需要
	外购的无形资产	取得成本－会计累计摊销－减值准备	取得成本－税法累计摊销	确认	需要
	使用寿命不确定的无形资产	取得成本－减值准备			
3. 投资性房地产	成本模式	取得成本－会计累计折旧－减值准备	取得成本－税法累计折旧	确认	需要
	公允模式	公允价值		确认	需要
4. 其他计提减值准备的资产	应收账款、存货、合同资产、合同履约成本、合同取得成本等	取得成本－各种减值准备	取得成本	确认	纳税调增

会计上所有的减值准备和公允价值变动，都是浮动盈亏，例如，资产减值测试时，可收回金额是估计出来的，公允价值也是估计出来的，这些会计估计在税法中是不认可的，不符合税法的确定性原则，因为不利于税收征管，容易引起税务机关和纳税人的争议。

例如，学天海公司与乙企业签订了租赁协议，将其原先自用的一栋写字楼出租给乙企业使用，租赁期开始日为2×13年12月31日，并按照公允价值模式计量。2×13年12月31日，该写字楼的账面余额50 000万元，已累计折旧5 000万元，公允价值为47 000万元。假定转换前该写字楼的计税基础与账面价值相等，假设税法规定，该写字楼自2×13年12月31日起预计尚可使用年限为20年，采用年限平均法计提折旧，无残值。2×14年12月31日，该写字楼的公允价值为48 000万元。则该写字楼2×14年12月31日的计税基础＝(50 000－5 000)－(50 000－5 000)÷20＝42 750万元。

【案例1－1】投资性房地产的所得税处理。

学天海公司适用的所得税率为25%，假设各年税前会计利润为10 000万元，税法规定，资产在持有期间公允价值的变动不计入应纳税所得额，待处置时一并计算确定应计入应纳税所得额的金额。递延所得税资产和负债的期初余额均为0，不考虑其他因素。

2×13年1月1日将自用房屋用于对外出租，并采用公允价值对该投资性房地产进行后续计量，当日公允价值为7 000万元。该房屋的成本为7 500万元，预计使用年限为20年。转为投资性房地产之前，已使用4年，按年限平均法计提折旧，预计净残值为零。2×13年12月31日的公允价值为9 000万元。2×14年12月31日的公允价值为8 500万元。税法规定的折旧方法、折旧年限及净残值与会计规定相同。

要求：(1) 编制学天海公司2×13年1月1日、2×13年12月31日、2×14年12月31日有关的会计分录。

(2) 假设投资性房地产2×13年1月1日公允价值为5 000万元，其他资料同上。编制学天海公司2×13年1月1日、2×13年12月31日、2×14年12月31日有关的会计分录。

解析：(1) 2×13年1月1日：

借：投资性房地产——成本　　（转换日公允价值）70 000 000
　　累计折旧　　（75 000 000÷20×4）15 000 000
　　贷：固定资产　　（转销）75 000 000
　　　　其他综合收益　　（倒挤）10 000 000

投资性房地产的账面价值=公允价值=7 000万元，计税基础=7 500－7 500÷20×4=6 000万元，账面价值7 000－计税基础6 000=1 000万元，正差确认递延所得税负债。

借：其他综合收益　　2 500 000
　　贷：递延所得税负债
　　　　（期末余额10 000 000×25%－期初余额0）2 500 000

2×13年12月31日：

借：投资性房地产——公允价值变动
　　（90 000 000－70 000 000）20 000 000
　　贷：公允价值变动损益　　20 000 000

投资性房地产的账面价值=公允价值=9 000万元，计税基础=7 500－7 500÷

20×5=5 625万元，账面价值9 000－计税基础5 625=3 375万元，正差确认递延所得税负债。

借：所得税费用　（倒挤）25 000 000

　贷：递延所得税负债

　　（期末余额33 750 000×25%－期初余额2 500 000）5 937 500

　　应交税费——应交所得税

　　[（利润100 000 000－公允价值变动20 000 000－税法折旧75 000 000÷20）×25%] 19 062 500

2×14年12月31日：

借：公允价值变动损益　5 000 000

　贷：投资性房地产——公允价值变动

　　（85 000 000－90 000 000）5 000 000

投资性房地产的账面价值=公允价值=8 500万元，计税基础=7 500－7 500÷20×6=5 250万元，账面价值8 500－计税基础5 250=3 250万元，正差确认递延所得税负债。

借：所得税费用　（倒挤）25 000 000

　递延所得税负债

[期末余额3 250×25%－期初余额（2 500 000+5 937 500）] 312 500

　贷：应交税费——应交所得税

　　[（利润100 000 000+公允价值变动5 000 000－税法折旧75 000 000÷20）×25%] 25 312 500

【注】递延所得税负债当期发生额为负数，所以写在借方。

（2）2×13年1月1日：

借：投资性房地产——成本　（转换日公允价值）50 000 000

　累计折旧　（75 000 000÷20×4）15 000 000

　公允价值变动损益　（倒挤）10 000 000

　贷：固定资产　（转销）75 000 000

投资性房地产的账面价值=公允价值=5 000万元，计税基础=7 500－7 500÷

20×4＝6 000万元，账面价值5 000－计税基础6 000＝－1 000万元，负差确认递延所得税资产。

借：递延所得税资产

（期末余额10 000 000×25%－期初余额0）2 500 000

贷：所得税费用 2 500 000

2×13年12月31日：

借：投资性房地产——公允价值变动

（90 000 000－50 000 000）40 000 000

贷：公允价值变动损益 40 000 000

投资性房地产的账面价值＝公允价值＝9 000万元，计税基础＝7 500－7 500÷20×5＝5 625万元，账面价值9 000－计税基础5 625＝3 375万元，正差确认递延所得税负债。

借：所得税费用 （倒挤）27 500 000

贷：递延所得税负债

（期末余额33 750 000×25%－期初余额0）8 437 500

递延所得税资产 （转回）2 500 000

应交税费——应交所得税

［（利润100 000 000＋公允价值变动10 000 000－40 000 000－税法折旧75 000 000÷20）×25%］16 562 500

2×14年12月31日：

借：公允价值变动损益 5 000 000

贷：投资性房地产——公允价值变动

（85 000 000－90 000 000）5 000 000

投资性房地产的账面价值＝公允价值＝8 500万元，计税基础＝7 500－7 500÷20×6＝5 250万元，账面价值8 500－计税基础5 250＝3 250万元，正差确认递延所得税负债。

借：所得税费用 （倒挤）25 000 000

递延所得税负债

（期末余额32 500 000×25%－期初余额为8 437 500）312 500

贷：应交税费——应交所得税

[（利润 100 000 000 + 公允价值变动 5 000 000 - 税法折旧 75 000 000 ÷ 20）× 25%] 25 312 500

二、金融资产的账面价值与计税基础比较

金融资产的账面价值与计税基础如表 1 - 14 所示。

表 1 - 14　　金融资产的账面价值与计税基础

<table>
<tr><th>项目</th><th>情形</th><th>账面价值</th><th>计税基础</th><th>递延所得税</th><th>当期所得税</th></tr>
<tr><td rowspan="2">1. 债权投资</td><td>利息收入免交所得税的国债等债务工具，对未来纳税没有影响，属于永久性差异</td><td>账面余额</td><td>账面余额</td><td>不确认</td><td>纳税调减</td></tr>
<tr><td>利息收入需要交所得税的其他债务工具</td><td>期末摊余成本 - 减值准备</td><td>取得成本</td><td>确认</td><td>纳税调增</td></tr>
<tr><td colspan="2">2. 其他债权投资或其他权益工具投资</td><td rowspan="2">公允价值</td><td rowspan="2">取得成本</td><td>确认</td><td>不需要，因为公允价值变动计入其他综合收益</td></tr>
<tr><td colspan="2">3. 交易性金融资产</td><td>确认</td><td>需要</td></tr>
</table>

【案例 1 - 2】2 × 17 年 11 月 8 日，学天海公司支付 1 500 万元自公开的市场上取得一项债务工具投资，作为其他债权投资核算。2 × 17 年 12 月 31 日，其市价为 1 400 万元。2 × 18 年 12 月 31 日，其市价为 1 600 万元。所得税税率为 25%。不考虑其他因素。

要求：编制上述业务有关的会计分录。

解析：2 × 17 年 11 月 8 日：

借：其他债权投资——成本　　15 000 000

　　贷：银行存款　　15 000 000

2 × 17 年 12 月 31 日：

借：其他综合收益　　1 000 000

　　贷：其他债权投资——公允价值变动

（14 000 000 - 15 000 000）1 000 000

借：递延所得税资产　　(1 000 000 × 25%) 250 000

　　贷：其他综合收益　　250 000

2 × 18 年 12 月 31 日：

借：其他债权投资——公允价值变动

　　(16 000 000 － 14 000 000) 2 000 000

　　贷：其他综合收益　　2 000 000

借：其他综合收益　　(2 000 000 × 25%) 500 000

　　贷：递延所得税资产　　(转回) 250 000

　　　　递延所得税负债　　(倒挤) 250 000

【案例 1 – 3】2 × 14 年 1 月 1 日，学天海公司以 1 043.28 万元购入财政部于当日发行的、3 年期、到期一次还本付息的国债一批，作为债权投资核算。该批国债票面金额 1 000 万元，票面年利率 6%，实际利率为 5%。税法规定，国债的利息收入免交企业所得税。

要求：计算 2 × 14 年 12 月 31 日债权投资的计税基础。

解析：由于利息收入免交所得税，对未来期间纳税没有影响，相当于账面价值和计税基础没有暂时性差异。所以，2 × 14 年 12 月 31 日该债权投资计税基础 = 账面价值 = 1 043.28 × (1 + 5%) = 1 095.444 万元。

三、拟近期出售的长期股权投资的账面价值与计税基础比较

拟近期出售的长期股权投资的账面价值与计税基础如表 1 – 15 所示。

表 1 – 15　拟近期出售的长期股权投资的账面价值与计税基础

项目	账面价值	计税基础	递延所得税	当期所得税
1. 成本法核算的	取得成本 – 减值准备	取得成本 + 直接相关费用	确认	需要
2. 权益法核算的	取得成本 + 营业外收入 ± 损益调整、其他综合收益和其他权益变动 – 减值准备		确认	计入减值准备、营业外收入、投资收益的金额都需要纳税调整，但计入其他综合收益和其他权益变动的金额不需要纳税调整

续表

项目	账面价值	计税基础	递延所得税	当期所得税
3. 应收股利	账面余额	账面余额	不确认	成本法下纳税调减，权益法下不需要调整

税法规定居民企业之间分配的权益性投资收益免税，对未来期间纳税没有影响，属于永久性差异。

【案例1-4】下列关于长期股权投资的所得税的会计处理是否正确？

（1）上市公司董事会已经通过了转让其所持有的联营企业股权的议案，并且已经收到交易对方支付的股权转让款，但是未就该长期股权投资账面价值高于计税基础所产生的暂时性差异确认相关递延所得税负债。

解析：不正确。董事会已经通过了转让其所持有的联营企业股权的议案，并且已经收到交易对方支付的股权转让款，表明企业对该联营企业股权投资的持有意图已经由长期持有变为对外出售，应当就该长期股权投资账面价值高于计税基础所产生的暂时性差异确认相关递延所得税负债。

（2）上市公司在未区分长期持有还是拟转让或处置意图的情况下，将采用权益法核算的长期股权投资账面价值与计税基础之间的差异确认了相关的递延所得税影响。

解析：不正确。权益法核算的股权投资确认递延所得税影响应当考虑持有意图。如果企业拟长期持有该项投资，一般不确认相关的递延所得税影响；在持有意图由长期持有转变为拟近期出售的情况下，应当确认相关的递延所得税影响。

四、未确认为资产或负债的项目的账面价值与计税基础比较

根据IAS12.9的规定，有些在资产负债表中未确认为资产或负债的交易或事项，税法允许未来期间税前扣除的金额，就是其计税基础，与账面金额零之间的差额，产生可抵扣暂时性差异（见表1-16）。

表1－16　未确认为资产或负债项目的账面价值与计税基础

未确认项目	税法规定	账面价值	计税基础	递延所得税	当期所得税
1. 广告费	超过营业收入15%的部分允许结转以后年度税前扣除	0	未来允许税前扣除的金额	确认	当期纳税调增，以后纳税调减
2. 职工教育经费	超过工资薪金总额8%的部分允许结转以后年度税前扣除	0			
3. 公益性捐赠支出	超过利润总额12%的部分允许未来3年内税前扣除	0			
4. 可抵扣亏损和税款抵减【1】	未来税前允许弥补或抵减	0			当期不需要调整，以后纳税调减

【释1】可抵扣亏损应当谨慎确认递延所得税资产。例如，以前年度未确认相关所得税影响的可抵扣亏损，本年经营情况并未发生实质性好转，仅由于本年处置股权等偶发性交易产生的收益实现了扭亏为盈，不应当全部确认递延所得税资产。

再如，公司连续发生亏损、持续经营能力存在重大不确定性，不应当确认与可抵扣亏损相关的递延所得税资产。

【案例1－5】可抵扣亏损的所得税处理。

甲公司于2×19年因政策性原因发生经营亏损2 000万元，假设该金额与应纳税所得额一致。按照税法规定，该亏损可用于抵减以后5个年度的应纳税所得额。该公司预计其于未来5年期间能够产生足够的应纳税所得额弥补该亏损。不考虑其他纳税调整事项。

要求（1）：编制甲公司2×19年与所得税有关的会计分录，并计算当年净利润金额。

解析：递延所得税：未来可以税前扣除的亏损属于可抵扣差异，应当确认递延所得税资产。

应交所得税：由于当年亏损，2×19年应交所得税为0。

借：递延所得税资产　　　　（20 000 000×25%）5 000 000

　贷：所得税费用　　　　　　　　　　　　　　5 000 000

2×19年净利润＝利润总额－2 000－所得税费用（－500）＝－1 500（万元）。

要求（2）：假设2×20年利润总额为1 500万元，编制甲公司2×20年与所得税有关的会计分录，并计算当年净利润金额。

解析：递延所得税：利润总额1 500万元先弥补上年度亏损，转回递延所得税资产1 500×25% =375万元。

应交所得税：由于弥补亏损后，应纳税所得额 =1 500 –2 000 = –500万元，所以应交所得税为0。

借：所得税费用　　　　3 750 000

　　贷：递延所得税资产　　　　（转回）3 750 000

2×20年净利润 = 利润总额1 500 – 所得税费用375 =1 125（万元）。

要求（3）：假设2×21年利润总额为1 000万元，编制甲公司2×21年与所得税有关的会计分录，并计算当年净利润金额。

解析：递延所得税：利润总额1 000万元先弥补上年度未弥补完的剩余亏损500万元，转回递延所得税资产500×25% =125万元。

应交所得税：（1 000 –500）×25% =125万元。

借：所得税费用　　　　（倒挤）2 500 000

　　贷：应交税费——应交所得税　　　　1 250 000

　　　　递延所得税资产　　　　（转回）1 250 000

2×21年净利润 = 利润总额1 000 – 所得税费用250 =750（万元）。

【案例1 –6】税款抵免的所得税处理。

甲公司适用的企业所得税税率为25%。2×19年6月30日，甲公司以3 000元（不含增值税）的价格购入一套环境保护专用设备，并于当月投入使用。按照企业所得税法规定，甲公司对上述环境保护专用设备投资额的10%可以从当年应纳税额中抵免，当年不足抵免的，可以在以后5个纳税年度抵免。

2×19年度，甲公司实现利润总额1 000万元。假定甲公司未来5年很可能获得足够的应纳税所得额用来抵扣可抵扣亏损和税款抵减，不考虑其他因素。

要求：计算甲公司在2×19年度利润表中应当列报的所得税费用金额，并编制所得税相关的会计分录。

解析：应交所得税 = 利润1 000×25% – 专用设备抵税3 000×10% = –50万

元，说明当年不需要缴纳企业所得税。以后可以抵税的经济利益50万元形成递延所得税资产。

所得税费用＝应交所得税＋递延所得税负债－递延所得税资产＝0＋0－50＝－50（万元）。

借：递延所得税资产　　　　500 000

　　贷：所得税费用　　　　（倒挤）500 000

五、股份支付的账面价值与计税基础比较

企业所得税法规定，职工实际行权时的股权激励费用允许税前扣除，即会计上等待期内确认的股权激励费用不得税前扣除，企业应当在等待期内应根据税法规定估计未来可以税前抵扣的金额，即估计未来行权时的股票公允价值与行权价格之间的差额（即内在价值），并以未来期间很可能取得的应纳税所得额为限确认递延所得税资产（见表1－17）。

表1－17　　股份支付的账面价值与计税基础

<table>
<tr><th>股份支付</th><th>情形</th><th>账面价值</th><th>计税基础</th><th>递延所得税</th><th>当期所得税</th></tr>
<tr><td rowspan="3">1. 权益结算</td><td>如果未来期间可税前扣除的金额小于等待期内确认的成本费用</td><td rowspan="6">0</td><td rowspan="3">根据税法规定估计未来可以税前抵扣的金额</td><td>确认，并计入当期损益</td><td rowspan="3">等待期内纳税调增，以后行权时纳税调减</td></tr>
<tr><td>如果预计未来期间可税前扣除的金额超过等待期内确认的成本费用</td><td>确认，未超过部分计入当期损益，超出部分计入所有者权益</td></tr>
<tr><td>负债的变动都计入损益</td><td>确认，并计入当期损益</td></tr>
<tr><td>2. 现金结算</td><td>子公司：如果没有向母公司支付股权支付款项</td><td rowspan="3">0</td><td rowspan="3">不确认</td><td>调增</td></tr>
<tr><td rowspan="2">3. 母公司授予子公司职工的集团股份支付</td><td>母公司：如果没有确认股份支付费用</td><td>不需要</td></tr>
<tr><td>母公司：如果确认了股份支付费用</td><td>调增</td></tr>
</table>

集团股份支付，对于子公司来说，因为子公司没有实际发生支出，应当纳税调增，由于未来不可能转回，形成永久性差异，不应当确认递延所得税。

对于母公司来说，如果母公司在个别报表中未确认股权激励费用，确认了长期股权投资，在合并报表中抵销，因此，不确认递延所得税，也不影响损益，不需要纳税调整。如果母公司在个别报表中确认了股份支付费用，不得税前扣除，需要纳税调增，因为股权激励支出跨越了纳税主体，没有用于本企业生产经营，形成永久性差异。

对于跨境股份支付，如果中国母公司向境外子公司授予股份支付，并收取境外子公司的行权价，则税前扣除的手续比较复杂，要和税务机关洽谈，提供各种证据。由于各个国家的企业所得税法不同，需要分别考虑。

【案例1－7】权益结算的股份支付的所得税处理。

学天海公司在2×17年1月1日授予管理人员1 000万份限制性股票股权激励计划，服务期限条件为2年，预计在2年后均可行权。限制性股票的授予价格为10元/股，学天海公司股票在授予日的市场价格为18元/股。经测算，限制性股票在授予日的公允价值为9元/股。

学天海公司股票在2×17年12月31日的市场价格为17元/股，在2×18年12月31日的市场价格为22元/股。假定没有员工离职，满足确认递延所得税资产的条件，适用的所得税税率为25%。

要求：编制学天海公司2×17年12月31日和2×18年12月31日与该股权激励计划有关的会计分录。

解析：(1) 2×17年12月31日：

借：管理费用　　　　(10 000 000×9×1÷2) 45 000 000

　　贷：资本公积——其他资本公积　　　　45 000 000

计税基础＝估计的未来可以抵扣的金额＝预计行权数量1 000×行权价差(17－10)×1÷2＝3 500万元，小于当年确认的股权激励费用4 500万元，递延所得税应当全部计入损益。

借：递延所得税资产　　　　(35 000 000×25%) 8 750 000

　　贷：所得税费用　　　　8 750 000

（2）2×18年12月31日：

借：管理费用　　　　（10 000 000×9－45 000 000）45 000 000

　　贷：资本公积——其他资本公积　　　　　　　　45 000 000

计税基础＝估计的未来可以抵扣的金额累计数＝预计行权数量1 000×行权价差（22－10）＝12 000万元，大于等待期内累计确认的股份支付费用9 000万元，其中，9 000万元形成的递延所得税资产计入损益，超出部分3 000万元形成的递延所得税资产应直接计入所有者权益。

借：递延所得税资产　（120 000 000×25%－8 750 000）21 250 000

　　贷：所得税费用　　　（90 000 000×25%－8 750 000）13 750 000

　　　　资本公积——其他资本公积　　（30 000 000×25%）7 500 000

六、预计负债的账面价值与计税基础比较

预计负债的账面价值与计税基础如表1－18所示。

表1－18　　　　预计负债的账面价值与计税基础

项目	情形	账面价值	计税基础	递延所得税	当期所得税
预计负债	税法规定计提时不允许税前扣除，实际发生时允许税前扣除（如计提产品保修费用等）	账面余额	0	确认递延所得税资产	当期纳税调增，以后纳税调减
	销售退回产生的预计负债和应收退货成本，税法规定，按照实际发生的销售确认收入和结转成本，实际发生退回时再冲减收入和成本			按预计负债减去应收退货成本的净额确认递延所得税资产	
	税法规定无论是否实际发生均不允许税前扣除，如预计的担保损失，属于永久性差异		账面余额	不确认	纳税调增

例如，学天海公司所得税税率为25%，某年12月31日涉及一项担保诉讼案件，估计败诉的可能性为60%，如败诉，估计赔偿金额很可能为100万元。税法

规定，担保损失不得税前扣除。因此，预计负债的账面价值为 100 万元，计税基础为未来不允许税前扣除的金额 100 万元，暂时性差异 = 账面价值 100 - 计税基础 100 = 0，不确认递延所得税资产或负债。

当年因销售产品承诺提供保修服务，确认了 500 万元的销售费用和预计负债，当年度未发生任何保修支出。税法规定，与产品售后服务相关的费用在实际发生时允许税前扣除。因此，预计负债的账面价值为 500 万元，计税基础为未来不允许税前扣除的金额 0，暂时性差异 = (账面价值 500 - 计税基础 0) × (-1) = -500 万元，负差应确认递延所得税资产 500 × 25% = 125 万元。

七、应付职工薪酬的账面价值与计税基础比较

应付职工薪酬的账面价值与计税基础如表 1-19 所示。

表 1-19　　应付职工薪酬的账面价值与计税基础

项目	情形	账面价值	计税基础	递延所得税	当期所得税
应付职工薪酬	若税法规定不允许税前扣除的职工薪酬，如超过标准的工资薪金、福利费等	账面余额	账面余额	不确认	当期纳税调增
	若税法规定实际发生时允许税前扣除的职工薪酬，如未支付的辞退福利、现金结算的股份支付等待期内确认的职工薪酬等		0	确认递延所得税资产	当期纳税调增，以后纳税调减
	税法规定不允许税前扣除的设定受益计划重新计量形成的应付职工薪酬变动		账面余额	不确认	不需要

重新计量的职工薪酬不得税前扣除。因为税法规定，企业实际支付的职工薪酬允许税前扣除，而重新计量的职工薪酬不属于实际发生的，不得税前扣除，因此，该应付职工薪酬的计税基础 = 未来不可以税前扣除的金额 = 账面价值，不产生暂时性差异，不需要确认递延所得税。

因为重新计量产生的变动计入了其他综合收益，不影响损益，所以不需要纳税调整。

【案例1－8】所得税费用的计量。

学天海公司所得税税率为25%，2×11年实现利润总额为1 000万元，包括下列两个事项：

（1）当年实际发生工资薪酬比计税工资标准超支50万元；

（2）2×11年初固定资产产生的递延所得税负债的余额为50万元，2×11年年末固定资产账面价值为5 000万元，计税基础为4 700万元，由于会计采用的折旧方法与税法规定不同，当期会计比税法规定少计提折旧100万元。不考虑其他因素。

要求：计算学天海公司2×11年的净利润。

解析：超标的工资50万元属于永久性差异，需要纳税调增，但不影响递延所得税。

固定资产：当期递延所得税负债＝(5 000－4 700)×25%－50＝25万元，需要纳税调减100万元。

当期应交所得税＝(1 000＋50－100)×25%＝237.5（万元）

所得税费用＝当期所得税237.5＋当期递延所得税负债25－当期递延所得税资产0＝262.5（万元）

净利润＝1 000－所得税费用262.5＝737.5（万元）

八、其他负债的账面价值与计税基础比较

其他负债的账面价值与计税基础如表1－20所示。

表1－20　　其他负债的账面价值与计税基础

其他负债	情形	账面价值	计税基础	递延所得税	当期所得税
1. 合同负债	会计和税法收入确认条件都不符合的	账面余额	账面余额	不确认	不需要
	不符合会计收入确认条件但是符合税法收入确认条件的		0	确认递延所得税资产	当期纳税调增，以后纳税调减
2. 其他应付款	不允许税前扣除的罚款、滞纳金等应付款，形成永久性差异	账面余额	账面余额	不确认	纳税调增

续表

其他负债	情形	账面价值	计税基础	递延所得税	当期所得税
3. 递延收益	税法规定当期一次性纳税	账面余额	0	确认递延所得税资产	当期纳税调增，以后纳税调减
	按税法规定不需要纳税，对未来纳税没有影响，属于永久性差异	账面余额	账面余额	不确认	当期计入损益的金额纳税调减
4. 应付股利	会计与税法规定一致的股利	账面余额	账面余额	不确认	不需要
	分类为权益工具的永续债的利息，税法允许税前扣除的	账面余额	0	确认	不需要

【释 4】根据《企业会计准则解释第 16 号》规定，对于企业（指发行方，下同）按照《企业会计准则第 37 号——金融工具列报》等规定分类为权益工具的金融工具（如分类为权益工具的永续债等），相关股利支出按照税收政策相关规定在企业所得税税前扣除的，企业应当在确认应付股利时，确认与股利相关的所得税影响。

该股利的所得税影响通常与过去产生可供分配利润的交易或事项更为直接相关，企业应当按照与过去产生可供分配利润的交易或事项时所采用的会计处理相一致的方式，将股利的所得税影响计入当期损益或所有者权益项目（含其他综合收益项目）。对于所分配的利润来源于以前产生损益的交易或事项，该股利的所得税影响应当计入当期损益；对于所分配的利润来源于以前确认在所有者权益中的交易或事项，该股利的所得税影响应当计入所有者权益项目。

【案例 1－9】所得税费用的计量。

学天海公司 2×13 年实现利润总额 210 万元，包括：2×13 年收到的国债利息收入 10 万元，因违反环保法规被环保部门处以罚款 20 万元。税法规定，国债利息收入免税，违反环保法规罚款不得税前扣除。

学天海公司 2×13 年年初递延所得税负债余额为 20 万元，年末余额为 25 万元，上述递延所得税负债均产生于固定资产账面价值与计税基础的差异。

所得税税率为 25％。不考虑其他因素。

要求：计算学天海公司 2×13 年的所得税费用。

解析：

方法一：国债利息收入和罚款属于永久性差异。

所得税费用 =（210 - 10 + 20）× 25% = 55（万元）

方法二：固定资产有关的递延所得税负债发生额 = 25 - 20 = 5 万元，说明应纳税差异增加 5 ÷ 25% = 20 万元，表明当期需要纳税调减 20 万元，未来应纳税，当期不纳税，所以，

应交所得税 =（210 - 10 + 20 - 20）× 25% = 50（万元）

所得税费用 = 应交所得税 50 + 递延所得税负债 5 = 55（万元）

【案例 1 - 10】 政府补助的所得税处理。

学天海公司 2 × 18 年 3 月 31 日取得政府补助 500 万元，用于购置环保设备。学天海公司于当日购入该环保设备，支付价款 800 万元，预计净残值为 0，采用直线法按 5 年计提折旧（与税法规定一致）。假设折旧费用计入管理费用。

要求：（1）假设税法规定该政府补助免征所得税，按照总额法编制当年有关的会计分录，并计算当年应当纳税调整的金额。

（2）假设税法规定该政府补助应当全额征收所得税，按照总额法编制当年有关的会计分录，并计算当年应当纳税调整的金额。

（3）假设税法规定该政府补助免征所得税，按照净额法编制当年有关的会计分录，并计算当年应当纳税调整的金额。

（4）假设税法规定该政府补助应当全额征收所得税，按照净额法编制当年有关的会计分录，并计算当年应当纳税调整的金额。

解析：（1）免税——总额法：

借：银行存款　　5 000 000

　　贷：递延收益　　5 000 000

借：固定资产　　8 000 000

　　贷：银行存款　　8 000 000

借：管理费用　　（8 000 000 ÷ 5 × 9 ÷ 12）1 200 000

　　贷：累计折旧　　1 200 000

借：递延收益　　（5 000 000 ÷ 5 × 9 ÷ 12）750 000

贷：其他收益　　750 000

递延收益：因为税法规定免税，对未来期间纳税没有影响，账面价值和计税基础不产生差异，不确认递延所得税；由于其他收益75万元计入了损益，所以纳税调整 = -75万元。

固定资产：由于会计折旧方法与税法规定相同，所以账面价值 = 计税基础 = 800 - 120 = 680万元，不产生差异，不确认递延所得税；也不影响当期所得税。

（2）缴税——总额法：

会计处理同上。

递延收益：因为税法规定缴税，未来期间可以抵扣，账面价值 = 500 - 75 = 425万元，计税基础 = 0；（425 - 0）×（-1）= -425万元，负差确认递延所得税资产 425×25% = 106.25万元；由于政府补助500万元应当纳税调增，但其他收益75万元已经计入了损益，所以纳税调整 = 500 - 75 = 425万元。

借：递延所得税资产　　1 062 500

　　贷：所得税费用　　1 062 500

固定资产：由于会计折旧方法与税法规定相同，所以账面价值 = 计税基础 = 800 - 120 = 680万元，不产生差异，不确认递延所得税；也不影响当期所得税。

（3）免税——净额法：

借：银行存款　　5 000 000

　　贷：递延收益　　5 000 000

借：固定资产　　8 000 000

　　贷：银行存款　　8 000 000

借：递延收益　　5 000 000

　　贷：固定资产　　5 000 000

借：管理费用　　（3 000 000÷5×9÷12）450 000

　　贷：累计折旧　　450 000

递延收益：余额为0，无须考虑对递延所得税和当期所得税的影响。

固定资产：由于账面价值和计税基础不产生差异，不确认递延所得税；由于补助冲减了固定资产价值，导致当年损益中少计提折旧费用75万元，所以纳税调整 = -75万元。

（4）缴税——净额法：

会计处理同上。

递延收益：余额为0，无须考虑对递延所得税和当期所得税的影响。

固定资产：因为税法规定缴税，未来期间可以抵扣，所以，固定资产账面价值=800-500-45=255万元，计税基础=800-120=680万元；255-680=-425万元，负差确认递延所得税资产425×25%=106.25万元；由于政府补助500万元应当纳税调增，但补助冲减了固定资产价值，导致当年损益中少计提折旧费用75万元，这75万元已经计入了损益，所以纳税调整=500-75=425万元。

借：递延所得税资产　　1 062 500

　　贷：所得税费用　　1 062 500

【案例1-11】 永续债的所得税处理。

学天海公司年初经批准发行了一项无固定还款期限、可自主决定是否支付利息的不可累积永续债B，面值为10亿元，票面年利率为6%。该永续债嵌入了一项看涨期权，允许学天海公司在发行第3年及之后以面值回购该永续债，如果学天海公司在第3年末没有回购该永续债，则之后的票息率增加至10%（通常称为"票息递增"特征）。

此外，永续债的合同条款包括"股利推动机制"，即该永续债票息在学天海公司向其普通股股东支付利时必须支付。学天海公司根据相应的议事机制能够自主决定普通股股利的支付，并且该公司发行该永续债之前多年来均支付普通股股利。

当年年末，学天海公司宣告，将按照合同约定的票面利率向投资人支付永续债的利息。按照税收政策相关规定，该利息允许在企业所得税税前扣除。

学天海公司适用的企业所得税税率为25%，不考虑其他因素。

要求：编制学天海公司发行永续债与年末支付利息相关的会计分录。

解析：这属于股利连结条款。看涨期权属于学天海公司的权利，没有构成义务；利率跳升安排与股利推动机制条款本身不构成学天海公司的合同义务；因此，B永续债应整体被分类为权益工具。

发行时：

借：银行存款　　1 000 000 000

贷：其他权益工具——永续债　　　　　　　　　　　1 000 000 000

年末宣告永续债利息：

借：利润分配——未分配利润　　　　　　　　60 000 000

贷：应付股利　　　　　　　　　　　　　　60 000 000

由于应付股利账面价值为6 000万元，计税基础为0元，因此，应确认递延所得税资产：

借：递延所得税资产　　　　（60 000 000×25%）15 000 000

贷：利润分配——未分配利润　　　　　　　　15 000 000

以后支付利息时将递延所得税资产转回。

【案例1－12】所得税的会计处理。

学天海公司适用的所得税率为25%，某年税前会计利润为1 000万元，除下面资料中注明递延所得税资产或负债存在期初余额的情形外，其他交易或事项不存在递延所得税资产或负债的期初余额，不考虑其他因素。

要求：根据资料（1）—(8)，分别说明每个资料应确认的递延所得税资产或负债，并计算学天海公司当年的应交所得税金额，编制与所得税费用有关的会计分录。

（1）按照税法规定，与产品售后服务相关的费用在实际发生时允许税前扣除。上年年末“预计负债”科目余额为500万元（因计提产品保修费用确认），当年实际支付保修费用400万元，当年在利润表中因产品保修确认了600万元的销售费用。

解析：预计负债账面价值＝500－400＋600＝700万元，负债计税基础＝0，暂时性差异＝(700－0)×(－1)＝－700万元，形成递延所得税资产，发生额＝期末余额700×25%－期初余额500×25%＝50万元。

（2）12月31日涉及一项违反合同的诉讼案件，学天海公司估计败诉的可能性为60%，如败诉，赔偿金额估计在100万元。税法规定违反合同的诉讼实际发生时可以税前扣除。

解析：预计负债账面价值＝100万元，计税基础＝0，暂时性差异＝(100－0)×

(-1) = -100 万元，形成递延所得税资产，发生额 = 期末余额 100×25% - 期初余额 0 = 25 万元。

（3）12 月 20 日自客户收到一笔合同预付款，金额为 100 万元，因不符合收入确认条件，将其作为合同负债核算。假定按照适用税法规定，该款项应计入取得当期应纳税所得额计算缴纳所得税。下一年年初学天海公司确认收入 100 万元。

解析：合同负债账面价值 = 100 万元，计税基础 = 0，暂时性差异 = (100 - 0) × (-1) = -100 万元，形成递延所得税资产，发生额 = 期末余额 100×25% - 期初余额 0 = 25 万元。

（4）全年应付职工薪酬为 285 万元，其中：工资、薪金为 200 万元，职工福利费 30 万元，工会经费 5 万元，因现金结算股份支付确认管理费用 50 万元；税法规定，企业发生的合理的工资、薪金支出准予据实扣除；企业发生的职工福利费支出，不超过工资、薪金总额 14% 的部分准予扣除，企业拨缴的工会经费，不超过工资、薪金总额 2% 的部分准予扣除；与股份支付有关确认的费用于实际支付时可税前抵扣。

解析：应付职工薪酬账面价值 = 285 万元；计税基础 = 285 - 50 = 235 万元；暂时性差异 = (285 - 235) × (-1) = -50 万元，形成递延所得税资产，发生额 = 期末余额 50×25% - 期初余额 0 = 12.5 万元。

（5）1 月 1 日取得的某项无形资产，取得成本为 1 000 万元，根据各方面情况判断，无法合理预计其使用期限，将其作为使用寿命不确定的无形资产。税法规定，无形资产按照 10 年的期限摊销，摊销金额允许税前扣除。年末对该项无形资产进行减值测试，可收回金额为 600 万元。

解析：无形资产减值后账面价值 = 600 万元，计税基础 = 1 000 - 100 = 900 万元，暂时性差异 = 600 - 900 = -300 万元，形成递延所得税资产，发生额 = 期末余额 300×25% - 期初余额 0 = 75 万元。

（6）自 2 月 20 日起自行研发一项新技术，以银行存款支付研发支出共计 460

万元，其中研究阶段支出120万元，开发阶段符合资本化条件前支出60万元，符合资本化条件后支出280万元，研发活动至年底仍在进行中。税法规定，企业为开发新技术、新产品、新工艺发生的研究开发费用，未形成资产计入当期损益的，在按规定据实扣除的基础上，按照研究开发费用的75%加计扣除；形成无形资产的，按照无形资产成本的175%摊销。

解析：开发支出的账面价值为280万元，计税基础 = 280 × 175% = 490万元，280 − 490 = −210万元，但是不确认递延所得税资产。理由：该项交易不是企业合并，交易发生时既不影响会计利润，也不影响应纳税所得额，若确认递延所得税资产，违背历史成本原则。

（7）7月20日，自公开市场以每股7.5元购入20万股乙公司股票，指定为其他权益工具投资核算。年末乙公司股票收盘价为每股8.8元。税法规定，企业持有的金融资产以取得成本作为计税基础。

解析：其他权益工具投资的账面价值为20 × 8.8 = 176万元，计税基础为取得成本20 × 7.5 = 150万元，176 − 150 = 26万元，正差形成递延所得税负债，发生额 = 26 × 25% = 6.5万元，计入其他综合收益。

（8）当年发生广告费5 000万元，当年度销售收入15 000万元。税法规定，企业发生的广告费不超过当年销售收入15%的部分，准予扣除；超过部分，准予在以后纳税年度结转扣除。

解析：广告费允许结转以后年度扣除的部分属于可抵扣差异，确认递延所得税资产 = (5 000 − 15 000 × 15%) × 25% = 2 750 × 25% = 687.5万元。

应交所得税 = [会计利润1 000 + 计提保修费用600 − 发生保修费用400 + 未决诉讼100 + 合同负债100 + 职工福利费（30 − 200 × 14%）+ 工会经费（5 − 200 × 2%）+ 股份支付确认管理费用50万元 − 无形资产摊销100 + 无形资产减值准备400 − 费用化支出加计扣除180 × 75% + 广告费超支2 750] × 25% = 1 092（万元）

递延所得税资产合计 = 50 + 25 + 25 + 12.5 + 75 + 687.5 = 875（万元）

递延所得税负债合计 = 6.5（万元）

借：所得税费用　　　　　　　　　　（倒挤）2 170 000

　　递延所得税资产　　　　　　　　　　　　8 750 000

　　贷：应交税费——应交所得税　　　　　　　　10 920 000

借：其他综合收益　　　　　　　　　　　　65 000

　　贷：递延所得税负债　　　　　　　　　　　　65 000

第六节　企业合并有关的所得税

一、非同一控制下企业合并的所得税会计原则

非同一控制下企业合并的所得税会计原则如表 1－21 所示。

表 1－21　　非同一控制下企业合并的所得税会计原则

	税务处理	会计处理	递延所得税	当期所得税
应税合并	一般性税务重组	购买方对取得的被购买方的资产、负债按公允价值计量，确认商誉	不确认	不需要纳税调整
	被购买方，按照评估后的公允价值转让资产，计算资产转让所得，依法缴纳所得税			
	购买方，按照公允价值确认取得资产和负债的计税基础，不产生暂时性差异			
免税合并	特殊性税务重组		可辨认资产和负债要确认，商誉不确认	被购买方原股东纳税调减
	由于被购买方对可辨认资产负债的公允价值与原计税基础之间的差额未缴税，因此产生暂时性差异			

对购买方来说，企业合并是投资行为，不产生所得税纳税义务。

应税合并和免税合并是针对被购买方来说的。

免税合并时，可辨认资产和负债如果不确认递延所得税，就会虚增商誉。

二、非同一控制下企业合并形成商誉的所得税处理

非同一控制下企业合并形成商誉的所得税处理如表1－22所示。

表1－22　　非同一控制下企业合并形成商誉的所得税处理

<table>
<tr><th></th><th>初始计量</th><th colspan="2">后续计量计提了商誉减值准备</th></tr>
<tr><td rowspan="3">应税合并</td><td rowspan="2">账面价值＝计税基础</td><td>如果计划处置子公司</td><td>应当确认递延所得税资产，因为未来会转回</td></tr>
<tr><td>如果没有计划处置子公司</td><td>不确认递延所得税资产，因为未来不会转回</td></tr>
<tr><td colspan="3">吸收合并时个别报表商誉＝合并成本－被购买方可辨认净资产公允价值
控股合并时合并报表商誉＝合并成本－被购买方可辨认净资产公允价值×控股比例</td></tr>
<tr><td rowspan="3">免税合并</td><td>正商誉，账面价值大于计税基础0，不确认递延所得税</td><td>不管是否计划处置子公司</td><td>不确认递延所得税，因为与初始确认相关</td></tr>
<tr><td>负商誉，账面价值小于计税基础，确认递延所得税资产</td><td>—</td><td>—</td></tr>
<tr><td colspan="3">吸收合并时个别报表商誉＝合并成本－（被购买方可辨认净资产公允价值－递延所得税负债＋递延所得税资产）
控股合并时合并报表商誉＝合并成本－（被购买方可辨认净资产公允价值－递延所得税负债＋递延所得税资产）×控股比例</td></tr>
</table>

为什么正商誉不确认递延所得税负债？因为，第一，商誉相当于是企业合并中形成的剩余价值，如果确认递延所得税负债，对方科目要计入商誉，导致商誉的账面价值变大，而商誉的计税基础0不变，又要确认递延所得税负债，进入无限循环，不符合会计信息的可靠性；第二，根据持续经营假设，被收购主体持续经营，商誉账面价值和计税基础之间的差异未来不会转回，不符合暂时性差异的概念，所以不确认递延所得税。

为什么负商誉要确认递延所得税资产？根据IAS18.32的规定，如果企业合并形成的是负商誉，则商誉的账面价值（即负数）小于计税基础0，两者之间的可抵扣差异应当确认递延所得税资产，只要未来能够取得足够的应纳税所得额用来抵扣。因为负商誉计入损益，相应的递延所得税也计入损益，在未来处置子公司的时候转回差异。

商誉在计量期内外的调整逻辑如图1－5所示。

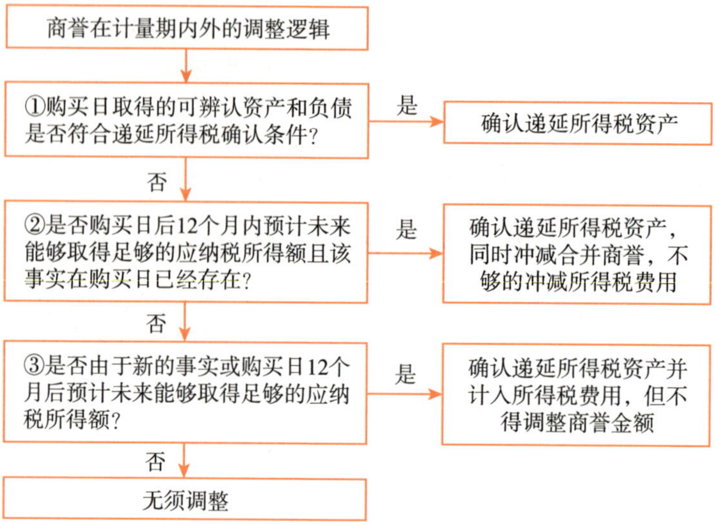

图 1－5　商誉在计量期内外的调整逻辑

【释②】例如，企业在购买日已经研发成功的专利技术，但是未来预计能给企业带来多少经济利益还没评估出来，在购买日后计量期内，通过专家论证和评估，估计出能给企业带来的经济利益金额，从而产生足够的应纳税所得额。

三、同一控制下企业合并的所得税会计原则

同一控制下企业合并的所得税会计原则如表 1－23 所示。

表 1－23　同一控制下企业合并的所得税会计原则

	税务处理	会计处理	递延所得税	当期所得税
应税合并	一般性税务重组	合并方对取得的被合并方的资产负债按照原账面价值计量，合并差额调整所有者权益，不确认商誉	确认，并计入所有者权益	不需要纳税调整
	被合并方，按照评估后的公允价值转让资产，计算资产转让所得，依法缴纳所得税			
	合并方，按照公允价值确认取得资产和负债的计税基础，形成暂时性差异			
免税合并	特殊性税务重组		不确认	
	由于被合并方对可辨认资产负债的公允价值与原计税基础之间的差额未缴税，因此不产生暂时性差异			

【案例 1－13】非同一控制下企业合并商誉的所得税处理。

甲公司和乙公司的企业所得税税率都为25%。2×10年1月1日，甲公司采用免税合并方式，以公允价值2 100万元的股权收购了非关联企业乙公司70%的股权，意图长期持有。购买日，乙公司的所有者权益为1 845万元，其中，实收资本1 000万元，未分配利润845万元。

乙公司购买日可辨认资产和负债（不包括递延所得税资产和负债）的公允价值、计税基础以及暂时性差异如表1－24所示。

表1－24　乙公司购买日可辨认资产和负债信息　单位：万元

项目	公允价值	计税基础	所得税暂时性差异
办公楼、厂房和设备	1 350	775	575
应收账款	1 050	1 050	0
存货	870	620	250
预计负债	－150	0	－150
应付账款	－600	－600	0
不包括递延纳税项目的可辨认净资产	2 520	1 845	675

购买日确认的乙公司预计负债的公允价值150万元为暂时价值。2×10年12月31日，由于获得了与该预计负债形成事项有关的更精确信息，将原暂时价值最终确定调整为140万元，该暂时价值的调整在计量期内。

2×14年12月31日，商誉计提了91.325万元的减值准备。

要求（1）：计算购买日递延所得税项目金额和商誉的金额。

解析：乙公司可辨认净资产的公允价值＝2 520＋递延所得税资产150×25%－递延所得税负债825×25%＝2 520＋37.5－206.25＝2 351.25（万元）

商誉＝合并成本2 100－被购买方可辨认净资产公允价值的份额2 351.25×70%＝454.125万元。商誉的计税基础为0，导致应纳税暂时性差异454.125万元，但是，甲公司意图长期持有乙公司股权，差异未来不会转回，不确认与商誉相关的递延所得税负债。

2 100－2 358.75×70%＝448.875（万元）

要求（2）：编制购买日甲公司合并报表中有关的调整和抵销分录。

解析：

借：固定资产　　5 750 000

　　存货　　2 500 000

　　递延所得税资产　　（1 500 000×25%）375 000

　　贷：预计负债　　1 500 000

　　　　递延所得税负债　　（8 250 000×25%）2 062 500

　　　　资本公积　　（倒挤）5 062 500

借：实收资本　　10 000 000

　　资本公积　　5 062 500

　　未分配利润　　8 450 000

　　商誉　　4 541 250

　　贷：长期股权投资　　21 000 000

　　　　少数股东权益　　（23 512 500×30%）7 053 750

要求（3）： 编制甲公司2×10年12月31日因预计负债价值变动有关的调整分录。

解析： 由于该暂时价值的调整在计量期内，因此应视同在2×10年1月1日购买日确认和计量，从而调整商誉的价值：

借：预计负债　　（1 500 000－1 400 000）100 000

　　贷：递延所得税资产　　（100 000×25%）25 000

　　　　商誉　　[100 000×（1－25%）×70%] 52 500

　　　　资本公积　　（倒挤）22 500

调整后的商誉余额＝454.125－5.25＝448.875（万元）。

子公司净资产增加10×（1－25%）＝7.5万元，编制抵销分录时相应调整长期股权投资与少数股东权益。

要求（4）： 计算2×14年12月31日商誉的金额。

解析： 商誉＝448.875－91.325＝357.55（万元）。

【案例1-14】非同一控制下企业合并商誉的所得税处理。

学天海公司1月1日发行市值为15 000万元股票（面值1元，市价10元）作为合并成本购入非关联方乙公司原股东持有的乙公司100%的净资产（见表1-25）进行吸收合并，假设符合免税合并条件，乙公司原有账面可抵扣亏损1 000万元且购买日不符合确认递延所得税资产的条件，但在购买日后6个月产生足够应税所得用以抵扣可抵扣暂时性差异。

表1-25　　乙公司各项目公允价值及计税基础　　单位：万元

乙公司项目	公允价值	计税基础
固定资产	6 750	3 875
应收账款	5 250	5 250
存货	4 350	3 100
应付账款	(3 750)	(3 750)
不包括递延所得税的可辨认资产、负债	12 600	8 475
可抵扣亏损	1 000	

要求（1）：计算购买日商誉的价值。

解析：可抵扣亏损在购买日由于不符合确认递延所得税资产的条件，暂不确认。

递延所得税负债=[(6 750-3 875)+(4 350-3 100)]×25%=1 031.25（万元）

商誉=合并成本15 000-被购买方可辨认净资产公允价值（12 600-1 031.25）×100%=3 431.25（万元）

要求（2）：假设合并交易采用应税合并，计算购买日商誉的价值。

解析：商誉=合并成本15 000-被购买方可辨认净资产公允价值12 600=2 400（万元）

要求（3）：编制购买日有关的会计分录。

解析：

借：固定资产　　67 500 000
　　应收账款　　52 500 000
　　存货　　43 500 000
　　商誉　　34 312 500
　　贷：应付账款　　37 500 000
　　　　递延所得税负债　　10 312 500
　　　　股本　　15 000 000
　　　　资本公积　　135 000 000

要求（4）：计算6个月后商誉的价值并编制有关的会计分录。

解析：6个月后商誉的账面价值 =3 431.25 –1 000×25% =3 181.25（万元）

借：递延所得税资产　　（10 000 000×25%）2 500 000
　　贷：商誉　　2 500 000

【案例1–15】非同一控制下企业合并商誉的所得税处理。

2×12年6月30日甲公司以对价1 500万元收购非关联方乙公司60%的股权，对价由800万元现金和公允价值为700万元的非现金资产构成，投资直接相关费用为45万元。2×15年12月31日甲公司对乙公司的投资计提了200万元的资产减值准备。

2×16年甲公司决定出售其持有的乙公司所有股权并开始寻求买家。2×17年7月31日，甲公司出售其所持有乙公司的60%股权，获得现金1 400万元。

甲公司2×17年的会计利润总额为1 000万元。企业所得税税率为25%。假设甲公司能够取得足够的应税所得用来抵扣可抵扣暂时性差异。

要求：（1）计算甲公司收购、持有和处置乙公司股权各期间的所得税暂时性差异。

（2）计算每年可能的递延所得税项目（资产或负债）以及投资处置当期的所得税费用。

解析：（1）计算各期的所得税暂时性差异（见表1–26）

表1－26　　各期所得税暂时性差异　　单位：万元

年份	账面价值	计税基础	所得税暂时性差异
2×12	1 500	1 545	45万元可抵扣暂时性差异
2×13	1 500	1 545	45万元可抵扣暂时性差异
2×14	1 500	1 545	45万元可抵扣暂时性差异
2×15	1 300	1 545	245万元可抵扣暂时性差异
2×16	1 300	1 545	245万元可抵扣暂时性差异
2×17年7月31日	1 300	1 545	转回可抵扣暂时性差异245万元

(2) 2×12—2×15年：甲公司在此期间意图长期持有乙公司的股权，因此难以判断该暂时性差异在可预见的将来可转回，不确认递延所得税资产。

2×16年：甲公司计划出售乙公司股权，因此可抵扣暂时性差异在可预见的将来可转回，应当确认递延所得税资产：

借：递延所得税资产　　(2 450 000×25%) 612 500

　贷：所得税费用——递延所得税费用　　612 500

2×17年：7月31日处置投资时，甲公司会计上确认投资收益＝1 400－1 300＝100万元；按照税法的规定，股权转让所得＝1 400－1 545＝－145万元。

应纳税所得额＝1 000－投资收益100－税法确认的损失145＝1 000－245＝755（万元）

借：所得税费用——当期所得税费用　　1 887 500

　　　　　　——递延所得税费用　　(2 450 000×25%) 612 500

　贷：应交税费——应交所得税　　(7 550 000×25%) 1 887 500

　　递延所得税资产　　612 500

【案例1－16】同一控制下企业合并商誉的所得税处理。

2×12年6月30日甲公司以对价1 500万元收购同一集团内部的另一家成员乙公司60%的股权，对价由800万元现金和公允价值为700万元、账面价值为600万元的非现金资产（假设为固定资产）构成，乙公司合并日可辨认净资产的账面价值在集团最终控制方报表中的金额为2 000万元。

2×15年12月31日甲公司对乙公司的投资计提了200万元的资产减值准备。

2×16年甲公司决定出售其持有的乙公司所有股权并开始寻求买家。

2×17年7月31日，甲公司出售其所持有乙公司的60%股权，获得现金

1 400 万元。

甲公司 2×17 年的会计利润总额为 1 000 万元。企业所得税税率为 25%。假设甲公司能够取得足够的应税所得用来抵扣可抵扣暂时性差异。

要求：（1）编制甲公司对乙公司股权投资的初始确认分录。

（2）计算甲公司收购、持有和处置乙公司股权各期间的所得税暂时性差异。

（3）计算每年可能的递延所得税项目（资产或负债）以及投资处置当期的所得税费用。

解析：（1）甲公司对乙公司的合并是同一控制下的企业合并，应按分享的乙公司净资产账面价值的份额确认投资的初始成本。

借：长期股权投资　　（20 000 000×60%）12 000 000

　　资本公积——股本溢价　　（倒挤）2 000 000

　　贷：银行存款　　8 000 000

　　　　固定资产清理　　（转销账面价值）6 000 000

（2）计算各期的所得税暂时性差异（见表 1－27）。

表 1－27　　甲公司各期的所得税暂时性差异　　单位：万元

年份	账面价值	计税基础	所得税暂时性差异
2×12	1 200	1 500	300 万元可抵扣暂时性差异
2×13	1 200	1 500	300 万元可抵扣暂时性差异
2×14	1 200	1 500	300 万元可抵扣暂时性差异
2×15	1 000	1 500	500 万元可抵扣暂时性差异
2×16	1 000	1 500	500 万元可抵扣暂时性差异
2×17 年 7 月 31 日	1 000	1 500	转回可抵扣暂时性差异 500 万元

（3）2×12—2×15 年：甲公司在此期间意图长期持有乙公司的股权，因此难以判断可抵扣暂时性差异在可预见的将来可转回，不确认递延所得税资产。

2×16 年：甲公司计划出售乙公司股权，因此可抵扣暂时性差异在可预见的将来可转回，应当确认递延所得税资产。

借：递延所得税资产　　（5 000 000×25%）1 250 000

　　贷：所得税费用——递延所得税费用　　1 250 000

2×17 年：7 月 31 日处置投资时，甲公司会计上确认了投资收益＝1 400－

1 000 = 400 万元，按照税法规定，股权转让所得 = 1 400 - 1 500 = -100 万元。

应纳税所得额 = 1 000 - 投资收益 400 - 税法确认的损失 100 = 1 000 - 500 = 500（万元）

借：所得税费用——当期所得税费用　　1 250 000
　　　　　　　——递延所得税费用　　1 250 000
　贷：应交税费——应交所得税　（5 000 000 × 25%）1 250 000
　　　递延所得税资产　　1 250 000

【案例 1 - 17】企业合并中替换奖励的会计处理。

甲公司在 2 × 11 年 1 月 1 日取得非关联方乙公司 100% 的权益。甲公司付给乙公司原所有者 400 万元的现金对价。甲公司的所得税税率为 25%。

在购买日乙公司有外发员工股票期权，市值为 100 万元。该股票期权被全部给予。作为企业合并的一部分，甲公司以市价为 100 万元，内在价值为 80 万元的外发股票期权（替换奖励）替换乙公司员工原持有的股票期权，替换奖励被全部给予。根据《企业合并准则》的规定，替换奖励为转移给乙公司对价的一部分。假设税法规定，只有期权到期被执行时，替换奖励的所得税抵扣才会产生。所得税抵扣将基于股票期权执行日的内在价值。

甲公司在企业合并中取得的可辨认净资产（不包括递延所得税资产和负债）的公允价值为 450 万元，取得的可辨认净资产的计税基础为 300 万元。

在 2 × 11 年 12 月 31 日替换奖励的内在价值变为 120 万元。

要求：（1）计算甲公司商誉的金额。

（2）编制甲公司购买日在合并报表中与企业合并相关的会计分录。

（3）编制甲公司 2 × 11 年 12 月 31 日替换奖励的内在价值变动相关的会计分录。

解析：（1）甲公司在购买日对取得的可辨认净资产评估增值的部分，应当确认递延所得税负债（450 - 300）× 25% = 37.5 万元。

甲公司在收购日对替换奖励应当确认递延所得税资产 = 内在价值 80 × 25% = 20 万元。

商誉 = 合并成本（400 + 100）-（可辨认净资产公允价值 450 - 递延所得税负债 37.5 + 递延所得税资产 20）= 500 - 432.5 = 67.5 万元。

（2）

借：可辨认净资产　　4 500 000

　　递延所得税资产　　200 000

　　商誉　　675 000

　　贷：银行存款　　4 000 000

　　　　资本公积——权益结算的股份支付（替换奖励）　　1 000 000

　　　　递延所得税负债　　375 000

（3）由于替换奖励内在价值增加，说明未来可抵税的经济利益增加。

借：递延所得税资产

　　（期末余额 1 200 000 × 25% − 期初余额 200 000）　100 000

　　贷：所得税费用　　100 000

第七节　披　　露

一、列报

所得税的列报如图 1 − 6 所示。

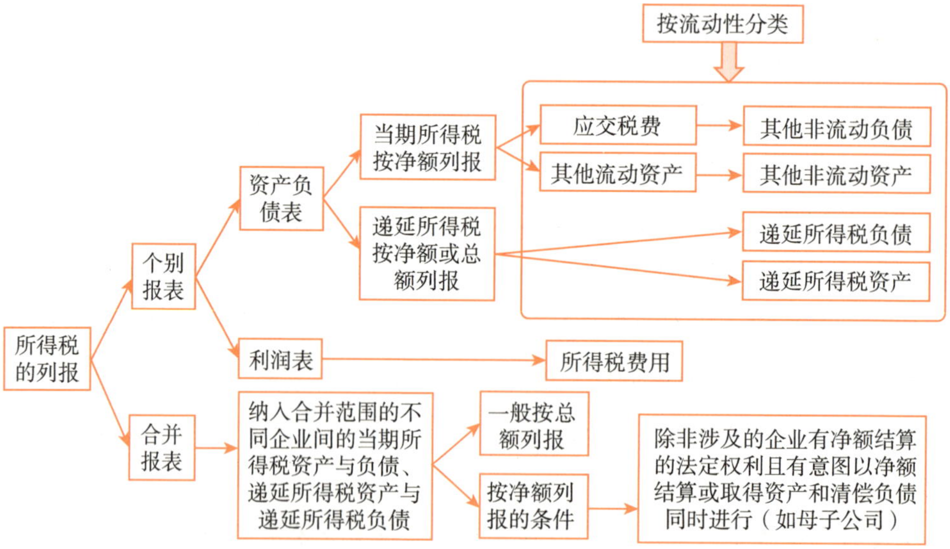

图 1 − 6　所得税的列报

按照流动性分类列报，资产与负债项目不得抵销列报，是CAS30的基本规定。

递延所得税列报的金额是期末余额，而编制会计分录的金额是当期发生额。

当期所得税资产与负债（即企业多交或少交所得税而形成的资产或负债），按照抵销后的净额列示，抵销后多交的所得税属于资产，在其他流动资产或其他非流动资产项目列报，少交的所得税属于负债，在应交税费和其他非流动负债项目列报。

递延所得税资产和递延所得税负债一般应当分别作为非流动资产和非流动负债项目列报。

同一企业的递延所得税资产与递延所得税负债可以按抵销后的净额或总额列示。举例如表1－28所示。

表1－28　　净额列报和总额列报

情形	净额列报	总额列报
1. 甲公司年末“递延所得税资产”科目余额170万元，“递延所得税负债”科目余额100万元	在“递延所得税资产”项目列报70万元	在“递延所得税资产”项目列报170万元，在“递延所得税负债”项目列报100万元
2. 甲公司年末“递延所得税资产”科目余额70万元，“递延所得税负债”科目余额100万元	在“递延所得税负债”项目列报30万元	在“递延所得税资产”项目列报70万元，“递延所得税负债”项目列报100万元

二、披露

CAS18需要披露的内容。

1. 所得税费用（收益）的主要组成部分；

2. 所得税费用（收益）与会计利润关系的说明；

3. 未确认递延所得税资产的可抵扣暂时性差异、可抵扣亏损的金额（如果存在到期日，还应披露到期日）；

4. 对每一类暂时性差异和可抵扣亏损，在列报期间确认的递延所得税资产或递延所得税负债的金额，确认递延所得税资产的依据；

5. 未确认递延所得税负债的，与对子公司、联营企业及合营企业投资相关的暂时性差异金额。

第八节 综合案例

【案例1－18】 所得税的会计处理。

甲公司适用的企业所得税税率为25%。经当地税务机关批准，甲公司自2×11年2月取得第一笔生产经营收入所属纳税年度起，享受“三免三减半”的税收优惠政策，即2×11年至2×13年免交企业所得税，2×14年至2×16年减半按照12.5%的税率缴纳企业所得税。

甲公司2×13年至2×17年有关会计处理与税收处理不一致的交易或事项如下：

（1）2×12年12月10日，甲公司购入一台不需要安装即可投入使用的行政管理用A设备，成本为6 000万元。该设备采用年数总和法计提折旧，预计使用5年，预计无净残值。税法规定，固定资产按照年限平均法计提的折旧准予在税前扣除。假定税法规定的A设备预计使用年限及净残值与会计规定相同。

要求（1）： 根据上述资料，分别计算甲公司2×13年至2×17年各年A设备应计提的折旧，并填写完成表1－29。

表1－29　A设备各年暂时性差异

项目	2×13年12月31日	2×14年12月31日	2×15年12月31日	2×16年12月31日	2×17年12月31日
账面价值					
计税基础					
暂时性差异					

解析： 2×13年A设备应计提的折旧＝6 000×5÷15＝2 000（万元）

2×14年A设备应计提的折旧＝6 000×4÷15＝1 600（万元）

2×15年A设备应计提的折旧＝6 000×3÷15＝1 200（万元）

2×16年A设备应计提的折旧＝6 000×2÷15＝800（万元）

2×17年A设备应计提的折旧＝6 000×1÷15＝400（万元）

表 1 – 29　　　　A 设备各年暂时性差异

项目	2×13 年 12 月 31 日	2×14 年 12 月 31 日	2×15 年 12 月 31 日	2×16 年 12 月 31 日	2×17 年 12 月 31 日
账面价值	4 000	2 400	1 200	400	0
计税基础	4 800	3 600	2 400	1 200	0
暂时性差异	–800	–1 200	–1 200	–800	0

(2) 甲公司拥有一栋五层高的 B 楼房，用于本公司行政管理部门办公。迁往新建的办公楼后，甲公司 2×17 年 1 月 1 日与乙公司签订租赁协议，将 B 楼房租赁给乙公司使用。租赁合同约定，租赁期为 3 年，租赁期开始日为 2×17 年 1 月 1 日；年租金为 240 万元，于每月月末分期支付。B 楼房转换为投资性房地产前采用年限平均法计提折旧，预计使用 50 年，预计无净残值；转换为投资性房地产后采用公允价值模式进行后续计量。转换日，B 楼房原价为 800 万元，已计提折旧为 400 万元，公允价值为 1 300 万元。2×17 年 12 月 31 日，B 楼房的公允价值为 1 500 万元。税法规定，企业的各项资产以历史成本为计量基础；固定资产按照年限平均法计提的折旧准予在税前扣除。假定税法规定的 B 楼房使用年限及净残值与其转换为投资性房地产前的会计规定相同。

要求 (2)： 根据上述资料，编制甲公司 2×17 年与 B 楼房转换为投资性房地产及其后续公允价值变动相关的会计分录。

解析：

借：投资性房地产　（公允价值）13 000 000
　　累计折旧　（转销余额）4 000 000
　　贷：固定资产　（转销余额）8 000 000
　　　　其他综合收益　（倒挤）9 000 000

借：投资性房地产　（15 000 000 – 13 000 000）2 000 000
　　贷：公允价值变动损益　2 000 000

(3) 2×17 年 7 月 1 日，甲公司以 1 000 万元的价格购入国家同日发行的国债，款项已用银行存款支付。该债券的面值为 1 000 万元，期限为 3 年，年利率为 5%（与实际利率相同），利息于每年 6 月 30 日支付，本金到期一次支付。甲公司根据其管理该国债的业务模式和该国债的合同现金流量特征，将购入的国债分类为以摊余成本计量的金融资产。税法规定，国债利息收入免交企业所得税。

要求（3）：根据上述资料，编制甲公司2×17年与购入国债及确认利息相关的会计分录。

解析：

借：债权投资　　10 000 000

　　贷：银行存款　　10 000 000

借：应收利息　　（10 000 000×5%×6÷12）250 000

　　贷：投资收益　　250 000

（4）2×17年9月3日，甲公司向符合税法规定条件的公益性社会团体捐赠现金600万元。税法规定，企业发生的公益性捐赠支出不超过年度利润总额12%的部分准予扣除。

其他资料如下：第一，2×17年度，甲公司实现利润总额4 500万元。

第二，2×13年年初，甲公司递延所得税资产和递延所得税负债无余额，无未确认所得税资产的可抵扣暂时性差异和可抵扣亏损。除上面所述外，甲公司2×13年至2×17年无其他会计处理与税收处理不一致的交易或事项。

第三，2×13年至2×17年各年年末，甲公司均有确凿证据表明未来期间很可能获得足够的应纳税所得用来抵扣可抵扣暂时性差异。

第四，不考虑除所得税外的其他税费及其他因素。

要求（4）：根据上述资料，计算甲公司2×13年至2×16年各年年末的递延所得税资产或负债余额。

要求（5）：根据上述资料，计算甲公司2×17年的应交所得税和所得税费用，以及2×17年年末递延所得税资产或负债余额，并编制相关会计分录。

解析：（4）2×13年至2×16年只有固定资产产生递延所得税，其他业务在2×17年度才发生。2×11年至2×13年免交企业所得税，2×14年至2×16年减半按照12.5%的税率缴纳企业所得税，2×17年的企业所得税税率为25%。甲公司各年年末暂时性差异计算过程如表1－30所示。

表 1-30　　甲公司各年的暂时性差异　　单位：万元

项目	2×13 年 12 月 31 日	2×14 年 12 月 31 日	2×15 年 12 月 31 日	2×16 年 12 月 31 日	2×17 年 12 月 31 日
账面价值	4 000	2 400	1 200	400	0
计税基础	4 800	3 600	2 400	1 200	0
暂时性差异	-800	-1 200	-1 200	-800	0
转回				400	800

2×13 年年末的递延所得税资产余额 = 400×(2×16 年转回时的税率) 12.5% + 400×(2×17 年转回时的税率) 25% = 150（万元）

2×14 年年末的递延所得税资产余额 = 400×(2×16 年转回时的税率) 12.5% + 800×(2×17 年转回时的税率) 25% = 250（万元）

2×15 年年末的递延所得税资产余额 = 400×(2×16 年转回时的税率) 12.5% + 800×(2×17 年转回时的税率) 25% = 250（万元）

2×16 年年末的递延所得税资产余额 = 800×(2×17 年转回时的税率) 25% = 200（万元）

解析：（5）2×17 年应交所得税 = [利润 4 500 + 固定资产（会计折旧 400 - 税法折旧 1 200）- 投资性房地产公允价值变动损益 200 - 投资性房地产折旧 800÷50 - 国债利息收入 25 + 公益性捐赠（600 - 4 500×12%）]×25% = 879.75（万元）

固定资产转回的递延所得税资产 800×25% = 200 万元计入所得税费用；

投资性房地产转换时产生的递延所得税负债计入其他综合收益：

借：其他综合收益　　　　（9 000 000×25%）2 250 000

　　贷：递延所得税负债　　　　（期末余额）2 250 000

投资性房地产公允价值变动产生的递延所得税负债计入所得税费用：

递延所得税负债发生额 = [期末账面价值 1 500 - 计税基础（400 - 800÷50）]×25% - 225 = 54（万元）

所得税费用 = 当期应交所得税 879.75 + 固定资产转回的递延所得税资产 200 + 投资性房地产公允价值变动产生的递延所得税负债 54 = 1 133.75（万元）

借：所得税费用　　　　（倒挤）11 337 500

　　贷：应交税费　　　　（本期发生额）8 797 500

递延所得税资产　　2 000 000

递延所得税负债　　540 000

【案例1-19】所得税的会计处理。

学天海公司某年实现的利润总额为10 000万元，适用的所得税税率为25%，除下述事项外，不存在其他影响利润总额及所得税纳税调整的事项。假定学天海公司未来年度有足够的应纳税所得额用于抵扣可抵扣暂时性差异。

要求（1）：根据事项①至⑤，分别判断学天海公司的会计处理是否正确，同时说明判断依据或正确的会计处理办法。

①1月1日，学天海公司开始对A设备计提折旧。A设备的成本为4 000万元，预计使用年限为10年，预计净残值为零，采用年限平均法计提折旧。根据税法规定，A设备的折旧年限为16年。假定A设备的折旧方法和净残值均符合税法规定。学天海公司12月31日确认递延所得税负债37.5万元。

解析：不正确。理由：固定资产的账面价值=4 000-4 000÷10=3 600万元，计税基础=4 000-4 000÷16=3 750万元，暂时性差异=账面价值3 600-计税基础3 750=-150万元，负差应确认递延所得税资产（3 750-3 600）×25%=37.5万元。

②7月2日，学天海公司自行研究开发的W专利技术达到预定可使用状态，并作为无形资产入账。W专利技术的成本为2 400万元，预计使用年限为10年，预计净残值为零，采用直线法摊销。根据税法规定，W专利技术的计税基础为其成本的175%。假定W专利技术的摊销方法、摊销年限和预计净残值符合税法规定。12月31日无形资产的账面价值为2 300万元，累计摊销额100万元，确认递延所得税资产287.5万元。

解析：不正确。理由：当月取得无形资产当月摊销，无形资产累计摊销=2 400÷10×6÷12=120万元；少摊销120-100=20万元。

账面价值=2 400-120=2 280万元，计税基础=2 280×175%=3 990万元，2 280-3 990=-1 710万元，负差产生可抵扣暂时性差异，但自行研发的无形资产初始确认产生的可抵扣暂时性差异，不应确认递延所得税资产。

③1 月 1 日，学天海公司自非关联方 A 公司处取得其子公司 M 公司 80% 的股权，形成控制，在购买日确定商誉 200 万元。学天海公司取得 M 公司的股权投资采用免税合并的方式。税法规定，学天海公司购买丁公司产生的商誉在整体转让或者清算相关资产、负债时，允许税前扣除。学天海公司 12 月 31 日确认了递延所得税负债 50 万元。

解析： 不正确。理由：非同一控制下采用免税合并的方式取得子公司，商誉的计税基础为 0，与商誉账面价值之间的差异，如果确认递延所得税，将进一步增加商誉的金额，从而导致无限循环，在长期持有子公司的情况下，该差异不会转回，不符合递延所得税的概念，因此不需要确认递延所得税。

④12 月 31 日，学天海公司的 C 建筑物于 2 年前购入并直接出租，成本为 3 600万元，采用公允价值模式进行后续计量。12 月 31 日已出租 C 建筑物累计公允价值变动收益为 600 万元，其中本年度公允价值变动收益为 400 万元。根据税法规定，已出租 C 建筑物以历史成本按税法规定扣除折旧后作为其计税基础，折旧年限为 20 年，预计净残值为零，自购入使用后的次月起采用年限平均法计提折旧。学天海公司当年确认递延所得税负债贷方发生额 100 万元，确认递延所得税负债贷方余额为 150 万元。

解析： 不正确。理由：投资性房地产的账面价值 = 3 600 + 600 = 4 200 万元，计税基础 = 3 600 − 3 600 ÷ 20 × 2 = 3 240 万元，应确认递延所得税负债余额 = (4 200 − 3 240) × 25% = 240 万元；递延所得税负债期初余额 = [账面价值(3 600 + 200) − 计税基础(3 600 − 3 600 ÷ 20)] × 25% = 95 万元；应确认递延所得税负债发生额 = 期末余额 240 − 期初余额 95 = 145 万元。

也可以直接计算递延所得税负债发生额 = (当年公允价值上升 400 + 税法折旧 3 600 ÷ 20) × 25% = 580 × 25% = 145 （万元）。

⑤12 月 1 日与丁公司签订销售合同，向丁公司销售一批 D 商品，销售价格为 500 万元（包括安装费用），学天海公司负责 D 商品的安装工作，安装完毕交付客户验收后，商品的控制权才转移给客户。12 月 5 日学天海公司发出 D 商品并开出增值税专用发票，款项已收到并存入银行。该批 D 商品的实际成本为 350 万

元。至12月31日安装工作尚未结束。按照税法规定，已开发票的销售业务应当计入应纳税所得额计算缴纳所得税。学天海公司当年确认了收入500万元，并结转了成本350万元，未确认递延所得税资产和负债。

解析：不正确。理由：由于安装完毕交付客户验收后，商品的控制权才转移给客户，由于至12月31日安装工作尚未结束，不符合收入确认的条件，因此不应当确认收入和结转成本。

当期应交所得税：符合税法规定应当缴税，所以纳税调增。

递延所得税：合同负债（账面价值500万元－计税基础0）×(－1)＝－500万元，负差应确认递延所得税资产500×25%＝125万元。

发出商品账面价值350－计税基础0＝350万元，正差应确认递延所得税负债350×25%＝87.5万元。

【注】由于本期确认收入，成本也在本期税前扣除，未来可以税前扣除的金额为0，所以，计税基础为0。

要求（2）：计算学天海公司当年应交所得税、递延所得税资产和递延所得税负债的发生额及所得税费用的金额。

解析：应交所得税＝(利润总额10 000＋固定资产150－无形资产少摊销20－加计摊销120×75%－投资性房地产580＋销售合同500－350)×25%＝2 402.5(万元)

递延所得税资产发生额＝固定资产37.5＋销售合同125＝162.5（万元）（借方）

递延所得税负债发生额＝投资性房地产145＋销售合同87.5＝232.5（万元）(贷方)

所得税费用＝当期所得税2 402.5＋递延所得税负债232.5－递延所得税资产162.5＝2 472.5（万元）

【案例1－20】股份支付的所得税处理。

学天海公司的所得税税率是25%。第1年年初授予员工股份期权，员工在企业服务满3年后，将相应股份过户给员工，在第5年年末员工可以行使期权。税法规定，员工实际行权时，股权激励费用按照行权时的内在价值，允许在企业所得税前扣除。

每一会计期间所接受并消耗的股权激励费用、每一年年末发行在外的期权的数目、每一年年末发行在外的期权的内在价值如表1－31所示。

表1－31　　各年期权信息　　单位：万元

	股权激励费用	年末期权预计行权数量	每份期权的内在价值
第1年	188 000	50 000	5
第2年	185 000	45 000	8
第3年	190 000	40 000	13
第4年	0	40 000	17
第5年	0	40 000	20

假设符合条件的员工在第5年年末全部行权。

要求：编制学天海公司连续5年与所得税相关的会计分录。（结果以万元保留整数）

解析：

第1年：计税基础＝估计的未来可以抵扣的金额＝预计行权数量50 000×内在价值5×1÷3＝83 333万元，小于确认的股权激励费用188 000万元，所以确认的递延所得税资产全部计入损益。

借：递延所得税资产　　（833 330 000×25%）208 330 000

　贷：所得税费用　　208 330 000

第2年：计税基础＝估计的未来可以抵扣的金额＝预计行权数量45 000×内在价值8×2÷3＝240 000万元，小于累计确认的股权激励费用188 000＋185 000＝373 000万元，所以确认的递延所得税资产全部计入损益。

递延所得税资产发生额＝期末余额240 000×25%－期初余额20 833＝60 000－20 833＝39 167（万元）

借：递延所得税资产　　391 670 000

　贷：所得税费用　　391 670 000

【注】39 167万元＝30 000万元＋11 250万元－2 083万元，包括三个部分：

一是当年股权激励费用的计税基础与零账面金额之间的暂时性差异所产生：45 000×8×1÷3×25%＝30 000万元；

二是期权内在价值增加导致以前年度股权激励费用的计税基础调整所产生：45 000×3×1÷3×25%＝11 250万元；

三是预计行权数量减少导致所产生：5 000×5×1÷3×25% =2 083 万元。

第 3 年：计税基础 = 估计的未来可以抵扣的金额 = 预计行权数量 40 000× 内在价值 13×3÷3 =520 000 万元，小于累计确认的股权激励费用 188 000 +185 000 +190 000 =563 000 万元，所以确认的递延所得税资产全部计入损益。

递延所得税资产发生额 = 期末余额 520 000×25% − 期初余额 60 000 = 130 000 −60 000 =70 000 万元。

借：递延所得税资产　　700 000 000

　　贷：所得税费用　　700 000 000

第 4 年：不再确认股权激励费用。

计税基础 = 估计的未来可以抵扣的金额 = 预计行权数量 40 000× 内在价值 17 = 680 000 万元，大于累计确认的股权激励费用 563 000 万元，所以确认的递延所得税资产发生额 = 期末余额 680 000×25% − 期初余额 130 000 =170 000 −130 000 = 40 000 万元，其中，超出部分的递延所得税资产（680 000 −563 000）×25% = 29 250万元计入权益，其余部分 40 000 −29 250 =10 750 万元计入损益。

借：递延所得税资产　　400 000 000

　　贷：资本公积——其他资本公积　　292 500 000

　　　　所得税费用　　（倒挤）107 500 000

第 5 年：不再确认股权激励费用，员工行权时，累计已确认的递延所得税资产 =20 833 +39 167 +70 000 +40 000 =170 000 万元应当全部转回，其中，与累计股权激励费用相关的部分 563 000×25% =140 750 万元计入损益（即所得税费用），其余部分转回资本公积——其他资本公积 29 250 万元。

借：资本公积——其他资本公积　　（转回）292 500 000

　　所得税费用　　（倒挤）1 407 500 000

　　贷：递延所得税资产　　（转回）1 700 000 000

可以税前扣除的金额为预计行权数量 40 000× 内在价值 20 =800 000 万元，但是已经累计确认的股权激励费用为 563 000 万元，超过部分可以少缴当期所得税（800 000 −563 000）×25% =59 250 万元，同时计入权益。

借：应交税费——应交所得税　　592 500 000

　　贷：资本公积——股本溢价　　592 500 000

【案例 1－21】所得税的会计处理。

学天海公司适用的所得税税率为 25%，由于申请了高新技术企业认证，预计自 2×19 年起所得税税率变更为 15%。学天海公司 2×18 年实现销售收入 9 000 万元，利润总额为 5 000 万元，按照 10% 计提盈余公积。2×18 年期初递延所得税资产为 0，期初递延所得税负债为 225 万元，是持有的 A 公司股票所形成的所得税影响。2×18 年发生的有关交易事项中，不考虑增值税等其他因素，会计处理与所得税处理存在差异的包括以下几项：

（1）2×17 年 12 月 31 日以 20 000 万元总价款购买了一栋已达到预定可使用状态的公寓。该公寓总面积为 1 万平方米，每平方米单价为 2 万元，预计使用寿命为 50 年，预计净残值为零。学天海公司计划将该公寓对外出租，对投资性房地产采用公允价值模式进行后续计量。当年收到租金 500 万元，发生费用支出（不含折旧）100 万元。由于市场发生变化，学天海公司 2×18 年 12 月 31 日出售了公寓总面积的 20%，收到价款 4 200 万元，当日该公寓每平方米的公允价值为 2.1 万元。根据税法规定，投资性房地产应当按照其购买成本、根据预计使用寿命 50 年、按照年限平均法、预计净残值为 0，计算折旧额在税前扣除，持有期间公允价值的变动不计入应纳税所得额；在实际处置时，处置取得的价款扣除计税基础后的差额计入应纳税所得额。

要求（1）：根据上述资料，编制学天海公司 2×18 年与该投资性房地产业务相关的会计分录，计算应确认的递延所得税和应当纳税调整的金额。

解析：

借：银行存款　　　　5 000 000

　　贷：其他业务收入　　　　5 000 000

借：其他业务成本　　　　1 000 000

　　贷：银行存款　　　　1 000 000

借：银行存款　　　　42 000 000

　　贷：其他业务收入　　　　42 000 000

借：其他业务成本　　　　（倒挤）40 000 000

　　贷：投资性房地产——成本　　　　（200 000 000×20%）40 000 000

借：投资性房地产——公允价值变动

　　　　[（2.1－2）×80 000 000] 8 000 000

贷：公允价值变动损益　　　　8 000 000

账面价值 =21 000 ×80% =16 800 万元，计税基础 =（20 000 −20 000 ÷50）×80% =15 680 万元，应确认递延所得税负债发生额 = 期末余额（16 800 −15 680）×15% −期初余额 0 =168 万元，并计入所得税费用。

纳税调整 = −会计公允价值变动损益 800 −税法折旧 20 000 ÷50 −会计出售部分损益（4 200 −20 000 ×20%）+税法出售部分损益［4 200 −（20 000 −20 000 ÷50）×20%］= −1 120（万元）

（2）学天海公司当年对其存货计提跌价准备 33 万元，对其固定资产计提减值准备 500 万元，当年发生业务招待费 130 万元。税法规定，企业未经批准计提的准备金不得税前扣除。企业发生的与生产经营活动有关的业务招待费支出，按照发生额的 60% 扣除，但最高不得超过当年销售（营业）收入的 5‰。

要求（2）：根据上述资料，计算应确认的递延所得税和应当纳税调整的金额。

解析：超标的业务招待费属于永久性差异，不确认递延所得税。

递延所得税资产 = 计提减值准备（33 +500）×15% =79.95 万元，并计入所得税费用；

应当纳税调整 =33 +500 +（130 −9 000 ×5‰）=618（万元）

（3）8 月 1 日，学天海公司按面值从 D 公司购买了 D 公司当日发行的债券 1 000 万元，票面利率为 5%，期限为 3 年，每年 8 月 1 日支付上一年度的利息。管理层对该投资的业务模式是收取合同现金流量，如果公司出现资金不足的情况下将对其出售以弥补所需资金。2 ×18 年 12 月 31 日该债券的公允价值为 1 100 万元。税法规定，企业取得的利息收入按照合同约定的应付利息的日期计入应纳税所得额，持有期间的公允价值变动不计入应纳税所得额。

要求（3）：根据上述资料，编制学天海公司 2 ×18 年与该投资相关的会计分录，计算应确认的递延所得税和应当纳税调整的金额。

解析：根据企业管理该金融资产的业务模式和合同现金流量特征，应当将其分类为以公允价值计量且其变动计入其他综合收益的金融资产，通过其他债权投资核算。

由于直接在发行日按照面值从D公司购买该债券，所以实际利率等于票面利率。

借：其他债权投资——成本　　10 000 000

　　贷：银行存款　　10 000 000

借：应收利息　　（10 000 000 ×5% ×5 ÷12）208 300

　　贷：投资收益　　208 300

借：其他债权投资——公允价值变动

　　（11 000 000 －10 000 000）1 000 000

　　贷：其他综合收益　　1 000 000

其他债权投资应当确认递延所得税负债100 ×15% =15万元，并计入其他综合收益；其他债权投资的公允价值变动不影响损益，不需要纳税调整。

应收利息的账面价值与计算基础无暂时性差异，不确认递延所得税；由于未到合同约定的应付利息的日期，所以利息收入（即投资收益）不产生纳税义务，应当纳税调整= －20. 83万元。

（4）2 ×17年2月1日，学天海公司以5 000万元购买了A公司股票1 000万股，每股5元，另外支付交易费用100万元，管理层将其指定为以公允价值计量且其变动计入其他综合收益的金融资产。2 ×17年12月31日该股票每股市价为6元。2 ×18年12月1日由于公司新上一个大型项目急需资金，因此出售了所持有的A公司全部股票，并办理完毕股权变更手续，售价为7 500万元。税法规定，企业取得的股权投资在持有期间不计入应纳税所得额，出售股权投资应于转让协议生效且完成股权变更手续时，确认收入的实现。

要求（4）：根据上述资料，编制学天海公司2 ×18年出售A公司股票相关的会计分录，计算应确认的递延所得税和应当纳税调整的金额。

解析：

借：银行存款　　75 000 000

　　其他综合收益　　（转销余额）9 000 000

　　贷：其他权益工具投资——成本　　（转销余额）51 000 000

　　　　——公允价值变动

　　（10 000 000 ×6 －51 000 000）9 000 000

盈余公积　　（倒挤差额×10%）2 400 000

利润分配——未分配利润　　（倒挤差额×90%）21 600 000

应当转回递延所得税负债900×25% =225万元，并计入其他综合收益。

纳税调整=7 500 −5 100 =2 400万元，并计入留存收益。

要求（5）： 计算学天海公司2×18年应确认的递延所得税资产、递延所得税负债、应交所得税以及所得税费用的金额，并编制相关的会计分录。

解析： 应确认的递延所得税资产=减值准备79.95（万元）

应确认的递延所得税负债=投资性房地产168 +其他债权投资15 −其他权益工具投资转回225 = −42（万元）

应交所得税=（利润总额5 000 −投资性房地产1 120 +减值准备和招待费618 −利息收入20.83 +其他权益工具投资2 400）×25% =1 119.29 +600 =1 719.29（万元）

所得税费用=当期所得税（1 719.29 −2 400×25%）+递延所得税负债168 −递延所得税资产79.95 =1 207.34（万元）

借：其他综合收益　　150 000

　　贷：递延所得税负债　　（其他债权投资公允价值上升）150 000

借：递延所得税负债　　（其他权益工具投资转回）2 250 000

　　贷：其他综合收益　　2 250 000

借：盈余公积　　（6 000 000×10%）600 000

　　利润分配——未分配利润　　（6 000 000×90%）5 400 000

　　贷：应交税费——应交所得税

　　　　（其他权益工具投资转让所得）6 000 000

借：所得税费用　　（倒挤）12 073 400

　　递延所得税资产　　799 500

　　贷：应交税费——应交所得税　　11 192 900

　　　　递延所得税负债　　1 680 000

第二章
外币折算

在经济日益全球化的趋势下，资本的跨国流动和国际贸易不断扩大，企业与国际市场之间的业务往来不断增加，经常会涉及外币业务。企业的外币业务主要有两种方式，一种是进行外币交易，另一种是按照外币报表列报境外经营。为了反映企业的财务状况和财务业绩，需要将不同货币计量的资产、负债、收入、费用等折算为同一种货币。因此，产生的两个问题是，对外币交易应当使用何种汇率进行折算，如何在财务报表中报告汇率变动的影响。

《企业会计准则第 19 号——外币折算》（下文简称“CAS19”）主要规范了外币交易的会计处理、外币财务报表的折算及披露，目标是规定如何将外币交易和境外经营反映在主体的财务报表中，以及如何将财务报表折算成列报货币。

2006 版 CAS19 与 2001 版会计制度相比变化如表 2－1 所示。

表 2－1　　2006 版 CAS19 与 2001 版会计制度的区别

变化项目	2001 会计制度	2006 版 CAS19
1. 明确了记账本位币确定的要求	未对记账本位币进行定义，也没有明确选择记账本位币需要考虑的因素	对记账本位币进行定义，明确选择记账本位币需要考虑的因素
2. 改变了外币投入资本的折算方法	按合同约定汇率折算，没有合同约定汇率的按当日即期汇率折算	按当日即期汇率折算
3. 增加了采用公允价值计量的非货币性资产的处理	资产负债表日，所有非货币性项目均不应改变其原记账本位币金额	资产负债表日，以公允价值计量的外币非货币性项目，采用公允价值确定日的即期汇率折算

续表

变化项目	2001 会计制度	2006 版 CAS19
4. 境外经营处置的处理	无	具体规定
5. 恶性通货膨胀经济中境外经营财务报表的折算	无	具体规定

外币交易相关准则的逻辑如图 2－1 所示。

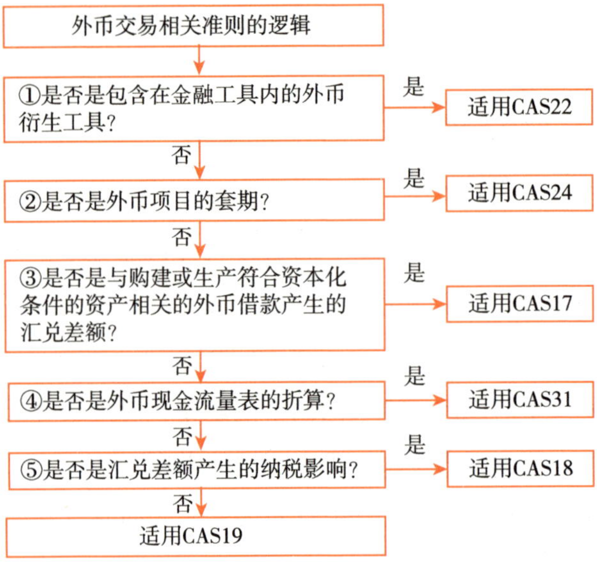

图 2－1　外币交易相关准则的逻辑

CAS19 的逻辑如图 2－2 所示。

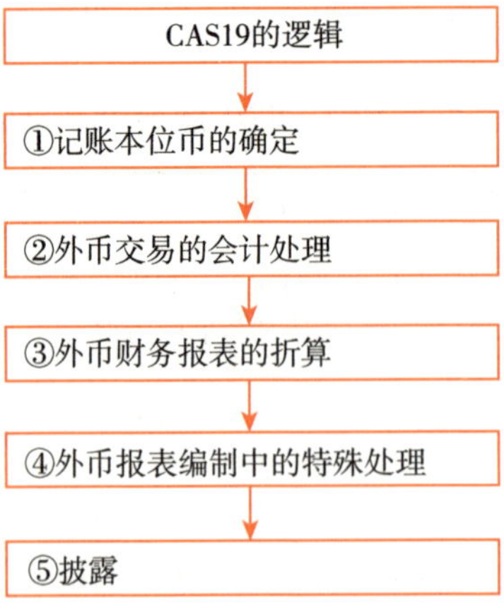

图 2－2　CAS19 的逻辑

第一节　记账本位币的确定

一、外币折算相关的概念

外币折算相关的概念如表 2－2 所示。

表 2－2　外币折算相关的概念

1. 记账本位币	是指企业经营所处的主要经济环境中的货币（计量货币、功能货币）【1】
2. 外币	是指企业记账本位币以外的货币
3. 外汇	以外币表示的能用于国际结算的支付手段。例如，外国货币，外币有价证券，外币收支凭证等
4. 外币交易	是指以外币计价或者结算的交易，即非记账本位币交易
5. 外币财务报表	是指以外币反映的财务报表
	编制合并报表，应当统一母子公司的列报货币【2】
	向中国政府报送的财务报告，必须采用人民币（法定货币）【3】
6. 外币折算	是指将外币交易或外币财务报表折算为记账本位币反映的过程

【释 1】主要经济环境通常是指企业主要产生和支出现金的环境。

记账本位币，就是企业记账所使用的货币，也叫计量货币，在国际会计准则中叫功能货币，它是企业从事经营活动的环境中主要使用的货币，是财务报表中计量财务状况和财务业绩的主要尺度。

业务收支以人民币以外的货币为主的企业，可以按规定选定其中一种货币作为记账本位币。在中国境内的企业不一定使用人民币作为记账本位币。

【释 2】列报货币，是指列示财务报表项目的货币，可以与记账本位币相同，也可以与记账本位币不同。我国会计准则中未区分记账本位币与列报货币，有些国家做了区分。

【释 3】向政府报送的报表，一般要选择当地法定货币作为列报货币。

二、确定记账本位币应当综合考虑的因素

确定记账本位币应当综合考虑的因素如表2－3所示。

表2－3　　确定记账本位币应当综合考虑的因素

1. 收入货币	该货币主要影响商品和劳务的销售价格，通常以该货币进行商品和劳务的计价和结算
2. 支出货币	该货币主要影响商品和劳务所需人工、材料和其他费用，通常以该货币进行上述费用的计价和结算
3. 现金流量货币	融资活动获得的货币以及保存从经营活动中收取款项所使用的货币

在确定企业的记账本位币时，应当使用最能反映交易的经济结果的货币作为记账本位币。上述因素的重要程度因企业具体情况而不同，需要企业管理层根据实际情况进行判断，但是，企业管理层不可以随意选择记账本位币，只能根据实际情况选择一种货币作为记账本位币。

例如，国内丙公司为外贸自营出口企业，超过70%的营业收入来自向欧盟各国的出口，其商品销售价格主要受欧元的影响，以欧元计价。丙公司除厂房设施、30%的人工成本在国内以人民币采购外，生产所需原材料、机器设备及70%以上的人工成本以欧元在欧盟市场采购。由于大部分收入与支出都以欧元计价，丙公司应当选择欧元作为记账本位币。

如果丙公司的人工成本、原材料及相应的厂房设施、机器设备等95%以上在国内采购并以人民币计价。丙公司取得的欧元营业收入在汇回国内时直接换成了人民币存款，且丙公司对欧元波动产生的外币风险进行了套期保值。由于大部分收入以欧元计价，大部分支出以人民币计价，保存资金的主要货币为人民币，丙公司应选择人民币为记账本位币。

【案例2－1·多选题】丁公司为国内一家婴儿配方奶粉加工企业，其原材料牛奶全部来自澳大利亚，主要加工技术、机器设备及主要技术人员均由澳大利亚方面提供，生产的婴儿配方奶粉面向国内出售。为满足采购原材料牛奶等所需澳元的需要，丁公司向澳大利亚某银行借款10亿澳元，期限为20年，该借款是丁公司当期流动资金净额的4倍。下列有关丁公司确定记账本位币的表述中，正确的有（　　）。

A. 应当考虑融资活动获得的货币

B. 应当考虑上交所得税时使用的货币

C. 应当考虑主要影响商品和劳务所需人工成本的货币

D. 应当以澳元作为记账本位币

答案：ACD

解析：选项 ACD，收入货币主要是人民币，支出货币主要是澳元，融资货币是澳元，应当以澳元作为记账本位币。选项 B，错误，不需要考虑上交所得税时使用的货币，缴税一般都使用所在地国家的法定货币。

三、境外经营如何确定记账本位币

境外经营确定记账本位币的概念及考虑因素如表 2－4 所示。

表 2－4　　境外经营确定记账本位币的概念及考虑因素

1. 概念	境外经营，是指记账本位币与本企业不同的本企业的子公司、合营企业、联营企业、分支机构【1】
2. 还需考虑的因素	确定境外经营的记账本位币，除了考虑确定记账本位币的三点因素外，还应考虑下面四点因素： （1）自主性：境外经营对其所从事的活动是否拥有很强的自主性。若否，应选择与企业记账本位币相同的货币作为记账本位币，反之应选用其他货币 （2）关联交易：境外经营活动中与企业的交易是否在境外经营活动中占有较大比重。若是，应选择与企业记账本位币相同的货币作为记账本位币，反之应选用其他货币 （3）外汇管制：境外经营活动产生的现金流量是否直接影响企业的现金流量，并可以随时汇回。若是，应选择与企业记账本位币相同的货币作为记账本位币，反之应选用其他货币 （4）偿债能力：境外经营活动产生的现金流量是否足以偿还其现有债务和可预期的债务。若否，应选择与企业记账本位币相同的货币作为记账本位币，反之应选用其他货币

【释 1】境外经营必须与本企业构成关联关系，如果是本企业的客户或供应商等单位，则不属于境外经营。

境外经营的“外”，是指记账本位币以外，不是地理位置上的“外”。如果经营地虽然在境外，但是记账本位币与企业相同，则不属于境外经营。

【案例2－2】 学天海公司记账本位币为人民币，分别判断下列是否属于学天海公司境外经营。

（1）学天海公司通过收购，持有香港甲上市公司发行在外有表决权股份的80%从而拥有该公司的绝对控制权，甲公司的记账本位币为港币。

解析： 甲公司是子公司，记账本位币与学天海公司不同，属于境外经营。

（2）与境外某公司合资在上海浦东新建乙公司，乙公司的记账本位币为美元，学天海公司参与乙公司的财务和经营政策的决策，境外投资公司控制这些政策的制定。

解析： 乙公司是联营企业，记账本位币与学天海不同，属于境外经营。

（3）因近期欧洲市场产品销量增加，学天海公司在德国设立一分支机构丙公司，丙公司所需资金由学天海公司提供，其任务是负责从学天海公司进货并在欧洲市场销售，然后将销售款直接汇回学天海公司。

解析： 丙公司是分支机构，应选择人民币为记账本位币，与学天海公司相同，不属于境外经营。

（4）与境外丁公司在丁公司所在地合建一工程项目，学天海公司提供技术资料，丁公司提供场地、设备及材料，该项目竣工后予以出售，学天海公司、丁公司按7∶3分配税后利润，双方合作结束。丁公司的记账本位币为美元。

解析： 丁公司不属于学天海公司的子公司、合营企业、联营企业、分支机构，只是学天海公司的合作伙伴，不属于境外经营。

（5）学天海公司在法国设有一家子公司戊公司，戊公司在欧洲的经营活动拥有完全的自主权：自主决定其经营政策、销售方式、进货来源等，学天海公司与戊公司除投资与被投资关系外，基本不发生业务往来，戊公司的产品主要在欧洲市场销售，其一切费用开支等均由戊公司在当地自行解决。

解析： 戊公司是子公司，应选择欧元为记账本位币，与学天海公司不同，属于境外经营。

四、记账本位币变更的会计处理

记账本位币变更的会计处理如表 2-5 所示。

表 2-5　　记账本位币变更的会计处理

1. 变更的条件	企业经营所处的主要经济环境发生了重大变化，否则，不得随意变更
2. 变更的折算	当期报表所有项目采用变更日的即期汇率折算，不产生汇兑差额
	比较报表，以可比当日的即期汇率折算所有报表项目

主要经济环境发生重大变化，通常是指企业主要产生和支出现金的环境发生重大变化。例如，企业原来经营业务主要收入和支出的货币是美元，后来经营业务发生变化，新业务主要收入和支出的货币是欧元，则企业可以将记账本位币从美元变更为欧元。企业需要提供确凿的证据证明企业经营所处的主要经济环境确实发生了重大变化，并应当在附注中披露变更的理由。

记账本位币的变更，采用的是未来适用法，不需要追溯调整。

第二节　外币交易的会计处理

一、外币交易的相关概念

（一）外币交易的类型（见表 2-6）

外币交易，就是以外币计价的各种交易。

表 2-6　　外币交易的类型

1. 外币交易的类型	（1）买入或者卖出以外币计价的商品或者劳务的交易
	（2）借入或者借出外币资金交易
	（3）外币兑换交易
	（4）外币投资交易
2. 外币交易的原则	企业应当将外币交易折算为记账本位币报告

（二）确定外币折算的适用汇率（见表2－7）

表2－7　　确定外币折算的适用汇率

1. 汇率	是指两种货币相兑换的比率，是一种货币单位用另一种货币单位所表示的价格
	如果同一时点的远期汇率大于即期汇率，叫“升水”，反之，叫“贴水”
2. 按表示方法分类	（1）直接汇率，是一定数量的其他货币单位折算为本国货币的金额。通常情况下，人民币汇率是以直接汇率表示。如100美元＝645元人民币
	（2）间接汇率，是指一定数量的本国货币折算为其他货币的金额，如100人民币＝15.5元美元
3. 按时点分类	（1）现时汇率，是指现在时点（即交易发生时或期末时）的汇率
	（2）历史汇率，是指过去的现时汇率
	（3）平均汇率，是指现时汇率或历史汇率的简单或加强平均汇率
4. 按银行标价分类	（1）买入价，是指银行买入其他货币的价格
	（2）卖出价，是指银行出售其他货币的价格
	（3）中间价，是银行买入价与卖出价的平均价（折算汇率）【1】
5. 折算汇率的类型	（1）交易发生日的即期汇率【2】
	（2）按照系统合理的方法确定的、与交易发生日即期汇率近似的汇率，通常采用当期简单或加权平均汇率等【3】
6. 选择折算汇率的方法	（1）中国人民银行每日仅公布银行间外汇市场人民币兑美元、欧元、日元、港元的中间价。企业发生的外币交易涉及人民币与这四种货币之外的其他货币之间折算的，应以国家外汇管理局公布的各种货币对美元折算率采用套算的方法进行折算
	（2）企业发生的外币交易涉及人民币以外的货币之间折算的，可直接采用国家外汇管理局公布的各种货币对美元折算率进行折算

【释1】这些都是站在银行的角度来说的，银行的卖出价一般高于买入价，以获取其中的差价。

企业发生涉及货币兑换的交易时，仅用中间价不能反映货币买卖的损益，需要使用买入价或卖出价折算。

企业发生外币购销交易时，理论上来说，对收入采用买入价（即收到外币卖给银行）、对支出采用卖出价（即从银行购买外币进行支付）比较合理，但是，这样将造成期末需要进行大量的汇率变动的调整，因此，按照普遍的惯例，采用中间价折算。

人民币汇率中间价，可以在中国人民银行网站：货币政策司——人民币汇率中间价公告中查询。

【释2】交易发生日，是指按照会计准则规定，交易首次符合确认标准的日期。

即期汇率，一般是指当日中国人民银行公布的人民币汇率的中间价。

即期汇率是相对于远期汇率而言的，远期汇率是在未来某一日交付时的结算价格。

【释3】即期汇率的近似汇率，当汇率变动不大时，为简化核算，企业在外币交易日或对外币报表的某些项目进行折算时也可以选择即期汇率的近似汇率折算。

例如，以美元兑人民币的周平均汇率为例，假定美元兑人民币每天的即期汇率为：周一7.8，周二7.9，周三8.1，周四8.2，周五8.15，周平均汇率为（7.8＋7.9＋8.1＋8.2＋8.15）÷5＝8.03。月平均汇率的计算方法与周平均汇率的计算方法相同。

月加权平均汇率需要采用当月外币交易的外币金额作为权重进行计算。

无论是采用平均汇率还是加权平均汇率，或者其他方法确定的即期汇率的近似汇率，该方法应在前后各期保持一致。

如果汇率波动使得采用即期汇率的近似汇率折算不适当时，应当采用交易发生日的即期汇率折算。至于何时不适当，需要企业根据汇率变动情况及计算即期汇率的近似汇率的方法等进行判断。

由于不同的国家采取不同程度的外汇管制政策，在不同程度上扭曲了汇率；不同的资产或负债项目，承受的汇率变动影响不同，因此，企业需要确定折算汇率的会计政策。

（三）外币项目的分类（见表2－8）

表2－8　　外币项目的分类

1. 外币货币性项目	是指企业持有的外币货币资金和将以固定或可确定金额收取的资产或者偿付的负债。对于外币资产或外币负债来说，未来一般需要对外币进行结算
2. 外币非货币性项目	是指货币性项目以外的项目

货币性项目和非货币性项目的概念，与《CAS7——非货币性资产交换》中货币性资产和非货币性资产的概念一致。

外币项目分类的举例如表2－9所示。

表2－9　外币项目分类的举例

外币表示的下列项目	是否属于外币货币性项目
(1) 应交税费	不属于，不能以外币缴税
(2) 应付职工薪酬	属于，可以用外币结算工资
(3) 长期应收款	属于，可以用外币结算收款
(4) 预收账款	不属于，将来要发货的，不需要用外币结算
(5) 预付账款	不属于，将来收到货物，不需要用外币结算
(6) 债权投资	属于，可以用外币结算本金和利息
(7) 交易性金融资产	不属于，将来结算金额不固定
(8) 其他权益工具投资	不属于，将来结算金额不固定
(9) 其他债权投资	不属于，将来结算金额不固定
(10) 存货	不属于，不需要用外币结算

二、外币交易的会计处理

（一）外币兑换和外币投资的会计处理（见表2－10）

表2－10　外币兑换和外币投资的会计处理

业务	会计处理
1. 外币兑换【1】	企业卖出外币： 借：银行存款——人民币（按买入价计算） 　　财务费用（差额） 　　贷：银行存款——××外币（按当日即期汇率折算）
	企业买入外币： 借：银行存款——××外币（按即期汇率折算） 　　财务费用（差额） 　　贷：银行存款——人民币（按卖出价计算）
2. 外币投资【2】	借：银行存款——××外币（按交易日即期汇率折算） 　　贷：实收资本——××外币

【释1】外币兑换交易，银行存款外币账户按照即期汇率折算，企业一定产生汇兑损失。

【释 2】外币投资，不得采用合同约定汇率和即期汇率的近似汇率折算，外币投入资本与相应的货币性项目的记账本位币金额之间不产生外币资本折算差额。

（二）外币货币性项目的会计处理（见表 2-11）

表 2-11　外币货币性项目的会计处理

1. 交易日	根据企业的会计政策，按照交易当日即期汇率或近似汇率折算 例如，2018.2.6. 赊销商品 100 万美元，当日汇率为 1∶6.3 借：应收账款　6 300 000 　贷：主营业务收入　6 300 000
2. 资产负债表日	按照资产负债表日的即期汇率折算，因资产负债表日即期汇率与现有账面余额（即根据原初始确认时即期汇率折算金额或者前一资产负债表日即期汇率折算金额）不同而产生的汇兑差额，计入当期损益（财务费用）【1】 某外币货币性项目的汇兑差额 = 期末外币余额 × 期末汇率 - 账面余额 资产类账户（如应收账款），正差计入本账户的借方，负差计入本账户的贷方，对方科目是财务费用（汇兑收益） 负债类账户（如应付账款），正差计入本账户的贷方，负差计入本账户的借方，对方科目是财务费用（汇兑收益）
	例如，2018.12.31. 汇率为 1∶6.2，计算汇兑损益 借：财务费用（汇兑收益）　100 000 　贷：应收账款（负差）　100 000
3. 结算日	按照结算日即期汇率折算，同时转销原账户余额，差额计入当期损益（财务费用）【2】 例如，2019.3.9. 收到 100 万美元货款，当日汇率为 1∶6.4 借：银行存款　（当日即期汇率折算）6 400 000 　贷：应收账款　（转销余额）6 200 000 　　财务费用　（倒挤）200 000

【释 1】汇兑差额，指的是对同样数量的外币金额采用不同的汇率折算为记账本位币金额所产生的差额。汇兑损益应当采用“当期确认法”计入当期损益，以反映汇率变动对财务报表的影响；不应当采用“递延法”，将汇兑损益在交易日与结算日之间递延与摊销处理；也不应当资本化计入资产的成本，因为不符合资产的概念，即给主体带来未来经济利益。

【释 2】只有外币货币性项目（如应收账款、应付账款等）才有结算日的处理；而外币非货币性项目，将来不需要结算，所以没有结算日的处理。

（三）外币非货币性项目的会计处理（见表 2－12）

表 2－12　外币非货币性项目的会计处理

1. 交易日	根据企业的会计政策，按照交易当日即期汇率或近似汇率折算 例如，2019. 2. 6. 购买固定资产 100 万美元，当日汇率为 1∶6. 3 借：固定资产　　6 300 000 　贷：银行存款　　6 300 000
2. 资产负债表日	（1）以历史成本计量的外币非货币性项目不折算，仍采用交易发生日的即期汇率折算，不改变其记账本位币金额【1】
	（2）以公允价值计量且其变动计入当期损益的项目，应当采用公允价值计量日（即资产负债表日）的即期汇率折算，公允价值变动和汇率变动全部计入公允价值变动损益【2】 公允价值变动损益 = 期末公允价值 × 期末汇率 － 账面余额
	（3）外币资产减值的，将账面余额与按照资产负债表日即期汇率折算的可变现净值或可收回金额进行比较，差额一并计入减值准备，减值的金额既包括价值变动也包括汇率波动。例如： 存货跌价准备期末余额 = 账面余额 － 外币可变现净值 固定资产减值准备 = 账面价值 － 外币可收回金额【3】
	（4）以公允价值计量且其变动计入其他综合收益的项目： ①其他债权投资，摊余成本、利息的汇兑差额都计入财务费用，但是本期末公允价值和本期末摊余成本之间的差额计入其他综合收益 财务费用 = 利息的汇兑差额 + 摊余成本的汇兑差额 利息的汇兑差额 = 本期应收利息 ×（本期末汇率 － 利润表折算汇率） 摊余成本的汇兑差额 = 本期末摊余成本 × 本期末汇率 － 上期末摊余成本 × 上期末汇率 － 折价摊销或 + 溢价摊销 其他综合收益 = 期末余额 － 期初余额 =（期末公允价值 － 期末摊余成本）× 本期末汇率 － 期初余额 ②其他权益工具投资，现金股利的汇兑差额计入财务费用，其他公允价值变动计入其他综合收益 其他综合收益 = 期末公允价值 × 期末汇率 － 账面余额

【释 1】为什么以历史成本计量的非货币性项目不折算？因为以历史成本计量的非货币性项目不承受汇率变动的风险，例如固定资产，如果按照资产负债表日即期汇率折算，将导致资产价值发生变动，从而引起折旧不断变动，不符合企业实际的财务状况，所以不折算。而外币货币性项目承受汇率变动的风险，例如应收账款，汇率变动导致应收账款的实际价值不断变动。

【释 2】汇兑差额的会计处理，与该交易本身的会计处理一致，如果该交易产生的利得或损失计入损益，则汇兑差额也计入损益（如财务费用）；如果计入权益，则汇兑差额也计入权益（如其他综合收益）。

【释3】当资产发生减值时，根据CAS8规定的理念，外币可收回金额应当折算为记账本位币后再进行减值测试。

外币折算，实质上相当于将浮动盈亏计入了利润表，是最早体现公允价值会计理念的规则，但是，浮动盈亏并不能反映企业真实的盈利能力，进行财务分析时要注意。

【案例2－3】外币交易。

学天海公司以人民币作为记账本位币，对外币业务采用交易发生日的即期汇率折算，并按月计算汇兑损益。某年6月30日有关外币账户期末余额如表2－13所示。

表2－13　　外币账户期末余额

项目	外币金额	折算汇率	折合人民币金额
银行存款	1 000（万美元）	6. 25	6 250
应收账款	5 000（万美元）	6. 25	31 250
—甲公司 —乙公司 —丙公司	3 000（万美元） 1 000（万美元） 1 000（万美元）		
预付账款	3 150（万欧元）	6. 13	19 309. 5
债权投资	1 200（万欧元）	6. 13	7 356
应收利息	1 200×8%÷2＝48（万欧元）	6. 13	294. 24
应付账款	2 000（万美元）	6. 25	12 500
—A公司 —B公司	1 000（万美元） 1 000（万美元）		
长期借款	10 000（万美元）	6. 25	62 500
应付利息	10 000×6%÷2＝300（万美元）	6. 25	1 875

上述债权投资和应收利息，系年初1月1日购入，面值为1 200万欧元，按年付息，票面利率为8%，按月计提利息，已计算应收利息48万欧元。

上述长期借款，系年初1月1日专门借款用于建造某生产线，本金为10 000万美元，期限为3年，年利率为6%，按月计提利息，每年年末付利息，已计算应付利息300万美元。闲置专门美元借款资金用于短期性质的投资，年收益率为4%，假定投资收益月末收取存入银行。至6月30日该生产线正处于建造过程之中，已使用外币借款4 800万美元，预计将于12月完工。

要求：逐笔编制学天海公司相关业务的会计分录。

（1）7月1日收到某外商投入的外币资本5 000万美元，交易日即期汇率为1美元=6.24元人民币。款项已存入银行。

解析：

借：银行存款——美元　　312 000 000

　　贷：实收资本　　（50 000 000×6.24）312 000 000

（2）7月1日，为建造该生产线从国外购买需安装的机器设备一台，设备价款4 000万美元，货款已用美元支付。交易日即期汇率为1美元=6.24元人民币。（不考虑增值税等相关税费）

解析：

借：在建工程　　249 600 000

　　贷：银行存款——美元　　（40 000 000×6.24）249 600 000

（3）7月26日，向国外乙公司销售产品一批，价款共计2 000万美元，交易日即期汇率为1美元=6.22元人民币，款项尚未收到。（不考虑增值税等相关税费）

解析：

借：应收账款——美元　　124 400 000

　　贷：主营业务收入　　（20 000 000×6.22）124 400 000

（4）7月28日，以外币存款偿还上月发生的应付账款A公司1 000万美元，交易日即期汇率为1美元=6.21元人民币。

解析：

借：应付账款——美元　　（转销原账面余额）62 500 000

　　贷：银行存款——美元　　（10 000 000×6.21）62 100 000

　　　　财务费用　　（倒挤）400 000

(5) 7月29日，以人民币偿还上月发生的应付账款B公司1 000万美元，交易日银行卖出价为1美元=6.23元人民币。

解析：

借：应付账款——美元　　（转销原账面余额）62 500 000

　贷：银行存款——人民币　　（10 000 000×6.23）62 300 000

　　财务费用　　（倒挤）200 000

(6) 7月31日，收到6月发生的应收甲公司账款3 000万美元，交易日即期汇率为1美元=6.20元人民币。

解析：

借：银行存款——美元　　（30 000 000×6.20）186 000 000

　财务费用　　（倒挤）1 500 000

　贷：应收账款——美元　　（转销原账面余额）187 500 000

(7) 7月31日，收到6月发生的应收乙公司账款1 000万美元直接兑换为人民币，交易日银行买入价为1美元=6.22元人民币。

解析：

借：银行存款——人民币　　（10 000 000×6.22）62 200 000

　财务费用　　300 000

　贷：应收账款——美元　　（转销原账面余额）62 500 000

(8) 7月31日，计算债权投资的利息。1欧元=6.14元人民币。

解析：

借：应收利息　　（1 200×8%÷12×6.14）491 200

　贷：投资收益　　（8×6.14）491 200

(9) 计算7月31日汇兑损益并编制会计分录。

解析：①银行存款美元账户汇兑损益=(1 000+5 000−4 000−1 000+3 000)×6.20−(6 250+31 200−24 960−6 210+18 600)=24 800−24 880=−80（万元

人民币）（汇兑损失）

【注】（5）（7）用的是银行存款人民币账户进行结算的，不是美元账户，不存在汇兑损益。

②应收账款账户汇兑损益＝(5 000＋2 000－3 000－1 000)×6.20－(31 250＋12 440－18 750－6 250)＝－90（万元人民币）（汇兑损失）

③应付账款账户汇兑损益＝(2 000－1 000－1 000)×6.20－(12 500－6 250－6 250)＝0

④债权投资账户汇兑损益＝1 200×(6.14－6.13)＝12（万元人民币）（汇兑收益）

⑤应收利息账户汇兑损益＝48×(6.14－6.13)＋8×(6.14－6.14)＝0.48（万元人民币）（汇兑收益）

借：财务费用　　　　（倒挤）1 575 200
　　债权投资　　　　120 000
　　应收利息　　　　4 800
　　贷：银行存款　　　　800 000
　　　　应收账款　　　　900 000

（10）编制7月有关借款费用的资本化和费用化的会计分录。

解析：①利息资本化：

累计资产支出＝4 800＋4 000＝8 800（万美元）

资本化金额＝10 000×6%×1÷12－1 200×4%×1÷12＝50－4＝46（万美元）

应付利息＝10 000×6%×1÷12＝50（万美元）

借：在建工程　　　　（460 000×6.20）2 852 000
　　银行存款——美元　　　　（40 000×6.20）248 000
　　贷：应付利息　　　　（500 000×6.20）3 100 000

②外币专门借款汇兑差额资本化＝本金资本化10 000×(6.20－6.25)＋以前期间利息资本化300×(6.20－6.25)＝－500－15＝－515（万元人民币）

借：长期借款　　　　5 000 000

应付利息　　150 000

贷：在建工程　　5 150 000

【案例2－4】外币借款。

学天海公司选定的记账本位币是人民币。2×17年7月18日从中国工商银行借入欧元12 000元暂存银行，期限为6个月，年利率为6%，当日的即期汇率为1欧元＝10元人民币。

2×17年7月31日的即期汇率为1欧元＝10.5元人民币。

2×18年1月18日以人民币归还所借欧元，当日银行的欧元卖出价为1欧元＝11元人民币，假定借款利息在到期归还本金时一并支付。

要求：（1）编制学天海公司2×17年7月18日有关的会计分录。

（2）编制学天海公司2×17年7月31日有关的会计分录。

（3）编制学天海公司2×18年1月18日有关的会计分录。

解析：（1）

借：银行存款——欧元　　（12 000×10）120 000

　贷：短期借款——欧元　　120 000

（2）“银行存款——欧元”产生的汇兑差额为12 000×（10.5－10）＝6 000元人民币，“短期借款——欧元”产生的汇兑差额为12 000×（10.5－10）＝6 000元人民币，由于借贷方均为货币性项目，产生的汇兑差额（财务费用）相互抵销。

借：银行存款——欧元　　6 000

　贷：短期借款——欧元　　6 000

（3）支付利息：

借：财务费用　　（12 000×6%×6÷12×11）3 960

　贷：银行存款——人民币　　3 960

偿还本金：

借：短期借款——欧元　　（转销余额）126 000

　财务费用　　（倒挤）6 000

　贷：银行存款——人民币　　（12 000×卖出价11）132 000

【案例2－5】 外币资产减值。

学天海公司以人民币为记账本位币，发生下列业务：

（1）2×17年11月20日以每台2 000美元的价格从美国某供货商手中购入国际最新型号H商品10台，并于当日用美元支付了相应货款。当日的即期汇率是1美元＝7.8元人民币。

（2）2×17年12月31日，已售出H商品2台，国内市场仍无H商品供应，但H商品在国际市场的价格已降至每台1 950美元。当日的汇率是1美元＝7.9元人民币。

（3）2×18年12月5日以每股1.5美元的价格购入乙公司B股10 000股作为交易性金融资产，当日即期汇率为1美元＝7.8元人民币，款项已付。

（4）2×18年12月31日，由于市价变动，当月购入的乙公司B股的市价变为每股2美元，当日即期汇率为1美元＝7.6元人民币。

（5）2×19年2月27日，学天海公司将所购乙公司B股股票按当日市价每股2.2美元全部售出，所得价款为22 000美元，当日汇率为1美元＝7.4元人民币。

假定不考虑增值税等相关税费及其他因素。

要求：（1）编制学天海公司2×17年11月20日有关的会计分录。

（2）编制学天海公司2×17年12月31日有关的会计分录。

（3）编制学天海公司2×18年12月5日有关的会计分录。

（4）编制学天海公司2×18年12月31日有关的会计分录。

（5）编制学天海公司2×19年2月27日有关的会计分录。

解析：（1）2×17年11月20日，购入H商品。

借：库存商品——H　　156 000

　　贷：银行存款　　（2 000×10×7.8）156 000

（2）2×17年12月31日，由于库存8台H商品市场价格下跌，表明其可变现净值低于成本，由于期末在国内没有相应产品的价格。因此，只能依据H商品的国际市场价格为基础确定其可变现净值，但需要考虑汇率变动的影响，以国际市场价格为基础确定的可变现净值应按照期末汇率折算，再与库存H商品的记账本位币成本相比较，确定其应提的跌价准备。

借：资产减值损失　　1 560

贷：存货跌价准备　　　　（2 000 ×8 ×7.8 －1 950 ×8 ×7.9）1 560

（3）2×18 年 12 月 5 日，购入交易性金融资产。

借：交易性金融资产　　　　117 000

　贷：银行存款　　　　（10 000 ×1.5 ×7.8）117 000

（4）2×18 年 12 月 31 日，交易性金融资产不仅应考虑美元市价的变动，还应一并考虑美元与人民币之间汇率变动的影响。

借：交易性金融资产　　　　35 000

　贷：公允价值变动损益　　　　（2 ×10 000 ×7.6 －117 000）35 000

【注】35 000 元人民币既包含所购乙公司 B 股股票公允价值变动的影响，又包含人民币与美元之间汇率变动的影响。

（5）对于汇率的变动和股票市价的变动不进行区分，均作为投资收益处理。

借：银行存款　　　　（22 000 ×7.4）162 800

　贷：交易性金融资产　　　　（转销余额）152 000

　　投资收益　　　　（倒挤）10 800

【案例 2 －6】汇兑损益的计算。

学天海公司的记账本位币为人民币，某年发生如下经济业务：

（1）1 月 1 日，学天海公司支付价款 1 000 万美元购入美国发行的 3 年期 A 公司债券，划分为其他债权投资，面值 1 000 万美元，票面利率 6%，于年末支付本年利息，实际利率 6%，当日汇率为 1 美元 =6.83 元人民币。12 月 31 日，公允价值为 1 100 万美元，当日汇率为 1 美元 =6.84 元人民币。

要求：计算期末产生的汇兑差额和公允价值变动损益金额。

解析：期末产生的汇兑差额 = 本金 1 000 ×（6.84 －6.83）＋利息汇兑差额 1 000 ×6% ×（6.84 －6.84）=10（万元）。

公允价值变动损益 =（1 100 －1 000）×6.84 =684（万元）。

（2）10 月 5 日以每股 4 美元的价格购入 B 公司 10 万股作为交易性金融资产，当日汇率为 1 美元 =6.86 元人民币，款项已经支付，12 月 31 日，B 公司股票市价为每股 4.2 美元，当日汇率为 1 美元 =6.84 元人民币。

要求：计算期末应计入当期损益的金额。

解析：应计入当期损益的金额＝10×4.2×6.84－10×4×6.86＝12.88（万元）。12.88万元人民币既包含股票公允价值变动的影响，又包含人民币与美元之间汇率变动的影响。

（3）12月8日以每股10港元的价格购入1 000万股C公司股票作为其他权益工具投资，当日汇率为1港元＝0.9元人民币，款项已经支付，12月31日，C公司股票市价为每股15港元，当日汇率为1港元＝0.98元人民币。

要求：计算期末应计入其他综合收益的金额。

解析：应计入其他综合收益的金额＝1 000×15×0.98－1 000×10×0.9＝5 700（万元）。

（4）5月20日向D公司销售产品发生应收账款500万欧元，当日的市场汇率为1欧元＝10.30元人民币。5月31日的市场汇率为1欧元＝10.28元人民币；6月1日的市场汇率为1欧元＝10.32元人民币；6月30日的市场汇率为1欧元＝10.35元人民币。7月10日收到该应收账款，当日市场汇率为1欧元＝10.34元人民币。

要求：计算6月应当确认的汇兑收益金额。

解析：6月应收账款应确认的汇兑收益＝500×（期末汇率10.35－上期末汇率10.28）＝35（万元）

【案例2－7·单选题】下列各项关于外币折算会计处理的表述中，正确的是（　　）。

A. 期末外币预收账款以当日即期汇率折算并将由此产生的汇兑差额计入当期损益

B. 以公允价值计量且其变动计入其他综合收益的外币货币性金融资产形成的汇兑差额计入其他综合收益

C. 以公允价值计量且其变动计入其他综合收益的外币非交易性权益工具投资形成的汇兑差额计入其他综合收益

D. 收到投资者以外币投入的资本时，外币投入资本与相应的货币性项目均按合同约定汇率折算，不产生外币资本折算差额

答案：C

解析：选项 A，预收账款属于非货币性资产，期末不需要折算；选项 B，外币货币性金融资产形成的汇兑差额计入当期损益；选项 D，外币投资按照实际收到投资日的汇率折算，不是按照合同约定的汇率折算。

【案例 2-8】外币借款。

学天海公司为自行建造一栋自用办公楼发生了如下业务：

（1）2×15 年 1 月 1 日，学天海公司在美国证券市场上按面值发行了一批债券，专门用于建造该办公楼。该债券为 3 年期，分期付息、到期一次偿还本金、面值为 500 万美元，票面年利率为 5%，于每年年末支付当年利息，到期还本。假定不考虑与发行债券有关的辅助费用、未支出专门借款的利息收入或投资收益。

（2）学天海公司除上述债券外，还存在以下一般借款：

① 2×15 年 1 月 1 日，自 A 银行取得长期贷款 1 500 万元，期限为 5 年，年利率为 6%，按年支付利息。

② 2×16 年 1 月 1 日发行一批 2 年期公司债券，实际收到款项 1 932.4 万元，债券面值 2 000 万元，每年付息一次，到期还本，票面利率 10%，实际利率 12%。采用实际利率法摊销溢折价。

（3）该办公楼自 2×15 年 4 月 1 日开工，采用自营方式建造，预计 2×16 年 12 月 31 日完工。有关建造支出情况如表 2-14 所示。

表 2-14　　建造支出情况

日期	每期资产支出金额
2×15 年 4 月 1 日	100 万美元
2×15 年 9 月 30 日	200 万美元
2×15 年 12 月 31 日	200 万美元、1 700 万元人民币
2×16 年 3 月 1 日，因与施工工人发生劳务纠纷停工；8 月 1 日恢复建造	
2×16 年 8 月 1 日	2 000 万元人民币
2×16 年 12 月 31 日完工	

（4）该资产完工后，企业用于办公。预计该办公楼的使用年限为40年，预计净残值为149.83万元。采用直线法计提折旧。相关的即期汇率如下：

2×15年：1月1日1美元=6.35元人民币，4月1日1美元=6.30元人民币；9月30日1美元=6.27元人民币，12月31日1美元=6.23元人民币；

2×16年：2月28日1美元=6.22元人民币，8月1日1美元=6.21元人民币；12月31日1美元=6.2元人民币。

本题中不考虑相关税费以及其他因素。

要求：（1）根据上述资料，计算学天海公司2×15年专门借款利息、汇兑差额应该资本化的金额，并编制与在建工程相关的会计分录。

（2）根据上述资料，分别计算学天海公司2×16年专门借款利息、汇兑差额以及一般借款利息应予以资本化的金额，并编制与在建工程相关的会计分录。

（3）计算该工程完工后，固定资产的入账价值，并编制结转固定资产的会计分录。

（4）根据上述资料，计算学天海公司对该办公楼每年应计提的折旧金额。

解析：（1）2×15年度从4月1日开始资本化，全年资本化期间为9个月。

应予以资本化的专门借款利息=500×5%×资产负债表日汇率6.23×9÷12=116.81（万元人民币）

借：在建工程　　1 168 100

　　财务费用　　（倒挤）389 400

　　贷：应付利息　　（5 000 000×5%×6.23）1 557 500

2×15年度汇兑差额应予以资本化的金额=本金500×（资产负债表日汇率6.23－开始资本化时点汇率6.30）+利息500×5%×9÷12×资产负债表日汇率（6.23－6.23）=－35（万元人民币）

2×15年度汇兑差额应予以费用化的金额=500×（开始资本化时点汇率6.30－年初汇率6.35）=－25（万元人民币）

借：应付债券　　（350 000+250 000）600 000

　　贷：在建工程　　350 000

　　　　财务费用　　250 000

（2）2×16年3月1日到8月1日为非正常停工，连续超出3个月，应该暂停资本化。2×16年应予以资本化的专门借款利息＝500×5%×资产负债表日汇率6.2×7÷12＝90.42（万元人民币）

借：在建工程　　904 200

　　财务费用　　（倒挤）645 800

　　贷：应付利息　　（5 000 000×5%×6.2）1 550 000

2×16年专门借款汇兑差额应予以资本化的金额＝资本化期间内的汇兑差额＝本金500×(2月28日汇率6.22－上年年末汇率6.23)＋500×(资产负债表日汇率6.2－8月1日汇率6.21)＋利息500×5%×7÷12×资产负债表日汇率（6.2－6.2)＝－10（万元人民币）

2×16年专门借款汇兑差额应予以费用化的金额＝费用化期间的汇兑差额＝500×(6.21－6.22)＝5（万元人民币）

借：应付债券　　（倒挤）150 000

　　贷：在建工程　　100 000

　　　　财务费用　　50 000

2×16年一般借款资本化率＝(1 500×6%＋1 932.4×12%)÷(1 500×12÷12＋1 932.4×12÷12)＝9.38%

2×16年一般借款资产支出加权平均数＝1 500×7÷12＋1 932.4×5÷12＝1 680.17（万元）

【注】2×15年12月31日支出1 700万元，2×16年1月1日才发行债券，所以，占用的一般借款是1 500万元，而不是1 700万元，超出的200万元占用自有资金。

一般借款利息资本化金额＝1 680.17×9.38%＝157.6（万元）

一般借款实际利息费用总额＝1 500×6%＋1 932.4×12%＝321.89（万元）

借：在建工程　　1 576 000

　　财务费用　　（3 218 900－1 576 000）1 642 900

　　贷：应付利息　　（15 000 000×6%＋20 000 000×10%）2 900 000

　　　　应付债券——利息调整　　（倒挤）318 900

（3）固定资产的入账价值＝工程款（100×6.3＋200×6.27＋200×6.23＋1 700＋2 000)＋资本化的利息和汇兑差额（116.81－35＋90.42－10＋157.6)＝7 149.83（万元）

借：固定资产　　　　　　　　　　　　　　　　　　71 498 300

　　贷：在建工程　　　　　　　　　　　　　　　　　　71 498 300

（4）每年应计提的折旧金额 =（7 149.83 - 149.83）÷40 = 175（万元）

【案例 2-9】其他债权投资的外币折算。

学天海公司记账本位币为人民币，使用资产负债表日即期汇率折算资产负债表项目，使用平均汇率折算利润表项目。2×11 年 12 月 31 日，学天海公司以公允价值 1 000 万美元购入合同面值为 1 250 万美元的债券，该债券还剩五年到期，票面年利率为 4.7%，按年付息，实际利率为 10%。学天海公司将该债券分类为以公允价值计量且其变动计入其他综合收益的金融资产，当日外币对本币的汇率为 1∶1.5。

2×12 年 12 月 31 日，外币升值，外币对本币的汇率为 1∶2。债券的公允价值为 1 060 万美元，按照合同约定收到当期利息。当年的平均汇率外币对本币为 1∶1.75。

2×13 年 12 月 31 日，外币继续升值，汇率外币对本币为 1∶2.5。债券的公允价值为 1 070 万美元，按照合同约定收到当期利息。当年的平均汇率外币对本币为 1∶2.25。

要求：编制学天海公司 2×11 年 12 月 31 日，2×12 年 12 月 31 日，2×13 年 12 月 31 日相关的会计分录。（计算结果保留整数）

解析：（1）2×11 年 12 月 31 日：

借：其他债权投资——成本　　　　（12 500 000 × 1.5）18 750 000

　　贷：银行存款　　　　　　　　　　（10 000 000 × 1.5）15 000 000

　　　　其他债权投资——利息调整　　　　　　　　（倒挤）3 750 000

（2）2×12 年 12 月 31 日：

借：应收利息

　　　　（12 500 000 × 4.7% × 资产负债表日汇率 2）1 180 000

　　其他债权投资——利息调整

　　　　[（10 000 000 × 10% - 12 500 000 × 4.7%）×

　　　　平均汇率 1.75] 720 000

　　贷：投资收益　　（10 000 000 × 10% × 平均汇率 1.75）1 750 000

财务费用——汇兑损益

[12 500 000 × 4.7% × (2 − 1.75)] 150 000

财务费用 15 万元是当年利息收款的汇兑收益。

借：银行存款　　1 180 000

　贷：应收利息　　1 180 000

期末摊余成本 = [1 000 × (1 + 10%) − 1 250 × 4.7%] × 资产负债表日汇率 2 = 1 041 × 2 = 2 082 万元，期末公允价值 = 1 060 × 资产负债表日汇率 2 = 2 120 万元。

其他综合收益当期发生额 = 期末余额（2 120 − 2 082）− 期初余额 0 = 38（万元）

借：其他债权投资——公允价值变动　　380 000

　贷：其他综合收益　　380 000

其他债权投资确认为损益的汇兑差额 = 期末摊余成本 2 082 − 期初摊余成本 1 500 − 初始折价摊销的增加 72 = 510 万元

借：其他债权投资——汇兑差额　　5 100 000

　贷：财务费用——汇兑损益　　5 100 000

（3）2 × 13 年 12 月 31 日：

借：应收利息

（12 500 000 × 4.7% × 资产负债表日汇率 2.5）1 470 000

其他债权投资——利息调整

[(10 410 000 × 10% − 12 500 000 × 4.7%) × 平均汇率 2.25] 1 020 000

　贷：投资收益　（10 410 000 × 10% × 平均汇率 2.25）2 340 000

财务费用——汇兑损益

[12 500 000 × 4.7% × (2.5 − 2.25)] 150 000

财务费用 15 万元是当年利息收款的汇兑收益。

借：银行存款　　1 470 000

　贷：应收利息　　1 470 000

期末摊余成本 = [1 041 × (1 + 10%) − 1 250 × 4.7%] × 资产负债表日汇率 2.5 = 1 086 × 2.5 = 2 715 万元，期末公允价值 = 1 070 × 资产负债表日汇率 2.5 =

2 675万元。

其他综合收益当期发生额＝期末余额(2 675－2 715)－期初余额38＝－40－38＝－78(万元)

借：其他综合收益　　780 000

　　贷：其他债权投资——公允价值变动　　780 000

其他债权投资确认为损益的汇兑差额＝期末摊余成本2 715－期初摊余成本2 082－初始折价摊销的增加102＝531（万元）

借：其他债权投资——汇兑差额　　5 310 000

　　贷：财务费用——汇兑损益　　5 310 000

三、外币交易的记账方法

（一）外币交易的记账方法（见表2－15）

表2－15　外币交易的记账方法

1. 统账制	统一币种记账，适用于一般企业，每笔交易发生时就折算
	外币账户采用双币种记账，格式为：银行存款——美元户（$1 000）7 000（RMB）【1】
2. 分账制	分币种记账，适用于金融企业，每笔交易发生时不折算，期末再折算
	资产负债表日，货币性项目按资产负债表日即期汇率折算，非货币性项目按交易日即期汇率折算，产生的汇兑差额计入当期损益
3. 比较	不管采用哪种记账方法，只是账务处理程序不同，但产生的结果应当相同，计算出的汇兑差额相同

【释1】设置外币账户的作用是，将来收到外币时直接存入外币账户，将来需要支付外币时直接支付就可以，不需要每次收到外币先兑换为人民币再存入账户，或者每次支付外币时先兑换外币再支付，从而减少每次兑换的费用。

（二）分账制的会计处理（见表2－16）

分账制记账方法下，为保持不同币种借贷方金额合计相等，需要设置“货币兑换”科目进行核算。实务中又可采取两种方法核算。

表 2 -16　　分账制的会计处理

1. 所有外币交易均通过“货币兑换”科目处理	（1）企业发生的外币交易同时涉及货币性项目和非货币性项目的，按相同外币金额同时记入货币性项目和“货币兑换（外币）”科目，同时，按以交易发生日即期汇率折算为记账本位币的金额，计入非货币性项目和“货币兑换（记账本位币）”科目
	（2）企业发生的交易仅涉及记账本位币外的一种货币反映的货币性项目的，按相同币种金额入账，不需要通过“货币兑换”科目核算；如果涉及两种以上货币，按相同币种金额计入相应货币性项目和“货币兑换（外币）”科目
	（3）期末，应将所有以记账本位币以外的货币反映的“货币兑换”科目余额按期末汇率折算为记账本位币金额，并与“货币兑换（记账本位币）”科目余额相比较，其差额转入“汇兑损益”科目
	（4）结算外币货币性项目产生的汇兑差额计入“汇兑损益”科目
2. 外币交易的日常核算不通过“货币兑换”科目，仅在资产负债表日结转汇兑损益时通过“货币兑换”科目处理	（1）在外币交易发生时直接以发生的币种进行账务处理
	（2）期末，货币性项目以资产负债表日即期汇率折算，非货币性项目以交易日即期汇率折算。折算后，所有账户借方余额之和与所有账户贷方余额之和的差额即为当期汇兑差额，应当计入当期损益

【案例 2 -10】外币折算分账制的处理。

甲银行采用分账制记账方法，选定的记账本位币为人民币，并以人民币列报财务报表。2×17 年 9 月，甲银行发生以下交易：

要求：分别采用方法一（即所有外币交易均通过货币兑换科目核算）与方法二（即日常核算不通过货币兑换科目核算）编制上述交易相关的会计分录。

（1）9 月 5 日，收到投资者投入的货币资本 100 000 美元，无合同约定汇率，当日汇率为 1 美元 =7.8 元人民币。

解析：方法一：

借：银行存款（美元）　　USD $100 000

　　贷：货币兑换（美元）　　USD $100 000

借：货币兑换（人民币）　　RMB ¥780 000

　　贷：实收资本　　RMB ¥780 000

方法二：

借：银行存款（美元）　　USD $100 000

　　贷：实收资本　　USD $100 000

（2）9月10日，以2 000美元购入一台固定资产，当日汇率为1美元 =7.75元人民币。

解析： 方法一：

借：固定资产　　RMB ¥15 500

　　贷：货币兑换（人民币）　　RMB ¥15 500

借：货币兑换（美元）　　USD $2 000

　　贷：银行存款（美元）　　USD $2 000

方法二：

借：固定资产　　USD $2 000

　　贷：银行存款（美元）　　USD $2 000

（3）9月15日，某客户以39 000元人民币购入5 000美元，当日美元卖出价为1美元 =7.8元人民币。

解析： 方法一：

借：银行存款（人民币）　　RMB ¥39 000

　　贷：货币兑换（人民币）　　RMB ¥39 000

借：货币兑换（美元）　　USD $5 000

　　贷：银行存款（美元）　　USD $5 000

方法二：

借：银行存款（人民币）　　RMB ¥39 000

　　贷：银行存款（美元）　　USD $5 000

（4）9月20日，发放短期贷款5 000美元，当日汇率为1美元 =7.85元人民币。

解析： 方法一：

借：贷款（美元）　　USD $5 000

　　贷：银行存款（美元）　　USD $5 000

方法二：

借：贷款（美元）　　USD $5 000

　　贷：银行存款（美元）　　USD $5 000

(5) 9月25日，向其他银行拆借资金10 000欧元，期限为1个月，年利率为3%，当日的汇率为1欧元=9.5元人民币。

解析：方法一：

借：银行存款（欧元）　　€ 10 000

　　贷：拆入资金（欧元）　　€ 10 000

方法二：

借：银行存款（欧元）　　€ 10 000

　　贷：拆入资金（欧元）　　€ 10 000

(6) 9月30日的汇率为1美元=8元人民币，1欧元=10元人民币。

解析：方法一：

"货币兑换（美元）"账户的贷方余额为USD $100 000 − USD $2 000 − USD $5 000 = USD $93 000，按月末汇率折算为人民币金额余额为93 000 × 8 = RMB ¥744 000。

"货币兑换（人民币）"账户有借方余额780 000 − 15 500 − 39 000 = RMB ¥725 500。

"货币兑换"账户的借方余额RMB ¥725 500 − 贷方余额RMB ¥744 000 = − RMB ¥18 500，即为当期产生的汇兑差额，相应的会计分录如下：

借：货币兑换（人民币）　　RMB ¥18 500

　　贷：汇兑损益　　RMB ¥18 500

方法二：资产负债表日，编制账户科目余额（人民币）的调节表（见表2-17），非人民币货币性项目以资产负债表日即期汇率折算，非人民币非货币性项目以交易日即期汇率折算。

表2-17　　账户科目余额调节表

借方余额账户	币种	外币余额	汇率	人民币余额	贷方余额账户	币种	外币余额	汇率	人民币余额
银行存款	美元	88 000	8	704 000	拆入资金	欧元	10 000	10	100 000
	欧元	10 000	10	100 000	实收资本	美元	100 000	7.8	780 000
贷款	美元	5 000	8	40 000					
固定资产	美元	2 000	7.75	15 500					

续表

借方余额账户	币种	外币余额	汇率	人民币余额	贷方余额账户	币种	外币余额	汇率	人民币余额
银行存款	人民币			39 000					
人民币余额合计				898 500	人民币余额合计				880 000
汇兑损益									18 500

借：货币兑换（人民币）　　RMB￥18 500

　　贷：汇兑损益　　RMB￥18 500

第三节　外币财务报表的折算

存在境外经营的企业在编制合并财务报表时，需要将境外经营的财务报表折算为以企业记账本位币后才能进行报表合并，否则不同主体报表中的计量单位不同，不能直接进行报表合并。

外币报表折算的关键问题有两个：一是折算汇率的选择，二是折算差额的处理。

一、外币财务报表折算汇率的选择方法

外币财务报表折算汇率的选择方法如表2－18所示。

表2－18　　外币财务报表折算汇率的选择方法

1. 流动与非流动法	流动资产和流动负债项目按照资产负债表日即期汇率折算，非流动资产和非流动负债、实收资本项目按照取得时的历史汇率折算，留存收益项目根据资产负债表的平衡原理倒挤。利润表中折旧与摊销费用按照历史汇率折算，其他收入和费用项目按照报告期的平均汇率折算，营业成本根据进销存的方法倒挤。这是最早采用的折算方法
	缺点是：流动性与汇率的变动无关，折算差额的处理掩盖了汇率变动对各期收益的影响，平滑了各期收益，与实际情况不符

续表

2. 货币性与非货币性法	对货币性项目按照资产负债表日即期汇率折算，对非货币性项目按照取得时的历史汇率折算。这是美国 SR 赫普华斯教授提出的	
	缺点是：非货币性资产发生减值时仍然采用历史汇率折算不合理	
3. 时态法（母公司货币观）	这种观点认为，子公司是母公司经营活动的延伸，应当选择与母公司一样的记账本位币。在这种观点下，子公司的经营活动视同母公司经营活动的一部分，子公司的货币性项目与非货币性项目的汇率变动对母公司的影响较大。资产负债表各项目应当在其计量基础上选择折算方法，如果采用过去价值计量的项目（如历史成本计量的固定资产）应当采用历史汇率折算，如果采用现在价值计量的项目（如采用资产负债表日公允价值计量的交易性金融资产、资产负债表日计提减值的存货）应当采用现时汇率（即资产负债表日汇率）折算，折算差额计入当年的合并收益。利润表项目的折算与流动与非流动法相同【1】	
	缺点是：该方法忽视了子公司作为独立实体的情况，由于各项目使用的折算汇率不同，产生的折算结果不可能保持外币报表在折算前的原有比率关系	
4. 现行汇率法（子公司货币观）	这种观点认为，子公司的经营活动是独立于母公司的，应当选择与母公司不一样的记账本位币。在这种观点下，汇率变动对母公司的影响仅仅是母公司的投资净额这部分，因此，对母公司的影响比较小。资产和负债项目按照现时汇率折算，实收资本按照历史汇率折算，利润表各项目按照平均汇率折算，折算差额作为所有者权益的一个项目单独列报。这个方法改变了时态法的缺点	
	缺点是：对所有的资产和负债项目都采用同一个汇率折算，例如，对历史成本计量的固定资产按照现时汇率折算显得不伦不类	

【释 1】这是美国洛伦森教授从计量理论的角度提出的，外币折算是一个计量问题而不是一个资产负债项目的分类问题。只要历史成本基础继续使用，任何一种折算方法的进退两难的处境都无法解决。

为了与合并报表中采用的实体理论保持一致，我国会计准则和国际会计准则基本上采用的是第 4 种方法，但是，对外币非货币性项目的折算有所改进。

由此可见，外币报表折算的目的是合并，而折算又与计量问题相关，从而使事情变得复杂。如果会计计量基础都采用公允价值计量，外币报表折算采用现时汇率法折算，这个问题就变得简单，因此，外币报表折算汇率的选择与计量基础的改革联系在一起。

二、外币财务报表折算的五步法

外币财务报表折算的五步法如表 2－19 所示。

表 2－19　　外币财务报表折算的五步法

1. 调整会计期间和会计政策	调整境外经营的会计期间和会计政策，使之与企业会计期间和会计政策相一致
2. 折算利润表和现金流量表	各项目采用交易发生时的即期汇率（历史汇率）折算或即期汇率的近似汇率折算，其他综合收益中外币报表折算差额来自资产负债表，净利润、综合收益总额、汇率变动对现金及现金等价物的影响是计算出来的
3. 折算所有者权益变动表	采用交易发生时的即期汇率（历史汇率）折算，当期提取的盈余公积按当期平均汇率折算，净利润和其他综合收益来自利润表，未分配利润项目是计算出来的
4. 折算资产负债表	资产和负债采用资产负债表日的即期汇率（期末汇率）折算，所有者权益项目来自所有者权益变动表
5. 计算外币报表折算差额	外币报表折算差额＝(折算后资产－折算后负债)－所有者权益各项目金额 ＝期末净资产×资产负债表日即期汇率－(期初净资产账面余额＋本期净资产变动×交易发生时的即期汇率) 再据此填列资产负债表和所有者权益变动表
	如果外币报表折算差额与已合并但不是全资拥有的国外经营有关，则归属于非控制性权益的累计外币报表折算差额，应在合并财务报表中分配计入非控制性权益，并确认为其组成部分，最终将境外经营处置时再转入损益 属于母公司的份额计入“其他综合收益”项目： 借：长期股权投资（外币报表折算差额×母公司比例） 　　贷：其他综合收益 属于少数股东的份额计入“少数股东权益”项目，无须编制专门的分录，在编制抵销子公司所有者权益和母公司长期股权投资，确认少数股东权益的分录时，直接增加或减少少数股东权益 借：子公司所有者权益 　　贷：长期股权投资［(子公司自购买日或合并日持续计算的净资产价值＋外币报表折算差额)×母公司比例］ 少数股东权益［(子公司所有者权益＋外币报表折算差额)×少数股东比例］ 若外币报表折算差额为负数，编制相反分录

外币报表折算涉及三种汇率：一是交易发生时的历史汇率，例如，利润表项目大多数、现金流量表大多数项目、所有者权益变动表大多数项目；二是资产负债表日的即期汇率，例如，资产负债表中的资产和负债项目，因为资产负债表是时点报表，要反映期末时点资产和负债的价值；三是业务发生期间的平均汇率，例如，当期计提盈余公积、损益类项目，因为损益代表一定期间的损益。

在国际会计准则中，对非流动资产采用重估价模式计量，所以对资产负债表采用期末汇率折算具有合理性，而我国对非流动资产采用历史成本计量，不同时点购买的资产和承担的负债的价值量是不相等的，统一采用期末汇率折算在理论上不大合理，这也是会计难题之一。

为什么外币报表折算差额计入其他综合收益而不是计入损益？因为汇率变动对经营活动所产生的当期及未来现金流量几乎没有或不直接产生影响，它不属于经营成果，期末折算报表不应当改变企业的经营成果、现金流量。因此，在国外经营被处置之前，累积外币报表折算差额应作为单独的权益项目进行列报。

三、比较报表的折算方法

比较报表的折算方法如表 2－20 所示。

表 2－20　　　　比较报表的折算方法

1. 如果主体的功能货币不是恶性通货膨胀经济中的货币	每一资产负债表中列报的资产和负债项目应以相应资产负债表日的期末汇率折算（即去年的比较金额以去年的期末汇率折算）。每一利润表中列报的收益和费用项目应以交易日汇率折算（即去年的比较金额以去年的实际汇率或平均汇率折算）
2. 如果主体的功能货币是恶性通货膨胀经济中的货币，且比较金额需要折算为其他恶性通货膨胀经济中的货币	所有资产负债表和利润表项目金额应以最近资产负债表日的期末汇率折算（即去年的比较项目金额应以今年的期末汇率折算，如同因以后物价水平发生变化而进行调整一样）
3. 如果主体的功能货币是恶性通货膨胀经济中的货币，且比较项目金额需要折算为非恶性通货膨胀经济中的货币	所有项目金额应为在以前年度财务报表中列报的相应金额（即不需要因其后物价水平变化或汇率变化而进行调整）

【案例 2－11】外币报表折算。

学天海公司的记账本位币为人民币，该公司仅有一全资子公司乙公司，无其他境外经营。乙公司设在美国，自主经营，所有办公设备及绝大多数人工成本等均以美元支付，除极少量的商品购自学天海公司外，其余的商品采购均来自当地，乙公司对所需资金自行在当地融资、自担风险。因此，乙公司的记账本位币应为美元。

2×17 年 12 月 31 日，学天海公司准备编制合并财务报表，需要先将乙公司的美元财务报表折算为人民币表述，乙公司在年末提取盈余公积6 000美元。假设学天海公司与乙公司的会计政策与会计期间一致，不考虑现金流量表的折算。

乙公司的有关资料如下：2×17年12月31日的即期汇率为1美元=8元人民币，2×17年的平均汇率为1美元=8.2元人民币，实收资本为125 000美元，发生日的即期汇率为1美元=8.3元人民币，2×16年12月31日的即期汇率为1美元=8.25元人民币，累计盈余公积为11 000美元，折算为人民币90 300元，累计未分配利润为20 000美元，折算为人民币166 000元。

乙公司利润表项目采用平均汇率折算（见表2－21），其他综合收益中外币报表折算差额来自资产负债表。

表2－21　　利润表

编制单位：乙公司　　2×17年度

项目	本年累计数（美元）	汇率	折算为人民币金额（元）
一、营业收入	105 000	8.2	861 000
减：营业成本	40 000	8.2	328 000
营业税金及附加	6 000	8.2	49 200
销售费用	8 000	8.2	65 600
管理费用	12 000	8.2	98 400
财务费用	10 000	8.2	82 000
二、营业利润	29 000		237 800
加：营业外收入	5 000	8.2	41 000
减：营业外支出	4 000	8.2	32 800
三、利润总额	30 000		246 000
减：所得税费用	10 000	8.2	82 000
四、净利润	20 000		164 000
五、每股收益	—		
六、其他综合收益	0	—	－49 800
七、综合收益总额	20 000	—	114 200

乙公司所有者权益变动表项目采用交易发生时的即期汇率（历史汇率）折算（见表2－22），盈余公积采用当期平均汇率折算，净利润来自利润表，其他综合收益中外币报表折算差额来自资产负债表，未分配利润项目是通过期初数加本期净利润计算出来的。

表2－22　　所有者权益变动表

编制单位：乙公司　　2×17年度　　单位：元

项目	实收资本			盈余公积			未分配利润		外币报表折算差额	所有者权益合计（人民币）
	美元	汇率	人民币	美元	汇率	人民币	美元	人民币		
一、本年年初余额	125 000	8.3	1 037 500	11 000		90 300	20 000	166 000		1 293 800
二、本年增减变动金额										
（一）净利润							20 000	164 000		164 000
（二）其他综合收益										
其中：外币报表折算差额									－49 800	－49 800
（三）利润分配										
1. 提取盈余公积				6 000	8.2	49 200	－6 000	－49 200		
三、本年年末余额	125 000	8.3	1 037 500	17 000		139 500	34 000	280 800	－49 800	1 408 000

注：盈余公积＝期初余额90 300＋本年提取49 200＝139 500（元）

未分配利润＝期初余额166 000＋本期净利润164 000－提取盈余公积49 200＝280 800（元）

乙公司资产负债表（见表2－23）中，资产和负债采用期末汇率折算，所有者权益项目来自所有者权益变动表。

表 2－23 **资产负债表**

编制单位：乙公司　　2×17 年 12 月 31 日　　单位：元

资产	期末数（美元）	汇率	折算为人民币金额	负债和股东权益	期末数（美元）	汇率	折算为人民币金额
流动资产：				流动负债：			
货币资金	20 000	8	160 000	短期借款	10 000	8	80 000
交易性金融资产	10 000	8	80 000	应付票据	2 000	8	16 000
应收票据	8 000	8	64 000	应付账款	15 000	8	120 000
应收账款	22 000	8	176 000	应付职工薪酬	12 000	8	96 000
存货	40 000	8	320 000	应交税费	3 000	8	24 000
流动资产合计	100 000		800 000	流动负债合计	42 000		336 000
非流动资产：				非流动负债：			
固定资产	120 000	8	960 000	长期借款	12 000	8	96 000
无形资产	30 000	8	240 000	长期应付款	20 000	8	160 000
非流动资产合计	150 000		1 200 000	非流动负债合计	32 000		256 000
				负债合计			592 000
				所有者权益：			
				实收资本	125 000	8.3	1 037 500
				盈余公积	17 000		139 500
				未分配利润	34 000		280 800
				其他综合收益	0		－49 800
				所有者权益合计	176 000		1 408 000
资产总计	250 000		2 000 000	负债和所有者权益总计	250 000		2 000 000

注：其他综合收益（外币报表折算差额）= 资产 2 000 000 － 负债 592 000 － 所有者权益（1 037 500 － 139 500 － 280 800）= －49 800（元）

【案例 2－12 · 单选题】 下列变更记账本位币会计处理的表述中，正确的是（　　）。

A. 记账本位币变更日所有者权益项目按照历史汇率折算为变更后的记账本位币

B. 记账本位币变更日资产负债项目按照当日的即期汇率折算为变更后的记账本位币

C. 记账本位币变更当年年初至变更日的利润表项目按照交易发生日的即期汇率折算为变更后的记账本位币

D. 记账本位币变更当年年初至变更日的现金流量表项目按照与交易发生日即期汇率近似的汇率折算为变更后的记账本位币

答案：B

解析：要区分变更记账本位币和报表折算是两回事。企业变更记账本位币，应当采用变更当日的即期汇率将所有项目折算为变更后的记账本位币。

【案例2－13·多选题】下列各项中，在对境外经营财务报表进行折算时选用的有关汇率，符合会计准则的有（　　）。

A. 股本采用股东出资日的即期汇率折算

B. 交易性金融资产采用资产负债表日即期汇率折算

C. 未分配利润项目采用报告期平均汇率折算

D. 当期提取的盈余公积采用当期平均汇率折算

答案：ABD

解析：选项C，不是折算的，是计算出来的。

第四节　外币合并报表编制中的特殊处理

一、对境外经营净投资的外币货币性项目产生的汇兑差额的处理

对境外经营净投资的外币货币性项目产生的汇兑差额的处理如表2－24所示。

表2－24　对境外经营净投资的外币货币性项目产生的汇兑差额的处理

1. 概念	净投资，是指在集团合并报表范围内的主体（如母公司或子公司）对境外经营（如子公司）的长期应收款或长期贷款，但不包括应收账款或应付账款
2. 会计处理	（1）净投资以母公司或子公司的记账本位币核算的，将母公司或子公司期末产生的汇兑差额，由财务费用转入其他综合收益【1】 若净投资产生汇兑损失： 借：其他综合收益 　　贷：财务费用 借：少数股东权益 　　贷：其他综合收益（上述分录金额×少数股东比例） 若净投资产生汇兑收益，则编制相反的分录

续表

2. 会计处理	（2）净投资以母、子公司的记账本位币以外的第三方货币核算的，期末将母子公司汇兑差额相互抵销后，差额再由财务费用转入其他综合收益，分录同上【2】

【释1】净投资以母公司或子公司的记账本位币的情形分析如图2－3所示。

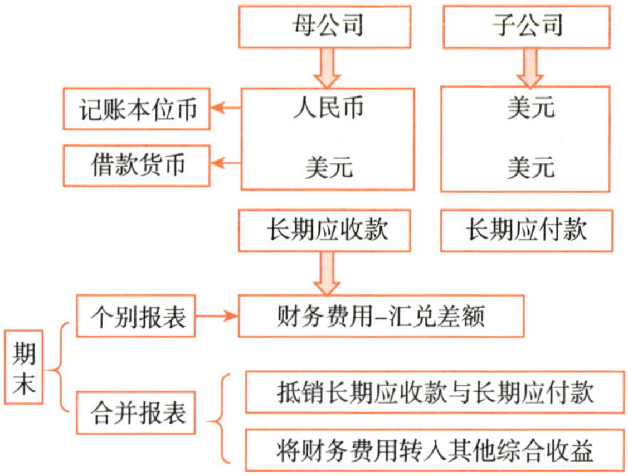

图2－3　净投资以母公司或子公司的记账本位币的情形分析

为什么汇兑差额最终计入其他综合收益而不是损益？因为，第一，如果在合并财务报表中没有反映汇率变动的影响，则集团内部短期或长期的货币性资产（或负债）不能与相应的集团内部的货币性负债（或资产）相互抵销，这是因为货币性项目使报告主体面临因汇率波动而产生利得或损失的风险。第二，在报告主体的合并财务报表中，这种汇兑差额等效于在编制合并财务报表时，将货币性项目视为对国外经营的一种权益投资来处理，因此应当计入其他综合收益而非损益，直到该国外经营被处置为止。

【案例2－14】净投资为母公司或子公司的记账本位币的情形。

学天海公司拥有境外子公司A公司70%的股权，学天海公司和A公司的记账本位币分别是人民币和美元，某年7月1日学天海公司向A公司借出200万美元，实质上构成对其净投资，当日的即期汇率为1美元＝人民币7.5元，当年年末即期汇率为1美元＝人民币7元。

要求：（1）计算当年年末学天海公司合并报表中列报的外币报表折算差额

的金额。

(2) 编制母公司个别报表与该业务相关的会计分录。

(3) 编制子公司个别报表与该业务相关的会计分录。

(4) 编制合并报表中与该业务相关的分录。

解析: (1) 长期应收款汇兑损益 = 200 × (7 − 7.5) = −100 万元人民币，是汇兑损失，因此应当在合并报表“其他综合收益”项目列报汇兑差额 −100 × 70% = −70 万元人民币。

(2) 母公司的账务处理。

①7 月 1 日母公司出借款项。

借：长期应收款——美元　　　　(200 万美元) 15 000 000

　　贷：银行存款——美元　　　　(200 万美元) 15 000 000

② 12 月 31 日母公司期末汇率调整。

借：财务费用——汇兑差额　　　　1 000 000

　　贷：长期应收款——美元　　(2 000 000 × 7 − 15 000 000) 1 000 000

(3) 子公司的账务处理。

①7 月 1 日子公司收到款项。

借：银行存款　　　　(美元) 2 000 000

　　贷：长期应付款　　　　2 000 000

② 12 月 31 日子公司无须进行汇率调整。

(4) 合并报表抵销分录。

借：长期应付款　　　　14 000 000

　　贷：长期应收款　　　　14 000 000

借：其他综合收益　　　　(人民币) 1 000 000

　　贷：财务费用　　　　1 000 000

借：少数股东权益　　　　(1 000 000 × 30%) 300 000

　　贷：其他综合收益　　　　300 000

【释 2】 净投资以母、子公司的记账本位币以外的第三方货币的情形分析如图 2 − 4 所示。

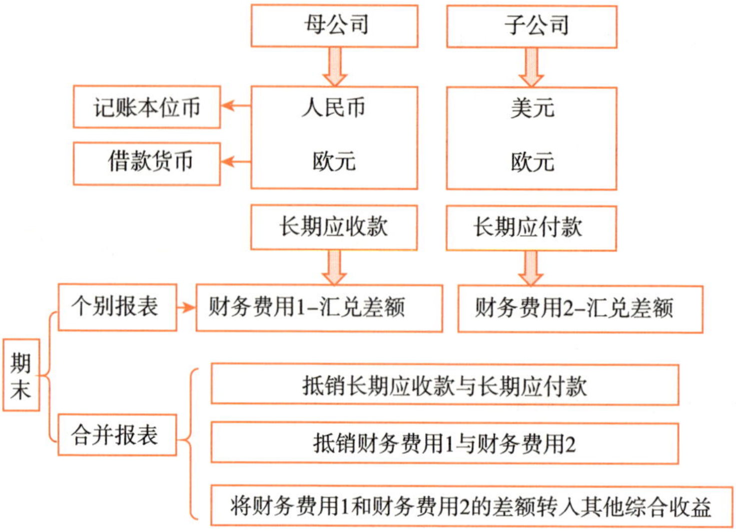

图2－4　净投资以母子公司的记账本位币以外的第三方货币的情形分析

【案例2－15】 净投资为母、子公司的记账本位币以外的第三方货币的情形。

学天海公司拥有境外子公司A公司70%的股权，学天海公司和A公司的记账本位币分别是人民币和美元，某年7月1日学天海公司向A公司借出200万欧元，实质上构成对其净投资，当日的即期汇率为1欧元＝人民币12元，1欧元＝美元1.6元。当年年末即期汇率为1欧元＝人民币10.5元，1欧元＝1.5美元，1美元＝人民币7元。

要求：（1）计算当年年末学天海公司合并报表中列报的外币报表折算差额的金额。

（2）编制母公司个别报表与该业务相关的会计分录。

（3）编制子公司个别报表与该业务相关的会计分录。

（4）编制合并报表中与该业务相关的分录。

解析：（1）长期应收款汇兑损益＝200×（10.5－12）＝－300万元人民币，为汇兑损失；A公司长期应付款汇兑损益＝200×（1.5－1.6）×7＝－140万元人民币，为汇兑收益；合计汇兑损失－300＋140＝－160万元，合并报表中列报的外币报表折算差额为－160×70%＝－112万元人民币。

（2）母公司的账务处理。

①7 月 1 日母公司出借款项。

借：长期应收款——欧元　　　　　　(2 000 000 × 12) 24 000 000

　　贷：银行存款——欧元　　　　　　　　　　　　　24 000 000

② 12 月 31 日母公司期末汇率调整。

借：财务费用——汇兑差额　　　　　　　　　　　3 000 000

　　贷：长期应收款——欧元 (2 000 000 × 10.5 − 24 000 000) 3 000 000

(3) 子公司的账务处理。

①7 月 1 日子公司收到款项。

借：银行存款——欧元　　　　　　　(2 000 000 × 1.6) 3 200 000

　　贷：长期应付款——欧元　　　　　　　　　　　　3 200 000

② 12 月 31 日子公司进行汇率调整。

借：长期应付款——欧元　　(2 000 000 × 1.5 − 3 200 000) 200 000

　　贷：财务费用——汇兑差额　　　　　　　　　　　　200 000

(4) 合并报表抵销分录。

借：长期应付款　　　　　　　(2 000 000 × 1.5 × 7) 21 000 000

　　贷：长期应收款　　　　　　　　　　　　　　　21 000 000

母子公司的财务费用项目在合并报表中自动抵销，差额转入其他综合收益。

借：其他综合收益　　　　　　　　　　　　　　1 600 000

　　贷：财务费用　　　　　　　(3 000 000 − 1 400 000) 1 600 000

借：少数股东权益　　　　　　　(1 600 000 × 30%) 480 000

　　贷：其他综合收益　　　　　　　　　　　　　　480 000

【案例 2－16】外币报表折算的处理。

学天海公司在我国注册成立，记账本位币为人民币，持有在美国设立的子公司乙公司 80% 股权，其记账本位币为美元。乙公司持有为交易而持有的债务工具，并将其分类为以公允价值计量且其变动计入当期损益的金融资产。

2 × 20 年 12 月 31 日，乙公司的个别财务报表上，债务工具的公允价值和账面价值为 100 万美元，汇率为 1 美元 = 6.6 元人民币。2 × 21 年 12 月 31 日，乙公司的债务工具的公允价值增加到 110 万美元，汇率由 1∶6.6 上升到 1∶6.7。学天海公司采用平均汇率 (6.6 + 6.7) ÷ 2 = 6.65 对乙公司的利润表进行折算。不考虑其他因素。

要求：（1）计算学天海公司2×20年12月31日在合并资产负债表上对乙公司的交易性金融资产列报的人民币金额。

解析：交易性金融资产列报100万美元×6.6=660万元人民币。

（2）计算学天海公司2×21年12月31日在合并利润表上因乙公司的交易性金融资产影响损益的人民币金额。

解析：由于对乙公司利润表采用平均汇率折算，因此对于公允价值上升的部分按照平均汇率折算的金额列入利润表中公允价值变动损益，10万美元×6.65=66.5万元人民币。

（3）计算学天海公司2×21年12月31日在合并资产负债表上对乙公司的交易性金融资产列报的人民币金额，以及因乙公司的交易性金融资产影响其他综合收益的人民币金额。

解析：交易性金融资产列报110万美元×6.7=737万元人民币；子公司报表折算产生的汇兑差额=净资产增加的金额=(737－660－66.5)×80%=8.4万元人民币计入其他综合收益。

二、境外经营的商誉和公允价值调整

境外经营的商誉和公允价值调整如表2－25所示。

表2－25　　境外经营的商誉和公允价值调整

1. 企业在购买境外经营时产生的商誉	应作为该境外经营的资产和负债进行会计处理。因此，商誉和对资产和负债的账面金额所进行的公允价值调整应以境外经营的记账本位币表述，并按期末汇率折算【1】
2. 由于取得该境外经营而对资产和负债的账面金额所进行的公允价值调整	
3. 如果被购主体由使用不同功能货币的多个经营构成，支持商誉持续确认的现金流量产生于不同的功能货币	商誉应分配至被收购境外经营的每一种功能货币【2】

【释1】为什么商誉按照期末汇率折算？因为商誉属于母公司收购的不可辨认资产，是母公司在被购主体中的净投资的一部分，商誉的处理方法应与被购主体其他资产（特别是无形资产）的处理方法相同。

【释2】这意味着，为外币折算目的将商誉分配至的层次可能不同于对商誉进行减值测试的层次，主体应按照《CAS8——资产减值》的要求确定对商誉进行减值测试的层次。

三、境外经营的处置

（一）境外经营处置的概念（见表2－26）

表2－26　境外经营处置的概念

1. 处置方式	主体可通过出售、清算、返还股本或放弃全部或部分权益等方式处置其在境外经营中的权益。支付的股利只有在其作为投资返还时，才构成处置的一部分【1】
2. 全部处置	处置境外经营的子公司且丧失控制权；或者处置境外经营的合营安排或联营安排且失去共同控制或重大影响；不论处置后是否保留剩余部分权益【2】
3. 部分处置	处置境外经营的子公司但未丧失控制权；或者处置境外经营的合营安排或联营安排但未失去共同控制或重大影响

【释1】例如，因为境外经营亏损导致投资方按照权益法核算的账面价值减少，或者境外经营发生减值导致投资方对境外经营账面金额的减记，都不能算是处置。因此，这些情况下，不能将原确认在其他综合收益中的汇兑利得和损失重分类至损益。

【释2】全部处置，是指对一个主体失去控制权、失去重大影响或共同控制权，处置导致投资性质的改变，投资方与被投资方的关系发生本质的变化，这是一个重大经济事项。

（二）境外经营处置的会计处理（见表2－27）

表2－27　境外经营处置的会计处理

1. 全部处置境外经营的子公司	将其他综合收益中外币报表折算差额，全部作为重分类调整，从权益（其他综合收益）转入处置当期损益（投资收益），但是与非控制性权益相关的外币报表折算差额应该终止确认但不应重分类至损益

续表

2. 部分处置境外经营的子公司	将其他综合收益中外币报表折算差额，归属于少数股东的部分，从其他综合收益转入少数股东权益
3. 全部处置境外经营的合营安排或联营安排	将其他综合收益中外币报表折算差额，全部作为重分类调整，从权益（其他综合收益）转入处置当期损益（投资收益）
4. 部分处置境外经营的合营安排或联营安排	将其他综合收益中外币报表折算差额，按处置比例从权益（其他综合收益）转入处置当期损益（投资收益）

如果母公司处置处置境外经营的子公司后丧失控制权，子公司不再纳入合并报表，外币报表折算差额全部实现，因此按照母公司享有的计入其他综合收益的部分计入当期损益。

如果未丧失控制权，子公司继续纳入合并报表，母公司和少数股东承担的外币报表折算差额发生了变化，所以要从其他综合收益转入少数股东权益。

【案例2－17】外币报表中的处理。

甲公司持有在境外注册的乙公司80%股权，能够对乙公司的财务和经营政策实施控制。甲公司以人民币为记账本位币，乙公司以港币为记账本位币，发生外币交易时甲公司和乙公司均采用交易日的即期汇率进行折算。

（1）2×16年10月20日，甲公司以每股4欧元的价格购入丙公司股票100万股，支付价款400万欧元，另支付交易费用1万欧元。甲公司将购入的上述股票作为交易性金融资产核算，当日即期汇率为1欧元＝6.82元人民币。2×16年12月31日，丙公司股票的市价为每股5欧元。

（2）2×16年12月31日，除上述交易性金融资产外，甲公司其他有关资产、负债项目的期末余额如表2－28所示。

表2－28　　　　甲公司有关资产、负债的期末余额

项目	外币金额	按照2×16年12月31日年末汇率调整前的人民币账面余额（万元人民币）
银行存款	3 000万欧元	20 360
应收账款	1 500万欧元	10 225
预付款项	500万欧元	3 415

续表

项目	外币金额	按照 2×16 年 12 月 31 日年末汇率调整前的人民币账面余额（万元人民币）
长期应收款	7 500 万港元	6 465
债权投资	200 万欧元	1 365
短期借款	100 万欧元	710
应付账款	1 200 万欧元	8 144
预收款项	400 万欧元	2 800

上述长期应收款实质上构成了甲公司对乙公司境外经营的净投资，除长期应收款外，其他资产、负债均与关联方无关。

（3）2×16 年 1 月 1 日，乙公司净资产账面价值为 10 000 万港元，折合成人民币为 8 400 万元，2×16 年度，乙公司实现净利润 2 000 万港元，无其他所有者权益变动，即期汇率的平均汇率为 1 港元 =0. 85 元人民币。

（4）2×16 年 12 月 31 日，即期汇率为 1 欧元 =6. 80 元人民币，1 港元 =0. 86 元人民币。

不考虑其他因素。

要求：（1）判断甲公司 2×16 年 12 月 31 日资产和负债中哪些项目属于外币非货币性项目，并说明理由。

（2）计算甲公司个别报表中产生的汇兑收益。

（3）计算甲公司上述业务影响合并报表营业利润的金额。

（4）计算乙公司个别报表折算为人民币时产生的“外币报表折算差额”。

（5）计算 2×16 年 12 月 31 日合并报表中“其他综合收益”应列示的金额。

解析：（1）预付款项和预收款项属于外币非货币性项目。理由：这两个项目未来收取或偿付的金额不可确定，不符合货币性项目的概念。

（2）银行存款汇兑收益 =3 000 ×6. 80 －20 360 =40（万元人民币）

应收账款汇兑收益 =1 500 ×6. 80 －10 225 = －25（万元人民币）

长期应收款汇兑收益 =7 500 ×0. 86 －6 465 = －15（万元人民币）

债权投资汇兑收益 =200 ×6. 80 －1 365 = －5（万元人民币）

短期借款汇兑收益 =710 －100 ×6. 80 =30（万元人民币）

应付账款汇兑收益 =8 144 －1 200 ×6. 80 = －16（万元人民币）

甲公司个别报表中产生的汇兑收益=40－25－15－5+30－16=9（万元人民币）

（3）长期应收款汇兑收益在合并财务报表中应转入其他综合收益，不影响合并营业利润。

汇兑收益增加合并营业利润=40－25－5+30－16=24（万元人民币）

交易性金融资产的公允价值变动及汇率变动增加合并营业利润=100×5×6.80－100×4×6.82=672万元人民币，交易性金融资产的交易费用应减少合并营业利润=1×6.82=6.82万元人民币，

上述甲公司业务增加合并营业利润=24+672－6.82=689.18（万元人民币）

（4）乙公司个别财务报表折算为人民币时产生的外币报表折算差额=(10 000+2 000)×0.86－(8 400+2 000×0.85)=220（万元人民币）

（5）合并报表中“其他综合收益”=220×80%－15（长期应收款汇兑差额转入）=161（万元人民币）

第五节 披 露

外币折算需要披露的内容有：

（1）企业及其境外经营选定的记账本位币及选定的原因，记账本位币发生变更的，说明变更理由；

（2）采用近似汇率的，近似汇率的确定方法；

（3）计入当期损益的汇兑差额；

（4）处置境外经营对外币财务报表折算差额的影响。

【案例2－18】外币合并报表编制。

学天海公司以人民币为记账本位币，2×17年1月3日，以22 960万元人民币从美国某投资商中购入该国乙公司80%的股权，从而使乙公司成为其子公司，乙公司为投资商全部以美元投资设立，其净资产在2×17年1月3日的公允价值等于其账面价值3 500万美元，乙公司确定的记账本位币为美元。

2×17年1月3日，学天海公司的累计未分配利润为3 696万元人民币，累计

盈余公积为2 600万元人民币，乙公司的实收资本为3 410万美元，折算为人民币27 962万元人民币，累计未分配利润为80万美元，折算为人民币656万元人民币，累积盈余公积为10万美元，折算为人民币82万元。

2×17年4月1日，为补充乙公司经营所需资金的需要，学天海公司以长期应收款形式借给乙公司500万美元，除此之外，学天海公司与乙公司之间未发生任何交易。有关财务资料如表2-29和表2-30所示。

表2-29　　资产负债表

2×17年12月31日　　单位：万元

资产	学天海公司（人民币）	乙公司（美元）	负债和股东权益	学天海公司（人民币）	乙公司（美元）
流动资产：			流动负债：		
货币资金	22 000	1 000	应付账款	9 960	750
应收账款	16 000	2 000	流动负债合计	9 960	750
存货	12 000	1 400	非流动负债：		
流动资产合计	50 000	4 400	长期借款	10 000	
非流动资产：			长期应付款	2 000	500
长期应收款	3 900		非流动负债合计	12 000	500
对子公司投资	22 960		股东权益：		
固定资产	30 000	1 400	实收资本	60 000	3 410
非流动资产合计	56 860	1 400	盈余公积	4 600	130
			未分配利润	20 300	1 010
			股东权益合计	84 900	4 550
资产总计	106 860	5 800	负债和所有者权益总计	106 860	5 800

表2-30　　利润表

2×17年度　　单位：万元

项目	学天海公司（人民币）	乙公司（美元）
一、营业收入	800 000	8 000
减：营业成本	650 000	6 000
管理费用	80 000	300
财务费用	43 380	200
加：投资收益	0	
二、营业利润	26 620	1 500

续表

项目	学天海公司（人民币）	乙公司（美元）
三、利润总额	26 620	1 500
减：所得税费用	8 016	450
四、净利润	18 604	1 050

2×17年1月3日的即期汇率为1美元=8.2元人民币，4月1日的即期汇率为1美元=8元人民币，12月31日的即期汇率为1美元=7.8元人民币，年平均汇率为1美元=8元人民币。由于汇率波动不大，学天海公司以平均汇率折算乙公司利润表。

2×17年学天海公司、乙公司采用相同的会计期间和会计政策，经分析，学天海公司借给乙公司的500万美元资金实质上构成对乙公司的净投资的一部分。

学天海公司当年提取盈余公积2 000万元民币，乙公司当年提取盈余公积120万美元，除此之外，学天海公司、乙公司的所有者权益均未生其他变动。不考虑其他因素。

要求：（1）编制学天海公司个别报表中有关的会计分录。

（2）编制学天海公司合并报表中有关的会计分录，并填写合并工作底稿（见表2－32），填列合并报表（见表2－33至表2－35）。

解析：（1）个别报表：

2×17年1月3日，学天海公司取得乙公司80%的股权时：

借：长期股权投资　　　　229 600 000

　　贷：银行存款　　　　229 600 000

商誉＝22 960－3 500×8.2×80%＝0

2×17年4月1日，学天海公司向乙公司借出500万美元时：

借：长期应收款——乙公司（美元）　（5 000 000×8）40 000 000

　　贷：银行存款——美元　（5 000 000×8）40 000 000

2×17年12月31日，学天海公司借给乙公司的500万美元因汇率变动产生的汇兑差额：

借：财务费用——汇兑差额　　　　1 000 000

　　贷：长期应收款——美元（5 000 000×7.8－40 000 000）1 000 000

以上会计处理已体现在上述个别报表中。

(2) 合并报表:

2×17 年 12 月 31 日，折算乙公司外币财务报表。

乙公司实现净利润 1 050 万美元，按平均汇率折算为人民币为 8 400 万元。

乙公司人民币实收资本为 27 962 万元，盈余公积为 82 + 120 × 平均汇率 8 = 82 + 960 = 1 042 万元，未分配利润为 656 + (1 050 − 120) × 平均汇率 8 = 656 + 7 440 = 8 096万元，合计为 27 962 + 1 042 + 8 096 = 37 100 万元。

外币报表折算差额为（资产 5 800 − 负债 1 250）× 期末汇率 7.8 − 37 100 = −1 610 万元。

①将学天海公司对乙公司的长期股权投资由成本法调整为权益法:

借：长期股权投资　　(84 000 000 × 80%) 67 200 000

　贷：投资收益　　67 200 000

②将外币报表折算差额计入其他综合收益:

借：其他综合收益（外币报表折算差额）　　12 880 000

　贷：长期股权投资　　(16 100 000 × 80%) 12 880 000

③学天海公司借给乙公司的 500 万美元资金实质上构成对乙公司净投资的一部分，需要将该部分应收款项上产生的汇兑差额转入其他综合收益:

借：其他综合收益　　1 000 000

　贷：财务费用　　1 000 000

④借：股本　　279 620 000

　　盈余公积——年初　　820 000

　　　　　　——本年　　9 600 000

　　未分配利润——年初　　6 560 000

　　　　　　　——本年　　74 400 000

　贷：长期股权投资

　　(229 600 000 + 67 200 000 − 12 880 000) 283 920 000

　　少数股东权益

　　[(279 620 000 + 820 000 + 9 600 000 + 6 560 000 + 74 400 000) × 20% − 16 100 000 × 20%] 70 980 000

其他综合收益　　16 100 000

⑤借：长期应付款——甲公司　　39 000 000

贷：长期应收款——乙公司　　（5 000 000 ×7.8）39 000 000

⑥借：投资收益　　（84 000 000 ×80%）67 200 000

少数股东损益　　（84 000 000 ×20%）16 800 000

贷：提取盈余公积　　9 600 000

未分配利润——本年　　74 400 000

表 2 –31　　合并财务报表工作底稿　　单位：万元

项目	学天海公司（人民币）			乙公司（美元）			合计数	抵销		合并数	少数股东权益
	报表金额	借方	贷方	期末数	汇率	折算为人民币金额		借方	贷方		
货币资金	22 000			1 000	7.8	7 800	29 800			29 800	
应收账款	16 000			2 000	7.8	15 600	31 600			31 600	
存货	12 000			1 400	7.8	10 920	22 920			22 920	
长期应收款	3 900						3 900		⑤3 900	0	
对子公司投资	22 960	①6 720	②1 288				28 392		④28 392	0	
固定资产	30 000			1 400	7.8	10 920	40 920			40 920	
资产总计	106 860	6 720	1 288	5 800		45 240	157 532		32 292	125 240	
应付账款	9 960			750	7.8	5 850	15 810			15 810	
长期借款	10 000						10 000			10 000	
长期应付款	2 000			500	7.8	3 900	5 900	⑤3 900		2 000	
股本	60 000			3 410	8.2	27 962	87 962	④27 962		60 000	
本年盈余公积	2 000			120		960	2 960	④960		2 000	
年初盈余公积	2 600			10		82	2 682	④82		2 600	
年初未分配利润	3 696			80		656	4 352	④656		3 696	
本年未分配利润	16 604		6 720	930		7 440	30 764	④7 440	100	23 424	

续表

项目	学天海公司（人民币）			乙公司（美元）			合计数	抵销		合并数	少数股东权益
	报表金额	借方	贷方	期末数	汇率	折算为人民币金额		借方	贷方		
其他综合收益		②1 288				-1 610	-2 898	③100	④1 610	-1 388	
少数股东权益									④7 098		7 098
负债和股东权益总计	106 860	1 288	6 720	5 800		45 240	15 7532	41 100	8 808	125 240	
营业收入	800 000			8 000	8	64 000	864 000			864 000	
减：营业成本	650 000			6 000	8	48 000	698 000			698 000	
管理费用	80 000			300	8	2 400	82 400			82 400	
财务费用	43 380			200	8	1 600	44 980		③100	44 880	
加：投资收益	0		①6 720	0			6 720	⑥6 720		0	
营业利润	26 620		6 720	1 500		12 000	45 340			38 720	
利润总额	26 620		6 720	1 500		12 000	45 340			38 720	
减：所得税费用	8 016			450	8	3 600	11 616			11 616	
净利润	18 604		6 720	1 050		8 400	33 724	6 720	100	27 104	
少数股东损益								⑥1 680			1 680
归属于母公司所有者的净利润										25 424	
利润分配：											
提取盈余公积	2 000			120	8	960	2 960		⑥960	2 000	
未分配利润——本年	16 604		6 720	930	8	7 440	30 764	100	⑥7 440	23 424	

续表

项目	学天海公司（人民币）			乙公司（美元）			合计数	抵销		合并数	少数股东权益
	报表金额	借方	贷方	期末数	汇率	折算为人民币金额		借方	贷方		
其他综合收益						－1 610	－1 610			－1 610	
权益法下被投资单位外币报表折算的影响							－1 288	100		－1 388	
归属于少数股东的其他综合收益							－322				－322
综合收益总额	18 604		6 720	1 050		6 790	32 114	6 720	100	25 494	
归属于母公司所有者的综合收益总额										24 036	
归属于少数股东的综合收益总额											1 358

【注】子公司所有者权益项目在合计数基础上要减去。

表 2－32　　　　合并资产负债表

编制单位：学天海公司　　　　2×17 年 12 月 31 日　　　　单位：万元

资产	金额	负债和股东权益	金额
流动资产：		流动负债：	
货币资金	29 800	应付账款	15 810
应收账款	31 600	流动负债合计	15 810
存货	22 920	非流动负债：	
流动资产合计	84 320	长期借款	10 000
非流动资产：		长期应付款	2 000

续表

资产	金额	负债和股东权益	金额
长期应收款	0	非流动负债合计	12 000
固定资产	40 920	股东权益：	
非流动资产合计	40 920	股本	60 000
		盈余公积	4 600
		未分配利润	27 120
		外币报表折算差额	-1 388
		归属于母公司所有者权益合计	90 332
		少数股东权益	7 098
		股东权益合计	97 430
资产总计	125 240	负债和所有者权益总计	125 240

表 2-33　　　　合并利润表

编制单位：学天海公司　　　　2×17 年度　　　　单位：万元

项目	金额
一、营业收入	864 000
减：营业成本	698 000
管理费用	82 400
财务费用	44 880
加：投资收益	—
二、营业利润	38 720
三、利润总额	38 720
减：所得税费用	11 616
四、净利润	27 104
归属于母公司所有者的净利润	25 424
少数股东损益	1 680
五、每股收益	—
六、其他综合收益	-1 388
七、综合收益总额	24 036

表 2－34　　合并所有者权益变动表

编制单位：学天海公司　　2×17 年度　　单位：元

项目	归属于母公司所有者权益			外币报表折算差额	少数股东权益	所有者权益合计
	股本	盈余公积	未分配利润			
一、本年年初余额	60 000	2 600	3 696		5 740	72 036
二、本年增减变动金额						
（一）净利润			25 424		1 680	27 104
（二）其他综合收益						
其中：外币报表折算差额				－1 388	－322	－1 710
（三）利润分配						
1. 提取盈余公积		2 000	－2 000			
三、本年年末余额	60 000	4 600	27 120	－1 388	7 098	97 430

第六节　处于恶性通货膨胀经济中的境外经营财务报表的折算

以下内容可参照 CAS19.13 和《IAS29——恶性通货膨胀经济中的财务报告》，其中，IAS29 对自 1990 年 1 月 1 日或以后日期开始的年度期间的财务报表有效。

一、概念与范围

（一）恶性通货膨胀经济的概念

当一个国家经济环境显示出（但不局限于）以下特征时，应当判定该国处于恶性通货膨胀经济中：

（1）最近 3 年累计通货膨胀率接近或超过 100%；

（2）利率、工资和物价与物价指数挂钩；

（3）公众不是以当地货币，而是以相对稳定的外币为单位作为衡量货币金额的基础；

（4）公众倾向于以非货币性资产或相对稳定的外币来保存自己的财富，持有的当地货币立即用于投资以保持购买力；

（5）即使信用期限很短，赊销、赊购交易仍按补偿信用期预计购买力损失的价格成交。

IAS29 并不设立判断恶性通货膨胀发生的绝对物价上涨率。确定何时有必要根据本准则重述财务报表，需要作出职业判断。

（二） IAS29 的适用范围

IAS29 的适用范围如下：

（1）适用于记账本位币为恶性通货膨胀经济货币的任一主体的财务报表，包括单体报表与合并财务报表。

（2）本准则所要求的信息列报，不得作为未经重述的财务报表的附件，也不鼓励在重述之前另行列报财务报表【1】。

（3）以同一恶性通货膨胀经济货币报告的所有主体，自同一日期开始采用本准则是较好的做法。

（4）当主体发现其报告所用货币的所属国存在恶性通货膨胀时，则该主体从报告期期初就采用本准则。

【释 1】在恶性通货膨胀经济中，只以当地货币报告经营成果和财务状况而不加以重述是无用的。货币如此快速地丧失其购买力，使得对在不同时间甚至同一会计期间发生的交易和其他事项进行金额上的比较会使人误解。

二、财务报表重述

在一段时期内，物价受特定或一般的政治、经济和社会因素的影响而变动。诸如供需变化和技术变化等特定因素可能导致个别物价发生各自独立的重大升降。此外，一般因素可能引起一般物价水平的变化，从而导致货币一般购买力的变动。

主体以历史成本会计基础编制财务报表，既不考虑一般物价水平的变动，也不考虑所确认资产或负债的特定价格的上涨。但是，也有一些主体以反映持有资产特定价格变动影响的现行成本法为基础列报财务报表。例如，以公允价值计量这些资产和负债。

在恶性通货膨胀经济中，不论是按历史成本法还是按现行成本法编制的财务报表，当且仅当以报告期末当天的计量单位表述才有用。

（一）财务报表重述的基本要求（见表2-35）

表2-35　　财务报表的重述

1.《财务报表的列报准则》所要求的上期比较信息，以及以前各期的有关信息	均应按报告期末当天的计量单位表述。为运用不同列报货币列报可比数字，可运用《外币折算准则》中相关规定
2. 货币净头寸的利得或损失	应计入损益并单独披露
3. 一致性	重述的财务报表，既要求运用某些程序，也需要运用判断。这些程序和判断在前后各期的一致运用，比由此产生的重述后财务报表金额的精确性更为重要
4. 税务影响	重述财务报表，可能会令资产负债表中个别资产和负债账面金额与计税基础之间产生差额，这些差额应按《所得税准则》进行核算
5. 企业对处于恶性通货膨胀经济中的境外经营财务报表折算	（1）对资产负债表项目运用一般物价指数予以重述，再按照最近资产负债表日的即期汇率将资产负债表折算为记账本位币报表；对利润表项目运用一般物价指数变动予以重述，再按照历史汇率将利润表折算为记账本位币报表【1】
	（2）在境外经营不再处于恶性通货膨胀经济中时，应当停止重述，按照停止之日的价格水平重述的财务报表进行折算【2】

【释1】一般物价指数，要求采用反映一般购买力变动的一般物价指数。较好的做法是，以同一经济货币报告的所有主体，都采用同样的指数。先重述再折算。

主体不能通过采用功能货币以外的其他货币（如其母公司的功能货币）作为其功能货币而避免重述，因为母公司的功能货币不是主体主要经济环境中的货币，不能如实反映主体的财务状况和财务业绩。

【释2】当恶性通货膨胀经济停止，主体不再根据本准则编制和列报财务报表时，主体应将上一个报告期期末的计量单位表述的金额，作为后续财务报表账面金额的基础。

（二）资产负债表重述（见表 2 – 36）

表 2 – 36　　资产负债表重述

重述要求	尚未以报告期末当天的计量单位表述的资产负债表项目金额，应运用一般物价指数予以重述
按现行成本表述的项目	不作重述，因为这些项目已经按报告期末的计量单位表述。例如，对于在资产负债表日以公允价值计量的非货币性资产，以资产负债表日的公允价值列示，如投资性房地产
货币性项目	不需要重述，因为它们已经以报告期末当天的计量单位表述
通过协议与物价变动挂钩的资产和负债	如与指数挂钩的债券和贷款，应根据协议进行调整，以确定报告期末的未清偿金额。在重述后的资产负债表中，这些项目应以调整后的金额列示
非货币性项目	有些以报告期末当天的金额列示的不必重述，如可变现净值和公允价值
	其他所有非货币性资产和负债均要重述。大多数非货币性项目是按成本或成本减折旧列示的，因而是以购置日金额表示的。每个项目的重述后成本或成本减折旧，通过将自购置日至报告期末期间的一般物价指数变动运用于各项目的历史成本和累计折旧确定，例如，固定资产、投资、原材料和商品存货、商誉、专利权、商标权及类似资产，应自购置日起重述。半成品和产成品的存货，则应自购置成本发生日或加工成本发生日起重述
	有些采用当日金额列示，而不按购置日或资产负债表日的金额列示，账面金额应自重估日起重述。例如，在较早日期曾重估过的固定资产
	根据相应国际财务报告准则重述过的非货币性项目金额，如果超过其未来使用中可收回金额，就应当予以减记，例如，重述后的固定资产、商誉、专利权及商标权的金额应减记至可收回金额；重述后的存货金额应减记至可变现净值
固定资产	有些固定资产购置日的详细记录可能无法获得或难以估计，则可能有必要在首次运用本准则的会计期间采用独立的专业评估价值作为其重述基础
	有些可能无法获得当期的一般物价指数，则可能有必要采用一个估计指数，例如，以功能货币与相对稳定的外币之间的汇率变动为基础估计的指数
按权益法核算的被投资主体	可以恶性通货膨胀经济货币报告。这类被投资主体的资产负债表和综合收益表应根据本准则进行重述，以便计算投资者在其净资产和损益中的份额。当被投资主体重述的财务报表以外币表示时，应按期末汇率折算
借款费用	通货膨胀的影响通常应确认在借款费用中。不宜既重述通过借款筹措资金的资本支出，又将补偿同期通货膨胀的那部分借款费用予以资本化，这一部分借款费用应确认为发生期间的费用
延期付款	主体可以根据一种允许其延期付款却又不发生明显利息费用的协议购置资产。如果无法计算利息金额，这类资产应自付款日而不是购入日起重述

续表

所有者权益的组成部分	采用本准则的第一个报告期的期初，除留存收益和各种重估价盈余外，均应采用一般物价指数自出资日或其他方式形成日起进行重述。以前各期形成的重估价盈余应予以冲销。重述后的留存收益从重述后资产负债表中的所有其他金额得出
	在第一个报告期期末和此后的报告期，都应采用一般物价指数自报告期期初起进行重述；或者如果出资日在期初日之后，自出资日起重述。期间内所有者权益的变动，应按《IAS1——财务报表列报》予以披露

（三）其他报表重述（见表2－37）

表2－37　　其他报表重述

综合收益表	所有项目都应以报告期末的计量单位表述。因此，所有的金额都需要自收益和费用项目在财务报表中初始记录之日起，用一般物价指数变动进行重述。由于上述重述而产生的差额计入当期净利润
现金流量表	所有项目按报告期末的计量单位表述
比较报表	上一报告期的比较数字，不论是以历史成本法还是以现行成本法为基础，都应按一般物价指数进行重述，以使比较财务报表按报告期期末的计量单位进行列报。需要披露的前期信息，也应以报告期末的计量单位表述。为运用不同列报货币列报可比数字，可运用《IAS21——汇率变动的影响》中有关规定
合并财务报表	以恶性通货膨胀经济货币报告的母公司，可能拥有也以恶性通货膨胀经济货币报告的子公司。这类子公司的财务报表，在并入由母公司发布的合并财务报表之前，应根据报告货币所属国家的一般物价指数进行重述。如果这类子公司是国外子公司，其经重述的财务报表应按照期末汇率进行折算。不用恶性通货膨胀经济货币报告的子公司的财务报表，应根据《IAS21——汇率变动的影响》进行处理
	如果对报告日不同的财务报表进行合并，所有的项目，不论是非货币性项目还是货币性项目，都需要按合并财务报表日的计量单位进行重述

三、货币净头寸的利得或损失

通货膨胀期间内，在资产和负债没有与物价水平挂钩的情况下，持有货币性资产超过货币性负债的主体将损失购买力，而持有货币性负债超过货币性资产的主体将赢得购买力，从而形成货币净头寸的利得或损失（见表2－38）。

表 2-38 货币净头寸的利得或损失

计算	可从非货币性资产、所有者权益和综合收益表项目的重述以及与物价指数挂钩的资产和负债的调整所产生的差额得出货币净头寸的利得或损失。可用一般物价指数变动运用于本期货币性资产和货币性负债之间的差额的加权平均数来估计
会计处理	货币净头寸的利得或损失计入损益
	对通过协议与物价变动挂钩的资产和负债所作的调整，应抵销货币净头寸的利得或损失
	其他收入和费用项目（如利息收益和费用）以及与投入或借入资金有关的外币折算差额，也和货币净头寸有联系。尽管这些项目是分项披露的，但如果在综合收益表中将它们与货币净头寸的利得或损失一起列报，也将是有益的

四、披露

披露是为了明确财务报表中处理通货膨胀影响的基础，并为了提供理解这一基础及其产生金额所必需的其他信息。IAS29 的披露内容包括：

（1）财务报表和以前各期的对应数字已经根据功能货币一般购买力的变化作了重述、从而已是按报告期末的计量单位进行表述这一事实；

（2）财务报表是按历史成本法还是按现行成本法编制；

（3）报告期末物价指数的特征和水平，以及本期和前期物价指数的变动情况。

第三章

会计政策、会计估计变更及差错更正

每个企业都会涉及会计政策、会计估计、差错更正。会计核算的前提是，首先制定正确的会计政策，然后根据正确的会计政策进行确认、计量和报告。如果经济实质类似的交易采用不同的会计方法将会降低会计信息的可比性。

由于很多经济活动存在内在的不确定性，所以会计离不开估计。尽管需要进行会计估计，但是，估计时也要尽量反映发生的经济现象，而不能随意估计。

企业在确认、计量、报告的过程中有可能发生会计差错，因此，需要对会计差错进行更正。

《企业会计准则第28号——会计政策、会计估计变更和差错更正》（以下简称“CAS28”）规范了企业会计政策的应用，会计政策、会计估计变更和前期差错更正的确认、计量和相关信息的披露，目标是对选择和变更会计政策的标准，以及对会计政策变更、会计估计变更和差错更正的会计处理及披露作出规定，以提高企业财务报表的相关性和可靠性，以及同一企业不同期间和同一期间不同企业的财务报表的可比性。

会计政策变更和差错更正的影响适用CAS28。

2006版CAS28与2001版《会计政策、会计估计变更及差错更正准则》的变化如表3－1所示。

表3－1　　CAS28准则的变化

变化项目	2001版CAS28	2006版CAS28
不切实可行情况下的处理	无	应用追溯调整法或追溯重述法时，如果是不切实可行的，应当分别情况进行处理

续表

变化项目	2001 版 CAS28	2006 版 CAS28
前期差错的处理	规定了“重大会计差错”定义，要求对影响损益的重大会计差错进行追溯调整	取消了“重大会计差错”的定义，提出“前期差错”的概念，要求所有重要前期差错都应采用追溯重述法进行处理

第一节　会计政策及其变更、披露

一、会计政策的相关概念

会计政策相关概念如表 3－2 所示。

表 3－2　　会计政策相关概念

概念	会计政策，是指企业在会计确认、计量、报告中所采用的原则、基础、方法	
原则	一般原则：如可靠性、相关性等	
	具体会计原则：如借款费用是资本化还是费用化，收入确认的条件等	
基础	确认基础：权责发生制和收付实现制	
	计量基础：五种计量属性	
方法	是指对会计业务采用的具体处理方法。例如，发出存货的计价方法，政府补助的总额法和净额法，收入确认的投入法和产出法等【1】	
一致性	企业应当对相同或者相似的交易或者事项采用相同的会计政策进行处理。但是，其他会计准则另有规定的除外【2】	
特点	选择性、强制性、层次性【3】	

【释 1】企业应当根据会计准则规定的原则，结合交易的实质，制定适用的会计政策。在缺乏专门适用于某种交易的会计准则时，企业管理层应当运用其判断来制定并应用一项会计政策；或者根据《基本准则》规定的原则、基础和方法，结合具体业务情况，自己选择或制定一项会计政策，以提高会计信息的有用性。待会计准则作出具体规定时，再从其规定。

【释2】一致性是可比性要求，因为同样类型的业务，如果企业选择了不同的会计政策，导致的会计处理结果会产生很大的差异，从而降低了可比性。

【释3】选择性：企业只能在会计准则规定的范围内选择会计政策，例如，对子公司的长期股权投资只能采用成本法，企业不能搞另外一个方法。随着对会计信息可比性要求的越来越高，选择性越来越少。

强制性：企业一旦选择执行《企业会计准则》，就要遵守准则规定，不能违反。

层次性：会计的原则、基础、方法，所属的层次是逐渐降低的。

二、会计政策变更

会计政策变更如表3－3所示。

表3－3　　会计政策变更

概念	会计政策变更，指企业对相同的交易或者事项由原来采用的会计政策改用另一个会计政策的行为
变更条件	企业采用的会计政策，在每一会计期间和前后各期应当保持一致，不得随意变更【1】
	但是，满足下列条件之一的，可以变更会计政策 （1）强制变更：法律、行政法规或国家统一的会计制度等要求变更 （2）自愿变更：会计政策的变更能够提供更可靠、更相关的会计信息【2】
不属于会计政策变更	本期发生的交易或者事项与以前相比具有本质差别而采用新的会计政策 例如，权益结算的股份支付和现金结算的股份支付
	对初次发生的或不重要的交易或者事项采用新的会计政策

【释1】为什么会计政策不得随意变更？为了保持会计信息的可比性，否则报表使用者就无法判断企业的经营成果的变化是由于盈利能力变了还是会计政策变更导致的。

【释2】为什么要进行会计政策变更？是为了提供更能反映企业财务状况、经营成果相关的会计信息。即使变更，也要留下充分的证据来证明变更的合理性。

强制变更：所有的企业一起变，会计信息保持可比性。

自愿变更：为了有利于实现财务报告的目标，需要职业判断，也是监管的难点。如果企业提前采用某些会计准则，不属于自愿变更。

会计政策变更的举例如表 3 –4 所示。

表 3 –4　　　　　　　　　会计政策变更的举例

业　务	是否属于会计政策变更
办公楼从自用变为出租导致固定资产变为投资性房地产	不属于，因为交易性质发生变化
原来出租的办公楼因执行 CAS 导致固定资产变为投资性房地产	属于，因为执行新的会计规定
因减少持股比例，投资方对被投资方的影响从控制变为重大影响，导致长期股权投资从成本法转为权益法	不属于，因为交易性质发生变化
未经股东大会批准擅自将投资性房地产的计量模式从成本模式变更为公允价值模式	不属于，视为滥用会计政策，属于会计差错
连续反复地自行变更长期股权投资的核算方法	

三、会计政策变更的会计处理

会计政策变更的会计处理如图 3 –1 所示。

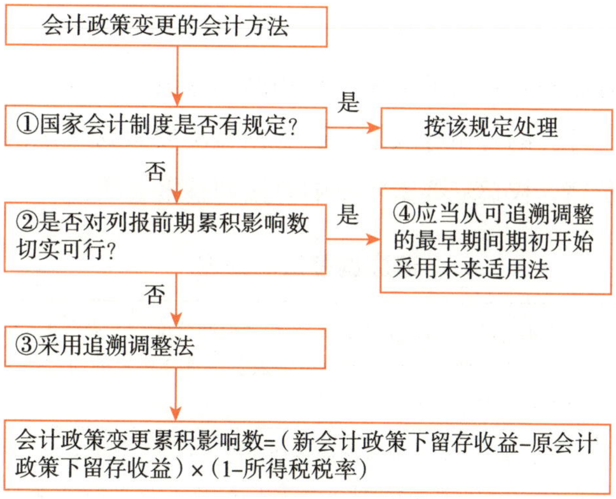

图 3 –1　会计政策变更的会计处理

【释②】表明不切实可行的情形如图 3 –2 所示。

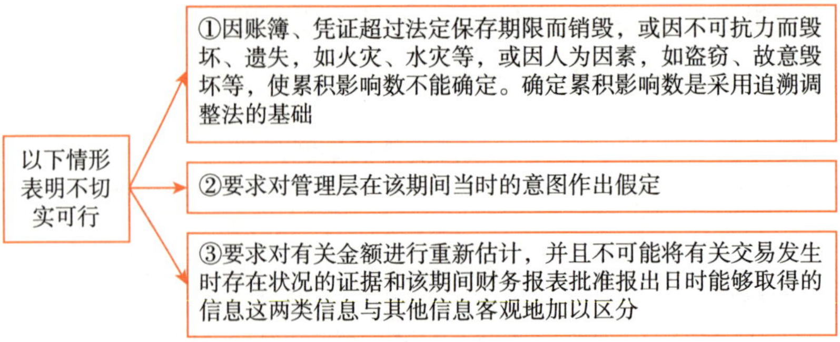

图 3－2　不切实可行的情形

【释③】追溯调整法（见表 3－5），是指对某项交易或事项变更会计政策，视同该项交易或事项初次发生时即采用变更后的会计政策，并以此对财务报表相关项目进行调整的方法。追溯调整的目的是反映按照新政策情况下企业的财务状况与财务业绩，同时保持前后不同期间的可比性。因此，应当尽可能地对前期信息采用变更后的会计政策进行调整。对于比较财务报表相关项目也一并调整，视同该政策在比较财务报表期间上一直采用。

计算会计政策变更累积影响数，是指按照变更后的会计政策对以前各期追溯计算的列报前期最早期初留存收益应有金额（新会计政策下）与现有金额（原会计政策下）之间的差额。计算截止时点是列报前期最早期初，为了不影响列报期间的损益。

调整期初留存收益是指对期初未分配利润和盈余公积两个项目的调整。

累积影响数，计算的是留存收益，因为损益类要素跨年度的已经计入留存收益了，而资产、负债、权益三要素的影响直接调整报表项目。

表 3－5　追溯调整法的处理

调整所得税前	以前年度的利润表科目全部使用“利润分配——未分配利润”科目来代替，其他科目直接使用原科目调整，涉及货币资金科目的通过往来科目（其他应付款、应付账款等）代替
调整所得税影响	会计政策变更只改变资产或负债的账面价值，而税法规定的计税基础不变，因此若产生暂时性差异的只需要调整递延所得税，不需要调整应交所得税
调整所得税后	根据“利润分配——未分配利润”科目的余额调整盈余公积，不调整股利分配
调整报表项目及附注	根据前面调整结果调整报表项目及附注，但是，无须调整现金流量表

为什么不调整股利分配？因为股利分配应当根据股东大会决议来分配，由于会计政策调整的损益没有带来现金流量，股东大会也不会重新决议发放股利。

为什么不调整现金流量表？因为现金流量表是根据收付实现制编制的，以前年度的会计调整并不会影响现金流量的增减变化。同样的道理，差错更正、资产负债表日后调整事项，都不调整现金流量表。

列报前期最早期初，是指企业的财务报告中列报的可比报表的最早期初数，关键要看财务报告中列报的是几期可比报表，不同目的的财务报告列报的可比期间不同，那么最早期初的时点就不同。

例如，如果是一般的财务报告，如2017年年度财务报告，只需要列报2017年年度和2016年年度两期的利润表，但资产负债表和所有者权益变动表需要列报的是三期报表，2017年年度的年末数和年初数，上年可比期间2016年年度的年末数和年初数，最早期初就是2016年年初，也就是2015年年末，累积影响数也就要计算到这个时点。

如果是提供主板IPO财务报告，需要提供三年又一期报表，比如2017年4月企业申报IPO，那么需要提供2017年第1季度的财务报表和2016年、2015年、2014年三个完整年度的财务报表，那么最早期初就是2014年年初，即2013年年末。

申报IPO的财务报表，应当把三年又一期视为一个整体，不应该出现会计政策、会计估计变更和差错更正的披露。

【释④】未来适用法，是指将变更后的会计政策或会计估计应用于变更日当期及以后期间的方法，不改变以前期间的会计结果，在现有金额的基础上再按新的会计政策或会计估计进行核算。因此，无须重编调整分录和以前年度的财务报表。

未来适用法不符合可比性要求，容易误导报表使用者评价企业的财务状况和经营成果，所以在追溯调整不切实可行情况下才用，这是一种豁免规定，同时适用于追溯调整法或追溯重述法，也表明了会计政策变更与前期差错更正的局限性。

四、会计政策变更的披露

会计政策变更的披露如图3－3所示。

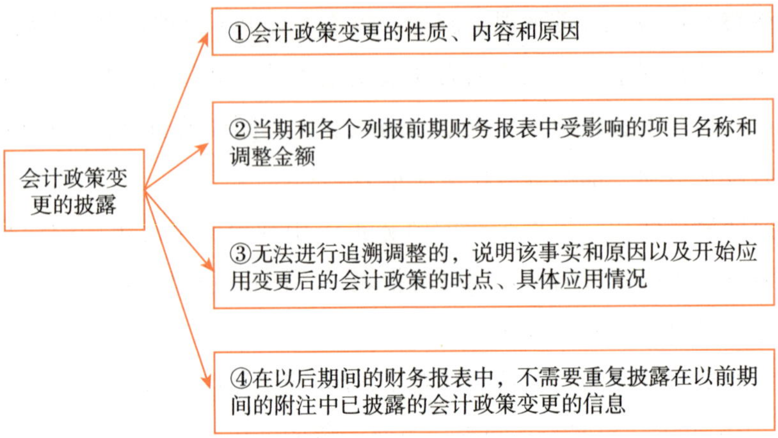

图3－3　会计政策变更的披露

【案例3－1】会计政策变更的处理。

学天海公司2×10年12月31日支付1 000万元购置一栋办公楼，从2×11年1月1日起，与乙公司签订经营租赁合同，将该办公楼租赁给乙公司，租期10年，每年租金80万元。学天海公司对该投资性房地产的后续计量采用成本模式，预计使用年限为25年，预计净残值为0，按年限平均法计提折旧。

2×14年1月1日起，学天海公司董事会对该投资性房地产由成本模式改为公允价值计量模式。已知2×11年年末该投资性房地产的公允价值为1 100万元，2×12年年末该投资性房地产的公允价值为1 400万元，2×13年年末该投资性房地产的公允价值为1 150万元。

假定税法规定，该项投资性房地产的预计使用寿命、预计净残值和折旧方法与会计变更前会计的规定一致，资产在持有期间公允价值的变动不计入应纳税所得额，待处置时一并计入应纳税所得额。学天海公司适用的所得税税率为25%，按净利润的10%提取法定盈余公积。学天海公司2×14年12月31日的比较财务报表最早期初为2×13年1月1日。

要求（1）：计算学天海公司2×14年该项投资性房地产会计政策变更的累积影响数，并填列表3－6。

表 3-6 **会计政策变更累积影响数计算表** 单位：万元

项目	按成本模式计量的损益	按公允价值模式计量的损益	税前差异	所得税影响	税后差异
2×11 年					
2×12 年					
2×13 年					
合计					

解析：

表 3-6 **会计政策变更累积影响数计算表** 单位：万元

项目	按成本模式计量的损益	按公允价值模式计量的损益	税前差异	所得税影响	税后差异
2×11 年	租金 80 - 折旧 1 000 ÷ 25 = 40	租金 80 + 公允价值变动损益（1 100 - 1 000）= 180	140	35	105
2×12 年	40	80 +（1 400 - 1 100）= 380	340	85	255
2×13 年	40	80 +（1 150 - 1 400）= -170	-210	-52.5	-157.5
合计	120	390	270	67.5	202.5

学天海公司 2×14 年该项投资性房地产会计政策变更的累积影响数应计算到 2×13 年年初，即 2×11 和 2×12 年两年的累积影响数，会计政策变更的累积影响数 = 105 + 255 = 360 万元。

要求（2）：对上述投资性房地产的会计政策变更进行账务处理。

解析：调整税前的会计分录如下：

借：投资性房地产——成本　　11 500 000

　　投资性房地产累计折旧　　1 200 000

　　贷：投资性房地产　　10 000 000

　　　　利润分配——未分配利润　　2 700 000

调整所得税：原会计政策下，税法规定与会计规定一致，无暂时性差异，期初余额为 0。

新会计政策下：账面价值 1 150 - 计税基础（1 000 - 40 × 3）= 270 万元，产生应纳税暂时性差异，确认递延所得税负债=期末余额270×25%－期初余额0=67.5万元。

借：利润分配——未分配利润　　675 000

　　贷：递延所得税负债　　675 000

调整税后的会计分录如下：

借：利润分配——未分配利润

[（2 700 000－675 000）×10%]　202 500

　　贷：盈余公积　　202 500

要求（3）：对2×14年编制的年报中涉及会计政策变更的数据进行调整，并填列下列利润表和资产负债表有关项目。（若该项目不必调整，则填上零）

利润表（部分项目）

编制单位：学天海公司　　2×14年度　　单位：万元

项目	上期金额调整数
营业收入	
减：营业成本	
公允价值变动损益	
……	
利润总额	
减：所得税费用	
净利润	

资产负债表（部分项目）

编制单位：学天海公司　　2×14年12月31日　　单位：万元

资产	年初余额调整数	负债和所有者权益	年初余额调整数
……		递延所得税负债	
投资性房地产		盈余公积	
递延所得税资产		未分配利润	
资产合计		负债和所有者权益合计	

解析：对2×14年编制的年报中涉及会计政策变更的数据进行调整，并填列表3-7和表3-8。

表 3-7　　　　　　　　利润表（部分项目）

编制单位：学天海公司　　　　　　2×14 年度　　　　　　单位：万元

项目	上期（2×13 年）金额调整数
营业收入	0（租金收入不用调整，不管是新政策还是老政策都确认了租金收入 80 万）
减：营业成本	-40（新政策下不计提折旧，调减成本，增加利润）
公允价值变动损益	-250（新政策下公允价值变动损失，减少利润）
……	
利润总额	-210 = 0 - (-40) - 250
减：所得税费用	-52.5 = (-210) × 25%
净利润	-157.5 = (-210) - (-52.5)

表 3-8　　　　　　　　资产负债表（部分项目）

编制单位：学天海公司　　　　　　2×14 年 12 月 31 日　　　　　　单位：万元

资产	年初余额调整数	负债和所有者权益	年初余额调整数
……		递延所得税负债	67.5
投资性房地产	270 = 1 150 - (1 000 - 120)	盈余公积	20.25
递延所得税资产	0	未分配利润	182.25
资产合计	270	负债和所有者权益合计	270

【注】资产负债表调整后，左右必须平衡。

第二节　会计估计及其变更、披露

一、会计估计

会计估计相关概念如表 3-9 所示。

表 3-9　　　　　　　　会计估计相关概念

概念	会计估计，是指财务报表中具有计量不确定性的货币金额
	计量不确定性，是指当财务报表中的货币金额不能直接观察取得而必须进行估计时，所产生的不确定性

续表

特点	会计估计的存在是由于经济活动中内在的不确定性因素的影响
	会计估计应当以最近可利用的信息或资料为基础，并可能使用某些计量技术
	进行会计估计并不会削弱会计确认和计量的可靠性
不得随意变更	企业应当根据 CAS28 的规定，结合本企业的实际情况，确定会计政策和会计估计，经股东大会或董事会或类似机构批准，按照法律、行政法规等的规定报送有关各方备案。一经确定，不得随意变更。如须变更，应重新履行上述程序，并按 CAS28 的规定处理

许多财务报表中的项目不能精确地计量，而只能加以估计。例如，计提坏账，计提折旧，计提减值准备，估计金融资产或金融负债的公允价值，估计担保债务等。

合理运用估计是编制财务报表的基本步骤。现行的会计体系做不到非常精确，财务会计很大程度上是以估计、职业判断为基础的。如果不进行会计估计，将会降低会计信息的有用性，更不能提供反映企业财务状况与财务业绩的信息，不利于财务报表使用者进行决策。

二、会计估计变更

会计估计变更相关概念如表 3－10 所示。

表 3－10　　会计估计变更相关概念

概念	会计估计变更，指由于资产和负债的当前状况及预期经济利益和义务发生了变化，从而对资产或负债的账面价值或者资产的定期消耗金额进行调整
原因	赖以进行估计的基础发生了变化，如固定资产的折旧年限从 10 年改为 8 年
	取得了新的信息，积累了更多的经验，如应收账款的预期信用损失计提比例从 2% 改为 5%
方法	采用未来适用法，可能影响企业当期或者未来期间的资产、负债、损益或权益。例如，计提坏账准备的会计估计变更，影响资产和当期损益，固定资产折旧方法的会计估计变更，影响资产、当期和未来期间的损益

为什么要进行会计估计变更？是为了能够让估计的信息更准确，更能够反映企业财务状况和经营成果。

为什么会计估计变更采用未来适用法而不采用追溯调整法？因为会计估计本来就不大可靠，会计估计变更就是换一种新的估计方法，虽然估计的结果可靠性有所提升，但是依然是估计出来的，不是实际发生的，基于谨慎性的原则，就不进行追溯调整了。

【案例3－2】会计估计变更的处理。

学天海公司适用的所得税税率为25%。有一台管理用设备，原值为8 400万元，预计使用寿命为8年，预计净残值为400万元，自2×10年1月1日起按年限平均法计提折旧。假定税法规定与会计此规定一致。

2×14年1月，由于新技术的发展等原因，需要对原预计使用寿命和净残值作出重新估计，重新估计的预计总使用寿命为6年，预计净残值为200万元。

要求：编制学天海公司2×14年12月31日与该设备有关的会计分录，并计算说明此估计变更影响本年度净利润的金额。

解析：2×14年年初固定资产账面价值＝8 400－累计折旧（8 400－400）÷8×4＝4 400万元，2×14年12月31日会计分录如下：

借：管理费用　　[(44 000 000－2 000 000)÷(6－4)] 21 000 000

　贷：累计折旧　　21 000 000

2×14年若按原会计估计处理：税法规定与会计规定一致，无暂时性差异。

2×14年会计估计变更后，账面价值2 300万元（4 400－2 100）－计税基础3 400万元（4 400－1 000）＝－1 100万元，产生可抵扣暂时性差异，确认递延所得税资产。

借：递延所得税资产　　[11 000 000×25%] 2 750 000

　贷：所得税费用　　2 750 000

所以，此估计变更影响本年度净利润减少数为825万元（新折旧2 100－原折旧1 000 －所得税费用275）。

三、会计政策变更与会计估计变更的判断

会计政策变更影响的是确认原则、计量基础、会计方法、列报项目判断的定

性问题，而会计估计变更影响的是估计金额计量的定量问题（见表 3－11）。

表 3－11　　会计政策变更与会计估计变更的判断

情形	举例
涉及会计确认原则或列报项目发生变更的，属于会计政策变更	例如，研发费用由全部费用化改为符合资本化条件的资本化；商品进货费用由全部费用化计入销售费用改为资本化计入存货
涉及计量基础发生变更的，属于会计政策变更	例如，分期付款购入固定资产成本由历史成本改为按公允价值计量
涉及会计方法发生变更的，属于会计政策变更【1】	例如，存货计价方法的变更；政府补助从总额法变更为净额法
难以判断的【2】	作为会计估计变更处理
既不属于会计政策变更也不属于会计估计变更【3】	长期股权投资由于追加投资或减少投资导致成本法和权益法之间的转换
	投资性房地产与自用房地产的转换
	固定资产更新改造后，预计使用寿命从原来的 6 年变成 9 年

【释 1】存货计价方法的变更虽然属于会计政策变更，但是按照未来适用法处理，不需要追溯调整。因为以前期间的存货成本已经转入了未分配利润，追溯调整后还是计入未分配利润，所以无须追溯调整了。

【释 2】因为会计估计变更采用未来适用法，既然分不清楚，如果作为会计政策变更采用追溯调整法，就有可能追溯错了。会计政策变更、会计估计变更，在一定程度上给企业管理层提供了操纵报表的机会。例如，很多上市公司通过在年底转回以前年度计提的流动资产减值准备调增本年利润，或者本期集中计提大额资产减值准备，以调节不同会计期间的利润，再者通过年底改变应收款项坏账准备计提方法或比例调节利润，或者，变更亏损合同计提预计负债的金额调节利润等。

【释 3】因为业务本身发生了变化，所以不属于变更。

四、会计估计变更的披露

会计估计变更的披露如图 3－4 所示。

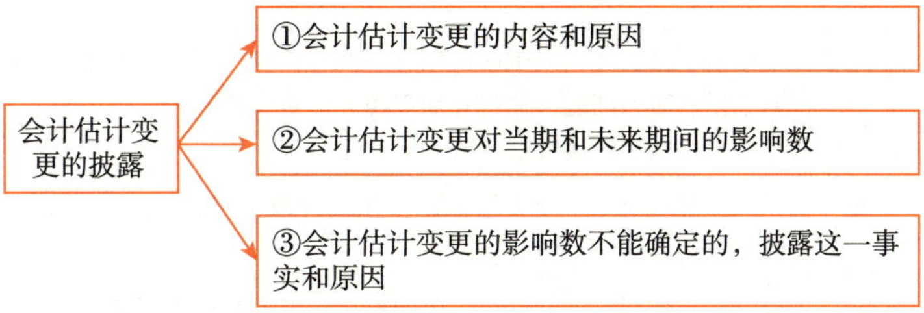

图 3－4　会计估计变更的披露

【案例 3－3】下列各项中，属于会计政策变更的是（　　）。

A. 将一项固定资产的净残值由 20 万元变更为 5 万元

B. 将符合持有待售条件的固定资产由非流动资产重分类为流动资产列报

C. 将发出存货的计价方法由移动加权平均法变更为个别计价法

D. 将一台生产设备的折旧方法由年限平均法变更为双倍余额递减法

答案：C

解析：选项 AD 均属于会计估计变更；选项 B，固定资产的用途变了，事项的性质变了，不属于会计变更。

第三节　前期差错及更正、披露

企业在会计确认、计量、列报过程中都有可能发生差错，错了就要进行差错更正。准则中叫前期差错，因为上市公司的年报都是下一年年初才开始审计的，所以发现上一年度报表中的差错，叫前期差错。如果发现当年的差错也要更正，所以，国际会计准则中就叫差错。

一、差错更正相关的概念

差错更正相关的概念如表 3－12 所示。

表 3－12　　差错更正相关的概念

概念	差错，是指由于没有运用或错误运用下列两种信息，而对财务报表造成省略或错报 ①编报财务报表时预期能够取得并加以考虑的可靠信息 ②财务报告批准报出时能够取得的可靠信息
内容	通常包括：计算以及账户分类错误，采用会计政策或会计估计错误，疏忽或曲解事实、舞弊产生的影响
类型及更正方法	资产负债表日后期间发现的差错，按照资产负债表日后事项的规定处理【1】
	前期重要的差错，采用追溯重述法或未来适用法更正【2】
	前期不重要的差错，视同当期差错更正
	当期差错，直接调整报表项目进行更正，不调整报表期初数
与会计政策变更的区别	会计政策变更是原来没有错，由于国家法规变化或者提供更可靠更相关的信息进行的变更，而差错更正是原来做错了，需要更正
与会计估计变更的区别	如果以前期间的会计估计是错误的，那么属于会计差错更正；如果以前期间的会计估计根据当时的情况来判断没有错误，后来又发生新的情况，导致估计的结果和事实不相符，那么属于会计估计变更

计算以及账户分类错误，属于核算的基本功不过关；会计政策或会计估计错误，这是性质错误，属于专业水平不过关；疏忽，属于粗心大意；曲解事实，属于想歪了；舞弊，属于故意操纵报表，性质最恶劣了。如果企业财务报表中存在差错，则没有遵循《企业会计准则》的要求。

【释 1】例如，资产负债表日后期间发现，实际发生的费用与以往年度会计估计的并计入损益的金额不符时，应当区分原因。如果以前年度的会计估计有错误，则属于前期差错，应当采用追溯重述法调整以前年度财务报表，结果是影响留存收益，不影响当年损益。如果以前年度的会计估计根据当时搜集的信息没有错误，则应当进行会计估计变更，采用未来适用法，不得调整以前年度财务报表，结果是影响当年损益，不影响留存收益。

【释 2】重要性标准，执行《CAS30——财务报表列报》中关于重要性的规定。重要前期差错应在发现它们后授权发布的第一套财务报表中予以更正。

我国会计准则中对前期差错区分重要的前期差错与不重要的前期差错，相应的更正方法也不同，而 IAS8 中没有前期差错重要性的区分规定。

二、前期重要差错的更正方法

前期重要差错的更正方法如图 3－5 所示。

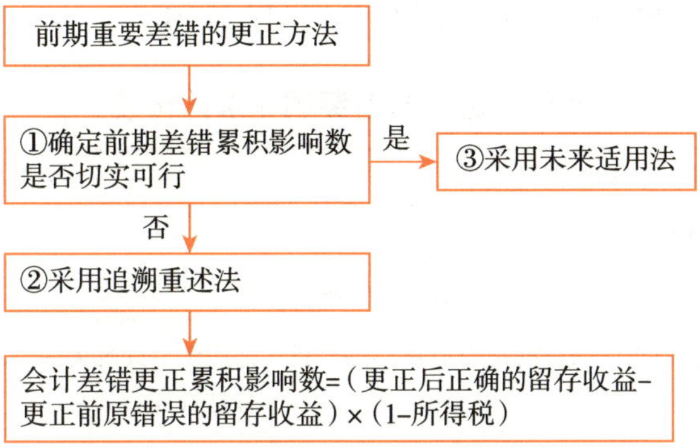

图 3－5　前期重要差错的更正方法

【释②】追溯重述法（见表 3－13），是指在发现前期差错时，视同该项前期差错从未发生过，从而对财务报表相关项目进行更正的方法。

为什么差错更正首先选择采用追溯重述法而不是采用未来适用法？因为追溯重述法可以提高企业前后不同会计期间信息的可比性。

表 3－13　　追溯重述法的处理

调整所得税前	直接调整错误分录与正确分录之间的差额，或者将错误分录反过来冲掉后再编制正确分录
	以前年度损益类科目使用"以前年度损益调整"科目来代替，其他科目直接使用原科目调整，涉及货币资金科目的通过往来科目（其他应付款、应付账款等）代替
调整所得税影响	递延所得税：根据调整后资产和负债的账面价值和计税基础是否产生了新的暂时性差异来判断，同时考虑更正前已经确认的递延所得税是否需要转回或追加确认。若以前年度的事项造成多缴税的，且在汇算清缴结束后无法调整应交所得税的，视同为可抵扣暂时性差异，应当确认递延所得税资产
	应交所得税：若影响损益的事项发生在报告年度汇算清缴前的，需要调整报告年度的应交所得税；若发生在汇算清缴后的，只能调整当年的应交所得税
调整所得税后	将"以前年度损益调整"的余额转销，转入留存收益
调整报表项目及附注	根据前面调整结果调整报表项目及附注，但是，无须调整现金流量表
	重要前期差错：如影响损益，应将其对损益的影响数调整发现当期的期初留存收益，财务报表其他相关项目的期初数也应一并调整；如不影响损益，应调整财务报表相关项目的期初数
	比较报表：对于比较报表期间的重要前期差错，应调整各该期间的净损益和其他相关项目，视同该差错在产生的当期已经更正 对于比较报表期间以前的重要的前期差错，应调整比较报表最早期间的期初留存收益，财务报表其他相关项目的数字也应一并调整

追溯重述法与追溯调整法的比较如表3－14所示。

表3－14　　　　追溯重述法与追溯调整法的比较

	追溯重述法	追溯调整法
相同	调整步骤相同，都是三步法	
	若是当年发现当年差错，直接使用当年科目调整	
不同	适用于差错更正，调整的是以前错误的会计处理	适用于会计政策变更，调整的是以前正确的会计处理
	调整以前年度损益类科目的通过“以前年度损益调整”科目	调整以前年度损益类科目通过“利润分配——未分配利润”科目

三、前期差错更正的披露

前期差错更正的披露如图3－6所示。

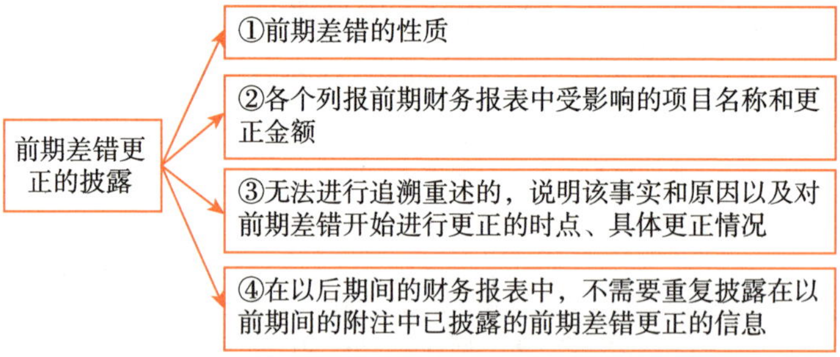

图3－6　前期差错更正的披露

【案例3－4】前期差错更正的处理。

学天海公司适用的所得税税率为25%，按净利润的10%提取法定盈余公积。所得税汇算清缴日为每年5月31日。税法规定，资产损失在实际发生时允许扣除。

要求：分别根据下列资料，对相关的会计差错进行更正。

(1) 2×13年5月20日，学天海公司发现在2×12年12月31日计算A库存产品的可变现净值时发生差错，该库存产品的成本为1 000万元，预计可变现净值应为700万元。2×12年12月31日，学天海公司误将A库存产品的可变现净值预计为 900 万元。

解析：调整税前的会计分录如下：

借：以前年度损益调整　　2 000 000

　　贷：存货跌价准备　　2 000 000

调整所得税的会计分录如下：

借：递延所得税资产　　（2 000 000×25%）500 000

　　贷：以前年度损益调整　　500 000

调整税后的会计分录如下：

借：利润分配——未分配利润　　1 350 000

　　盈余公积　　150 000

　　贷：以前年度损益调整　　（转销余额）1 500 000

（2）2×13 年 5 月 31 日发现，2×12 年 1 月 10 日购买的一台价值 9 600 万元的管理用设备应计入固定资产，却在 2×12 年计入当期费用。该公司固定资产折旧采用直线法，该资产估计使用年限为 4 年，不考虑净残值因素。假设固定资产的折旧方法、使用年限、净残值符合税法规定。

解析：调整税前的会计分录如下：

借：固定资产　　96 000 000

　　贷：以前年度损益调整　　96 000 000

借：管理费用　　（96 000 000÷4÷12×5）10 000 000

　　以前年度损益调整　　（96 000 000÷4÷12×11）22 000 000

　　贷：累计折旧　　32 000 000

调整所得税：这里只调整对 2×12 年年度的影响，对 2×13 年年度的影响进行正常账务处理即可。

借：以前年度损益调整　　18 500 000

　　贷：应交税费——应交所得税

　　　　[（96 000 000－22 000 000）×25%]　18 500 000

调整税后的会计分录如下：

借：以前年度损益调整　　55 500 000

　　贷：利润分配——未分配利润　　（55 500 000 × 90%）49 950 000
　　　　盈余公积　　（55 500 000 × 10%）5 550 000

（3）2×12 年年末对 B 公司长期股权投资余额为 1 080 万元，未计提减值准备，2×13 年 6 月发现上年末对 B 公司投资已经严重减值，预计可收回金额 680 万元。

解析：调整税前的会计分录如下：

借：以前年度损益调整　　（10 800 000 − 6 800 000）4 000 000
　　贷：长期股权投资减值准备　　4 000 000

调整所得税的会计分录如下：

借：递延所得税资产　　（4 000 000 × 25%）1 000 000
　　贷：以前年度损益调整　　1 000 000

调整税后的会计分录如下：

借：利润分配——未分配利润　　2 700 000
　　盈余公积　　300 000
　　贷：以前年度损益调整　　（转销余额）3 000 000

【案例 3－5】当期差错更正的处理。

学天海公司聘请注册会计师对其 2×17 年年度财务报表进行审计时，发现下列事项。

要求：根据资料（1）至（3），逐项判断学天海公司会计处理是否正确；如不正确，简要说明理由，并编制有关差错更正的会计分录（有关差错更正按当期差错处理，且不要求编制结转损益的会计分录）。

（1）经董事会批准，学天海公司 2×17 年 9 月 30 日与乙公司签订一项不可撤销的销售合同，将位于城区的办公用房转让给乙公司。合同约定，办公用房转让价格为 3 100 万元，乙公司应于 2×18 年 1 月 15 日前支付上述款项；学天海公司应协助乙公司于 2×18 年 2 月 1 日前完成办公用房所有权的转移手续。学天海公司该办公用房系 2×12 年 3 月达到预定可使用状态并投入使用的固定资产，成本为 4 900 万元，预计使用年限为 20 年，预计净残值为 100 万元，采用年限平均法计提折旧，至2×17年9月30日签订销售合同时未计提减值准备。2×17年度学天海公司对该办公用房共计提了240万元折旧，相关会计处理如下：

借：管理费用　　2 400 000

　贷：累计折旧　　2 400 000

解析：会计处理不正确。理由：持有待售的固定资产应当对其预计净残值进行调整，从划归为持有待售之日起停止计提折旧。更正分录如下：

至2×17年9月30日累计计提折旧额＝[（4 900－100）÷20]÷12×66＝1 320（万元）

2×17年1月至9月计提折旧额＝[（4 900－100）÷20]÷12×9＝180（万元）

账面价值＝4 900－1 320＝3 580（万元）

应计提减值准备金额＝3 580－3 100＝480（万元）

借：持有待售资产　　35 800 000

　　累计折旧　　13 200 000

　贷：固定资产　　49 000 000

借：资产减值损失　（35 800 000－31 000 000）4 800 000

　贷：持有待售资产减值准备　　4 800 000

借：累计折旧　（2 400 000－1 800 000）600 000

　贷：管理费用　　600 000

（2）2×17年3月31日学天海公司与丙公司签订合同，自丙公司购买不需要安装的设备供管理部门使用，合同价格为6 000万元（不考虑增值税的影响）。因学天海公司现金流量不足，按合同约定价款自合同签定之日起满1年后分3期支付，每年4月1日支付2 000万元。该设备预计其使用寿命为5年，预计净残值为0，采用年限平均法计提折旧。（P/A,10%,3）＝2.486 9。学天海公司2×17年对上述交易或事项的会计处理如下：

借：固定资产　　60 000 000

　贷：长期应付款　　60 000 000

借：管理费用　　9 000 000

　贷：累计折旧　　9 000 000

解析：会计处理不正确。理由：购买固定资产的价款超过正常信用条件延期支付，实质上具有融资性质的，固定资产的成本以购买价款的现值（公允价值）为基础确定。

固定资产入账金额＝2 000×2.486 9＝4 973.8（万元）

2×17 年固定资产折旧金额＝4 973.8÷5×9÷12＝746.07（万元）

2×17 年未确认融资费用应该摊销。

更正会计分录如下：

借：未确认融资费用　　（60 000 000－49 738 000）10 262 000

　　贷：固定资产　　10 262 000

借：累计折旧　　（9 000 000－7 460 700）1 539 300

　　贷：管理费用　　1 539 300

借：财务费用　　（49 738 000×10%×9÷12）3 730 350

　　贷：未确认融资费用　　3 730 350

（3）2×17 年 6 月 30 日正式建造完成并交付使用一座核电站核设施，全部成本为 200 000 万元，预计使用寿命为 40 年。根据国家法律和行政法规、国际公约等规定，企业应承担环境保护和生态恢复等义务。2×17 年 6 月 30 日预计 40 年后该核电站核设施弃置时，将发生弃置费用 20 000 万元（金额较大）。假定 2×17 年下半年生产的产品尚未完工，计提固定资产折旧计入“生产成本”科目，在考虑货币的时间价值和相关期间通货膨胀等因素下确定的折现率为 10%。已知：（P/F，10%，40）＝0.022 1；（P/A，10%，3）＝2.486 9。学天海公司会计处理如下：

借：固定资产　　2 000 000 000

　　贷：在建工程　　2 000 000 000

借：生产成本　　25 000 000

　　贷：累计折旧　　25 000 000

解析：会计处理不正确。理由：弃置费用的现值应计入固定资产成本，从而影响固定资产的折旧；弃置费用终值与现值的差额应按实际利率法分期确认财务费用并增加预计负债的账面价值。更正会计分录如下：

借：固定资产　　4 420 000

　　贷：预计负债　　（200 000 000 × 0.0221）4 420 000

借：生产成本　　（4 420 000 ÷ 40 × 6 ÷ 12）55 250

　　贷：累计折旧　　55 250

借：财务费用　　（4 420 000 × 10% × 6 ÷ 12）221 000

　　贷：预计负债　　221 000

（4）2×17 年 6 月 30 日与丁公司签订合同，将一栋厂房与丁公司的一台设备进行交换。厂房的评估值为 2 000 万元，账面价值为 400 万元，设备的评估值为 1 500 万元，经过双方协商，丁公司支付学天海公司补价 600 万元。不考虑税费等其他因素，学天海公司会计处理如下：

借：固定资产——设备　　15 000 000

　　银行存款　　6 000 000

　　贷：固定资产清理——厂房　　4 000 000

　　　　资产处置损益　　17 000 000

解析：会计处理不正确。理由：由于补价 600 ÷ 2 000 = 30% 大于 25%，不适用《CAS7——非货币性资产交换》，应当适用《CAS4——固定资产》，以支付的对价 2 000 − 600 = 1 400 万元确认取得固定资产的入账价值。更正会计分录如下：

借：资产处置损益　　1 000 000

　　贷：固定资产——设备　　1 000 000

【案例 3－6】差错更正的判断。

根据下列资料，分别判断下列企业的会计处理是否正确并说明理由。

1. 上市公司与其关联方共同收购子公司时，关联方将所持子公司少数股权对应的表决权全部委托给上市公司行使，并约定在后续 6 个月至 30 个月内，上市公司以固定价格加年化利率收购关联方所持有子公司股权。上市公司按照本次收购的对价确认长期股权投资并以此为合并成本计算确认商誉，在合并财务报表中将关联方持有的子公司股权确认为少数股东权益。

解析：不正确。上述交易中，在合并财务报表层面，因承担了一项不能无条件避免的支付现金以回购自身权益工具的合同义务，上市公司应将收购少数股东权益确认为一项金融负债，金额为回购义务所需支付金额的现值。同时，上市公司应根据股权转让协议相关条款约定，判断少数股东权益实质上是否仍存在并进行相应会计处理。

若相关事实表明少数股东不拥有普通股相关权利和义务，如不享有表决权、分红权、股票增值收益权等，上市公司在合并报表层面不应再确认少数股东权益，而应将上述负债视为合并成本的一部分，以此为基础计算确认商誉金额。反之，若少数股东实质上仍拥有普通股相关权利和义务，则上市公司应在合并报表层面确认相关金融负债，同时冲减资本公积。

2. 上市公司本期发生向联营企业出售资产的顺流交易，且应予以抵销的未实现内部交易损益金额大于长期股权投资的账面价值，上市公司在抵销未实现内部交易损益时，仅以长期股权投资的账面价值减记至零为限。

解析：不正确。该项顺流交易中，内部交易损益尚未得以对外实现，上市公司确认享有的净损益时应以全部抵销未实现内部交易损益为基础予以计算。考虑到长期股权投资账面价值不应出现负数，可将不足抵销的部分确认为递延收益，待后续实现时再结转损益。

3. 上市公司本期与第三方达成协议，受让第三方作为出租方持有的经营租赁合同的租金收益权，后续可据此直接向承租方收取租金，且第三方对剩余租赁期间内的现金流量承担差额补足义务，以保证租赁期间内上市公司可获取固定的租金。上市公司将支付给第三方的对价确认为无形资产，在剩余租赁期间内摊销，同时将取得合同后收取的租金确认为租金收入。

解析：不正确。对于此类交易，上市公司应结合商业实质判断受让的租金收益权本质上是金融资产、无形资产还是可转租赁的使用权资产。若上市公司仅获得了被动向其他方收取现金的合同权利，并未与任何相关方签署租赁合同，也未参与租赁事宜的管理与经营决策、未主导相关资产的具体使用，则该合同权利应作为一项金融资产进行会计处理。

第四章

资产负债表日后事项

企业编制财务报告需要一定的时间，因此，资产负债表日与财务报告的批准报出日之间，企业发生的一些事项可能对财务报告使用者有重要影响。企业对财务报告中的信息承担的责任是截止到财务报告批准报出日，而不是资产负债表日，尤其在资产负债表日后期间发生对企业的财务状况和财务业绩产生重大不利的事项时。假设投资者4月拿到企业公布的上年度财务报告，报告显示经营状况非常好，于是买了企业的股票，结果股价一路下跌，后来调查才知道企业当年3月发生了一场大火把企业的资产烧掉一大半，现在持续经营都困难，因此投资者受到重大损失。于是愤怒的投资者就把企业、会计师事务所、注册会计师都告上法庭，说他们联合起来提供虚假信息，欺骗投资者。因此，在财务报告中报告资产负债表日后事项非常重要。

《企业会计准则第29号——资产负债表日后事项》（以下简称“CAS29”）规范了资产负债表日后事项的确认、计量和相关信息的披露。

2006版CAS29与2003版《资产负债表日后事项准则》相比，变化如表4－1所示。

表4－1　　2006版CAS29与2003版CAS29的变化

变化项目	2003版CAS29	2006版CAS29
扩大非调整事项的范围	将日后期间发生的、不加以说明将会影响财务报告使用者作出正确估计和决策的事项才作为非调整事项	将所有的日后期间发生的事项都作为非调整事项
企业利润分配方案中拟分配的以及经审议批准宣告发放的股利或利润	要求将该类现金股利在资产负债表中单独列示，股票股利在附注中单独披露	不确认为资产负债表日的负债，但应该在附注中单独披露

第一节　概念与分类

一、相关概念

资产负债表日后事项相关概念如表 4－2 所示。

表 4－2　　　　资产负债表日后事项相关概念

1. 资产负债表日后事项	5. 资产负债表日后调整事项
2. 资产负债表日	6. 资产负债表日后非调整事项
3. 财务报告批准报出日	7. 非持续经营假设
4. 资产负债表日后事项涵盖的期间	

1. 资产负债表日后事项，是指资产负债表日至财务报告批准报出日之间发生的有利或不利事项。

如果某些事项的发生对企业财务状况和经营成果无任何影响，那么，这些事项既不是有利事项也不是不利事项，也就不属于准则所称“资产负债表日后事项”。

2. 资产负债表日，是指企业按照规定对外报告财务报告的日期，可能是季度末、半年度末、年度末。

如果母公司或者子公司在国外，无论该母公司或子公司如何确定会计年度和会计中期，其向国内提供的财务报告都应根据我国《会计法》和《企业会计准则》的要求确定资产负债表日。

3. 财务报告批准报出日，是指董事会或类似机构批准财务报告报出的日期。不是实际报出日。

在某些情况下，主体的财务报表除了董事会批准之外，还需要交由股东（或监事会）批准。在这种情况下，财务报表的批准报出日是董事会批准报出日，不是股东（或监事会）批准财务报表日。例如，2022 年 2 月 18 日，主体的管理层完成了截至 2021 年 12 月 31 日的年度财务报表的草稿。2022 年 3 月 18 日，董事会审核了财务报表并批准报出。2022 年 3 月 19 日，主体宣告其利润及其选定的其他财务信息。2022 年 4 月 1 日，财务报表备好可供股东和其他人取用。2022 年 5 月 15 日，股东年会批准了财务报表，然后，经批准的财务报表于 2022 年 5 月 17 日报送监管机构。财务报表的批准报出日是 2022 年 3 月 18 日（即董事会批准报出日）。

4. 资产负债表日后事项涵盖的期间，是自资产负债表日次日起至财务报告批准报出日止的一段时间。

如果企业财务报告批准报出日以后、实际报出日之前，又发生一些重大事项的，企业还要重新调整财务报告，注册会计师还要追加审计，董事会还要重新批准财务报告报出日，那么，需要调整资产负债表日后期间，应以董事会或类似机构再次批准财务报告对外公布的日期为截止日期。资产负债表日后期间相当于报告年度的延长期间。资产负债表日后期间的图解如图 4－1 所示。

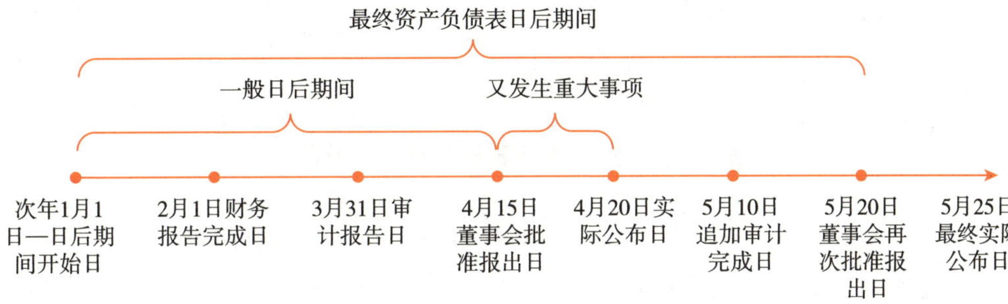

图 4－1　资产负债表日后期间

5. 资产负债表日后调整事项，是指对资产负债表日已经存在的情况提供了新的或进一步证据的事项。这类事项在资产负债表日之前已经存在，只是当时未取得充分的证据，在日后期间才取得新的证据来证明，并不是日后期间新发生的事项。

6. 资产负债表日后非调整事项，是指表明资产负债表日后发生的情况的事项。这类事项在资产负债表日之前不存在，是日后期间新发生的事项。

7. 非持续经营假设，资产负债表日后事项表明持续经营假设不再适用的。例如，管理层打算在报告期后清算主体或停止经营，或者，报告期后经营成果和财务状况的恶化，导致持续经营假设不再适用，企业不应当在持续经营基础上编制财务报表，应当从根本上改变会计基础，而不是在原来的会计基础上对已确认的金额进行调整，并按照 CAS30 的规定在附注中披露。

二、资产负债表日后事项的分类

资产负债表日后事项的分类如图 4－2 所示。

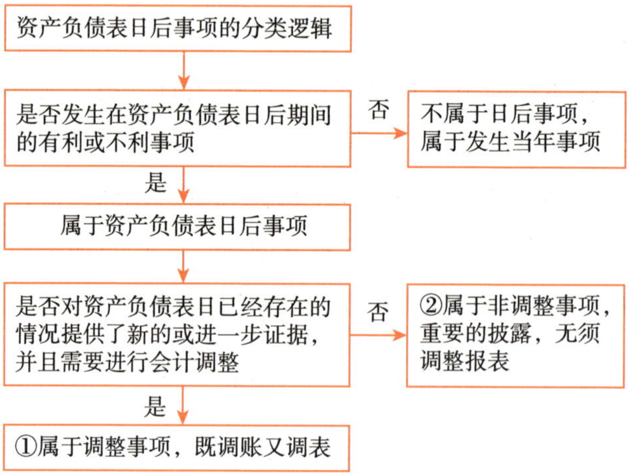

图 4－2　资产负债表日后事项的分类

同一种事项，如果发生在资产负债表日之前，就可能是调整事项，如果发生在资产负债表日之后，就可能是非调整事项。凡是日后期间发生需要调整以前年度的事项都属于调整事项。

（一）常见的调整事项（图 4－3）

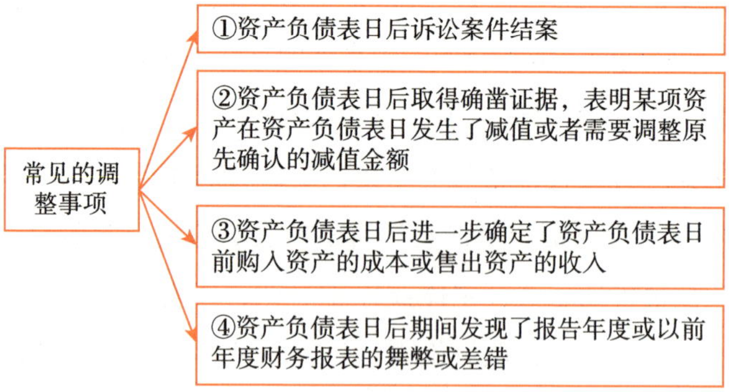

图 4－3　常见的调整事项

例如，日后期间取得资产负债表日前暂估入账的固定资产的竣工结算手续和金额，属于调整事项，要调整报告年度报表。

（二）常见的非调整事项

对于非调整事项，重要的要在附注中披露，目的是提醒使用者注意。这是会计信息相关性和及时性的要求。

以下是一些通常需要披露的报告期后非调整事项的例子。

1. 报告期后发生较大的企业合并或主要子公司的处置；
2. 报告期后宣布终止一项经营的计划；
3. 报告期后发生资产的大量购买，依据《CAS42——持有待售的非流动资产、处置组和终止经营》的规定属于持有待售类别的资产，资产其他形式的处置或者政府对主要资产的征用；
4. 报告期后的火灾对主要生产工厂的破坏；
5. 报告期后宣布或开始实施较大的重组；
6. 报告期后发生较大的普通股交易或潜在的普通股交易（根据《CAS34——每股收益》的要求进行披露）；
7. 报告期后发生资产价格或汇率不正常的重大变化；
8. 对当期和递延税款资产和负债有重大影响的、在报告期后生效或宣布的税率变化或税法变化；
9. 报告期后发生了重大的承诺或或有负债，如提供重大的担保；
10. 发生一项仅由报告期后发生的事项引起的重大诉讼。

（三）特殊事项的分类（见表4-3）

表4-3　　特殊事项的分类

在资产负债表日前进行债务重组的协商，在日后期间履行完毕的债务重组	属于非调整事项，因为债务重组日在资产负债表日之前不存在
日后期间发生的会计政策和会计估计变更	不属于调整事项，因为与资产负债表日无关
日后期间收到出口退税款、返还以前年度的税款等政府补助	属于非调整事项，因为税收返还取决于税务部门的认定，企业在资产负债表日之前没有充分的证据证明能够收到返还的税金

续表

日后期间宣告提取法定盈余公积	属于调整事项，因为按照公司法规定，企业年末应当提取法定盈余公积，属于资产负责表日已经承担的义务
日后期间宣告提取任意盈余公积	属于非调整事项，因为股东大会决议的时间在资产负债表日之后，不属于资产负债日已经承担的义务
日后期间宣告发放现金股利或股票股利【1】	

【释1】如果主体在报告期后向其权益性工具持有者宣告股利，则主体不应在报告期末把这些股利确认为负债，因为报告期末不存在相关义务，应参照《CAS30——财务报表列报》的规定，在附注中披露这些股利。

【案例4-1】学天海公司2×19年财务报告于2×20年3月20日对外报出，其于2×20年发生的下列交易事项中，不应作为2×19年资产负债表日后调整事项处理的是（　　）。

A. 2月20日，应收乙公司于2×19年9月开具的商业承兑汇票到期，但乙公司由于财务困难未能按期支付款项

B. 3月18日，学天海公司的子公司发布2×19年经审计的利润，根据购买该子公司协议约定，学天海公司在原预计或有对价的基础上向出售方多支付1 600万元

C. 1月10日，新型冠状病毒肺炎疫情暴发，考虑到疫情影响企业业务的结算进度和资产的价值，在收入确认和对商誉、应收账款等资产减值测试时考虑了疫情的影响

D. 3月10日，2×16年年底的一项未决诉讼结案，法院判学天海公司胜诉并获赔偿1 800万元，但学天海公司无法判断对方的财务状况和支付能力

答案：ACD

解析：选项A，应收票据在资产负债表日后期间才到期，属于正常事项；

选项B，属于调整事项，或有对价产生的损益应当确认在购买日所在年度；

选项C，属于非调整事项，因为在资产负债表日并不存在；

选项D，由于无法判断对方的财务状况和支付能力，不符合资产的确认条件，不需要账务处理，属于非调整事项。

【案例4-2】2×18年12月31日，甲公司应收乙公司货款1 000万元，由于该应收款项尚在信用期内，甲公司按照5%的预期信用损失率计提坏账准备50万

元。甲公司2×18年度财务报表于2×19年3月15日经董事会批准对外报出。下列各项中，属于资产负债表日后调整事项的是（　　）。

A. 乙公司于2×19年1月10日宣告破产，甲公司应收乙公司货款很可能无法收回

B. 乙公司于2×19年2月24日发生火灾，甲公司应收乙公司货款很可能无法收回

C. 乙公司于2×19年3月5日被另一公司吸收合并，甲公司应收乙公司货款可以全部收回

D. 乙公司于2×19年3月10日发生安全生产事故，被相关监管部门责令停业，甲公司应收乙公司货款很可能无法收回

答案：A

解析：要从金融资产发生减值的原因在资产负债表日之前是否存在来判断。

选项A，属于调整事项。资产负债表日以前计提坏账准备，说明信用风险已经显著增加，日后期间宣告破产，进一步证明了减值的事实。

选项BD，属于非调整事项。应收款项发生损失的原因是火灾、安全生产事故，这些原因在资产负债表日之前并不存在。

选项C，属于非调整事项。导致款项全部收回的原因是合并，该原因在资产负债表日并不存在，是日后期间新发生的事项。

第二节　调整事项的会计处理

调整事项采用追溯调整法，具体处理如表4-4所示。

表4-4　　追溯调整法的处理

调整所得税前	区分是否涉及损益，涉及以前年度损益类科目使用“以前年度损益调整”科目来代替（与前期重要差错更正相同），其他科目直接使用原科目调整，涉及“货币资金”科目的通过往来科目（其他应付款、应付账款等）代替

续表

调整所得税影响	区分属于暂时性差异变动，还是纳税义务变动
	递延所得税：根据调整后资产和负债的账面价值和计税基础是否产生了新的暂时性差异来判断，同时考虑调整前已经确认的递延所得税是否需要转回或追加确认。若调整事项造成多缴税的，且在汇算清缴结束后无法调整应交所得税的，视同为可抵扣暂时性差异，应当确认递延所得税资产
	应交所得税：若调整事项发生在报告年度汇算清缴前的，需要调整报告年度的应交所得税；若发生在汇算清缴后或影响当年损益事项的，调整当年的应交所得税
调整所得税后	将“以前年度损益调整”的余额转销，转入留存收益
调整报表项目及附注	根据前面调整结果调整报表项目及附注，包括：报告年度财务报表相关项目的期末或本期数，当期财务报表相关项目的期初数或上年数。但是，无须调整现金流量表

【案例4-3】日后销售退回。

学天海公司2×17年12月18日销售一批商品给乙公司（不含销售退回条款），取得收入120万元，按照正常情况已确认收入，并结转成本100万元。2×17年12月31日，该笔货款尚未收到，学天海公司对应收账款计提了坏账准备6万元。2×18年1月12日，由于产品质量问题，本批货物被退回。学天海公司于2×18年2月28日完成2×17年所得税汇算清缴。财务报告批准报出日是次年3月31日，所得税税率为25%，按净利润的10%提取法定盈余公积。不考虑增值税等其他因素。

要求（1）：编制学天海公司2×18年1月12日与上述事项有关的会计分录，并填写报表项目调整表。

解析：销售退回属于日后期间而且在所得税汇算清缴之前。会计报表项目调整表如表4-5所示。

调整税前的会计分录如下：

借：以前年度损益调整——主营业务收入　　1 200 000

　　贷：应收账款　　1 200 000

借：库存商品　　1 000 000

　　贷：以前年度损益调整——主营业务成本　　1 000 000

借：坏账准备　　60 000

　　贷：以前年度损益调整——信用减值损失　　60 000

调整所得税的会计分录如下：

借：应交税费——应交所得税

[(1 200 000 - 1 000 000) ×25%] 50 000

贷：以前年度损益调整——所得税费用 50 000

借：以前年度损益调整——所得税费用 15 000

贷：递延所得税资产 (60 000 ×25%) 15 000

调整税后的会计分录如下：

借：利润分配——未分配利润 94 500

盈余公积 10 500

贷：以前年度损益调整 (转销余额) 105 000

表 4-5　　学天海公司 2×17 年度会计报表项目调整表　　单位：万元

项目	利润表本期金额调整数	资产负债表期末余额调整数
营业收入	-120	—
营业成本	-100	—
信用减值损失	-6	—
所得税费用	-5 +1.5 = -3.5	—
净利润	-10.5	—
应收账款	—	-120 +6 = -114
存货	—	+100
递延所得税资产	—	-1.5
盈余公积	—	-1.05
未分配利润	—	-9.45

要求 (2)： 若学天海公司 2×17 年 12 月 31 日未对应收账款计提坏账准备。2×18 年 3 月 10 日由于产品质量问题，本批货物被退回，其他条件不变。编制 2×18 年 3 月 10 日与上述事项有关的会计分录。

解析： 销售退回属于日后期间而且在所得税汇算清缴之后。

调整税前的会计分录如下：

借：以前年度损益调整——主营业务收入 1 200 000

贷：应收账款 1 200 000

借：库存商品　　1 000 000

　　贷：以前年度损益调整——主营业务成本　　1 000 000

调整所得税：由于2×17年所得税汇算清缴已经结束，不能调整应交所得税，多缴的所得税只能视同为可抵扣差异，在2×18年缴纳所得税时抵扣。

借：递延所得税资产　　[(1 200 000 - 1 000 000) ×25%] 50 000

　　贷：以前年度损益调整——所得税费用　　50 000

调整税后的会计分录如下：

借：利润分配——未分配利润　　135 000

　　盈余公积　　15 000

　　贷：以前年度损益调整　　（转销余额）150 000

要求（3）：若2×18年1月12日，由于产品质量问题，学天海公司给予5%的销售折让，同时开具红字增值税发票，其他条件不变。编制2×18年1月12日与上述事项有关的会计分录。

解析：销售折让属于日后期间而且在所得税汇算清缴之前。

调整税前的会计分录如下：

借：以前年度损益调整——主营业务收入（1 200 000 ×5%） 60 000

　　贷：应收账款　　60 000

借：坏账准备　　（减少60 000 ×5%） 3 000

　　贷：以前年度损益调整——信用减值损失　　3 000

调整所得税的会计分录如下：

借：应交税费——应交所得税　　（60 000 ×25%） 15 000

　　贷：以前年度损益调整——所得税费用　　15 000

借：以前年度损益调整——所得税费用　　750

　　贷：递延所得税资产　　（3 000 ×25%） 750

调整税后的会计分录如下：

借：利润分配——未分配利润　　38 475

　　盈余公积　　4 275

　　贷：以前年度损益调整　　（转销余额）42 750

【案例4－4】日后诉讼结案。

学天海公司与乙公司签订一项销售合同，应在2×17年8月销售给乙公司一批物资。由于学天海公司未能按照合同发货，致使乙公司发生重大经济损失。2×17年12月，乙公司将学天海公司告上法庭，要求学天海公司赔偿450万元。2×17年12月31日法院尚未判决，学天海公司对该诉讼事项确认预计负债300万元。

2×18年2月10日，经法院判决学天海公司应赔偿乙公司400万元。双方均服从判决。判决当日，学天海公司向乙公司支付赔偿款400万元。税法规定，诉讼损失实际发生时才允许税前扣除。

假设两公司2×17年所得税汇算清缴均在2×18年3月20日完成。财务报告批准报出日是2×18年3月31日，所得税税率为25%，按净利润的10%提取法定盈余公积，不考虑报表附注中有关现金流量表项目的数字和其他因素。

要求（1）：分别编制学天海公司和乙公司2×18年2月10日有关上述事项的会计处理。

解析：日后诉讼结案属于日后期间而且在所得税汇算清缴之前。

学天海公司的会计处理为：

调整税前的会计分录如下：

借：以前年度损益调整——营业外支出　　1 000 000

　　预计负债　　3 000 000

　　贷：其他应付款　　4 000 000

借：其他应付款　　4 000 000

　　贷：银行存款　　4 000 000

【注】上笔分录为2×18年2月10日的会计分录。

调整所得税的会计分录如下：

借：应交税费——应交所得税　　（4 000 000×25%）1 000 000

　　贷：以前年度损益调整——所得税费用　　1 000 000

借：以前年度损益调整——所得税费用　　750 000

　　贷：递延所得税资产　　（3 000 000×25%）750 000

调整税后的会计分录如下：

借：利润分配——未分配利润　　675 000

盈余公积　　75 000

贷：以前年度损益调整　　（转销余额）750 000

调整报告年度会计报表相关项目的数字。

①资产负债表项目的年末数调整：调减递延所得税资产75万元；调增其他应付款400万元，调减应交税费100万元，调减预计负债300万元；调减盈余公积7.5万元，调减未分配利润67.5万元。

②利润表项目的调整：调增营业外支出100万元，调减所得税费用25万元，调减净利润75万元。

③所有者权益变动表项目的调整：调减综合收益总额75万元，提取盈余公积项目中盈余公积一栏调减7.5万元，未分配利润一栏调增7.5万元。

会计报表项目调整表如表4-6所示。

表4-6　　学天海公司2×17年度会计报表项目调整表　　单位：万元

项目	利润表本期金额调整数	资产负债表期末余额调整数
营业外支出	+100	—
所得税费用	-25	—
净利润	-75	—
递延所得税资产	—	-75
其他应付款	—	+400
应交税费	—	-100
预计负债	—	-300
盈余公积	—	-7.5
未分配利润	—	-67.5

乙公司的会计处理为：

调整税前的会计分录如下：

借：其他应收款　　4 000 000

贷：以前年度损益调整——营业外收入　　4 000 000

借：银行存款　　4 000 000

贷：其他应收款　　4 000 000

【注】上笔分录为2×18年2月10日的会计分录。

调整所得税的会计分录如下：

借：以前年度损益调整——所得税费用

（4 000 000×25%）1 000 000

贷：应交税费——应交所得税 1 000 000

调整税后的会计分录如下：

借：以前年度损益调整 （转销余额）3 000 000

贷：利润分配——未分配利润 2 700 000

盈余公积 300 000

调整报告年度财务报表相关项目的数字。

①资产负债表项目的年末数调整：调增其他应收款 400 万元，调增应交税费 100 万元，调增盈余公积 30 万元，调增未分配利润 270 万元。

②利润表项目的调整：调增营业外收入 400 万元，调增所得税费用 100 万元，调增净利润 300 万元。

③所有者权益变动表项目的调整：调增综合收益总额 300 万元，提取盈余公积项目中盈余公积一栏调增 30 万元，未分配利润一栏调减 30 万元。

要求（2）：若学天海公司 2×18 年 2 月 10 日不服从法院判决，继续上诉，经过专业人士预计，很可能维持一审判决。其他条件不变，编制学天海公司 2×18 年 2 月 10 日有关上述事项的会计处理。

解析：调整税前：学天海公司不服上诉，上诉结果具有不确定性，但因很可能维持原判，所以根据《CAS13——或有事项》规定，企业应确认 400 万元的预计负债，原来已确认了 300 万元，现在须调增预计负债 100 万元。

借：以前年度损益调整——营业外支出 1 000 000

贷：预计负债 1 000 000

调整所得税：根据调增预计负债 100 万元追加确认 100×25% =25 万元的递延所得税资产。由于损失未实际发生，不能调整应交所得税。

借：递延所得税资产 （1 000 000×25%）250 000

贷：以前年度损益调整——所得税费用 250 000

调整税后的会计分录如下：

借：利润分配——未分配利润 675 000

盈余公积　　75 000

贷：以前年度损益调整　　（转销余额）750 000

要求（3）： 若学天海公司2×17年12月31日由于预计赔偿金额不能确定，未确认预计负债300万元，其他条件不变，编制学天海公司2×18年2月10日有关上述事项的会计处理。

解析： 日后诉讼结案属于日后期间而且在所得税汇算清缴之前。

调整税前：由于2×17年12月31日未确认预计负债，说明也未确认营业外支出和递延所得税资产。

借：以前年度损益调整——营业外支出　　4 000 000

贷：其他应付款　　4 000 000

借：其他应付款　　4 000 000

贷：银行存款　　4 000 000

【注】 上笔分录为2×18年的会计分录。

调整所得税的会计分录如下：

借：应交税费——应交所得税　　（4 000 000×25%）1 000 000

贷：以前年度损益调整——所得税费用　　1 000 000

调整税后的会计分录如下：

借：利润分配——未分配利润　　2 700 000

盈余公积　　300 000

贷：以前年度损益调整　　（转销余额）3 000 000

要求（4）： 若学天海公司2×17年所得税汇算清缴在2×18年1月20日完成，其他条件不变，编制学天海公司2×18年2月10日有关上述事项的会计处理。

解析： 日后诉讼结案属于日后期间而且在所得税汇算清缴之后。

调整税前的会计分录如下：

借：以前年度损益调整——营业外支出　　1 000 000

预计负债　　3 000 000

贷：其他应付款　　4 000 000

借：其他应付款　　4 000 000

　　贷：银行存款　　4 000 000

调整所得税：应交所得税不能调整，只能作为 2×18 年所得税的调整事项处理。

借：以前年度损益调整——所得税费用　　750 000

　　贷：递延所得税资产——预计负债　　（转销）750 000

借：递延所得税资产——其他应付款（4 000 000×25%）　　1 000 000

　　贷：以前年度损益调整——所得税费用　　1 000 000

【注】其他应付款400 万元产生可抵扣差异确认为递延所得税资产。

调整税后的会计分录如下：

借：利润分配——未分配利润　　675 000

　　盈余公积　　75 000

　　贷：以前年度损益调整　　（转销余额）750 000

要求（5）：若2×18 年 2 月 10 日法院判决学天海公司应赔偿乙公司 200 万元，学天海公司 2×17 年所得税汇算清缴在 2×18 年 1 月 20 日完成，其他条件不变，编制学天海公司 2×18 年 2 月 10 日有关上述事项的会计处理。

解析：日后诉讼结案属于日后期间而且在所得税汇算清缴之后。

调整税前的会计分录如下：

借：预计负债　　3 000 000

　　贷：其他应付款　　2 000 000

　　　　以前年度损益调整——营业外支出　　1 000 000

借：其他应付款　　2 000 000

　　贷：银行存款　　2 000 000

调整所得税：由于结案时间发生在汇算清缴之后，应交所得税不能调整。

借：以前年度损益调整——所得税费用　　750 000

　　贷：递延所得税资产——预计负债　　（转销）750 000

借：递延所得税资产——其他应付款　（2 000 000×25%）500 000

　　贷：以前年度损益调整——所得税费用　　500 000

【注】其他应付款200万元产生的可抵扣差异确认为递延所得税资产。

调整税后的会计分录如下：

借：以前年度损益调整　　（转销余额）750 000

　　贷：利润分配——未分配利润　　675 000

　　　　盈余公积　　75 000

【案例4－5】日后期间发现前期差错更正的会计处理。

学天海公司2×11年年度财务会计报告于2×12年3月31日批准对外报出，2×11年年度的所得税汇算清缴日为2×12年3月31日，适用的所得税税率为25%，按净利润的10%提取法定盈余公积，按净利润的5%提取任意盈余公积。在2×11年度的财务会计报告批准报出之前，发现如下事项的会计处理不正确。

要求：分别编制上述业务更正的会计分录，合并编制结转损益的分录。

（1）学天海公司于2×11年1月1日取得A公司70%的股份作为长期股权投资，成本为20 000万元。2×11年12月31日，公允价值减处置费用的净额为17 000万元，未来现金流量现值为19 000万元。学天海公司将长期股权投资的可收回金额预计为17 000万元。会计处理如下：

借：资产减值损失　　30 000 000

　　贷：长期股权投资减值准备——A公司　　30 000 000

借：递延所得税资产　　7 500 000

　　贷：所得税费用　　7 500 000

解析：应计提长期股权投资减值准备＝(20 000－19 000)＝1 000万元，多计提2 000万元。

调整税前的会计分录如下：

借：长期股权投资减值准备——A公司　　20 000 000

　　贷：以前年度损益调整——资产减值损失　　20 000 000

调整所得税：计提减值准备不影响应交所得税。

借：以前年度损益调整——所得税费用

　　（20 000 000×25%）5 000 000

　　贷：递延所得税资产　　5 000 000

(2) B公司为学天海公司的第二大股东，持有学天海公司20%的股份，计1 800万股。因B公司欠学天海公司3 000万元，逾期未偿还，学天海公司于2×11年4月1日向人民法院提出申请，要求该法院采取诉前保全措施，保全B公司所持有的学天海公司法人股。同年9月29日，人民法院向学天海公司送达民事裁定书同意上述申请。学天海公司于9月30日，对B公司提起诉讼，要求B公司偿还欠款。至2×11年12月31日，此案尚在审理中。学天海公司经估计该诉讼案件很可能胜诉，并可从保全的B公司所持学天海公司股份的处置收入中收回全部欠款，学天海公司调整了应交所得税费用，2×11年12月31日进行会计处理如下：

借：其他应收款　　30 000 000

　　贷：营业外收入　　30 000 000

解析：或有资产不应当确认。

调整税前的会计分录如下：

借：以前年度损益调整——营业外收入　　30 000 000

　　贷：其他应收款　　30 000 000

调整所得税的会计分录如下：

借：应交税费——应交所得税　　（30 000 000×25%）7 500 000

　　贷：以前年度损益调整——所得税费用　　7 500 000

(3) 2×12年2月4日，学天海公司收到某供货单位的通知，被告知该供货单位2×12年1月20日发生火灾，大部分设备和厂房被毁，不能按期交付学天海公司所订购货物，且无法退还学天海公司预付的购货款200万元。学天海公司已通过法律途径要求该供货单位偿还预付的货款并要求承担相应的赔偿责任。学天海公司将预付账款转入其他应收款处理，并按200万元全额计提坏账准备。学天海公司的会计处理如下：

借：其他应收款　　2 000 000

　　贷：预付账款　　2 000 000

借：以前年度损益调整——信用减值损失　　2 000 000

　　贷：坏账准备　　2 000 000

借：递延所得税资产　　　　　　　　　　　　　　　　500 000

　　贷：以前年度损益调整——所得税费用　　　　　　　　　500 000

与此同时对2×11年年度会计报表有关项目进行了调整。

解析：属于非调整事项，不能调整报告年度的会计报表。将预付账款转入其他应收款的分录是正确的，是2×12年应该作的账务处理，不是调整分录，所以不能调整2×11年12月31日会计报表中的数字。

调整税前的会计分录如下：

借：坏账准备　　　　　　　　　　　　　　　　　　2 000 000

　　贷：以前年度损益调整——信用减值损失　　　　　　　2 000 000

调整所得税：不影响应交所得税。

借：以前年度损益调整——所得税费用　　　　　　　　500 000

　　贷：递延所得税资产　　　　　　　　　　　　　　　　500 000

（4）学天海公司2×11年1月1日用银行存款1 000万元购入C公司股份的25%，并对C公司具有重大影响，采用成本法核算。C公司2×11年1月1日的所有者权益账面价值为3 500万元，可辨认净资产的公允价值为3 800万元，其差额300万元为存货评估增值；学天海公司2×11年12月1日向C公司销售产品，价款200万元，成本为130万元，C公司购入后作为固定资产核算。2×11年12月31日投资时C公司评估增值的存货已经对外销售50%。2×11年年度实现净利润为900万元。学天海公司2×11年的会计处理如下：

借：长期股权投资——C公司　　　　　　　　　　　　10 000 000

　　贷：银行存款　　　　　　　　　　　　　　　　　　10 000 000

解析：学天海公司对C公司的投资应采用权益法核算，同时对应享有的C公司实现的净利润应该确认投资收益。

调整税前的会计分录如下：

借：长期股权投资——C公司（投资成本）　　　　　　10 000 000

　　贷：长期股权投资——C公司　　　　　　　　　　　　10 000 000

借：长期股权投资——C公司（损益调整）

　　　　［(9 000 000－3 000 000×50%－700 000)×25%］1 700 000

　　贷：以前年度损益调整——投资收益　　　　　　　　　1 700 000

（5）调整所得税：长期股权投资一般长期持有，不需要确认递延所得税。原来的应交所得税视同处理正确，不需要调整。

解析：调整税后的会计分录如下：

借：利润分配——未分配利润　　　　（4 300 000 × 85%）3 655 000

　　盈余公积——法定盈余公积　　　　（4 300 000 × 10%）430 000

　　　　　　——任意盈余公积　　　　（4 300 000 × 5%）215 000

　　贷：以前年度损益调整　　　　　　　　（转销余额）4 300 000

第三节　披　　露

日后事项的披露内容如图 4－4 所示。

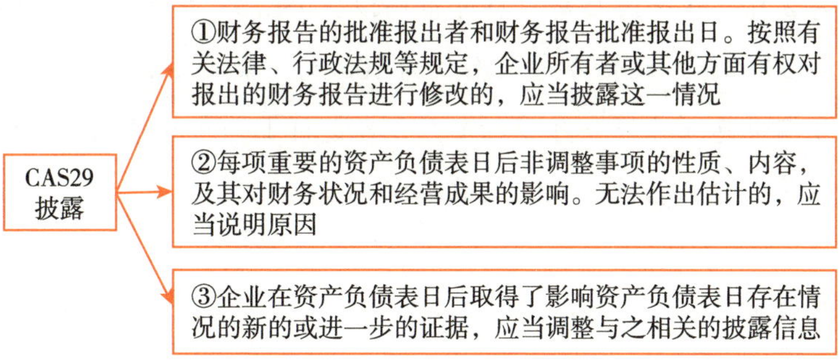

图 4－4　日后事项的披露

【释①】对使用者来说，了解财务报表的批准报出日是重要的，因为财务报表不反映这一日期以后的事项。

【释③】在某些情况下，主体需要更新其财务报表中的披露，以反映报告期后获得的信息，即使这些信息不影响主体在财务报表中已经确认的金额。例如，报告期后取得了关于报告期末已经存在的或有负债的证据，除了考虑根据《CAS13——或有事项》规定是否应确认或变更一项准备外，主体还应根据证据更新关于或有负债的披露。

第四节　综合案例

【案例4-6】当期差错更正的处理。

注册会计师对学天海公司2×18年财务报表进行审计时，对其当年度发生的下列交易事项的会计处理提出疑问，希望能与学天海公司财务部门讨论。

其他有关资料：(P/A,5%,5)=4.3295，(P/A,6%,5)=4.2124，(P/F,5%,5)=0.7835，(P/F,6%,5)=0.7473，本题中有关公司均按净利润的10%计提法定盈余公积，不考虑相关税费及其他因素。

要求：判断学天海公司对有关交易事项的会计处理是否正确并说明理由，对于不正确的编制相关的会计分录（无须通过“以前年度损益调整”科目）。以万元为单位保留两位小数。

(1) 1月2日，学天海公司自公开市场以2 936.95万元购入乙公司于当日发行的公司债券30万张，该债券每张面值为100元，票面年利率为5.5%，该债券为5年期，分期付息（于下一年度的1月2日支付上一年利息），到期还本。学天海公司管理该债券投资的业务模式是收取合同现金流量。学天海公司的会计处理如下：

借：债权投资　　30 000 000

　　贷：银行存款　　29 369 500

　　　　财务费用　　630 500

借：应收利息　　1 650 000

　　贷：投资收益　　1 650 000

解析：不正确。理由：对于债权投资，不得将面值与购入价款之间的差额直接计入当期损益，实际利息应当采用实际利率法计量，更正分录为：

借：财务费用　　630 500

　　贷：债权投资——利息调整　　630 500

该债券预计未来现金流量的现值=165×(P/A,6%,5)+3 000×(P/F,6%,5)=2 936.95万元。因此实际利率为6%，本期应分摊的利息调整金额为=2 936.95×

6% -165 =11.23 万元。

借：债权投资——利息调整　　112 300

　　贷：投资收益　　112 300

（2）学天海公司持有的乙公司200万股股票于2×17年2月以12元/股购入，且对乙公司不具有重大影响，将其指定为非交易性权益工具投资，即以公允价值计量且其变动计入其他综合收益的金融资产。2×17年12月31日，乙公司股票市价为14元/股。自2×18年3月开始，乙公司股票价格持续下降。至2×18年12月31日，已跌至4元/股。学天海公司2×18年对该交易或事项的会计处理如下：

借：信用减值损失　　20 000 000

　　贷：其他权益工具投资　　20 000 000

解析：不正确。理由：企业对指定为非交易性权益工具投资的公允价值变动，应当计入其他综合收益，不应当计提减值准备。更正分录为：

借：其他综合收益　　20 000 000

　　贷：信用减值损失　　20 000 000

（3）8月26日，学天海公司与其全体股东协商，由各股东按照持股比例增资的方式解决生产线建设资金需求。8月30日，股东共新增投入资金3 200万元。9月1日，生产线工程开工建设，并于当日及12月1日分别支付建造承包商工程款600万元和800万元。学天海公司将尚未动用增资款项投资于货币市场，月收益率为0.4%。学天海公司对该交易事项的会计处理如下：

借：银行存款　　32 000 000

　　贷：资本公积　　32 000 000

借：在建工程　　14 000 000

　　贷：银行存款　　14 000 000

借：银行存款　　384 000

　　贷：在建工程　　384 000

其中，冲减在建工程的金额 =2 600×0.4% ×3 +1 800×0.4% ×1 =38.40 万元。

解析： 不正确。理由：用于生产线建设资金为股东投资，属于自有资金，不产生利息费用，也不能将投资收益冲减所建资产的成本，更正分录为：

借：在建工程　　384 000

　　贷：财务费用　　384 000

（4）12 月 1 日学天海公司将分类为以公允价值计量且其变动计入其他综合收益的 C 公司债券出售给乙公司，收取价款 5 020 万元。出售时该金融资产账面价值为 5 000 万元（其中：初始入账金额为 4 960 万元，公允价值变动为 40 万元）。同时，学天海公司与乙公司签署协议，约定于 2×19 年 3 月 31 日按回购时该金融资产的公允价值将该金融资产购回。学天海公司在出售该债券时未终止确认该金融资产，将收到的款项 5 020 万元确认为预收账款。12 月 31 日该债券的公允价值为 5 030 万元，学天海公司确认“其他债权投资——公允价值变动”和“其他综合收益”30 万元。

解析： 不正确。理由：企业将金融资产出售，约定到期日按公允价值回购，已经转移了该项金融资产所有权上几乎所有的风险和报酬，应当终止确认该金融资产。更正分录如下：

借：预收账款　　50 200 000

　　其他综合收益　　400 000

　　贷：其他债权投资——成本　　49 600 000

　　　　　　　　——公允价值变动　　400 000

　　　　投资收益　　600 000

借：其他综合收益　　300 000

　　贷：其他债权投资——公允价值变动　　300 000

（5）12 月 31 日，学天海公司按面值 100 元发行了 100 万份可转换可赎回债券，取得发行收入总额 10 000 万元，该债券的期限为 3 年，票面年利率为 5%，按年支付利息；每份债券均可在到期前的任何时间转换为学天海公司 10 股普通股；在债券到期前，持有者有权利在任何时候要求学天海公司按面值赎回该债券。

学天海公司发行该债券时，二级市场上与之类似但没有转股权的债券市场年利率为6%。在债券发行日，以市场利率计算的可转换债券本金和利息的现值为9 400 万元，市场上类似可转换债券持有者提前要求赎回债券权利（提前赎回权）的公允价值为60 万元。学天海公司作如下会计处理：

借：银行存款　　　　　　　　　　　　100 000 000
　　应付债券——利息调整　　　　　　　6 000 000
　　贷：应付债券——债券面值　　　　　　100 000 000
　　　　其他权益工具　　　　　　　　　　　6 000 000

解析：会计处理不正确。理由：根据2017版《CAS22——关于嵌入衍生工具》的有关规定，主合同是债务工具，嵌入的衍生工具中，赎回权属于负债，转股权属于权益，应当进行分拆。如果嵌入的多项衍生工具都属于资产、负债或权益，则可以合并为一项衍生工具确认。更正分录如下：

借：其他权益工具——股份转换权　　　　　600 000
　　贷：衍生工具——提前赎回权　　　　　　600 000

【案例4-7】资产负债表日后事项的处理。

甲公司2×13年10月20日向乙银行借款5亿元，借款期限为5年，年利率为6%，利息按年支付，本金到期一次偿还。借款协议约定：如果甲公司不能按期支付利息，则从违约日起按年利率7%加收罚息。2×13年、2×14年，甲公司均按期支付乙银行借款利息。

2×15年1月起，因受国际国内市场影响，甲公司出现资金困难，当年未按期支付全年利息。为此，甲公司按7%年利率计提的该笔借款自2×15年1月起的罚息为3 500 万元。2×15年12月20日，甲公司与乙银行协商，由乙银行向其总行申请减免甲公司的罚息。甲公司编制2×15年财务报表时，根据与乙银行债务重组的进展情况，预计双方将于近期达成减免罚息的协议，并据此判断2×15年原按照7%年利率计提该笔借款罚息3 500 万元应全部冲回。

2×16年4月20日，在甲公司2×15年度财务报告经董事会批准报出之前，甲公司与乙银行签订了《罚息减免协议》，协议的主要内容与之前甲公司估计的情况基本相符，即从2×16年起，如果甲公司于借款到期时偿还本金，甲公司只须按照6%的年利率支付2×15年及以后各年的利息；同时，免除2×15年的罚息3 500万元。

假定甲公司上述借款按照摊余成本计量，不考虑折现及其他因素。

要求：（1）判断甲公司能否根据2×15年资产负债表日债务重组的协商进度估计应付利息的金额并据此进行会计处理，说明理由。

（2）判断资产负债表日后事项期间达成的债务重组协议是否应作为甲公司2×15年调整事项，并说明理由。

（3）判断甲公司与乙银行签订《罚息减免协议》后，甲公司是否可于协议签订日确认债务重组收益，并说明理由。

（4）计算甲公司2×15年年度该笔借款在资产负债表中列示的金额。

解析：（1）甲公司不能够根据债务重组的协商进度估计应付利息金额并进行会计处理。理由：根据谨慎性原则以及或有事项相关准则，2×15年资产负债表日甲公司支付罚息的法定义务仍然存在，不能冲回罚息。

（2）不应作为甲公司2×15年调整事项处理。理由：减免罚息的协议签订日期为2×16年4月20日，在2×15年资产负债表日并不存在，应作为非调整事项处理。

（3）甲公司不可以在协议签订日确认重组收益。理由：甲公司应当在债务重组日确认重组收益，也就是借款到期偿还本金时才能确认重组收益，不能在协议签订日确认重组收益。

（4）长期借款列示金额为5亿元；应付利息列示金额为50 000×6% =3 000万元；其他应付款列示金额为3 500万元。

【案例4-8】资产负债表日后事项的判断及处理。

学天海集团拥有甲乙丙三个子公司，根据下列资料，分别判断下列子公司的会计处理是否正确并说明理由。

（1）甲公司2×18年5月按法院裁定进行破产债务重整，2×18年10月法院裁定批准了破产重整计划。截至2×19年1月20日，甲公司已经清偿了所有应当以现金清偿的债务，截至2×19年4月10日应清偿给债权人的5 000万股股票已经过户到相应的债权人名下。甲公司2×19年4月25日对外报出了2×18年的年报，在2×18年年报中确认了破产重整收益。理由是：在年报报出之前，破产重整事项已经执行完毕，很可能得到法院的最终裁定。

解析：不正确。债务重组损益的确认时点应当是重组事项执行完毕的债务重组日，而不是开始重整的时点。在2×18年12月31日甲公司偿债的义务仍然存在，重组事项未执行完毕，不应当在2×18年报表中确认破产重整收益。甲公司在资产负债表日后期间才执行完毕，应当在2×19年确认破产重整收益。

（2）乙公司2×17年8月18日被所在市检察院以欺诈发行股票罪提起公诉。2×17年12月2日当地区级法院对乙公司作出刑事判决，判定乙公司犯欺诈发行股票罪，判处罚金400万元。2×18年1月31日检察院以原审法院量刑偏轻对区级法院的判决提出抗诉，2×18年3月29日市中级法院裁定撤销区级法院作出的判决。乙公司的律师认为，乙公司被判处的罚金很可能仍为400万元，因此乙公司2×17年度财务报表中计提了预计负债400万元。乙公司2×17年年度报表于2×18年4月24日经董事会批准对外披露。

直至2×19年2月7日中级法院经过审理，判决乙公司犯欺诈发行股票罪、伪造金融票证罪、故意销毁会计凭证罪，共处罚金1 040万元。乙公司未提出上诉，根据判决结果，对所处罚金超过原计提的预计负债部分，乙公司认定为前期差错，追溯调整了2×17年年度报表，并在2×18年年度报表中进行了重述。乙公司2×18年年度报表于2×19年4月25日经董事会批准对外披露。

解析：不正确。只有发生会计政策变更或前期差错更正或资产负债表日后调整事项时才能追溯调整，该事项与会计政策变更、日后调整事项无关。乙公司2×17年年度报表中计提的预计负债是根据当时能够取得的可靠信息为基础作出的，没有证据表明乙公司的会计估计存在重大差错。2×19年2月中级法院判决后的罚金变化，是乙公司取得了新的证据，属于会计估计变更，应当采用未来适用法，不应当对2×17年年度的报表进行追溯调整，乙公司应当在2×18年年度报表中补提预计负债1 040－400＝640万元，冲减2×18年度损益。

（3）丙公司所在地税务局2×17年年初对当地部分企业进行税务检查，2×19年2月1日向丙公司下发的《特别纳税调整调查通知书》中指出，丙公司于 2×15 年、2×16 年、2×17 年、2×18 年纳税年度，违反有关税收法律法规的规定，违反关联业务往来转让定价公平的原则，要求丙公司补缴企业所得税 1 亿元。丙公司 2×18 年年度财务报告于 2×19 年 3 月 31 日经董事会批准对外披露。

丙公司认为，由于其业务特点，采购被控股股东控制，交易价格由控股股东决定，丙公司以前对关联交易价格和其他独立第三方类似商品价格作比较后，没有发现前期关联交易价格存在不公平的情况，因此补缴的税款应当由控股股东单方面承担，因此丙公司正与税务局积极沟通，同时将上述事项作为前期差错更正处理，调整了2×18 年年报表相关项目的期初数。

解析：不正确。特别纳税调整的结果很大程度上取决于税务部门的认定，企业一般无法直接按照相关税收法律法规计算出需要调整的金额，大多数情况下，税务机关认定了特别纳税调整的具体金额，企业才能获知该信息。企业完成所得税汇算清缴并不等于企业的纳税事项完全符合税法规定，企业仍然可能存在违反税收法规的情况，税务机关也可以对企业进行查处。

丙公司以前编制财务报表时，已经利用可以获得的可靠信息，对关联交易价格和独立第三方类似商品的价格作过比较，所以不存在前期差错。因此不应当追溯调整以前期间报表数据，应当将该事项的影响计入 2×18 年年度报表。

【拓展】如果丙公司以前期间将关联交易价格和第三方交易价格比较后，得出关联交易价格不公允的信息，明知不公允而没有进行应纳税所得额的调整，则属于计算错误，也就属于前期差错了，按照差错更正的追溯重述法进行处理。

【案例 4-9】资产负债表日后事项的判断及处理。

学天海公司发生下列业务，分别判断会计处理是否正确并说明理由。

(1) 学天海公司 2×16 年为与其有业务往来的 B 公司借款提供担保，计提预计负债 3 亿元，该担保与学天海公司取得应税收入有关。2×18 年学天海公司担保责任履行完毕，学天海公司当年向税务机关申请担保损失税前扣除，最终能否税前扣除取决于税务机关的认定。

2×18 年年度学天海公司应纳税所得额为 1 亿元，由于未取得税务机关的批复，经与税务机关协商，学天海公司 2×18 年年度企业所得税一直未实际缴纳。

2×19 年 9 月学天海公司取得税务机关批复：为 B 公司借款的担保损失 3 亿

元可以从应纳税所得额中扣除，并确定从 2×18 年应纳税所得额中扣除 1 亿元，剩下的 2 亿元在 2×19 年度及以后年度的应纳税所得额中扣除。因此，学天海公司根据该批复，对 1 亿元担保损失追溯调整了 2×18 年年度报表。

解析：不正确。学天海公司 2×18 年度财务报告并没有发生会计差错，税务机关的批复实际发生在 2×19 年 9 月，所以，相关的所得税影响应当计入 2×19 年年度报表，不应当追溯调整 2×18 年年度报表。

（2）学天海公司 2×19 年 3 月 3 日对外报出 2×18 年年报，3 月 8 日学天海公司收到省财政厅关于征收库区基金的通知，按照该通知规定，学天海公司需要自 2×17 年起缴纳库区基金。经测算，学天海公司 2×17 年净利润将减少 900 万元，2×18 年净利润将减少 1 800 万元。因此，学天海公司将缴纳的 2×17 年年度和 2×18 年年度的库区基金追溯调整计入了 2×17 年年度和 2×18 年年度的报表。

解析：不正确。学天海公司 2×17 年年度和 2×18 年年度的报表不存在会计差错，因此不应当追溯调整 2×17 年年度和 2×18 年年度的报表，应当将缴纳的库区基金计入发生年度即 2×19 年年度第一季度报表。

（3）2×19 年 3 月，学天海公司发布会计估计变更公告，将船舶预计净残值从 1 350 元/吨变更为 2 860 元/吨，变更后的净残值从 2×19 年 1 月 1 日执行，由此导致当年净利润增加了 6 亿元。学天海公司 2×19 年年度实现净利润 5 亿元。

根据公开市场价格信息，从 2×17 年年初至 2×19 年年初，国内废钢价格由于铁矿石原料价格持续走高等原因基本维持在 2 900 元/吨左右。与学天海公司相同行业的两家上市公司根据废钢价格变动的事实，均在 2×17 年 1 月 1 日发布会计估计变更公告，变更船舶预计净残值。

解析：不正确。学天海公司在 2×17 年 12 月 31 日资产负债表日应当对会计估计进行复核，并根据废钢价格变动信息调整船舶预计净残值，而不是等到 2×19 年才变更，因此 2×17 年年度的会计估计错误，属于重要的前期差错，应当进行追溯调整 2×17 年年度和 2×18 年年度报表。如果 2×19 年年度不变更的话，学天海公司 2×19 年年度的净利润将为 –1 亿元，对利润表的影响重大。

（4）学天海公司 2×18 年年报披露的应收账款坏账准备的会计政策如下：对于单项金额重大的（1 000 万元以上）应收账款，单独进行减值测试；对于单项金额不重大的应收账款，分组进行减值测试，并按照账龄分别计提坏账准备：账龄 1 年以下的按其余额的 4% 计提，1—3 年的按 25% 计提，3—5 年的按 50% 计提，5 年以上的按 100% 计提。

从 2×17 年 1 月开始，学天海公司所在行业的应收账款信用期呈现延长趋势，原来的信用期为半个月，现在的信用期为 9 个月，学天海公司在信用期内且账龄较长的应收账款在 2×17 年年度和 2×18 年年度也出现大幅度增长，因此，学天海公司 2×19 年 1 月发布了会计估计变更公告，对应收账款坏账准备的会计估计进行变更，对单项金额不重大的应收账款，按账龄计提的坏账准备的比例变更为：在信用期内的按其余额的 1% 计提，逾期 1 年以下的按其余额的 4% 计提，逾期 1—3 年的按其余额的 25% 计提，逾期 3—5 年的按其余额的 50% 计提，逾期 5 年以上的按其余额的 100% 计提。学天海公司因该项会计估计变更增加 2×19 年年度净利润 8 200 万元，占当年年度净利润 -3 400 万元的 241%。

解析：不正确。学天海公司坏账准备的计提方法对财务报表的影响重大。由于在信用期内且账龄较长的应收账款在 2×17 年年度和 2×18 年年度出现大幅度增长，说明学天海公司应当在 2×17 年 12 月 31 日资产负债表日对会计估计进行复核，并根据信用期延长的情况重新估计坏账准备，而不是等到 2×19 年才变更，因此 2×17 年年度的会计估计错误，属于重要的前期差错，应当进行追溯调整 2×17 年年度和 2×18 年年度报表。而且，如果 2×19 年年度不变更的话，学天海公司 2×19 年年度的净利润将为 -1.16 亿元，对利润表影响重大。

【案例 4-10】资产负债表日后事项的判断及处理。

根据下列资料，分别回答问题。

要求（1）：根据下列资料，学天海公司的会计处理是否正确并说明理由。

学天海公司与原大股东 B 公司在 2×09 年 7 月至 2×10 年 10 月发生了一系列关联交易及不正常现金流入流出。此外，在此期间，B 公司还通过 C 公司等特定第三方与学天海公司发生了一系列不正常现金流入流出。

学天海公司已向法院起诉上述交易与资金的不正常流入和流出，以及涉嫌资金挪用行为，该等事项涉及学天海公司与B公司及上述特定第三方应收、应付款项。上述案件发生后，学天海公司在2×10年年报中根据当时的情况对相关应收款项的可回收性进行了估计，计提了相应的坏账准备（约占应收账款的56%）。

学天海公司在2×10年年报期间更换了管理层，管理层专门聘请了独立第三方对资产减值情况进行评估，并明确认为当时的“资产的减值的估计、假设是合理的”，之后年度学天海公司基本未对坏账准备作调整。

根据相关法院的判决，上述案件于2×11年年末已结案且学天海公司胜诉，但是由于相关被告已资不抵债，截至2×12年年末相关判决未得到执行。

学天海公司管理层认为2×12年12月31日该款项的可回收性与2×11年相比并无实质性的差异，并未调整以前年度已计提的坏账准备。

截至2×12年12月31日学天海公司对B公司和上述特定第三方公司应收款项余额为6亿元。学天海公司已对B公司和上述特定第三方公司的应收款项计提坏账准备3.36亿元，应收款项账面净值2.64亿元。学天海公司2×12年年度报表于2×13年3月28日批准报出。

2×13年4月1日，根据相关法院的执行通知书，学天海公司估计案件的分配比例约为55.5%，如按上述比例分配，预计可收回的金额约为3.33亿元。截至2×13年8月27日，学天海公司实际收到的案件执行款共计3.64亿元，与上述应收款账面净值2.64亿元，差异约1亿元。

学天海公司认为，由于相关案件尚未最终执行完毕，待所有案件执行完毕后，将根据所有案件最终的收回金额追溯调整以前年度各期财务报表。

解析：不正确。没有确凿证据表明学天海公司以前期间报表存在会计差错，学天海公司实际收到的款项与原应收款项的账面净值的差额，属于会计估计变更，应当采用未来适用法，不应追溯调整前期会计报表。

要求（2）：根据下列资料，学天海公司的会计处理是否正确并说明理由。

B公司与学天海公司在2×10年1月1日前存在关联关系，2×10年1月1日后不再存在关联关系。2×08年，B公司以自身房产为抵押向银行借款4 000万元，学天海公司同时开具了面值为4 000万元的无期限商业承兑汇票作为质押为B公司提供担保。2×10年，因B公司无力偿还银行债务本金4 000万元（利息已经支付），银行起诉到法院。法院于2×10年作出一审判决，银行先执行B公司的抵押房产，该房产在2×10年年底的评估值为6 000万元。学天海公司在2×10年资产负债表日与法院和债权人就该偿债事项进行沟通后，认为B公司抵押房产价值约6 000万元，不会产生连带偿债损失。

2×11年2月1日，法院二审判决，其中包括银行可以执行B公司的抵押房产以及银行可以要求学天海公司就B公司未偿还的银行借款承担质押票据的兑付责任。学天海公司与B公司、法院及银行进行了沟通，银行和法院均同意先执行B公司的抵押房产。2×11年3月，B公司的抵押房产经法院评估作价，准备拍卖，由于B公司不具有支付能力，学天海公司为促成房产拍卖代B公司支付了拍卖保证金。2×11年4月1日，学天海公司公布2×10年年度报告，考虑资产负债表日至法院判决日、财务报告报出日期间，B公司抵押房产价值未大幅下跌，未跌破债务本金，学天海公司把上述事项作为或有负债进行披露（未计提预计负债）。

2×11年4月到7月，由于B公司濒临破产等诸多因素，法院迟迟未能执行对B公司房产的拍卖。2×11年10月，银行要求学天海公司承担连带偿债责任，学天海公司为此被扣划了银行存款4 000万元。学天海公司将该偿债损失追溯调整到2×10年相关财务数据。

解析：不正确。学天海公司在2×10年年报中，根据当时存在的、预期能够取得的证据进行了判断，将B公司的连带偿债责任作为或有事项披露是合理的，不存在会计差错，因此，该事项不属于前期差错。

2×11年10月，学天海公司为此被扣划了银行存款4 000万元，这是该项偿债情况发生了变化，由此产生的对负债账面价值的重估和调整，属于会计估计变更，因此，学天海公司2×11年发生的4 000万元偿债损失应计入2×11年的损益，不应当追溯调整2×10年的相关财务数据。

要求（3）：根据下列资料，学天海公司的会计处理是否正确并说明理由。

2×12年4月，学天海公司发布公告称，经公司董事会审议通过“关于公司固定资产折旧年限会计估计变更的议案”，决定调整公司固定资产预计使用寿命。其中房屋建筑物预计使用寿命，从原定的20—30年调整为20—40年，并从发布公告之日起按照变更后的年限计提固定资产折旧。学天海公司在公告中解释此项变更的原因为：学天海公司2×11年购置了一栋办公楼，该办公楼的预计使用寿命为40年。

解析：不正确。会计估计变更应该采用未来适用法，变更后适用时间分为三种情况。

1. 报告年度内新增的一些资产，其特征与原资产有所不同，在本案例中，原有房屋建筑物的预计使用寿命都在20年到30年，而新增的办公楼预计使用寿命为40年。这种情况并没有变更原来的会计估计。因此，应该对新资产初始确认后就采用新的会计估计，并不是会计估计变更。

2. 报告年度内发生了某一事件，导致原来赖以估计的基础发生变化。如果仅仅是由某一事件导致的会计估计变更，那么变更后的会计估计应该从该事件发生的时候开始；如果该项会计估计变更需要得到企业管理层的批准，则还需要结合会计估计变更的客观原因与管理层主观判断因素来综合考虑适用时间。

3. 随着信息和经验的积累，企业逐渐发现原来的方法已经不再适用或者不够准确，从而需要进行变更。在这种情况下，需要管理层在客观信息的基础上进行更多的主观判断和决策，因此通常应该以管理层作出改变会计估计的决定之后开始适用。为方便实务操作，新会计估计最早可以自最近一期尚未公布的定期报告（如季报、半年报）开始使用，原则上不能追溯到更早会计期间。

要求（4）：根据下列资料，学天海公司此项会计估计变更应该如何进行会计处理？计算变更当年应当计提的折旧金额。

学天海公司2×14年12月31日发布公告称，由于学天海公司2×14年10月对部分车间的机器设备进行调整，以提高生产效率和机器设备的使用率。在调整完成之后，部分机器设备的预计使用寿命发生改变。

以甲设备为例，设备原值1 000万元，预计净残值为0，截至2×14年9月30日累计折旧600万元，净值400万元，该设备采用直线法计提折旧。甲设备于2×14年10月1日从M车间调整至N车间，根据N车间的生产计划，预计甲设备的利用率将大幅提高，从而其预计使用寿命从10年缩短到8年，剩余使用寿命从4年缩短到2年。学天海公司董事会因此决定将该机器设备的预计使用寿命从10年调整为8年。

解析： 由于甲设备的使用方式发生了一定变化，导致其预计使用寿命缩短，属于某一特定事件导致的会计估计变更，应该将甲设备转移到N车间使用（假定为2×14年10月1日）之后开始按照新的预计寿命计提折旧，不调整以前各期折旧，也不计算累积影响数。

变更当年应当计提的折旧＝变更前折旧1 000÷10×9÷12＋变更后400÷2×3÷12＝125（万元）

第五章

财务报表列报

财务报表最早出现于19世纪的美国，财务报表提供企业财务状况、经营成果和现金流量的信息。企业会计确认与计量的最终结果，怎样展现给报表使用者呢？需要经过一套完整的结构化的报表体系，科学地进行列报。报表使用者主要是通过财务报表来了解和评价企业当前的财务状况、经营成果和现金流量等情况，从而预测企业未来的发展趋势，作出相关决策。因此，财务报表是企业向报表使用者提供决策有用信息的媒介和渠道，是沟通投资者、债权人等使用者与企业管理层之间信息的桥梁和纽带。

财务报表的作用非常大，它提供的信息可以：

（1）帮助投资人和债权人进行合理决策。投资人关心企业的经营业绩和获利能力，需要了解投资的风险和报酬；债权人需要了解企业的财务状况和偿债能力，以保证贷款的安全收回。

（2）反映管理当局的受托责任。

（3）评估和预测主体未来的现金流量。

（4）促进社会资源的最佳配置。通过财务报告反映的信息促进资源向高收益的行业和企业流动。

（5）有助于政府管制和经济稳定。

《企业会计准则第30号——财务报表列报》（下文简称“CAS30”）规范了资产负债表、利润表、所有者权益变动表这三张财务报表及其附注的列报，目的在于规定通用财务报表编制的基础，保证同一企业不同时期和同一时期不同企业的财务报表相互可比。

CAS30 不涉及具体交易和事项的确认、计量和披露问题，只是对财务报表列报的总体要求做了规定，提出了为满足信息使用者的共同需要，财务报表应列报内容的最低要求，并提供了有关财务报表结构的指南。各类交易的确认、计量和披露适用其他会计准则。

2014 版 CAS30 与 2006 版 CAS30 相比变化如表 5－1 所示。

表 5－1　　　　2014 版 CAS30 与 2006 版 CAS30 的区别

变化项目	2006 版 CAS30	2014 版 CAS30
持续经营能力评估	披露列报基础	需要评估
重要性的判断	简单	进一步明确
列报的抵销	简单	进一步明确
利润表增加“其他综合收益”列报	无	有
所有者权益变动表增加“其他综合收益”列报	无	有
资本信息的披露	无	有

第一节　列报的原则

一、总体要求

财务报表列报的总体要求如表 5－2 所示。

表 5－2　　　　财务报表列报的总体要求

1. CAS30 的目的	为了保证同一企业不同期间的财务报表相互可比以及同一期间不同企业的财务报表相互可比【1】
2. 概念	列报的信息包括在报表内列示和附注中披露的信息
3. 财务报表的分类	根据编报期间的不同，分为中期报表和年度报表
	根据编报主体的不同，分为个别（单体）报表和合并报表
4. CAS30 的适用范围	CAS30 规范了资产负债表、利润表、所有者权益变动表及其附注（简称“三表一注”），对财务报表列报进行了原则性和框架性的规定，是企业列报财务报表的最低要求。在遵循本准则的基础上，企业还应当同时遵循其他会计准则中规定的特殊列报要求
	适用于个别财务报表和合并财务报表，以及中期财务报表和年度财务报表

续表

5. 同时适用其他准则	编制现金流量表的同时执行 CAS31
	编制合并报表的同时执行 CAS33
	编制中期财务报表的同时执行 CAS32
	涉及金融工具的同时执行 CAS37
	涉及长期股权投资的同时执行 CAS41
	涉及跨地区或多元化经营的同时执行 CAS35
	涉及关联方的同时执行 CAS36
	公开发行股票的公司同时执行 CAS34
6. 财务报表的内容	除了上述三表一注外，还包括现金流量表【2】
	四表一注具有同等的重要程度【3】

【释 1】为了实现这个目的，一个主体的财务报表应当提供以下信息：资产、负债、权益、收益和费用（包括利得和损失）、权益的变动、现金流量，以及在附注中对上述信息进行解释。

【释 2】四张报表以下简称“会计报表”

资产负债表反映企业的财务状况，利润表（在 IAS1 中叫综合收益表）反映财务业绩，现金流量表反映现金流量情况，所有者权益变动表反映企业净资产的变动情况。

CAS30 的主要目标是根据共同的特征将财务报表中的信息进行汇总。基于这种理念，企业与非权益性交易导致的所有者权益变动属于财务业绩，应当在利润表中列报，如收益、费用、其他综合收益，而企业与股东之间的权益性交易导致的所有者权益变动应当在所有者权益变动表中列报，如股利分配等，两者应当分开。

【释 3】为什么附注与财务报表同等重要？企业的财务业绩不能仅仅靠一张报表或报表中的单一计量值来评估，只有在全面考虑和完全理解所有报表之后，才能评估企业的财务业绩，因此，所有的报表和附注同等重要。

二、基本要求

财务报表列报的基本要求如表 5－3 所示。

表 5－3　　财务报表列报的基本要求

1. 公允列报	企业应当按照各项会计准则的规定进行确认和计量的结果编制财务报表，公允地反映企业的财务状况、财务业绩和现金流量【1】
	附注和确认计量不能互相替代。企业不应以在附注中披露代替对交易和事项的确认和计量，不恰当的确认和计量也不能通过充分披露相关会计政策而纠正
	必要信息披露。如果按照各项会计准则规定披露的信息不足以让报表使用者了解特定交易或事项对企业财务状况和经营成果的影响时，企业还应当披露其他的必要信息
2. 列报基础	持续经营。如果企业不符合持续经营要求的，应当在附注中声明财务报表未以持续经营为基础编制的事实、批露未以持续经营为基础编制的原因和财务报表的编制基础【2】
3. 报表编制基础	现金流量表的编制基础是：收付实现制
	其他报表的编制基础是：权责发生制
4. 报表项目的一致性	财务报表项目名称、分类、排列顺序等应当在各个会计期间保持一致，不得随意变更
	但下列情况除外： （1）会计准则要求改变财务报表项目的列报 （2）企业经营业务的性质发生重大变化或对企业经营影响较大的交易或事项发生后，变更财务报表项目的列报能够提供更可靠、更相关的会计信息
5. 重要性原则	每个重要的项目应当在财务报表内单独列报，不重要的项目可以汇总列报【3】
	性质或功能不同的项目一般单独列报，例如，存货和固定资产必须单独列报
	性质或功能类似的项目可以合并列报，但是具有重要性的应当单独列报。例如，原材料、低值易耗品等项目在性质上类似，均通过生产过程形成企业的产品存货，因此可以汇总为“存货”项目列报
	某些项目的重要性程度不足以在报表中单独列示，但对附注具有重要性，则应当在附注中单独披露
	CAS30 或其他准则规定在财务报表中单独列报的项目，应当单独列报
6. 总额列报	报表项目的金额一般应当以总额列报【4】
	以下三种情形可以按抵销后的净额列报： （1）一组类似交易形成的利得和损失以净额列报的，不属于抵销，但具有重要性的除外。例如，汇兑损益应当以净额列报，为交易目的而持有的金融工具形成的利得和损失应当以净额列报 （2）资产或负债项目按扣除备抵项目后的净额列报，不属于抵销。例如，资产按照扣除折旧和减值准备后的净额列报，反映了资产的真实价值 （3）非日常活动产生的利得和损失，以同一交易形成的收益扣减相关费用后的净额列报更能反映交易实质的，不属于抵销。例如，同一项固定资产处置过程中产生的利得和损失按照抵销后的净额列报，以净额列示更能有利于报表使用者的理解 但不同交易中形成的利得和损失不得相互抵销按净额列报，应当分别在不同项目列报。例如，固定资产处置过程中产生的利得和损失与无形资产处置过程中产生的利得和损失不得抵销

续表

7. 比较信息列报	正常列报三期资产负债表、二期其他报表和附注。当期财务报表和附注的列报，至少应当提供所有列报项目上一个可比期间的比较数据，以及与理解当期财务报表相关的说明，但其他会计准则另有规定的除外
	财务报表的列报项目发生变更的，或者发生会计政策变更、会计差错更正而需要追溯调整的，应当至少对可比期间的数据按照当期的列报要求进行调整，并在附注中披露调整的原因和性质，以及调整的各项目金额。对可比数据进行调整不切实可行的，应当在附注中披露不能调整的原因【5】
8. 表首列报格式	企业应当在财务报表的显著位置至少披露下列各项：
	编报企业的名称
	资产负债表日或财务报表涵盖的会计期间
	人民币金额单位
	财务报表是合并财务报表的，应当予以标明
9. 报告频率	企业至少应当按年编制财务报表
	年度财务报表涵盖的期间短于一年的（如企业在年度中间设立的），应当披露年度财务报表的涵盖期间、短于一年的原因以及报表数据不具可比性的事实

【释1】“公允列报”的表述是IAS1明确规定，而且还规定，当按照会计准则的规定提供信息违背了财务报告目标时，可以背离会计准则规定，在附注中披露。

在CAS30中虽然没有明确提出“公允列报”的表述，但是，规定的含义是相似的。CAS30中没有背离的规定。

【释2】持续经营是会计的基本前提，也是会计确认、计量、编制财务报表的基础。企业应当对持续经营能力进行评价。企业如有近期获利经营的历史且有财务资源支持，则通常表明以持续经营为基础编制财务报表是合理的。如果企业正式决定或被迫在当期或将在下一个会计期间进行清算或停止营业的，则表明以持续经营为基础编制财务报表不再合理。在这种情况下，企业应当采用其他基础（如清算基础）编制财务报表，例如，破产企业的资产、负债采用清算价值计量；并在附注中声明财务报表未以持续经营为基础编制的事实、披露未以持续经营为基础编制的原因和财务报表的编制基础。财会〔2006〕23号规定了企业破产清算有关会计处理规定。

企业管理层应当利用所有可获得信息来评价企业自报告期末起至少12个月的持续经营能力。评价时需要考虑宏观政策风险，市场经营风险，企业目前或长期的盈利能力、偿债能力、财务弹性以及企业管理层改变经营政策的意向等因素。评价结果表明对持续经营能力产生重大怀疑的，企业应当在附注中披露导致对持续经营能力产生重大怀疑的因素以及企业拟采取的改善措施。例如，个别上市公司经营业绩近年来围绕盈亏平衡点上下波动，且流动资产远小于流动负债，管理层就不应当在年度报告编制基础中声明“不存在对持续经营能力产生重大怀疑的因素”。

【释3】重要性，是指在合理预期下，财务报表某项目的省略或错报会影响使用者据此作出经济决策的，该项目具有重要性。重要性是相对的，同样的业务，对甲企业重要，对乙企业可能就不重要。所以，会计准则无法制定统一的重要性标准。

重要性应当根据企业所处的具体环境，从项目的性质和金额两方面予以判断，且对各项目重要性的判断标准一经确定，不得随意变更。

判断项目性质的重要性，应当考虑该项目在性质上是否属于企业日常活动，是否显著影响企业的财务状况、经营成果和现金流量等因素。

判断项目金额大小的重要性，应当考虑该项目金额占资产总额、负债总额、所有者权益总额、营业收入总额、营业成本总额、净利润、综合收益总额等直接相关项目金额的比重或所属报表单列项目金额的比重。

重要性要求提供会计信息应符合成本效益原则，不重要的事情可以简化处理或忽略。例如，为了降低会计信息的提供成本，一些对财务报表影响不大的业务，会计准则允许采用简化方法或豁免规定。如果企业所有信息都反映，那么上千页财务报告都反映不完。

【释4】总额列报的原理是什么？第一，报表项目的金额一般应当以总额列报，不得以抵销后的净额列报，因为资产反映企业拥有的权利，而负债反映企业承担的义务，资产与负债各自产生的未来现金流量的时间、金额、风险都不相同，这些信息都应该向报告使用者提供。如果以抵销后的净额列报，将掩盖了这些风险，误导报表使用者。例如，甲公司应收客户账款100万元，应付供应商货款100万元，这与一家没有应收账款和应付账款的公司是不一样的，因为甲公司的应收账款存在违约风险。

第二，如果甲公司的应收账款和应付账款是同一人，且甲公司有抵销权和抵销的意图时，实际上相当于只有一项以净额计量的金融资产或金融负债，这时抵销的处理是有意义的，因为净额列报更能恰当地反映预期未来现金流量的时间、金额和风险。尤其是对于存在大额衍生工具活动的金融机构来说，如果符合净额列报的条件，企业拥有的多项金融工具，实质是只相当于拥有一项金融工具，抵销后的净额更能反映企业面临的风险净敞口和现金流量，更能向报表使用者提供多项金融工具整体有关的会计信息，从而反映主体的财务状况。但是，如果主体有抵销权却没有意图行使该权利，主体未来现金流量的时间、金额和风险不受抵销权的影响，此时不能抵销。

第三，如果相互抵销，所提供的信息就不完整，信息的可比性大为降低，报表使用者难以据以作出判断。例如，企业欠客户的应付款不得与其他客户欠本企业的应收款相抵销，否则就掩盖了交易的实质。再如，收入和费用不得相互抵销。收入和费用反映了企业投入和产出之间的关系，是企业经营成果的两个方面，为了更好地反映经济交易的实质、考核企业经营管理水平以及预测企业未来现金流量。

第四，为了防止企业随意抵销，强调了抵销应当同时符合上述两个条件。

因此，资产项目和负债项目的金额、收入项目和费用项目的金额、直接计入当期利润的利得项目和损失项目的金额不得相互抵销，也就是不得以净额列报，但其他会计准则另有规定的除外。

根据 IAS1 的规定，财务收入和财务费用应当分别列报。而 CAS30 规定，利息收入、利息费用、手续费等都合并在“财务费用”一个项目列报，这是我国会计准则与国际会计准则的一个差异。

【释 5】不切实可行，是指企业在作出所有合理努力后仍然无法采用某项会计准则规定。例如，主体在以前期间可能没有按照可以进行重新分类的方式收集数据，并且重新生成这些信息不切实可行。

第二节　资产负债表

为什么要编制资产负债表？其目的是让报表使用者了解，企业拥有多少资产，具体资产的种类有哪些；企业承担了多少负债，具体负债的种类有哪些；股东拥有多少权益，股东投入的资本有没有保值增值。这些信息都需要资产负债表来提供。

财务决策就是对风险和报酬进行判断和平衡，资产负债表主要反映企业的财务状况，而财务状况的核心就是企业的偿债能力，即风险。利润表主要反映的是企业的经营成果，经营成果的核心就是盈利能力，即报酬。资产负债表和利润表是基本报表，而现金流量表和所有者权益变动表是对前面两张报表的补充。

资产负债表起源于17世纪欧洲国家商人定期编制的财产目录，由于当时欧洲的税法是以财产税为主，在法律的影响下，财产目录就慢慢发展成现在的资产负债表了。

一、资产负债表的列报要求

资产负债表的列报要求如表5－4所示。

表5－4　　资产负债表的列报要求

1. 概念	资产负债表是反映企业在某一特定日期（静态时点）财务状况的会计报表。它反映企业在某一特定日期所拥有或控制的经济资源（资产）、所承担的现时义务（负债）和所有者对净资产的要求权（所有者权益）【1】
2. 列报要求	按照资产、负债和所有者权益三大类别分类列报
	按照流动性列报
3. 报表格式	采用账户式【2】

【释1】资产负债表就像体检报告一样，反映某个人某一个时点的健康状况。实务中，这个时点可以精确到秒，例如，年末资产负债表，会精确到12月31日23时59分59秒。

利润表、现金流量表、所有者权益变动表，都是反映企业在某一个期间的动态报表。因为企业的利润、现金流量、股东权益都是在某一个期间发生变动的，而不是在某一个时点发生变动的。

【释2】有些国家采用报告式，类似于利润表的格式就是报告式。例如，国际财务报告准则中采用了报告式编制资产负债表，从上到下依此是：资产、权益、负债，在资产与负债中，非流动性项目排列在流动性项目上方。

二、流动性的分类

（一） 流动性的概念

资产按照变现或耗用时间的长短来区分流动资产和非流动资产，负债按照偿还时间的长短来确定流动负债和非流动负债。

按照流动性列报的简化资产负债表如表5－5所示。

表5－5　　　　资产负债表——按照流动性列报

流动资产	流动负债
非流动资产	非流动负债
	所有者权益
资产总额	负债及所有者权益总额

流动资产代表可以在一个经营周期内变换为现金的资产，用来分析企业的短期偿债能力和短期营运能力，及时反映企业存在的潜在风险。例如，交易性金融资产和应收账款可以及时地变换为现金。存货的变现取决于生产和销售周期，存货的异常增加可能表明企业在销售上面临困境，企业的流动资金被用来购置存货，却无法通过销售及时收回现金，从而影响企业的持续经营能力。

非流动资产代表需要超过一个以上营业周期的时间才能转换为现金的资产，反映的是企业长期的经营能力，预测未来长期的现金流量。例如，经营高速公路的企业，投资于长期资产的数额往往代表企业未来产生的收入和现金流量最主要来源。

流动负债反映在一个正常营业周期内偿还的负债；非流动负债反映在超过一个正常营业周期偿还的负债。

流动资产和非流动资产分别反映企业占用的短期资金和长期资金，流动负债和非流动负债分别反映企业需要偿还的短期债务和长期债务。流动性的划分是否正确，直接影响分析企业未来产生现金流量的时间和风险，对企业偿债能力和营运能力的判断，报表使用者进行风险和报酬的决策。

流动性的分类如表5－6所示。

表 5－6　　　　　　　　流动性的分类

1. 流动资产	资产满足下列条件之一的，应当归类为流动资产：
	预计在一个正常营业周期中变现、出售或耗用【1】
	主要为交易目的而持有（如有些交易性金融资产）【2】
	预计在资产负债表日起一年内（含）变现的资产（如持有待售资产）
	自资产负债表日起一年内，交换其他资产或清偿负债的能力不受限制的现金或现金等价物
2. 非流动资产	除了流动资产之外的资产归类为非流动资产
3. 流动负债	负债满足下列条件之一的，应当归类为流动负债：
	预计在一个正常营业周期中清偿（包括经营性负债）【3】
	主要为交易目的而持有（如交易性金融负债）
	自资产负债表日起一年内到期应予以清偿（如一年内到期的非流动负债、持有待售负债）
	企业无权自主地将清偿推迟至资产负债表日后一年以上（如违约负债）
4. 非流动负债	流动负债以外的负债应当归类为非流动负债
5. 特殊项目的流动性分类	可转换债券的负债成份。负债在其对手方选择的情况下可通过发行权益进行清偿的条款与负债的流动性划分无关【4】
	对于在资产负债表日起一年内到期的负债，企业有意图且有能力自主地将清偿义务展期至资产负债表日后一年以上的，应当归类为非流动负债；不能自主地将清偿义务展期的，在资产负债表日依然承担义务的，即使在资产负债表日后、财务报告批准报出日前签订了重新安排清偿计划协议，该项负债仍应当归类为流动负债。因为资产负债表只反映报告日的流动性【5】
	企业在资产负债表日或之前违反了长期借款协议，导致贷款人可随时要求清偿的负债，应当归类为流动负债。如果贷款人在资产负债表日或之前同意提供在资产负债表日后一年以上的宽限期，在此期限内企业能够改正违约行为，且贷款人不能要求随时清偿的，说明企业在资产负债表日时点不承担随时清偿的义务，应当归类为非流动负债
	对于同时包含资产负债表日后一年内和一年之后预期将收回或清偿金额的资产和负债单列项目，企业应当披露超过一年后预期收回或清偿的金额【6】

【释 1】正常营业周期，是指企业从购买用于加工的资产起至实现现金或现金等价物的期间。正常营业周期通常短于一年。因生产周期较长导致正常营业周期长于一年的，尽管相关资产往往超过一年才变现、出售或耗用，仍应当划分为流动资产。例如，商品房、大型船舶、飞机等大型资产的建造周期就超过一年，但性质上属于存货，应当划分为流动资产。

正常营业周期不能确定的，应当以一年（12 个月）作为正常营业周期。

企业对资产和负债进行流动性分类时，应当采用相同的正常营业周期。

变现，一般针对应收账款等而言，是指将资产变为现金。

出售，一般针对产品等存货而言。

耗用，一般针对低值易耗品，或耗用原材料生产产成品。

【释 2】并非所有以公允价值计量且变动计入当期损益的金融资产均为流动资产，例如，自资产负债表日起超过 12 个月到期且预期持有超过 12 个月的金融资产或衍生工具应当划分为非流动资产。

【释 3】经营性负债项目，如应付账款、应付职工薪酬等，属于正常营运资金的一部分，企业承担随时支付的义务，所以，即使在资产负债表日后一年以上才清偿的，也划分为流动负债。

【释 4】例如，2×14 年 1 月 1 日，甲公司发行面值为 5 000 万元的可转换债券，每张面值 1 000 元，期限 5 年，到期前债券持有人有权随时按每张面值 1 000 元的债券转换 50 股的转股价格，将持有的债券转换为甲公司的普通股。假定不考虑其他情况。甲公司在 2×14 年 12 月 31 日资产负债表上对该可转换债券应当作为非流动负债。因为即使债券可以随时转换，但是对负债的流动性分类的标准是基于是否需要主体在一个营业周期内转移现金或其他资产，这样提供的信息才能更好地反映主体的流动性，而不是基于什么时间清偿负债。因为发行权益工具来清偿负债，而权益工具不属于企业自身的经济资源，所以并不导致主体现金和其他资产流出。

【释 5】例如，甲企业于 2×14 年 7 月 1 日向 A 银行举借五年期的长期借款，则在 2×18 年 12 月 31 日的资产负债表上，该长期借款应当划分为流动负债。假定存在以下情况：

（1）假定甲企业在 2×18 年 12 月 1 日与 A 银行完成长期再融资或展期五年，则该借款在 2×18 年 12 月 31 日的资产负债表上应当划分为非流动负债。

（2）假定甲企业在 2×19 年 2 月 1 日（在资产负债表日后期间内）完成长期再融资或展期五年，则该借款在 2×18 年 12 月 31 日的资产负债表上应当划分为流动负债。

（3）假定甲企业与 A 银行的贷款协议上规定，甲企业在长期借款到期前可以自行决定是否展期，无须征得债权人同意，并且甲企业打算要展期五年，则该借款在2×18年12月31日的资产负债表上应当划分为非流动负债。

【释6】例如，房地产开发企业的存货，不但要作为流动资产列示，还应当在附注中披露资产负债表日后一年之后预期收回的金额。

（二）不同企业流动性列报的方法

不同企业流动性列报的方法如表5-7所示。

表5-7　　不同企业流动性列报的方法

1. 按照流动性分类列报	一般工商企业按照流动性正常列报，资产和负债应当按照流动资产和非流动资产、流动负债和非流动负债分别列示
2. 按照流动性顺序列报	金融企业等销售产品或提供服务不具有明显可识别营业周期的企业，能够提供可靠且更相关信息的，其各项资产或负债按照流动性降序列示
3. 混合列报	从事多种经营的企业，能够提供可靠且更相关信息的，可以采用混合的列报方式，其部分资产或负债按照流动性分类列报、其他部分资产或负债按照流动性顺序列示

我国会计准则强调，企业应当先列报流动性强的资产或负债，再列报流动性弱的资产或负债。但有些国家的财务报表列报规定不是按照流动性来列报的，例如，英国的资产负债表，非流动资产排在流动资产前面。

三、报表项目与会计科目的区别

报表项目与会计科目的区别如表5-8所示。

表5-8　　报表项目和会计科目的区别

区别	报表项目	会计科目
含义	报表中列示的项目	会计账户的名称
用途	编制个别报表及合并报表	账务处理
遵循的标准	CAS30/CAS31	财政部关于会计科目与会计报表的规定
目的	对外提供信息，更强调可比性	对内提供信息，更强调反映企业发生的经济现象

四、资产负债表的填列要求

（一）资产负债表的格式（见表5-9）

表5-9 **资产负债表** 会企01表

编制单位： 年 月 日 单位：元

资产	期末余额	上年年末余额	负债和所有者权益（或股东权益）	期末余额	上年年末余额
流动资产：			流动负债：		
货币资金			短期借款		
交易性金融资产			交易性金融负债		
衍生金融资产			衍生金融负债		
应收票据			应付票据		
应收账款			应付账款		
应收款项融资			预收款项		
预付款项			合同负债		
其他应收款			应付职工薪酬		
存货			应交税费		
合同资产			其他应付款		
持有待售资产			持有待售负债		
一年内到期的非流动资产			一年内到期的非流动负债		
其他流动资产			其他流动负债		
流动资产合计			流动负债合计		
非流动资产：			非流动负债：		
债权投资			长期借款		
其他债权投资			应付债券		
长期应收款			其中：优先股		
长期股权投资			永续债		
其他权益工具投资			租赁负债		
其他非流动金融资产			长期应付款		
投资性房地产			预计负债		
固定资产			递延收益		
在建工程			递延所得税负债		
生产性生物资产			其他非流动负债		

续表

资产	期末余额	上年年末余额	负债和所有者权益（或股东权益）	期末余额	上年年末余额
油气资产			非流动负债合计		
使用权资产			负债合计		
无形资产			所有者权益（或股东权益）：		
开发支出			实收资本（或股本）		
商誉			其他权益工具		
长期待摊费用			其中：优先股		
递延所得税资产			永续债		
其他非流动资产			资本公积		
非流动资产合计			减：库存股		
			其他综合收益		
			专项储备		
			盈余公积		
			未分配利润		
			所有者权益（或股东权益）合计		
资产总计			负债和所有者权益（或股东权益）总计		

资产负债表的恒等关系（从右向左看）：负债 + 权益 = 资产

流动性（从上向下看）：流动性从强到弱

报表项目填列方法：资产和负债类项目根据有关会计科目核算的业务内容，结合流动性要求分析填列。所有者权益项目除未分配利润项目外（根据“本年利润”与“利润分配——未分配利润”科目分析填列）根据总账科目直接填列。

（二）资产类项目的填列方法（见表 5－10）

表 5－10　　资产类项目的填列方法

资产类项目	含义	填列方法
流动资产：	反映分类为流动性项目的资产	
①货币资金	反映可以随时支付的、金额确定的现金类资产的期末账面价值【1】	库存现金＋银行存款＋其他货币资金＋应收利息（银行存款与其他货币资金按照实际利率法确认的利息）

续表

资产类项目	含义	填列方法
②交易性金融资产	反映自资产负债表日起预期持有期限为一年以内的、分类为以公允价值计量且其变动计入当期损益的金融资产的期末账面价值	交易性金融资产（减去预期持有自资产负债表日起一年以上的部分，这部分在其他非流动金融资产项目列报）+（分类为以公允价值计量且其变动计入当期损益的）应收账款或应收票据
③衍生金融资产	反映自资产负债表日起行权日在一年以内的形成合同权利的衍生工具的期末账面价值	衍生工具（减去预计行权日在一年以上的部分，这部分在其他非流动金融资产项目列报）
④应收票据	反映企业持有的以摊余成本计量的、因销售商品提供服务等收到的商业汇票的期末账面价值	（分类为以摊余成本计量的）应收票据－坏账准备
⑤应收账款	反映企业持有的以摊余成本计量的、因销售商品提供服务等经营活动应收取的款项的期末账面价值。只列报明细科目借方余额，明细科目贷方余额在预收款项目列报【2】	（分类为以摊余成本计量）的应收账款＋预收账款明细科目借方余额－坏账准备
⑥应收款项融资	反映企业持有的以公允价值计量且其变动计入其他综合收益的应收票据和应收账款的期末账面价值	（分类为以公允价值计量且其变动计入其他综合收益的）应收账款＋应收票据
⑦预付款项	反映预付的采购流动资产或一年以内（含一年，下同）的费用的期末账面价值。只列报明细科目借方余额，明细科目贷方余额在应付账款项目列报	（预付账款＋应付账款）明细科目借方余额－坏账准备－购买非流动资产的预付账款（在“其他非流动资产”项目列报）－预付一年以上费用形成的预付账款（在“长期待摊费用”项目列报）
⑧其他应收款	反映企业在日常活动中除上述项目之外的应收款项的权利的期末账面价值	（仅反映已到期但于资产负债表日尚未收到的利息）应收利息＋应收股利＋其他应收款－坏账准备
⑨存货	反映各种存货的期末账面价值	材料采购＋原材料＋低值易耗品＋库存商品＋周转材料＋委托加工物资＋委托代销商品＋生产成本＋受托代销商品＋合同履约成本－受托代销商品款－存货跌价准备－合同履约成本减值准备＋/－材料成本差异（计划成本法核算）＋/－商品进销差价（售价法核算）
⑩合同资产	反映合同资产中属于流动性的部分的期末账面价值，属于非流动性的部分在“其他非流动资产”项目列报【4】	同一项目的合同资产与合同负债净额的借方余额＋合同结算借方余额－合同资产减值准备【3】

续表

资产类项目	含义	填列方法
⑪持有待售资产	反映划分为持有待售类别的非流动资产及处置组中资产的期末账面价值	持有待售资产－持有待售资产减值准备
⑫一年内到期的非流动资产	反映预计自资产负债表日起一年内变现的非流动资产的期末账面价值及其按照实际利率法确认的利息【4】	长期应收款＋债权投资＋其他债权投资＋应收利息（尚未到期的按照实际利率法确认的部分）
⑬其他流动资产	其他类项目是兜底项目。反映与上述流动资产项目不同的其他流动资产的期末账面价值	应交税费（多缴的或预缴的或待返还的税费中属于流动性的部分）＋（购入时一年内到期的）债权投资和其他债权投资＋（摊销期在一年以内的）合同取得成本＋（一年内出售的）应收退货成本＋银行存款（一年以内的定期存款及按照实际利率确认的利息）＋（预计一年内出售的）其他权益工具投资＋碳排放权资产借方余额等
流动资产合计	在流动负债不变的情况下，流动资产越多，反映企业的短期偿债能力越强，反之则短期偿债能力越弱	
非流动资产：	反映分类为非流动性项目的资产	
⑭债权投资	反映以摊余成本计量的长期债权投资的期末账面价值	债权投资－债权投资减值准备－一年内到期的债权投资（在一年内到期的非流动资产项目列报）－购入时一年内到期的债权投资（在“其他流动资产”项目列报）
⑮其他债权投资	反映分类为以公允价值计量且其变动计入其他综合收益的长期债权投资的期末账面价值	其他债权投资－一年内到期的其他债权投资（在一年内到期的非流动资产项目列报）－购入时一年内到期的其他债权投资（在“其他流动资产”项目列报）
⑯长期应收款	反映长期应收款项的期末账面价值	长期应收款－未实现融资收益－坏账准备－一年内到期的长期应收款（在“一年内到期的非流动资产”项目列报）
⑰长期股权投资	反映按照 CAS2 确认的权益性投资的期末账面价值	长期股权投资－长期股权投资减值准备
⑱其他权益工具投资	反映企业指定为以公允价值计量且其变动计入其他综合收益的非交易性权益工具投资的期末账面价值	其他权益工具投资－预计在资产负债表日起一年内出售的其他权益工具投资（在“其他流动资产”项目列报）
⑲其他非流动金融资产	反映自资产负债表日起预期持有超过一年的以公允价值计量且其变动计入当期损益的非流动金融资产的期末账面价值【5】	（自资产负债表日预期持有超过一年的）交易性金融资产＋衍生工具等

续表

资产类项目	含义	填列方法
⑳投资性房地产	反映按照 CAS3 确认的投资性房地产的期末账面价值	投资性房地产－投资性房地产累计折旧（摊销）－投资性房地产减值准备
㉑固定资产	反映按照 CAS4 确认的固定资产的期末账面价值	固定资产－累计折旧－固定资产减值准备＋/－固定资产清理
㉒在建工程	反映尚未达到预定可使用状态的在建工程的期末账面价值和为在建工程准备的各种物资的期末账面价值	在建工程－在建工程减值准备＋工程物资－工程物资减值准备
㉓生产性生物资产	反映按照 CAS5 确认的生产性生物资产的期末账面价值	生产性生物资产－生产性生物资产累计折旧－生产性生物资产减值准备
㉔油气资产	反映按照 CAS27 确认的油气资产的期末账面价值	油气资产－累计折耗－油气资产减值准备
㉕使用权资产	反映按照 CAS21 确认的承租人持有的使用权资产的期末账面价值	使用权资产－使用权资产累计折旧－使用权资产减值准备
㉖无形资产	反映按照 CAS6 确认的无形资产的期末账面价值	无形资产－累计摊销－无形资产减值准备
㉗开发支出	反映尚未达到预定可使用状态的无形资产的期末账面价值【6】	研发支出（资本化支出）－研发支出减值准备
㉘商誉	反映按照 CAS20 确认的非同一控制下收购形成的商誉期末账面价值	商誉－商誉减值准备
㉙长期待摊费用	反映企业预付的一年以上的费用	长期待摊费用
㉚递延所得税资产	反映按照 CAS18 确认的递延所得税资产的期末账面价值【7】	递延所得税资产
㉛其他非流动资产	反映与上述非流动资产项目不同的其他非流动资产的期末账面价值	（合同资产＋合同结算＋应收退货成本＋合同取得成本＋合同履约成本）科目中属于非流动的部分－合同取得成本减值准备－合同履约成本减值准备＋预付账款（预付一年以上的或购买非流动资产的款项）＋银行存款（一年以上的定期存款及按照实际利率确认的利息）等
非流动资产合计	不同的行业的非流动资产占总资产的比重不同，应当结合所在行业平均水平进行分析。对于非流动资产比重比较大的行业，非流动资产越多，可能反映企业产生盈利的能力越强	
资产总计	反映企业全部资产的规模	

【释1】不是所有通过“银行存款”与“其他货币资金”科目核算的业务都在“货币资金”项目列报，需要具体分析。

1. 按权责发生制计提的利息。

根据财会〔2019〕6号规定，摊余成本计量的金融资产按照实际利率法计提的利息应当包含在金融工具的账面余额中。银行存款，代表的是企业拥有向银行收取款项的权利，银行通常下一个期间结算上一个期间的利息，因此，会计期末按照权责发生制确认的利息应当计入“货币资金”项目列报，而不在“其他应收款”项目列报。但是，计提的利息（在银行结息前）由于不能随时用于支付，因此，不属于现金流量表中的“现金”。

2. 存期超过1年的定期存款。如果可以随时用于支付，应当在“货币资金”项目列报，如果不可以随时用于支付，应当在“其他非流动资产”项目列报。

3. 企业存放在支付宝或微信钱包等第三方支付工具中的余额，如果可以随时支付、金额确定的条件，可以在“货币资金”项目列报。

4. 数字人民币。属于国家认可的现金。根据财政部《关于做好2022年年报工作的通知》规定，企业持有由中国人民银行发行的数字人民币的，可以增设“数字货币——人民币”科目进行核算，在资产负债表中将其列报在“货币资金”项目，并根据CAS31判断是否属于现金及现金等价物和进行相应列报。

5. 比特币。不是法定货币，很多国家都不认可。因其市场价值波动大，币值不稳定，也不属于现金等价物。它也不代表向其他方收取现金或其他金融资产的合同权利，因此，也不属于金融资产。

6. 结构性存款或银行理财产品，如果符合基本借贷特征，可以随时用于支付、金额确定这三个条件的，可以作为货币资金，否则作为其他流动资产项目列报。根据银发〔2018〕106号资管新规，不允许再发行保本保收益的理财产品；以及银保监办发（2019）204号结构性存款新规，结构性存款通常为嵌入金融衍生产品的存款，通过与利率、汇率、指数等的波动挂钩或者与某实体的信用情况挂钩，是存款人在承担一定风险的基础上获得相应的收益。因此，执行这些新规定以后发行的理财产品和结构性存款都不符合基本借贷的条件，应当在“交易性金融资产”项目列报，尽管资管产品名称中可能带“存款”字样。

7. 企业通过内部结算中心、财务公司等对母公司及成员单位资金实行集中统一管理的，列报要求如表5-11。

表5-11　　列报要求

资金集中管理的形式	成员单位	母公司
对于成员单位归集至集团母公司账户的资金	在"其他应收款"项目中列示，或者根据重要性原则并结合本企业的实际情况，在"其他应收款"项目之上增设"应收资金集中管理款"项目单独列示	在"其他应付款"项目中列示
对于成员单位从集团母公司账户拆借的资金	在"其他应付款"项目中列示	在"其他应收款"项目中列示
资金集中管理的形式	成员单位	财务公司
对于成员单位未归集至集团母公司账户而直接存入财务公司的资金	在"货币资金"项目中列示，根据重要性原则并结合本企业的实际情况，还可以在"货币资金"项目之下增设"其中：存放财务公司款项"项目单独列示	在"吸收存款"项目中列示
对于成员单位未从集团母公司账户而直接从财务公司拆借的资金	在"短期借款"项目中列示	在"发放贷款和垫款"项目中列示

本解释所称的财务公司，是指依法接受银保监会的监督管理，以加强企业集团资金集中管理和提高企业集团资金使用效率为目的，为企业集团成员单位提供财务管理服务的非银行金融机构。

【案例5-1】资金集中管理的会计处理。

某企业集团母公司甲设有专门用于集团内资金集中管理的A资金结算中心（甲公司内设部门），集团内另设有B财务公司和两家子公司C和D，其中B为依法接受中国银行保险监督管理委员会的监督管理的非银行金融机构。

20×1年12月29日，C公司和D公司归集到甲公司的资金余额分别为50万元和100万元。20×1年12月30日，甲公司对C公司收到的货款500万元进行归集；对D公司收到的劳务收入200万元进行归集。

20×1年12月31日，C公司需要提取资金100万元用于支付购买原材料款项；D公司需要支付货款500万元，除需提取原归集的资金300万元外，额外申请短期流动资金借款200万元。在完成所有审批流程后，甲公司分别向C公司和

D公司划拨100万元和500万元。

C公司和D公司分别以子公司名义在X银行Y支行开设账户。C公司和D公司通过资金集中管理归集的存款均为活期存款，存款利率为0；集团内短期拆借资金期限为3个月，拆借利率为0。

情形一：资金结算中心负责集团内资金集中管理。C公司和D公司在A资金结算中心开设内部账户，A将C公司和D公司的资金归集至甲公司在X银行开设的用于资金集中管理的账户。

情形二：资金结算中心负责集团内资金集中管理。C公司和D公司在A资金结算中心开设内部账户，A将C公司和D公司的资金归集至甲公司在B财务公司开设的用于资金集中管理的账户。

情形三：财务公司负责集团内资金集中管理。C公司和D公司的资金各自在财务公司B开设账户。

假设不考虑其他因素。

要求：分别根据上述三种情形对甲公司、财务公司、C公司和D公司进行会计处理。

解析：

情形一：

20×1年12月30日，资金归集。

1. 集团母公司甲的账务处理。

借：银行存款——X银行　　5 000 000
　　贷：其他应付款——C公司　　5 000 000
借：银行存款——X银行　　2 000 000
　　贷：其他应付款——D公司　　2 000 000

2. C公司的账务处理。

借：其他应收款——甲公司　　5 000 000
　　贷：银行存款——X银行Y支行　　5 000 000

3. D公司的账务处理。

借：其他应收款——甲公司　　2 000 000
　　贷：银行存款——X银行Y支行　　2 000 000

20×1 年 12 月 31 日，资金拨付和拆借。

1. 集团母公司甲的账务处理。

借：其他应付款——C 公司　　1 000 000

　　贷：银行存款——X 银行　　1 000 000

借：其他应付款——D 公司　　3 000 000

　　其他应收款——D 公司　　2 000 000

　　贷：银行存款——X 银行　　5 000 000

2. C 公司的账务处理。

借：银行存款——X 银行 Y 支行　　1 000 000

　　贷：其他应收款——甲公司　　1 000 000

3. D 公司的账务处理。

借：银行存款——X 银行 Y 支行　　5 000 000

　　贷：其他应收款——甲公司　　3 000 000

　　　　其他应付款——甲公司　　2 000 000

假定不存在其他交易和事项，20×1 年 12 月 31 日，甲公司资产负债表中“其他应收款”项目金额为 200 万元，“其他应付款”项目金额为 450 万元。C 公司资产负债表中“其他应收款”（或“应收资金集中管理款”）项目金额为 450 万元。D 公司资产负债表中“其他应付款”项目金额为 200 万元。附注披露略。

情形二：20×1 年 12 月 30 日，资金归集。

1. 集团母公司甲的账务处理。

借：银行存款——B 财务公司　　5 000 000

　　贷：其他应付款——C 公司　　5 000 000

借：银行存款——B 财务公司　　2 000 000

　　贷：其他应付款——D 公司　　2 000 000

2. B 财务公司的账务处理。

借：存放同业　　5 000 000

　　贷：吸收存款——甲公司　　5 000 000

借：存放同业　　2 000 000

　　贷：吸收存款——甲公司　　2 000 000

3. C公司的账务处理。

借：其他应收款——甲公司 5 000 000

　　贷：银行存款——X银行Y支行 5 000 000

4. D公司的账务处理。

借：其他应收款——甲公司 2 000 000

　　贷：银行存款——X银行Y支行 2 000 000

20×1年12月31日，资金拨付和拆借。

1. 集团母公司甲的账务处理。

借：其他应付款——C公司 1 000 000

　　贷：银行存款——B财务公司 1 000 000

借：其他应付款——D公司 3 000 000

　　其他应收款——D公司 2 000 000

　　贷：银行存款——B财务公司 5 000 000

2. B财务公司的账务处理。

借：吸收存款——甲公司 1 000 000

　　贷：存放同业 1 000 000

借：吸收存款——甲公司 5 000 000

　　贷：存放同业 5 000 000

3. C公司的账务处理。

借：银行存款——X银行Y支行 1 000 000

　　贷：其他应收款——甲公司 1 000 000

4. D公司的账务处理。

借：银行存款——X银行Y支行 5 000 000

　　贷：其他应收款——甲公司 3 000 000

　　　　其他应付款——甲公司 2 000 000

情形三：20×1年12月30日，资金归集。

1. B财务公司的账务处理。

借：存放同业 5 000 000

　　贷：吸收存款——C公司 5 000 000

借：存放同业　　2 000 000

　　贷：吸收存款——D 公司　　2 000 000

2. C 公司的账务处理。

借：银行存款——B 财务公司　　5 000 000

　　贷：银行存款——X 银行 Y 支行　　5 000 000

3. D 公司的账务处理。

借：银行存款——B 财务公司　　2 000 000

　　贷：银行存款——X 银行 Y 支行　　2 000 000

20×1 年 12 月 31 日，资金拨付和拆借。

1. B 财务公司的账务处理。

借：吸收存款——C 公司　　1 000 000

　　贷：存放同业　　1 000 000

借：吸收存款——D 公司　　3 000 000

　　贷款——D 公司　　2 000 000

　　贷：存放同业　　5 000 000

2. C 公司的账务处理。

借：银行存款——X 银行 Y 支行　　1 000 000

　　贷：银行存款——B 财务公司　　1 000 000

3. D 公司的账务处理。

借：银行存款——X 银行 Y 支行　　5 000 000

　　贷：银行存款——B 财务公司　　3 000 000

　　　　短期借款——B 财务公司　　2 000 000

【释 2】应收账款产生的原因是，企业为了扩大销售，采用赊销政策，先销售后收款，从而形成的收款权利。

而应收票据列报的是属于《票据法》规范的票据，如果不属于票据法规范的其他债权电子凭证（如“云信”等数字化的应收账款凭证），应当按照应收账款列报。

应收票据贴现或背书转让的，如果不符合终止确认条件（如商业承兑汇票，根据票据法的规定，后手可以向前手行使追索权），则应当继续按照摊余成本计量，并在“应收票据”项目列报；如果符合终止确认条件（如大多数银行承兑汇票），则需要进一步判断业务模式，如果业务模式符合既收取合同现金流量又出售的双重目标时，应当在“应收款项融资”项目列报，如果业务模式以出售或其他模式为目标，应当在“交易性金融资产”项目列报。

如果按照“应收款项融资”项目列报，其公允价值为面值减去贴现息后的净额（该净额相当于公允价值概念中的脱手价格）。即使企业持有的应收票据尚未贴现，评估公允价值时也应当扣除假设贴现的贴现息后的净额来计量。

【释3】新收入准则相关的会计科目与列报项目如表5－12所示。

表5－12　　收入相关项目的列报

会计科目	列报项目	会计科目	列报项目
净额的借方余额或合同结算的借方余额－合同资产减值准备	合同资产	净额的贷方余额或合同结算的贷方余额－合同资产减值准备	合同负债
	其他非流动资产		其他非流动负债
合同取得成本－合同取得成本减值准备	其他流动资产	合同履约成本－合同履约成本减值准备	存货
	其他非流动资产		其他非流动资产
应收退货成本	其他流动资产	预计负债——应付退货款	其他流动负债
	其他非流动资产		预计负债

同一合同下的合同资产和合同负债应当以净额列示，已计提减值准备的，还应减去“合同资产减值准备”科目中相关的期末余额后的金额填列。企业也可以设置“合同结算”科目核算同一合同下的合同资产或合同负债，并在此科目下设置“合同结算——价款结算”科目反映定期与客户进行结算的金额，设置“合同结算——收入结转”科目反映按履约进度结转的收入金额。资产负债表日，“合同结算”科目的期末余额采用与“净额”一致的方法填列。

合同取得成本，应当根据“合同取得成本”科目的明细科目初始确认时摊销期限是否超过一年或一个正常营业周期，在“其他流动资产”或“其他非流动资产”项目中填列，已计提减值准备的，还应减去“合同取得成本减值准备”科目中相关的期末余额。

合同履约成本，应当根据“合同履约成本”科目的明细科目初始确认时摊销期限是否超过一年或一个正常营业周期，在“存货”或“其他非流动资产”项目中填列，已计提减值准备的，还应减去“合同履约成本减值准备”科目中相关的期末余额。

应收退货成本，应当根据“应收退货成本”科目是否在一年或一个正常营业周期内出售，在“其他流动资产”或“其他非流动资产”项目中填列。

确认为预计负债的应付退货款，应当根据“预计负债”科目下的“应付退货款”明细科目是否在一年或一个正常营业周期内清偿，在“其他流动负债”或“预计负债”项目中填列。

【释4】采用折旧（或摊销、折耗）方法进行后续计量的固定资产、无形资产、使用资产、长期待摊费用等非流动资产，自资产负债表日起折旧（或摊销、折耗）期限只剩一年或不足一年的，不转入“一年内到期的非流动资产”项目列报，不得重分类为流动资产，仍在各该非流动资产项目中填列。因为流动资产要求在一个日常营业周期内变现、出售或耗用，这些非流动资产没有合同约定的到期期限，不符合流动资产的概念。

【释5】新金融工具准则相关的会计科目与报表项目如表5－13所示。

表5－13　　新金融工具准则相关的会计科目与报表项目

<table>
<tr><th rowspan="2"></th><th rowspan="2">类型</th><th rowspan="2">会计科目</th><th colspan="2">报表项目</th></tr>
<tr><th>流动</th><th>非流动</th></tr>
<tr><td rowspan="8">金融资产</td><td rowspan="2">以公允价值计量且其变动计入当期损益的金融资产</td><td>交易性金融资产</td><td>交易性金融资产</td><td rowspan="2">其他非流动金融资产</td></tr>
<tr><td>衍生工具</td><td>衍生金融资产</td></tr>
<tr><td rowspan="3">以公允价值计量且其变动计入其他综合收益的金融资产</td><td>其他债权投资</td><td>其他流动资产、一年内到期的非流动资产</td><td rowspan="2">其他债权投资</td></tr>
<tr><td>应收账款、应收票据</td><td>应收款项融资</td></tr>
<tr><td>其他权益工具投资</td><td>其他流动资产</td><td>其他权益工具投资</td></tr>
<tr><td rowspan="3">以摊余成本计量的金融资产</td><td>债权投资</td><td>其他流动资产、一年内到期的非流动资产</td><td>债权投资</td></tr>
<tr><td colspan="2">应收账款、应收票据、其他应收款</td><td>—</td></tr>
<tr><td>长期应收款</td><td>一年内到期的非流动资产</td><td>长期应收款</td></tr>
</table>

续表

	类型	会计科目	报表项目	
			流动	非流动
金融负债	以公允价值计量且其变动计入当期损益的金融负债	交易性金融负债	交易性金融负债	其他非流动负债
		衍生工具	衍生金融负债	
	以摊余成本计量的金融负债	短期借款、应付票据、应付账款、其他应付款		—
		长期借款、应付债券、长期应付款	一年内到期的非流动负债	长期借款、应付债券、长期应付款

【释6】在建工程反映未达到预定可使用状态的固定资产，开发支出反映未达到预定可使用状态的无形资产。

【释7】递延所得税资产与递延所得税负债不考虑流动性分类，因为递延所得税的本质是企业未来享有的抵税利益或未来承担的纳税义务，其中未来一年内可能抵税的利益或纳税义务不能反映企业短期的偿债能力或营运能力，因此，不考虑流动性分类。

（三）负债项目的填列方法（见表5-14）

表5-14　　负债项目的填列方法

负债类项目	含义	填列方法
流动负债：	反映分类为流动性项目的负债	
①短期借款	反映向金融机构借入的期限在一年以内的款项的期末账面价值	短期借款+应付利息（按照实际利率法确认的利息）
②交易性金融负债	反映企业承担的交易性金融负债，以及直接指定为以公允价值计量且其变动计入当期损益的金融负债的期末账面价值	交易性金融负债（减去预期偿还超过一年以上的部分，这部分在其他非流动负债项目列报）
③衍生金融负债	反映自资产负债表日起行权日在一年以内的形成合同义务的衍生工具的期末账面价值	衍生工具（减去预计行权日在一年以上的的部分，这部分在其他非流动负债项目列报）
④应付票据	反映以摊余成本计量的因购买材料等经营活动开出、承兑的商业汇票的期末账面价值	（以摊余成本计量的）应付票据
⑤应付账款	反映以摊余成本计量的因购买材料等经营活动应支付的款项。只列报明细科目贷方余额，明细科目借方余额在预付款项项目列报	（应付账款+预付账款）明细科目贷方余额

续表

负债类项目	含义	填列方法
⑥预收款项	反映企业预收的各种款项的期末账面价值。只列报明细科目贷方余额，明细科目借方余额在“应收账款”项目列报	（预收账款 + 应收账款）明细科目贷方余额
⑦合同负债	反映合同负债中属于流动性的部分的期末账面价值，属于非流动性的部分在“其他非流动负债”项目列报	同一项目的合同负债与合同资产的净额的贷方余额 + 合同结算贷方余额
⑧应付职工薪酬	反映企业应当自资产负债表日起一年内应付未付的职工薪酬	（自资产负债表日一年内未付的）应付职工薪酬
⑨应交税费	反映企业应交或多交的各种税费	见表 5 - 15【1】
⑩其他应付款	反映企业在日常活动中除上述项目之外的应付款项的期末账面价值	应付利息（仅反逾期的利息）+ 应付股利 + 其他应付款
⑪持有待售负债	反映划分为持有待售类别的处置组中负债的期末账面价值	持有待售负债
⑫一年内到期的非流动负债	反映预计自资产负债表日起一年内到期的非流动负债的期末账面价值	长期应付款 + 长期借款 + 应付债券 + 租赁负债 + 应付利息（分期付息产生的）等
⑬其他流动负债	反映与上述流动负债项目不同的其他流动负债的期末账面价值	（符合流动性条件的）预计负债 + 长期借款 + 应交税费（待转销项税费）等
流动负债合计	流动负债是反映企业短期偿债能力和短期财务风险的重要因素。重点应当关注带息负债，并结合现金流量表进一步分析	
非流动负债：	反映分类为非流动性项目的负债	
⑭长期借款	反映以摊余成本计量的自资产负债表日起一年以上到期的长期借款的期末账面价值	长期借款（减去一年内到期的部分，这部分在一年内到期的非流动负债项目列报）+ 应付利息（按照实际利率法确认的利息）
⑮应付债券	反映企业为了筹集长期资金而发行的债券本金及相关利息的期末账面价值	应付债券 + 应付利息（按照实际利率法确认的利息）
其中：优先股		应付债券——优先股
永续债		应付债券——永续债
⑯租赁负债	反映按照 CAS21 确认的承租人尚未支付的自资产负债表日起一年以上的租赁付款额的期末账面价值	租赁负债（减去一年内到期的部分，这部分在一年内到期的非流动负债项目列报）
⑰长期应付款	反映除长期借款和应付债券以外的其他各种长期应付款项的期末账面价值	长期应付款——未确认融资费用 + 专项应付款
⑱预计负债	反映企业确认的符合非流动性条件的预计负债的期末账面价值	预计负债（减去符合流动性条件的部分，这部分在其他流动负债项目列报）
⑲递延收益	反映企业尚未确认的收益的期末账面价值【2】	递延收益

续表

负债类项目	含义	填列方法
⑳递延所得税负债	反映按照 CAS18 确认的递延所得税负债的期末账面价值	递延所得税负债
㉑其他非流动负债	反映与上述非流动负债项目不同、预计一年以上支付的其他非流动负债减去，将于一年内到期的金额后的期末账面价值	（自资产负债表日起一年以上应付的）应付职工薪酬 + 应交税费（待转销项税额）+ 其他应付款（储备资金、代管基金、预收租金、附赎回义务的增资款）+ 继续涉入负债 + 合同负债等
非流动负债合计	非流动负债是反映企业长期偿债能力和长期财务风险的重要因素。重点应当关注带息负债，并结合现金流量表进一步分析	

【释 1】资产负债表列报时有一个很重要的重分类原则，除了“未分配利润”项目可以出现负数外，其他项目不应该出现负数，如果出现负数，说明该项目在经济实质上已经不符合资产或负债的概念，应当重分类后列报。因此，如果资产类会计科目的余额是负数，应当重分类为负债类项目列报，如果负债类会计科目的余额是负数，应当重分类为资产类项目列报。

表 5 - 15　　　　应交税费的列报

二级明细科目	借方余额	贷方余额
应交增值税、未交增值税、待抵扣进项税额、待认证增值税、增值税留抵税额	其他流动资产	应交税费
	其他非流动资产	其他非流动负债
待转销项税额	—	其他流动负债
	—	其他非流动负债
未交增值税、简易计税、转让金融商品应交增值税、代扣代缴增值税	—	应交税费
应交消费税等其他税费	—	应交税费

“应交税费——待转销项税额”属于企业未来承担的纳税义务，根据其流动性，单独在“其他流动负债”或“其他非流动负债”项目列报。

例如，20×3 年某企业增值税销项税额为 800 万元，进项税额为 9 000 万元，应交消费税为 300 万元，预计 20×4 年取得的销项税额为 900 万元，则 20×3 年财务报告中如何列报？

20×3 年的报告中，“应交税费”项目列报 300 万元，对于增值税待抵扣的金额，应当在“其他流动资产”项目列报 900 万元，“其他非流动资产”项目列报 9 000 - 800 - 900 = 7 300 万元。不能和 20 ×3 年“应交税费”科目贷方的其他税费抵销后列报。

【释 2】摊销期限预计在一年内（含一年）的递延收益，不转入“一年内到期的非流动负债”项目，因为递延收益实质上属于收益，不属于负债，不得重分类为流动负债。

（四）所有者权益类项目的填列方法（见表 5 - 16）

表 5 - 16　　所有者权益项目的填列方法

所有者权益类项目	含义	填列方法
①实收资本（或股本）	反映股东投入资本中在注册资本中的金额	实收资本（或股本）
②其他权益工具	反映企业发行的除普通股以外的分类为权益工具的金融工具的期末余额	其他权益工具
其中：优先股		其他权益工具——优先股
永续债		其他权益工具——永续债
③资本公积	反股东投入资本中超过在注册资本中金额的部分，以及权益结算的股份支付形成的其他资本公积	资本公积（股本溢价 + 其他资本公积）【1】
④其他综合收益	反映企业确认的不计入利润的利得和损失	其他综合收益
⑤专项储备	反映企业计提的安全生产费的期末余额	专项储备
⑥盈余公积	反映企业提取的盈余公积的期末余额	盈余公积
⑦未分配利润	反映企业经过分配后累计的盈亏余额。未弥补的亏损以“ - ”号填列	本年利润 + 利润分配（未分配利润）
所有者权益合计	反映股东的初始投资和后续投资回报，应当结合利润表进一步分析	

【释 1】为什么股东要多投入？因为后加入的股东，要补偿原来的股东三个方面的价值，一是补偿原股东投资的货币时间价值，二是补偿风险溢价，三是补偿新股东占有企业现有的资本公积与留存收益的价值。

资本溢价或股本溢价只能转增股票股利，而不能发现金股利，因为公司法规定股东投入的资本不能分配股利，这叫资本保全，否则股东先出资，然后再分回去，就变相地逃避了出资义务，没有实现以出资额为限承担有限责任，造成企业的债务没有资产来承担。

资本公积——其他资本公积，是指特殊项目形成的权益，这 2 类业务的性质不一样，一个以后转入损益，一个转入权益，逻辑上是矛盾的，理论上是有缺陷的，所以，其他资本公积现在没有统一的定义。长期股权投资采用权益法核算时形成的其他权益变动应当计入其他综合收益更合理。

资本公积，本来的含义是来源于股东的公共积累、以后再用于全体股东身上。现在实务中有的其他资本公积明显不符合资本公积的定义。例如，一家国有控股的上市公司，把收到的一笔财政拨款计入资本公积，并披露，这个财政拨款以后只能用于转增国有股本。这种做法明显不符合资本公积的定义，如果只能用于转增国有股东一方的股本，就变成“私积”，而不是“公积”了。

（五）资产负债表项目的计价基础（见表5－17）

表5－17　　资产负债表项目的计价基础

资产	计价基础	负债和所有者权益（或股东权益）	计价基础
流动资产：		流动负债：	
货币资金	历史成本	短期借款	摊余成本
交易性金融资产	公允价值	交易性金融负债	公允价值
衍生金融资产		衍生金融负债	
应收票据	摊余成本	应付票据	摊余成本
应收账款		应付账款	
应收款项融资	公允价值	预收款项	历史成本
预付款项	历史成本	合同负债	
其他应收款		应付职工薪酬	
存货	历史成本或可变现净值	应交税费	
合同资产	历史成本	其他应付款	
持有待售资产	（非完全）公允价值	持有待售负债	摊余成本
一年内到期的非流动资产	混合基础	一年内到期的非流动负债	混合基础
其他流动资产		其他流动负债	
流动资产合计		流动负债合计	
非流动资产：		非流动负债：	
债权投资	摊余成本	长期借款	摊余成本
其他债权投资	公允价值	应付债券	摊余成本
长期应收款	摊余成本	其中：优先股	
长期股权投资	历史成本	永续债	
其他权益工具投资	公允价值	租赁负债	摊余成本
其他非流动金融资产		长期应付款	摊余成本

续表

资产	计价基础	负债和所有者权益（或股东权益）	计价基础
投资性房地产	历史成本或公允价值	预计负债	历史成本
固定资产	历史成本	递延收益	
在建工程		递延所得税负债	
生产性生物资产	历史成本或公允价值	其他非流动负债	混合基础
油气资产	历史成本	非流动负债合计	
使用权资产		负债合计	
无形资产		股东权益：	
开发支出		实收资本（或股本）	历史成本
商誉	公允价值	其他权益工具	
长期待摊费用	历史成本	其中：优先股	
递延所得税资产		永续债	
其他非流动资产	混合基础	资本公积	
非流动资产合计		减：库存股	
		其他综合收益	历史成本
		专项储备	
		盈余公积	
		未分配利润	
		股东权益合计	
资产总计		负债和股东权益总计	

（六）资产负债表的简化分析

1. 资产负债表反映了企业的资本结构，大多数企业在大多数情况下，资产负债表一般不宜超过50%，否则就可能进入资不抵债的困境。

2. 资产负债表反映了企业的资产结构，不同行业的企业，各项流动资产与非流动资产的比重可能大不相同，需要结合企业所在行业平均水平来分析。同时，应当结合利润表进一步分析企业的运营能力，即各类资产周转能力，如存货周转率、应收账款周转率、总资产周转率等。

3. 资产负债表反映了企业的负债结构，重点要关注融资负债，应当结合利润表进一步分析短期偿债能力、长期偿债能力。同时，应当结合现金流量表进一步分析偿债风险。

4. 资产负债表反映了企业的权益结构，应当结合利润表进一步分析权益净利率，即股东的投资回报率，权益净利率是反映股东投资回报的综合性指标。

权益净利率＝净利润/所有者权益＝总资产净利率×权益乘数

权益乘数＝总资产/所有者权益

5. 对于应收账款，是否符合真实性和合理性，应当结合资产明细表进一步分析应收账款的质量、账龄结构、坏账准备及变化趋势、应收账款金额过高而周转率过低，流动资产比例过大等问题。

6. 对于存货，是否符合真实性和合理性，应当结合存货明细表和利润表进一步分析存货的规模和周转情况，是否存在滞销和跌价风险（特别是品牌服装、电子消费品、大宗商品），存货成本结转是否正常，是否转入在建工程和固定资产。

7. 对于固定资产，是否与生产能力是否匹配，是否与收入的规模是否匹配。

8. 对于无形资产，是否研发费用资本化金额占利润的比重比较大，有可能触发达不到上市的利润指标。

【案例5－2】资产负债表的编制。

学天海股份有限公司2019年发生业务及有关资料如下，编制学天海股份有限公司2019年度资产负债表期末余额。

年末货币资金项目余额为23 232.98万元，以下业务列报都不考虑包含的货币资金的金额。不考虑其他因素。业务资料与案例解析如表5－18所示。

表5－18　　　　业务资料与案例解析

业务资料	案例解析
1. 2019年1月1日向银行贷款1亿元，资产负债表日起期限为3年，银行要求保留补偿性余额为5%	长期借款项目列报10 000万元 其他非流动资产项目列报500万元
2. 2019年8月31日向银行贷款1亿元，期限为10个月，银行要求保留补偿性余额为5%	短期借款项目列报10 000万元 其他流动资产项目列报500万元
3. 2019年11月1日预付2020—2024年连续5年物业管理费用共1亿元（每年2 000万元）	预付一年以上的费用应当在长期待摊费用项目列报10 000万元
4. 为子公司向银行借入的3年期2 000万元贷款提供担保，该贷款将于2020年8月31日到期，2019年12月31日发现子公司经营不善，估计可能要承担担保责任，因此确认了预计负债1 000万元	赔偿的时间离资产负债表日不到1年，其他流动负债项目列报1 000万元

续表

业务资料	案例解析
5. 销售一批商品给乙公司，价税合计2 000万元，形成应收账款，由于销售发生后，乙公司的工厂发生地震，导致乙公司生产经营几乎停滞，预计乙公司3年后才能恢复正常生产经营活动，届时才能偿还该笔款项	经营性应收应付项目，应当分类为流动性项目，即使其时间超过一年，应收账款项目列报2 000万元
6. 自乙银行借入的5 000万元借款将于1年内到期，学天海公司具有自主展期清偿的权利；学天海公司有意图和能力自主展期2年偿还该借款	长期借款项目列报5 000万元
7. 自丙银行借入的6 000万元借款将于1年内到期，学天海公司不具有自主展期清偿的权利；2020年2月1日，丙银行同意学天海公司展期2年偿还前述6 000万元借款	一年内到期的非流动负债项目列报6 000万元
8. 自戊银行借入的8 000万元借款按照协议将于5年后偿还，但因学天海公司违反借款协议的规定使用资金，戊银行于2019年11月1日要求学天海公司于2020年2月1日前偿还；2019年12月31日，学天海公司与戊银行达成协议，学天海公司承诺按规定用途使用资金，戊银行同意学天海公司按原协议规定的期限偿还该借款	长期借款项目列报8 000万元
9. 向己银行借入的9 000万元借款按照协议将于3年后偿还，但因学天海公司违反借款协议的规定使用资金，己银行于2019年12月1日要求学天海公司于2020年3月1日前偿还；2020年3月20日，学天海公司与己银行达成协议，学天海公司承诺按规定用途使用资金，己银行同意学天海公司按原协议规定的期限偿还该借款	其他流动负债项目列报9 000万元
10. 2019年7月31日购买了1亿元于2021年12月31日到期的理财产品，到期前不可以支取	超过资产负债表日起12个月以上的理财产品，其他非流动金融资产项目列报10 000万元
11. 2019年12月31日银行存款中，企业通过专用账户将其中的1亿元指定用来建厂房	其他非流动资产项目列报10 000万元
12. 2019年12月31日银行存款中，有一笔1亿元存了5年定期，只有到期后才能支取	其他非流动金融资产项目列报10 000万元
13. 2019年11月30日采购原材料支付预付账款1亿元	预付款项项目列报10 000万元
14. 2019年10月31日采购生产线等大型资产预付账款1亿元	其他非流动资产项目列报10 000万元
15. 2019年12月1日收购乙公司80%股权，合并成本5亿元，当日预付合并价款3亿元，合并手续还在办理当中，预计2020年8月31日全部合并手续能够办理完毕	因为未来取得的长期股权投资属于非流动资产，预期实现经济利益的时间（即变现时间）超过一年以上，其他非流动资产项目列报30 000万元
16. 2019年10月1日预付2021年度录课室的房租1 000万元	长期待摊费用项目列报1 000万元
17. 持有但准备随时变现的商业银行保本浮动收益理财产品100万元	交易性金融资产项目列报100万元

续表

业务资料	案例解析
18. 预计将于2020年4月底前出售的作为其他权益工具投资核算的股票投资200万元	其他流动资产项目列报200万元
19. 2019年2月签订的到期日为2020年8月的未来收取现金流量的外汇汇率互换合同50万元	衍生金融资产项目列报50万元
20. 2019年2月签订的到期日为2021年8月的未来收取现金流量的利率互换合同60万元	离资产负债表日一年以上，在其他非流动金融资产项目列报60万元
21. 2019年2月签订的到期日为2020年8月的未来支付现金流量的远期合同70万元	衍生金融负债项目列报70万元
22. 当年支付定制生产用设备的预付款3 000万元，按照合同约定该设备预计交货期为2021年2月	未来转变为非流动资产，变现时间是一年以上，其他非流动资产项目列报3 000万元
23. 作为其他债权投资核算的一项信托投资，期末公允价值1 200万元，合同到期日为2021年2月5日，在此之前不能变现	其他债权投资项目列报1 200万元
24. 因2018年销售产品形成到期日为2020年8月20日的长期应收款账面价值3 200万元	离资产负债表日一年以内，属于流动性项目，在一年内到期的非流动资产项目列报3 200万元
25. 应付供应商货款4 000万元，该货款已超过信用期，但尚未支付	已超过信用期，随时有支付的义务，在应付账款项目列报4 000万元
26. 因被其他方提起诉讼计提的预计负债1 800万元，该诉讼预计2020年3月结案，如公司败诉，按惯例有关赔偿款需在法院做出判决之日起60日内支付	预计负债离资产负债表日一年以内，在其他流动负债项目列报1 800万元
27. 当年初对联营企业甲公司投资，持股比例为20%，投资成本为5 000万元，甲公司当年实现净利润1 000万元，甲公司因其他债权投资公允价值上升300万元，甲公司因其他权益工具投资公允价值增加200万元	长期股权投资项目列报5 000 + 1 000 × 20% + 300 × 20% + 200 × 20% = 5 300万元 其他综合收益项目列报500 × 20% = 100万元
28. 年初支付600万元购买乙公司发行的于2022年12月31日到期的债券，每年1月10日支付上年度的利息，到期还本，分类为以摊余成本计量的金融资产，按照预期损失法计提了损失准备30万元，当年确认应收利息36万元	债权投资项目列报600 − 30 + 36 = 606万元
29. 2019年10月1日支付500万元购买A公司发行的于2020年5月31日到期的债券，每年12月31日支付当年利息，到期还本，分类为以摊余成本计量的金融资产，按照预期损失法计提了损失准备20万元，当年确认应收利息30万元	其他流动资产项目列报500 − 20 = 480万元 其他应收款项目列报30万元
30. 2018年1月1日支付2 000万元购买B公司于2020年12月31日到期的债券，分类为以摊余成本计量的金融资产，按照预期损失法计提了损失准备80万元	一年内到期的非流动资产项目列报2 000 − 80 = 1 920万元

续表

业务资料	案例解析
31. 将持有的庚公司债权，原分类为以摊余成本计量的金融资产，账面价值为1 100万元，因为业务模式改变，重分类为以公允价值计量且其变动计入其他综合收益的金融资产，重分类日公允价值比账面价值高300万元	其他债权投资项目列报1 400万元 其他综合收益项目列报300万元
32. 年初按面值2 000万元购买丙公司发行的于2020年12月31日到期的债券，分类为以公允价值计量且其变动计入其他综合收益的金融资产，公允价值变动为100万元，按照预期损失法计提了损失准备60万元	一年内到期的非流动资产项目列报2 000 + 100 = 2 100万元 其他综合收益项目列报100 + 60 = 160万元
33. 2019年12月1日支付1 000万元购买丙公司发行的于2020年5月31日到期的债券，分类为以公允价值计量且其变动计入其他综合收益的金融资产，公允价值变动为200万元，按照预期损失法计提了损失准备30万元	其他流动资产项目列报1 000 + 200 = 1 200万元 其他综合收益项目列报200 + 30 = 230万元
34. 支付1 000万元购买丁公司发行的股票，将其指定为以公允价值计量且其变动计入其他综合收益的金融资产，当年公允价值变动为200万元。丁公司于2019年12月20日宣布于2020年1月20日发放现金股利，学天海公司按照持股比例确认了应收股利100万元	其他权益工具投资项目列报1 000 + 200 = 1 200万元 其他综合收益项目列报200万元 其他应收款项目列报100万元
35. 支付3 000万元购买戊公司发行的股票，分类为以公允价值计量且其变动计入当期损益的金融资产，当年该股票公允价值变动为700万元，预计2022年出售	其他非流动金融资产项目列报3 700万元
36. 当年发行的短期融资券5 000万元，票面利率为6%，每季度第1个月的10日支付上季度利息，指定为公允价值计量且其变动计入当期损益的金融负债，当年公允价值下降了300万元，其中因自身信用风险导致的变动为100万元。年末确认应付利息75万元	交易性金融负债项目列报5 000 − 300 + 75 = 4 775万元 其他综合收益项目列报100万元
37. 年初按照面值发行5年期的债券筹集资金9 000万元，票面利率5%，每年12月31日支付当年度利息，由于资金紧张，当年末利息尚未支付，年末确认应付利息450万元	应付债券项目列报9 000万元 其他应付款项目列报450万元
38. 一条生产线原价8 000万元，已计提折旧7 000万元，已计提减值准备400万元，预计到2020年6月份使用寿命结束报废。另外还有一台办公用设备正处于清理之中，固定资产清理科目的年末贷方余额为100万元	固定资产项目列报8 000 − 7 000 − 400 − 100 = 500万元
39. 2019年12月计划于2020年5月出售一栋多余的厂房，售价为5 000万元，符合分类为持有待售的条件，厂房原值4 000万元，已计提折旧1 000万元，截至年末，厂房尚有800万元借款未归还	持有待售资产项目列报4 000 − 1 000 = 3 000万元 持有待售负债项目列报800万元

续表

业务资料	案例解析
40. 购买一项专利权，原价200万元，年末已摊销80万元。自行研发一项生产技术，当年发生费用化支出400万元，资本化支出600万元，年末继续研发中	无形资产项目列报200－80＝120万元 开发支出项目列报600万元
41. 当年发生增值税销项税额为500万元，进项税额为3 000万元，应交消费税为200万元，预计2020年取得的销项税额为600万元	应交税费项目列报200万元 其他流动资产项目列报600万元 其他非流动资产项目列报3 000－500－600＝1 900万元
42. 对持股比例为80%的境外经营的子公司的财务报表进行折算形成的折算差额为100万元	其他综合收益项目列报80万元 少数股东权益项目列报20万元
43. 因销售给甲公司一批商品形成应收账款400万元，管理的业务模式是既收取合同现金流量又计划在需要资金的时候将其出售，因此分类为以公允价值计量且其变动计入其他综合收益的金融资产	应收款项融资项目列报400万元
44. 2019年1月1日采用分期付款方式购入一台需要安装的大型机器设备。该设备价款共计1 200万元，分6期等额支付，首期款项200万元于2019年1月1日支付，其余款项在未来5年的每年末平均支付。2019年12月31日，设备达到预定可使用状态。折现率为10%，已知（P/A，10%，5）＝3.790 8	固定资产项目列报200＋200×（P/A，10%，5）＋200×（P/A，10%，5）×10%＝1 033.98万元 长期应付款科目余额＝1 000－200＝800万元，未确认融资费用科目余额＝（1 000－758.16）－758.16×10%＝166.02万元，一年内到期的非流动负债项目列报200－（800－166.02）×10%＝136.6万元 长期应付款项目列报800－166.02－136.6＝497.38万元
45. 年初与甲公司签订一份合同，年末形成合同资产余额8 000万元，合同负债余额5 000万元，已计提合同资产减值准备500万元，预计在一个营业周期内能收回款项。年末合同取得成本余额为100万元，合同取得成本减值准备余额为20万元，预计在一个营业周期内摊销完毕。年末合同履约成本余额为2 000万元，合同履约成本减值准备余额为100万元，预计在一个营业周期内摊销完毕	合同资产项目列报8 000－5 000－500＝2 500万元 其他流动资产项目列报100－20＝80万元 存货项目列报2 000－100＝1 900万元
46. 年初与乙公司签订一份合同，年末形成合同资产余额7 000万元，合同负债余额9 000万元，已计提合同资产减值准备400万元，预计在一个营业周期以内能完成履约义务。年末合同取得成本余额为200万元，合同取得成本减值准备余额为10万元，预计在一个营业周期以上才能摊销完毕。年末合同履约成本余额为1 000万元，合同履约成本减值准备余额为50万元，预计在一个营业周期以上才能摊销完毕	合同负债项目列报9 000－（7 000－400）＝2 400万元 其他非流动资产项目列报（200－10）＋（1 000－50）＝1 140万元

续表

业务资料	案例解析
47. 年初与丙公司签订一份附有销售退回条款的合同，年末形成预计负债科目余额 600 万元，预计在一个营业周期内清偿，年末形成应收退货成本科目余额 400 万元，预计在一个营业周期以上出售	其他流动负债项目列报 600 万元 其他非流动资产项目列报 400 万元
48. 年初与丁公司签订一份附有销售退回条款的合同，年末形成预计负债科目余额 500 万元，预计在一个营业周期以上清偿，年末形成应收退货成本科目余额 300 万元，预计在一个营业周期内出售	预计负债项目列报 500 万元 其他流动资产项目列报 300 万元
49. 因租赁一栋销售部门使用的办公楼作为销售中心，年末使用权资产科目的余额为 8 000 万元，已计提使用权资产累计折旧 1 000 万元，已计提使用权资产减值准备 500 万元，租赁负债科目的余额为 7 800 万元	使用权资产项目列报 8 000 − 1 000 − 500 = 6 500 万元 租赁负债项目列报 7 800 万元
50. 因给子公司提供担保，签订财务担保合同，年末对该合同计提了损失准备 100 万元	预计负债项目列报 100 万元
51. 上年末因购买环保设备 800 万元，今年初申请了政府补助 500 万元，采用净额法计算，企业按照 3 年期限直线法计提折旧，预计净残值为 0	固定资产项目列报（800 − 500）− 300 ÷ 3 = 200 万元 政府补助无须列报
52. 按面值非公开发行优先股以补充流动资金，发行数量 100 万股，每股面值为 100 元。有关条款如下：学天海公司可根据相应的议事机制自主决定是否派发股利，如果学天海公司的控股股东发生变更（假设该事项不受学天海公司控制），学天海公司必须按面值赎回该优先股	由于不能无条件地避免赎回股份的义务，应当作为金融负债，应付债券项目列报 10 000 万元 其中：优先股 10 000 万元
53. 发行了一项年利率为 8%、无固定还款期限、可自主决定是否支付利息的不可累积永续债，面值 20 000 万元，其他合同条款如下：①该永续债嵌入了一项看涨期权，允许学天海公司在发行第 5 年及之后以面值回购该永续债。②如果学天海公司在第 5 年末没有回购该永续债，则之后的票息率增加至 12%。③该永续债票息在学天海公司向其普通股股东支付股利时必须支付。假设学天海公司根据相应的议事机制能够自主决定普通股股利的支付；该公司发行该永续债之前多年来均支付普通股股利	看涨期权、利率跳升、股利推动机制未构成合同义务，因此应分类为权益工具，在其他权益工具项目列报 20 000 万元 其中：永续债 20 000 万元
54. 除上述业务外，所有者权益类部分科目金额为：股本 20 000 万元，资本公积 6 033.98 万元，盈余公积 3 000 万元，本年利润 10 000 万元，利润分配——未分配利润 11 900 万元	股本列示 20 000 万元 资本公积列示 6 033.98 万元 盈余公积列示 3 000 万元 未分配利润列示 10 000 + 11 900 = 21 900 万元

综上所述，资产负债表相关项目填列如表5－19所示。

表5－19　　资产负债表相关项目金额列示　　单位：万元

资产	期末余额	负债和所有者权益（或股东权益）	期末余额
流动资产：		流动负债：	
货币资金	23 232.98	短期借款	10 000
交易性金融资产	100	交易性金融负债	4 775
衍生金融资产	50	衍生金融负债	70
应收票据		应付票据	
应收账款	2 000	应付账款	4 000
应收款项融资	400	预收款项	
预付款项	10 000	合同负债	2 400
其他应收款	30＋100＝130	应付职工薪酬	
存货	1 900	应交税费	200
合同资产	2 500	其他应付款	450
持有待售资产	3 000	持有待售负债	800
一年内到期的非流动资产	3 200＋1 920＋2 100＝7 220	一年内到期的非流动负债	6 000＋136.6＝6 136.6
其他流动资产	500＋200＋480＋1 200＋600＋80＋300＝3 360	其他流动负债	1 000＋9 000＋1 800＋600＝12 400
流动资产合计	53 892.98	流动负债合计	41 231.6
非流动资产：		非流动负债：	
债权投资	606		
其他债权投资	1 200＋1 400＝2 600	长期借款	10 000＋5 000＋8 000＝23 000
长期应收款		应付债券	9 000＋10 000＝19 000
长期股权投资	5 300	其中：优先股	10 000
其他权益工具投资	1 200	永续债	
其他非流动金融资产	10 000＋10 000＋60＋3 700＝23 760	租赁负债	7 800
投资性房地产		长期应付款	497.38

续表

资产	期末余额	负债和所有者权益（或股东权益）	期末余额
固定资产	500 + 1 033. 98 + 200 = 1 733. 98	预计负债	500 + 100 = 600
在建工程		递延收益	
生产性生物资产		递延所得税负债	
油气资产		其他非流动负债	
使用权资产	6 500	非流动负债合计	50 897. 38
无形资产	120	负债合计	92 128. 98
开发支出	600	股东权益：	
商誉		实收资本（或股本）	20 000
长期待摊费用	10 000 + 1 000 = 11 000	其他权益工具	20 000
递延所得税资产		其中：优先股	
		永续债	20 000
		资本公积	6 033. 98
		减：库存股	
其他非流动资产	500 + 10 000 + 10 000 + 30 000 + 3 000 + 1 900 + 1 140 + 400 = 56 940	其他综合收益	100 + 300 + 160 + 230 + 200 + 100 + 80 = 1 170
非流动资产合计	110 359. 98	专项储备	
		盈余公积	3 000
		未分配利润	21 900
		少数股东权益	20
		股东权益合计	72 123. 98
资产总计	164 252. 96	负债和股东权益总计	164 252. 96

【案例5－3】 分别判断下列事项的列报是否正确并说明理由。

(1) 上市公司在银行存入为取得该银行长期借款提供质押担保的保证金，在相关长期借款清偿之前，公司不能支取或使用该保证金，该保证金应当列报为货币资金项目。

解析： 不正确。因为不符合随时可以支付的条件，应当列示为其他非流动资产。

（2）上市公司发行附回售选择权的公司债券，面临投资人可能于资产负债表日起一年内行使该回售选择权，应当列报为应付债券项目。

解析：不正确。上市公司无权自主地将清偿该债券的义务推迟至资产负债表日后一年以上，应列示为其他流动负债。

（3）上市公司授予员工限制性股票，并在员工离职或未满足业绩条件时承担股票回购义务，应当列报为其他非流动负债项目。

解析：不正确。由于公司无法控制员工是否在资产负债表日后一年以内离职，也无权自主地将清偿时间推迟至资产负债表日后一年以上，应将承担的回购义务列示为其他流动负债。

（4）上市公司计划在未来一年内处置一项长期股权投资，因此将该长期股权投资划分至其他流动资产。

解析：不正确。在不满足持有待售条件的情况下，不应该仅凭处置意图就将股权投资划分为流动资产。即使满足持有待售条件，也应当划分为持有待售资产而不是其他流动资产。

（5）上市公司将因无法偿还到期债务需赔偿违约金而确认的预计负债，以及因一审判决应承担诉讼赔偿而确认的预计负债，列报为预计负债项目。

解析：不正确。企业无权自主地将相关负债的清偿义务推迟至资产负债表日后一年以上，应当分类为其他流动负债。

第三节　利润表

为什么要编利润表？因为利润表反映企业的经营成果和盈利能力，从而反映股东投资的报酬，以及企业赚的钱是通过哪些项目来实现的，这些都要通过利润表来反映。

一、利润表列报的要求

表5-20利润表列报的要求。

表5-20　　利润表列报的要求

1. 概念	利润表是反映企业在一定会计期间的经营成果的会计报表
2. 列报格式	多步式（即报告式）
3. 列报方法	主表采用功能分类法（也称销售成本法），分为从事经营业务发生的成本、管理费用、销售费用和财务费用等【1】
	附注中应当采用费用性质法，按照费用的不同性质进行分类披露，分为耗用的原材料、职工薪酬费用、折旧费用、摊销费用等【2】
	由于银行、保险、证券等金融企业的日常活动与一般企业不同，具有特殊性，金融企业可以根据其特殊性列示利润表项目【3】

【释1】企业的活动通常可以划分为生产、销售、管理、融资等，每一类活动发生的费用所发挥的功能并不相同，对费用按照功能分类，有助于使用者了解费用发生的活动领域，充分反映企业经营业绩的主要来源和构成。

【释2】费用性质法有助于报表使用者预测企业的未来现金流量。虽然功能分类法能够比费用性质法提供更相关的信息，反映为了取得收入，发生了多少成本费用。但是，为了使成本和收入配比，对成本进行分配时涉及更多的主观判断，导致可靠性下降。

按照费用性质分类的利润表补充资料，可将费用分为耗用的原材料、职工薪酬费用、折旧费用、摊销费用等。具体的披露格式如表5-21所示。

表5-21　　费用按照性质分类的补充资料　　单位：元

项目	本期金额	上期金额
耗用的原材料		
产成品及在产品存货变动		
职工薪酬费用		
折旧费和摊销费用		
非流动资产减值损失		

续表

项目	本期金额	上期金额
支付的租金		
财务费用		
其他费用		
……		
合计		

【释3】例如，商业银行将利息支出作为利息收入的抵减项目、将手续费及佣金支出作为手续费及佣金收入的抵减项目列示等。所以，金融企业的报表格式和一般工商企业的报表格式不同。

二、利润表的填列要求

（一）利润表的格式（见表5－22）

表5－22 **利润表** 会企02表

编制单位： 年 月 单位：元

项目	本期金额	上期金额
一、营业收入		
减：营业成本		
税金及附加		
销售费用		
管理费用		
研发费用		
财务费用		
其中：利息费用		
利息收入		
加：其他收益		
投资收益（损失以“－”号填列）		
其中：对联营企业和合营企业的投资收益		
以摊余成本计量的金融资产终止确认收益（损失以“－”号填列）		
净敞口套期收益（损失以“－”号填列）		
公允价值变动收益（损失以“－”号填列）		
信用减值损失（损失以“－”号填列）		

续表

项目	本期金额	上期金额
资产减值损失（损失以“－”号填列）		
资产处置收益（亏损以“－”号填列）		
二、营业利润（亏损以“－”号填列）		
加：营业外收入		
减：营业外支出		
三、利润总额（亏损总额以“－”号填列）		
减：所得税费用		
四、净利润（净亏损以“－”号填列）		
（一）持续经营净利润（净亏损以“－”号填列）		
（二）终止经营净利润（净亏损以“－”号填列）		
五、其他综合收益的税后净额		
（一）不能重分类进损益的其他综合收益		
1. 重新计量设定受益计划变动额		
2. 权益法下不能转损益的其他综合收益		
3. 其他权益工具投资公允价值变动		
4. 企业自身信用风险公允价值变动		
5. 不能转损益的保险合同金融变动		
……		
（二）将重分类进损益的其他综合收益		
1. 权益法下可转损益的其他综合收益		
2. 其他债权投资公允价值变动		
3. 金融资产重分类计入其他综合收益的金额		
4. 其他债权投资信用减值准备		
5. 现金流量套期储备		
6. 外币财务报表折算差额		
7. 自用房地产转换为采用公允价值模式计量的投资性房地产的形成的贷方差额		
8. 多次交易分步处置子公司股权构成一揽子交易的，丧失控制权之前每次交易处置价款与对应净资产账面价值的份额的差额		
9. 可转损益的保险合同金融变动		
10. 可转损益的分出再保险合同金融变动		
……		
六、综合收益总额		
七、每股收益		
（一）基本每股收益		
（二）稀释每股收益		

（二）利润表各项目的填列方法（见表5-23）

基本思路为根据损益类科目的本期发生额分析填列。

表5-23　　　　利润表各项目的填列方法

利润表项目	含义	填列方法
一、营业收入	反映日常经营活动的规模	主营业务收入+其他业务收入
减：营业成本	反映与日常经营活动收入相配比的、可对象化的支出成本	主营业务成本+其他业务成本
税金及附加	反映计入损益的税费	税金及附加
销售费用	反映为销售活动发生的支出	销售费用
管理费用	反映管理活动发生的支出	管理费用【1】
研发费用	从管理费用分析出来单独列报研发项目费用化支出【2】	管理费用——费用化支出+管理费用——无形资产摊销
财务费用	反映企业筹资与使用资金相关的支出	财务费用
其中：利息费用	如不符合终止确认条件的应收票据的贴现息	财务费用——费用化利息
利息收入	反映应冲减财务费用的利息收入【3】	财务费用——利息收入
加：其他收益	反映计入其他收益的政府补助、债务重组收益、破产清算期间发生的其他收益、个人所得税扣缴手续费、税款返还或抵减、小规模纳税人减免的增值税等，但不包括所得税减免（按CAS18抵减所得税费用）	其他收益
投资收益（损失以“－”号填列）	反映金融工具投资产生的损益	投资收益
其中：对联营企业和合营企业的投资收益	反映按照权益法核算的损益	投资收益——对联营企业和合营企业的投资收益
以摊余成本计量的金融资产终止确认收益	如符合终止确认条件的应收票据的贴现息	投资收益——以摊余成本计量的金融资产终止确认收益
净敞口套期收益（损失以“－”号填列）	反映净敞口套期下被套期项目累计公允价值变动转入当期损益的金额或现金流量套期储备转入当期损益的金额	净敞口套期损益
公允价值变动收益（损失以“－”号填列）	反映以公允价值计量且变动计入当期投资的项目确认的损益【4】	公允价值变动损益+套期损益
信用减值损失（损失以“－”号填列）	反映按照CAS22规定计提的信用损失准备	信用减值损失，以负数填列

续表

利润表项目	含义	填列方法
资产减值损失（损失以“-”号填列）	反映按照除 CAS22 以外的其他准则规定计提的减值准备	资产减值损失，以负数填列
资产处置收益（亏损以“-”号填列）	反映非流动资产的处置损益【5】	资产处置损益
二、营业利润	（亏损以“-”号填列）	计算
加：营业外收入	反映营业利润以外的收益，如与企业日常活动无关的政府补助、现金盘盈利得、捐赠利得、无须支付的款项、权益法下的负商誉、没收的违约金、出售碳排放配额的收益等，不包括存货与固定资产盘盈利得	营业外收入
减：营业外支出	反映营业利润以外的支出，如捐赠支出、非常损失、盘亏损失、非流动资产毁损报废损失、滞纳金、罚款、使用或注销购入的碳排放配额、出售碳排放配额的损失等，不包括存货盘亏损失	营业外支出【6】
三、利润总额	（亏损总额以“-”号填列）	计算
减：所得税费用	反映按照 CAS18 规定确认的所得税费用	所得税费用
四、净利润	（净亏损以“-”号填列）	计算
（一）按经营持续性分类	按 CAS42 的规定分类	
1. 持续经营净利润	反映持续盈利能力	
2. 终止经营净利润	反映不可持续的盈利	
（二）按所有权归属分类	合并报表中适用	
1. 归属于母公司股东的净利润	应当扣除子公司发行的不可累积优先股等其他权益工具当期宣告发放的或者可累积优先股等其他权益工具当期的归属于母公司之外的其他权益工具持有者的股利	
2. 少数股东损益	上述扣除金额在本项目列报	
五、其他综合收益的税后净额	反映未计入当期损益的利得或损失	计算【7】
（一）不能重分类进损益的其他综合收益		
1. 重新计量设定受益计划变动额	根据 CAS9 职工薪酬规定	其他综合收益——重新计量设定受益计划变动额
2. 权益法下不能转损益的其他综合收益	根据 CAS2 长期股权投资规定	其他综合收益——权益法下不能转损益的其他综合收益

续表

利润表项目	含义	填列方法
3. 其他权益工具投资公允价值变动	根据 CAS22 金融工具规定	其他综合收益——其他权益工具投资公允价值变动
4. 企业自身信用风险公允价值变动	根据 CAS22 金融工具规定	其他综合收益——企业自身信用风险公允价值变动
5. 不能转损益的保险合同金融变动	根据 CAS25 及保险公司财务报表格式规定，反映保险公司采用浮动收费法计量保险公司持有基础项目的、具有直接参与分红特征的保险合同组，并选择将保险合同金融变动额分解计入保险财务损益和其他综合收益时，与基础项目不能重分类进损益的其他综合收益对应的、计入其他综合收益的保险合同金融变动额	其他综合收益——不能转损益的保险合同金融变动
……		
（二）将重分类进损益的其他综合收益		
1. 权益法下可转损益的其他综合收益	根据 CAS2 长期股权投资规定	其他综合收益——权益法下可转损益的其他综合收益
2. 其他债权投资公允价值变动	根据 CAS22 金融工具规定	其他综合收益——其他债权投资公允价值变动 - 重分类转出的金额【8】
3. 金融资产重分类计入其他综合收益的金额		其他综合收益——重分类差额
4. 其他债权投资信用减值准备	根据 CAS22 金融工具规定	其他综合收益——信用减值准备
5. 现金流量套期储备		其他综合收益——套期储备
6. 外币财务报表折算差额	根据 CAS19 外币折算规定	其他综合收益——外币财务报表折算差额
7. 自用房地产转换为采用公允价值模式计量的投资性房地产时形成的贷方差额	根据 CAS3 规定	其他综合收益——投资性房地产转换
8. 多次交易分步处置子公司股权构成一揽子交易的，丧失控制权之前每次交易处置价款与对应净资产账面价值的份额的差额	根据 CAS33 规定	其他综合收益——处置子公司股权差额

续表

利润表项目	含义	填列方法
9. 可转损益的保险合同金融变动	根据 CAS25 及保险公司财务报表格式规定，反映保险公司在签发的保险合同组合层面选择将保险合同金融变动额分解计入保险财务损益和其他综合收益时，除已在“不能转损益的保险合同金融变动”项目中列示以外的、计入其他综合收益的保险合同金融变动额	其他综合收益——可转损益的保险合同金融变动
10. 可转损益的分出再保险合同金融变动	反映保险公司在分出再保险合同组合层面选择将保险合同金融变动额分解计入分出再保险财务损益和其他综合收益时，计入其他综合收益的保险合同金融变动额	其他综合收益——可转损益的分出再保险合同金融变动
……		
六、综合收益总额	计算	净利润 + 其他综合收益税后净额【9】
七、每股收益		
（一）基本每股收益	根据 CAS34 每股收益规定	计算
（二）稀释每股收益		计算

【释 1】期间费用，是指与营业收入不可以直接配比的，非对象化的支出。

企业根据《残疾人就业保障金征收使用管理办法》（财税〔2015〕72 号）的规定，应缴纳的残疾人就业保障金，应当计入“管理费用”科目；企业超比例安排残疾人就业或者为安排残疾人就业做出显著成绩，按规定收到的奖励，计入“其他收益”科目；企业未按规定缴纳残疾人就业保障金，按规定缴纳的滞纳金，计入“营业外支出”科目。

【释 2】只有费用化的研发费用才单独在“研发费用”项目列报，不包括资本化的研发费用，例如，计入无形资产成本的研发费用、计入生产成本的无形资产摊销。

【释 3】利息费用与利息收入的单独列报，是应 IASB 的要求，都应当以正数列报。其中，利息收入，只反映银行存款的利息收入和根据 CAS14 确认的重大融资成分产生的利息收入，而其他金融资产产生的利息收入在“投资收益”项目列报。

根据财会〔2022〕14 号规定，资产管理产品持有的以公允价值计量且其变动计入当期损益的债券投资，利息收入可以与公允价值变动合并计入“公允价值变动损益”项目，也可以分拆，将利息收入计入“投资收益”项目，将剩余部分计入“公允价值变动损益”项目。

【释4】以公允价值计量且其变动计入当期损益的金融工具终止确认时，无须将“公允价值变动损益”再转入“投资收益”，与国际会计准则保持一致。以前规定中要求结转，是考虑到实务中很多企业以“投资收益”项目作为考核指标，该非会计因素应当从会计规定中剔除。

套期会计相关的会计科目与列报项目之间的逻辑关系如表5－24所示。

表5－24　套期会计相关的会计科目与列报项目之间的逻辑关系

套期会计有关的会计科目	列报项目
套期工具	借方余额：交易性金融资产、衍生金融资产
	贷方余额：交易性金融负债、衍生金融负债
被套期项目——存货	存货
被套期项目——确定承诺	借方余额：其他流动资产
	贷方余额：其他流动负债
其他综合收益——套期储备	其他综合收益
套期损益	公允价值变动收益

【释5】资产处置损益反映非流动资产处置损益，但是不包括：长期股权投资和金融资产的处置损益（计入投资收益）、投资性房地产处置损益（计入其他业务收入）、债务重组中抵债的非流动资产处置损益（计入其他收益）、自行建造固定资产试运行过程中产生的属于非日常活动的损益（计入在建工程）。

【释6】“非流动资产毁损报废损失”通常包括因自然灾害发生毁损、已丧失使用功能等原因而报废清理产生的损失。企业在不同交易中形成的非流动资产毁损报废的利得和损失不得相互抵销，应分别在“营业外收入”项目和“营业外支出”项目进行填列。

根据财会〔2019〕22号规定，企业使用购入的碳排放配额、出售碳排放配额的损益、自愿注销购入的碳排放配额，相关的收入或支出，分别在“营业外收入”项目和“营业外支出”项目进行填列。自2020年1月1日执行。

由于疫情（属于不可预计的自然灾害）导致企业停产的，停产期间固定资产计提的折旧费应当计入营业外支出。如果只是减产，则折旧费应当按照固定资产正常生产能力为基础分配计入存货成本与营业成本。

【释7】其他综合收益产生的背景：关于企业如何反映真实的经营业绩，会计准则制定者和实务界有分歧。会计准则制定者认为，企业应当如实报告经营情况，并且应当提醒报表使用者注意企业利润的不利波动；而企业管理层认为，利润波动会影响报表使用者对企业盈利能力的判断，稳定的、可预测的会计利润能够提升公司股价。所以，就产生了既反映了企业未实现的经营业绩，也不影响净利润的其他综合收益项目。

由于其他综合收益在净利润之后列报，为了与净利润保持一致，所以按照税后净额列报。

国际会计准则中的其他综合收益还包括，固定资产和无形资产形成的重估盈余的变动，在资产终止确认时转入留存收益。

其他综合收益分为两类，目的是向报表使用者提供评估这些重分类对损益影响的信息。但是这里就产生一个问题，为什么公允价值变动损益和权益法核算的投资收益，也是未实现的损益，可以直接进损益，而其他综合收益不能直接进损益？这是目前理论上存在的缺陷。如果按照未实现的业绩计入其他综合收益的理念，那么，将公允价值变动损益和权益法核算的投资收益计入其他综合收益更合理。2017 版金融工具准则修订以后，更多的项目被放到了其他综合收益里面，其他综合收益已经变成了垃圾筐，不好处理的都扔进去。

【释8】企业将一项以公允价值计量且其变动计入其他综合收益的金融资产，重分类为以摊余成本计量的金融资产，或重分类为以公允价值计量且其变动计入当期损益的金融资产时，之前计入其他综合收益的累计利得或损失从其他综合收益中转出的金额作为该项目的减项。

【释9】综合收益，是指企业在某一期间除与所有者以其所有者身份进行的交易之外的其他交易或事项所引起的所有者权益变动。

企业的全部经营业绩通过综合收益反映，包括净利润和其他综合收益。在国际会计准则的理念中，综合收益总额才是评价业绩的综合指标，而过去我们传统的会计观念认为净利润才是评价业绩的指标，没有包括其他综合收益这部分未实现的业绩。

在合并利润表中，企业应当在净利润项目之下单独列示归属于母公司所有者的损益和归属于少数股东的损益，在综合收益总额项目之下单独列示归属于母公司所有者的综合收益总额和归属于少数股东的综合收益总额。

（三）利润表简化分析

反映企业经营业绩的4个层次：营业利润、利润总额、净利润、综合收益。

1. 收入的结构分析：将利润表各项目除以营业收入，计算各项目占收入的比重，可以计算毛利率、成本率、费用率等，反映从收入到净利润的过程中，每个项目分别抵减了多少比例的收入。

2. 净利润，还应当结合现金流量表补充资料进一步分析，从净利润到经营活动现金流量净额之间的差额，如果前者大于后者，表明净利润质量很高，反之则净利润质量比较差。

反映股东回报是盈利还是亏损的真正指标并不是净利润，而是经济增加值（简称“EVA”），经济增加值=净利润-股东权益×行业平均净利率。因为股东可以将资金投资到同行业任何一个企业，只有经济增加值超过净利润的部分，才是股东投资该企业的真正盈利，反之则亏损。

3. 净利率分析：净利率=净利润/营业收入，净利率应当结合同行业平均净利率进一步分析，才能真正反映企业的盈利能力。

4. 收入与净利润是否呈通向变动，如果成反向变动则说明企业的盈利能力在下滑。

5. 收入增长、利润增长，与税收增长是否匹配，如果与不匹配则说明可能存在虚增收入的问题。

6. 结合资产负债表进一步分析收入增长与应收账款增长等项目的关系，如果应收账款增长远高于收入增长，存货结转成本的产品数量与销售收入的产品数量不匹配，收入增长与产能供给能力不匹配，则说明可能存在虚增收入的问题。

7. 毛利率偏高问题分析，如果资产规模低于同行业但毛利率远高于同行业，销售价格下降幅度高于原材料价格下降幅度但毛利率却上升，低端行业的企业毛利率却很高，则说明可能存在虚增收入或虚减成本的问题。

8. 收入增长异常问题分析，如果报告期销售客户或采购客户变动很大，可能导致持续经营能力受质疑。

例如，甲企业是一家生产型企业，主要的资产都是厂房和生产设备，2017年亏损了1 000万元。年底企业招聘了一名新的总经理，总经理说，我能让企业在

2018 年盈利 1 000 万元。但是要按照会计利润的 10% 即 100 万元付给我工资。老板觉得不仅能帮企业扭亏为盈，还能挣 1 000 万元，这个条件可以接受。

总经理的妙招：2018 年，总经理只做了一件事就让甲企业扭亏为盈了，就是拼命生产产品。为什么这样企业就会盈利呢？因为甲企业的厂房和生产设备的折旧费等大量的固定支出，当生产的产品少的时候，折旧费用全部计入了产品成本，销售后通过营业成本全部计入了损益，现在大量生产，由于存货未销售出去，因此分摊的折旧费用计入了存货成本中，未通过营业成本转入损益，结果企业销售收入还是和去年差不多，但是利润显著增加了。

利润，貌似可信，有时候是不可信的，尤其当利润和管理层绩效考核挂钩的时候，管理层会拼命想办法提高利润。为了防止人为操纵利润，会计准则才有了这么多的规定。

总经理将折旧费计入存货成本没有错。但是，问题在哪里呢？甲企业没有对存货计提存货跌价准备，一般企业亏损，存货一般不好卖，所以收入少，才会亏损，卖不出去的存货一般都会发生减值，计提存货跌价准备后，甲企业和去年一样会亏损。

总经理能够忽悠老板，但是忽悠不了会计。高水平的会计就是经济警察。

【案例 5－4】利润表的编制。

学天海股份有限公司 2019 年发生业务及有关资料如下，编制学天海股份有限公司 2019 年度利润表本期数。

案例业务资料及解析如表 5－25 所示。

表 5－25　　　　案例资料及解析

案例业务资料	案例解析
1. 销售商品收入为 5 385 万元，提供服务收入为 5 000 万元；应缴纳增值税为 1 000 万元，应缴纳城建税和教育费附加为 120 万元	营业收入 = 5 385 + 5 000 = 10 385（万元） 税金及附加 = 120（万元）
2. 销售商品成本为 3 000 万元，提供服务成本为 2 000 万元	营业成本 = 3 000 + 2 000 = 5 000（万元）
3. 发生行政人员工资及奖金费用为 2 000 万元，因实施的设定受益计划而重新计量的利得为 100 万元；办公费用为 1 000 万元；当年发生的不符合资本化条件的研发费用为 500 万元，符合资本化条件的研发费用为 2 000 万元，自行研发的管理用无形资产摊销为 100 万元	管理费用 = 2 000 + 1 000 = 3 000（万元） 研发费用 = 500 + 100 = 600（万元） 重新计量设定受益计划变动额 = 100（万元）

续表

案例业务资料	案例解析
4. 对外宣传费用为1 000万元，向银行借款2 000万元用于补充流动资金，年利率为5%，闲置资金存入银行的利息收入为50万元	销售费用＝1 000（万元） 利息费用＝2 000×5%＝100（万元） 利息收入＝50（万元） 财务费用＝100－50＝50（万元）
5. 当年收到财政返还的退税款为50万元，代扣代缴员工个人所得税，收到税务局返还的手续费为4万元	其他收益＝50＋4＝54（万元）
6. 持股比例为20%的联营企业甲公司当年实现净利润为1 000万元，甲公司因其他债权投资公允价值上升300万元，甲公司因其他权益工具投资公允价值增加200万元，不考虑其他调整事项	投资收益＝1 000×20%＝200（万元） 对联营企业的投资收益200（万元） 权益法下可转损益的其他综合收益＝300×20%＝60（万元） 权益法下不能转损益的其他综合收益＝200×20%＝40（万元）
7. 按面值购买乙公司发行的债券，分类为以摊余成本计量的金融资产，当年应确认利息收入20万元，按照预期损失法计提了损失准备30万元，年末将该债券出售实现处置损益为200万元	投资收益＝20＋200＝220（万元） 信用减值损失＝－30（万元） 以摊余成本计量的金融资产终止确认收益＝200（万元）
8. 将持有的庚公司债权，原分类为以摊余成本计量的金融资产，因为业务模式改变，重分类为以公允价值计量且其变动计入其他综合收益的金融资产，重分类日公允价值比账面价值高400万元	金融资产重分类计入其他综合收益的金额＝400（万元）
9. 按面值购买丙公司发行的债券，分类为以公允价值计量且其变动计入其他综合收益的金融资产，当年应确认的利息收入为40万元，公允价值变动为500万元，按照预期损失法计提了损失准备为60万元	投资收益＝40（万元） 其他债权投资公允价值变动＝500（万元） 信用减值损失＝－60（万元） 其他债权投资信用减值准备＝60（万元）
10. 购买丁公司发行的股票，将其指定为以公允价值计量且其变动计入其他综合收益的金融资产，当年收到丁公司分回的现金股利600万元，公允价值变动为300万元	投资收益＝600（万元） 其他权益工具投资公允价值变动＝300（万元）
11. 购买戊公司发行的股票，分类为以公允价值计量且其变动计入当期损益的金融资产，当年收到戊公司分回的现金股利400万元，当年该股票公允价值变动为700万元	投资收益＝400（万元） 公允价值变动收益＝700（万元）
12. 对相关的原材料采购和销售业务采用套期进行风险管理，实现净敞口套期损益为10万元；对预计未来的销售交易产生的现金流量风险进行套期，形成套期储备20万元	净敞口套期收益＝10（万元） 现金流量套期储备＝20（万元）
13. 当年发行的短期融资券，指定为以公允价值计量且其变动计入当期损益的金融负债，当年公允价值下降了300万元，其中因自身信用风险导致的变动为100万元	公允价值变动收益＝200（万元） 企业自身信用风险公允价值变动＝100（万元）
14. 对固定资产进行减值测试，计提了减值准备200万元	资产减值损失＝－200（万元）
15. 将一项无形资产与己公司的一台机器设备进行交换，实现终止确认损益为80万元	资产处置收益＝80（万元）

续表

案例业务资料	案例解析
16. 收到股东捐赠现金为 100 万元；对希望小学捐赠现金为 150 万元	资本公积 = 100（万元） 营业外支出 = 150（万元）
17. 当年按照企业所得税法规定，应当缴纳企业所得税为 250 万元，确认与计入损益相关的交易产生的当期递延所得税资产为 100 万元，递延所得税负债为 200 万元	所得税费用 = 250 + 200 − 100 = 350（万元）
18. 当年对甘肃地区 10 家门店计划关闭，符合终止经营的条件，这 10 家门店当年实现的净利润为 100 万元	终止经营净利润 = 100（万元）
19. 对持股比例为 50% 的境外经营的子公司的财务报表进行折算形成的折算差额为 200 万元	外币财务报表折算差额 = 200 × 50% = 100（万元）
20. 期初发行在外普通股股数 3 000 万股，3 月 31 日定向增发 1 200 万股普通股，9 月 30 日自公开市场回购 600 万股拟用于高层管理人员股权激励。年初学天海公司按面值发行 40 000 万元的三年期可转换公司债券，债券每张面值 100 元，票面年利率为 2%，利息自发行之日起每年支付一次，即每年 12 月 31 日为付息日。假设不具备转换选择权的类似债券的市场利率为 3%。该批可转换公司债券自发行结束后 12 个月以后即可转换为本公司股票，即转股期为发行 12 个月后至债券到期日止的期间。转股价格为每股 10 元，即每 100 元债券可转换为 10 股面值为 1 元的普通股。债券利息不符合资本化条件，直接计入当期损益，按照公司利润分享计划约定，该公司高级管理人员按照当年税前利润的 1% 领取奖金报酬。企业所得税税率为 25%	发行在外普通股加权平均数 = 3 000 + 1 200 × 9 ÷ 12 − 600 × 3 ÷ 12 = 3 750（万股）；基本每股收益 = 2 329 ÷ 3 750 = 0.62（元/股）； 可转换债券为稀释性工具。负债成份公允价值 = (40 000 × 2%) ÷ (1 + 3%) + (40 000 × 2%) ÷ $(1+3\%)^2$ + (40 000 + 40 000 × 2%) ÷ $(1+3\%)^3$ = 38 868.56（万元）；假设转换所增加的净利润 = 38 868.56 × 3% × (1 − 1%) × (1 − 25%) = 865.80（万元）；假设转换所增加的普通股股数 = 40 000 ÷ 10 = 4 000（万股）；增量股每股收益 = 865.80 ÷ 4 000 = 0.22（元/股），小于基本每股收益 0.62（元/股），具有稀释性；稀释每股收益 = (2 329 + 865.80) ÷ (3 750 + 4 000 × 12 ÷ 12) = 0.41（元/股）

综上所示，利润表相关项目填列如表 5 − 26 所示。

表 5 − 26　　　利润表相关项目填列　　　单位：万元

项目	本期金额
一、营业收入	10 385
减：营业成本	5 000
税金及附加	120
销售费用	1 000
管理费用	3 000
研发费用	600

续表

项目	本期金额
财务费用	50
其中：利息费用	100
利息收入	50
加：其他收益	54
投资收益（损失以“－”号填列）	1 460（200＋220＋40＋600＋400）
其中：对联营企业和合营企业的投资收益	200
以摊余成本计量的金融资产终止确认收益（损失以“－”号填列）	200
净敞口套期收益（损失以“－”号填列）	10
公允价值变动收益（损失以“－”号填列）	900（700＋200）
信用减值损失（损失以“－”号填列）	－90（－30－60）
资产减值损失（损失以“－”号填列）	－200
资产处置收益（亏损以“－”号填列）	80
二、营业利润（亏损以“－”号填列）	2 829
加：营业外收入	0
减：营业外支出	150
三、利润总额（亏损总额以“－”号填列）	2 679
减：所得税费用	350
四、净利润（净亏损以“－”号填列）	2 329
（一）持续经营净利润（净亏损以“－”号填列）	2 229
（二）终止经营净利润（净亏损以“－”号填列）	100
五、其他综合收益的税后净额	1 680
（一）不能重分类进损益的其他综合收益	540
1. 重新计量设定受益计划变动额	100
2. 权益法下不能转损益的其他综合收益	40（200×20%）
3. 其他权益工具投资公允价值变动	300
4. 企业自身信用风险公允价值变动	100
……	
（二）将重分类进损益的其他综合收益	1 140
1. 权益法下可转损益的其他综合收益	60（300×20%）
2. 其他债权投资公允价值变动	500
3. 金融资产重分类计入其他综合收益的金额	400
4. 其他债权投资信用减值准备	60
5. 现金流量套期储备	20

续表

项目	本期金额
6. 外币财务报表折算差额	100
……	
六、综合收益总额	4 009
七、每股收益	
（一）基本每股收益	0.62
（二）稀释每股收益	0.41

（四）非经常性损益的认定

根据中国证监会2008年颁布的《公开发行证券的公司信息披露解释性公告第1号——非经常性损益》（以下简称“解释1号”）的规定，非经常性损益是指与公司正常经营业务无直接关系，以及虽与正常经营业务相关，但由于其性质特殊和偶发性，影响报表使用人对公司经营业绩和盈利能力作出正常判断的各项交易和事项产生的损益。

非经常性损益的定义包括三个要素，即“与正常经营业务的相关性”“性质特殊和偶发性”以及“体现公司正常的经营业绩和盈利能力”，同时应结合公司实际情况，参考列举项目，进行综合判断，而不应简单地把列举的项目认定为非经常性损益，或者把未列举的项目认定为不属于非经常性损益。

非经常性损益通常包括以下项目：

（1）非流动性资产处置损益，包括已计提资产减值准备的冲销部分；

（2）越权审批，或无正式批准文件，或偶发性的税收返还、减免；

（3）计入当期损益的政府补助，但与公司正常经营业务密切相关，符合国家政策规定、按照一定标准定额或定量持续享受的政府补助除外；2017年CAS16修订后，分类为日常活动计入当期损益的政府补助，不符合前述规定的，应当分类为非经常性损益。证监会的信息披露口径与财政部会计准则口径不同。

（4）计入当期损益的对非金融企业收取的资金占用费；

（5）企业取得子公司、联营企业及合营企业的投资成本小于取得投资时应享有被投资单位可辨认净资产公允价值产生的收益；

（6）非货币性资产交换损益；

（7）委托他人投资或管理资产的损益；

（8）因不可抗力因素，如遭受自然灾害而计提的各项资产减值准备；

（9）债务重组损益；

（10）企业重组费用，如安置职工的支出、整合费用等；

（11）交易价格显失公允的交易产生的超过公允价值部分的损益；

（12）同一控制下企业合并产生的子公司期初至合并日的当期净损益；

（13）与公司正常经营业务无关的或有事项产生的损益；

（14）除同公司正常经营业务相关的有效套期保值业务外，持有交易性金融资产、交易性金融负债产生的公允价值变动损益，以及处置交易性金融资产、交易性金融负债和其他债权投资取得的投资收益；

（15）单独进行减值测试的应收款项减值准备转回；

（16）对外委托贷款取得的损益；

（17）采用公允价值模式进行后续计量的投资性房地产公允价值变动产生的损益；

（18）根据税收、会计等法律、法规的要求对当期损益进行一次性调整对当期损益的影响；

（19）受托经营取得的托管费收入；

（20）除上述各项之外的其他营业外收入和营业外支出；

（21）其他符合非经常性损益定义的损益项目。

如果公司将解释1号中列举的项目认定为不属于非经常性损益的，应当在附注中披露该项目的名称、金额及原因；

如果公司将解释1号中未列举的项目认定为非经常性损益的，若金额不重大，应将其计入“其他符合非经常性损益定义的损益项目”列报；若金额重大，则应单列其项目名称和金额，同时还应在附注中披露该项目的名称、金额及原因。

三、案例

（一）软件产品增值税退税款

【案例5－5】A公司为上市公司，主营业务收入主要来自电子信息数据软件销售和服务。根据国家税务总局于2×11年10月印发的《关于软件产品增值税政策的通知》（财税〔2011〕100号）的相关规定，经国家有关税务部门审核批准，A公司享受如下的增值税优惠政策：销售自行开发生产的软件产品按13%的法定税率征收增值税后，对增值税实际税负超过3%的部分实行即征即退。A公司已于报告期内收到2×11年软件产品增值税退税款5 000万元，作为政府补助计入2×11年其他收益，属于经常性损益。

要求：A公司收到的增值税退税款是否属于非经常性损益？

解析：不是。判断公司收到的软件产品增值税退税是否属于非经常性损益的关键，一是该增值税退税是否与公司正常经营业务密切相关，二是其是否属于定额定量的政府补助，即是否属于国家持续的产业政策扶持、是否具有可持续性。

首先，由于A公司的主营业务就是软件销售，因此与软件销售相关的增值税退税与公司正常经营业务密切相关。

其次，A公司所收到的增值税退税与其主营业务密切相关、金额可确定（当期已经收到）且能够持续取得，应该能够体现公司正常的经营业绩和盈利能力，因此应属于经常性损益。

（二）因重组标的业绩未达承诺确认的业绩补偿和计提的商誉减值

【案例5-6】A公司以2×13年6月30日为收购基准日，非同一控制下收购标的公司80%股权，转让款分两期支付，A公司以现金支付了第一期价款，第二期股权转让价款的金额根据未来盈利状况确定的最终交易总金额计算。并购日，公司基于对标的公司未来业绩的预测，确认了第二期股权应付款。由于标的公司2×13年和2×14年利润未达到承诺利润，第二期股权转让价款无须支付。2×14年年末A公司将第二期股权应付款结转至损益，此外计提了商誉减值准备。

要求：因重组标的业绩未达承诺计提的商誉减值是否属非经常性损益？

解析：不是。因为并购重组产生的商誉，其减值与企业的其他长期资产（如固定资产、无形资产等）减值性质相同，属于企业日常经营活动，不应认定为非经常性损益。

并购重组交易安排中，交易标的出售方一般会对交易完成后交易标的在一定期间的利润作出承诺。标的资产未按预期实现承诺利润时，出售方会以股份或现金方式对收购方给予补偿。该补偿仅针对并购重组交易完成后的特定期间，正常经营情况下不具有持续性，应作为非经常性损益。

（三）实施重大资产重组发生的中介机构服务费

【案例5-7】T公司拟向某企业发行股份购买资产实施重大资产重组。T公司委托一家会计师事务所对重组期间的财务报表进行审计，委托一家证券公司作为本次重组的独立财务顾问。

要求：券商、会计师等中介机构服务费能否作为非经常性损益?

解析：不能。并购重组是企业的正常经济活动，涉及的资产也属于经营性资产，券商、会计师等中介机构的费用是发生此类交易的必要合理支出，属于经常性损益。

解释1号中列举的企业重组费用，主要包括安置职工的支出、整合费用等，并不包括重大资产重组的中介机构费用。

（四）募集资金使用之前产生的定期存款利息

【案例5-8】近年来，新上市公司因募集资金产生的利息收入普遍较上市前有较大增长，并且对公司当年利润贡献也较大。公司财务费用中的利息收入来源有两个途径：一是银行存款，二是资金拆借。创业板严格的监管杜绝了拆借资金的可能性，募集资金存款成为利息收入大涨的主要原因。由于对存量募集资金高风险投资的监管限制，新上市公司纷纷采用定期存款、协定存款和通知存款（以下简称“定期存款”）等形式予以存放，其目的是在合规前提下，获取尽可能高于活期存款利息的收益。募集资金定期存款利息为一些创业板新公司带来了一笔“外快”收入。

要求：募集资金定期存款利息是否属于非经常性损益?

解析：不是。在募集资金投入使用之前，以定期存款的方式产生利息收入，其收益率为定期存款利率；在募集资金被用于募投项目并投产之后，带来项目投资收益。两者只是资产以不同的形态存在从而带来不同的收益。而且相比之下，定期存款的利率很可能相对较低。

此外，从净资产收益率、每股收益等指标来看，在上市公司发行股份募集资金之后，作为分母的净资产账面价值与股份数都有所增加，如果将募集资金产生的存款利息收入从分子中扣除，反而会导致分子和分母不匹配的结果。

综上所述，募集资金的利息在使用之前产生的定期存款利息不属于非经常性损益。

（五）房地产企业出售项目公司股权产生的处置损益

【案例5-9】A房地产公司于2×17年年度发生了以下两项交易：

交易一：2×17年3月3日与B信托公司（以下简称“B信托”）签署股权转让协议，将全资子公司C公司100%股权转让给B信托公司。C公司的主要资产为持有D公司65%的股权并拥有实际控制权。D公司主要资产为北京某商业大厦，其中部分出租部分自用（合并报表层面，自用部分作为固定资产和无形资产核算，出租部分作为投资性房地产核算）。A公司与B信托公司于2×17年7月3日完成C公司100%股权交割。A公司出售C公司100%股权产生投资收益2.03亿元。A公司把与商业大厦项目中自用部分的固定资产及无形资产相关的股权投资收益金额0.26亿元作为非经常性损益列示，将与出租部分的投资性房地产（以公允价值计量）科目相关的股权处置损益1.77亿元作为经常性损益列示。

交易二：2×17年5月15日，A公司与甲公司签订股权转让协议，将其所持乙公司的100%股权转让给甲公司。乙公司主要资产为天津市某住宅项目100%权益，该项目包含M和B两个地块。M地块一期已基本售罄，M地块二期已经取得土地使用权证，尚未开始建设。B地块已经取得土地使用权证、工程规划许可证和施工许可证，但自2×13年停工至今。本次股权出售于2×17年8月15日完成交割，A公司获得投资收益3.06亿元，作为经常性损益列示。

要求：A公司对于上述交易产生的损益是否属于非经常性损益？

解析：出于税收或者其他一些因素的考虑，房地产企业可能以转让子公司股权的形式，实现对房地产存货或其他物业资产的转让。在判断相关资产处置损益是否构成非经常性损益时，不能简单地认为处置公司股权产生的损益一概属于非经常性损益。公司应穿透该股权形式，根据项目公司所开发基础资产的性质和类别，分析该项转让是否与公司常规业务相同。通常而言，基础资产在合并财务报表可能的资产类别包括存货（开发成本、开发产品等）、固定资产、无形资产和投资性房地产等。

如果公司常规业务是房地产项目开发完成后出售，则通过转让股权方式把一项待开发的土地使用权和部分开发成本一次性出售所取得的投资收益，应当作为非经常性损益，这与公司处置固定资产或投资性房地产等长期资产适用的判断类似。

如果转让股权所对应的基础资产实质上是已开发完成的房屋存货，出售开发完成的房屋属于公司的常规业务，则股权处置损益可不认定为非经常性损益。

所以，公司应穿透该股权形式根据项目公司所开发基础资产的性质和类别，分析该项转让是否与公司常规业务相同。

交易一，实质是转让股权所代表的长期资产（商业大厦），因此处置损益应确认为非经常性损益。

交易二，M 地块一期已基本售罄，相应的处置损益应当作为经常性损益。M 地块二期和 B 地块，尚未开始建设，实质是转让股权所代表的长期资产，因此相应的处置损益应确认为非经常性损益。

（六） 非金融企业收取的资金占用费

解释 1 号中列举的项目虽然包括“计入当期损益的对非金融企业收取的资金占用费”，但并不意味着资金占用费性质的收入必然属于非经常性损益。

如果产生资金占用费的业务与公司的日常经营活动直接相关，且并非临时性和偶发性，如应收账款或应收票据的利息，该资金占用费可不认定为非经常性损益。

（七） 企业集团中关于非经常性损益的判断

【案例 5－10】 A 公司是一家以生产制造为主业的上市公司。2×16 年，A 公司向独立第三方非金融企业提供银行委托贷款并按照市场利率收取资金占用费。

在个别报表中，A 公司将相关资金占用费作为非经常性损益进行了披露。A 集团中包括一家持有金融牌照的子公司，可以提供贷款等金融服务，相关利息收入作为经常性损益进行披露。

要求： A 公司的资金占用费在合并报表中是否可以作为经常性损益？

解析： 不可以。合并财务报表中界定非经常性损益项目时，应当基于单独公司进行判断。例如，企业集团内的母公司取得某项收益与其日常经营业务无关，被认定为非经常性损益，并不能因为合并范围内有子公司存在相关经营范围而被重新认定为不属于非经常性损益。

从 A 公司自身业务性质来看，委托贷款业务与公司日常经营业务并无直接关系，应被划分为非经常性损益。不能因为合并范围内有子公司存在相关经营范围而被重新划分为经常性损益。

【案例 5－11】 A 公司为上市公司，根据自身业务性质和营业执照范围，属于非金融企业。A 公司的子公司 B 公司的核心业务包含保理业务，即向客户提供一系列的销售融资、应收账款融资等综合金融服务。保理业务收入主要包括应收保理款的利息收入，实质上是向客户收取的资金占用费，一般按照融资规模的一定比例收取，因此保理服务费也作为与应收款项直接相关的费用。在 B 公司的财务报表中，B 公司将保理业务收入作为营业收入列报。在 A 公司的合并财务报表中，A 公司认定子公司 B 的保理业务属于集团日常经营活动的组成部分，也将保理业务收入列报为营业收入。

要求： 非金融企业收取资金占用费作为营业收入，是否可以作为经常性损益？

解析： 是。因为 A 公司认定子公司 B 的保理业务属于集团日常经营活动的组成部分，且该业务并非临时性、偶发性，在 A 公司合并财务报表中，子公司 B 从事保理业务取得的收入，可以作为经常性损益列报。

（八） 企业发生的科研项目支出

【案例 5－12】 2×13 年 1 月，A 公司受邀参与国家某科研项目，国家因此给予 A 公司一定补助，金额为 100 万元，用于补偿其以后发生的相关费用，假设符合政府补助定义，A 公司将这 100 万元计入递延收益。2×13 年，A 公司因从事该科研项目的研发活动而发生相关费用 120 万元，计入当期损益。按照《CAS16——政府补助》的相关规定，A 公司将相关政府补助从递延收益转入当期损益（其他收益），并作为非经常性损益项目。A 公司参与该科研项目所发生的相关费用仅为该项目的专项支出，如果 A 公司无须落实该项目，则不会发生上述费用。据 A 公司介绍，该科研项目与 A 公司的日常经营活动无密切关系，其可能形成的研究成果也无法直接应用于 A 公司的日常经营活动中。

要求：A 公司因从事上述科研项目的研发活动而发生的相关费用 120 万元，是否应作为非经常性损益项目？

解析：是。由于 A 公司所参与的该科研项目与其日常经营活动无密切关系，所发生的相关费用仅为该科研项目的专项支出，如果 A 公司无须实施该项目，则不会发生上述费用。因此，相关费用符合非经常性损益的定义，应作为非经常性损益项目，并作为“其他符合非经常性损益定义的损益项目”在附注中单独作出说明。

（九）与递延所得税适用税率相关的非经常性损益认定

根据税收、会计等法律法规的要求对当期损益进行一次性调整对当期损益的影响，通常属于非经常性损益。

对于因高新技术企业认定变化，导致适用所得税税率变动而重新计量所确认的递延所得税形成对损益的一次性调整，公司应分析高新技术企业认定变化的原因。因国家高新技术企业认定相关政策调整导致企业资质认定发生变化的，公司对当期损益进行的一次性调整应当计入非经常性损益；因公司生产经营情况变化导致其资质认定发生变化的，公司对损益进行的一次性调整应当计入经常性损益。

【案例 5－13】A 公司为上市公司，2×10 年 A 公司为进口设备而发生了日元借款，该日元借款按照期末汇率折算产生汇兑损失 400 万元。A 公司将其作为非经常性损益，理由是汇率变动与公司的经营业务无直接关系。

A 公司年报显示，该公司取得的 4 年期日元借款年利率为 4%，而同时取得的 4 年期人民币借款年利率为 5.7%。

要求： A 公司上述汇兑损失是否属于非经常性损益？

解析： 不是。A 公司因进口设备发生日元借款，属于公司正常经营过程中的固定资产投资和筹资行为。汇率波动在理论上主要是由于两个国家的利率差造成的，汇率波动带来的汇兑损失从理论上和实际结果上都是对日元借款利息在一定程度上的调整，不能将二者剥离开来，简单地因为日元借款汇兑损失的性质特殊就将其作为非经常性损益。

【案例 5－14】 随着经济环境的变化，上市公司参与金融证券投资的活动越来越多。

要求： 交易性金融资产和其他债权投资在持有期间取得的利息或现金股利以及其他债权投资所计提的信用减值损失是否作为非经常性损益项目？

解析： 不是。应当根据企业的日常经营活动的业务类型进行判断。

以商业银行为例，银行日常经营的业务包括吸收公众存款；发放短期、中期和长期贷款；办理国内外结算；买卖政府债券、金融债券等。商业银行投资有价证券的主要目的包括：

（1）业务多元化，降低风险。证券投资为银行分散资产提供了一种选择，以避免银行资产过于集中在贷款上。

（2）获取利润。银行投资有价证券产生的收益包括在证券持有期间获得的利息收入以及证券的增值收入。

（3）保持流动性。有价证券可以克服现金缺乏盈利的弱点，又具有较高的流动性，因此是商业银行进行日常流动性管理的重要工具。

综上分析，对于商业银行而言，其持有交易性金融资产和其他债权投资产生的损益一般与其正常经营业务直接相关，且交易性质并不特殊，也不是偶发性事项，一般属于经常性损益。

【案例 5－15】 A 公司为上市公司。2×16 年 A 公司通过并实施了股权激励计划。根据企业会计准则关于股份支付的规定，A 公司将当期取得的服务计入成本或费用，在年报披露中，相关费用被披露为非经常性损益。

要求： A 公司的股权激励费用确认为非经常性损益是否合理？

解析： 不合理。股权激励计划的实质属于职工薪酬，根本上还是企业为获取职工服务支付的对价，是与企业人工相关的费用，属于企业正常经营所必需的，不符合非经常性损益的定义，属于经常性损益。

【案例 5－16】 非经常性损益的判断。

甲公司系公路港基础设施及公路物流平台运营商，致力于打造包括全国化城市物流中心、智能化系统、支付平台三大基础设施在内的覆盖全国、互联互通的中国物流供应链服务平台。目前甲公司在全国各地投资运营和在建的公路港已达56个，另有数十个项目仍在洽谈中。各地公路港项目中有47个项目的盈利中包含“配套低价商住地块项目的补助收益”（即当地政府为了吸引公路港项目在当地投资建设而以低于市场价给予的配套商住地块的开发收益）。出于主业聚焦与专业定位，甲公司一般会将商住地块项目引入专业地产商进行项目合作，以合作开发、股权转让等形式实现项目收益。会计处理上作为股权转让投资收益等处理。

近年来，地方财政在对公路港项目进行补贴时，地方政府较多采用低价转让配套商住地块的形式。因此，甲公司在2×19年年度因转让低价取得的商住地块的收益较以前年度有显著增加。2×17年年度、2×18年年度和2×19年年度，基于上述商业模式甲公司实现（或预计实现）的商住地补贴收益情况如表5－27所示。

表 5－27　　甲公司商住地补贴收益情况　　单位：万元

盈利来源	报表项目	明细项目	2×17年	2×18年	2×19年
商住地补贴	营业收入、成本	合作开发收入、成本①	15 869.82	10 393.77	928.3
	投资收益	股权转让收益②	146.8		43 337.11
	合计		16 016.62	10 393.77	44 265.41

注①：在以往年度作为经常性损益列报（公司正常经营业务）

注②：在以往年度作为非经常性损益列报（不满足定额定量要求且在投资收益中核算）

要求： 配套地块项目的政府补贴属于经常性损益还是非经常性损益？

解析： 公司到目前为止共投资建设的56个公路港项目中，共有47个项目获得了配套商住地块补助收益，商住地块补贴收益属于企业商业盈利模式的重要组成部分，其有无、多寡，是影响投资决策的主要决定性因素，说明该类投资是公司的正常经营活动，该类政府补助应认定为经常性损益。

第四节　所有者权益变动表

为什么要编所有者权益变动表？因为企业是股东投资的，股东当然关心投资的变化情况了。所有者权益是计算权益净利率、经济增加值等重要指标的构成因素，是反映股东投资回报是否超过同行业平均水平的重要依据。

一、所有者权益变动表的列报要求

所有者权益变动表的列报要求如表 5－28 所示。

表 5－28　　所有者权益变动表的列报要求

1. 概念	所有者权益变动表，是反映构成所有者权益的各组成部分当期的增减变动情况的报表。有助于报表使用者理解所有者权益增减变动的根源
2. 列报格式	矩阵式【1】
3. 分别列报	综合收益和与所有者的资本交易导致的所有者权益的变动，应当分别列示【2】
	所有者权益变动表至少单独列报的项目： （1）综合收益总额。在合并所有者权益变动表中还应单独列示归属于母公司所有者的综合收益总额和归属于少数股东的综合收益总额 （2）会计政策变更和前期差错更正的累积影响金额 （3）所有者投入资本和向所有者分配利润等 （4）按照规定提取的盈余公积 （5）所有者权益各组成部分的期初和期末余额及其调节情况

【释 1】企业应当以矩阵的形式反映所有者权益各组成部分的期初和期末余额及其调节情况：一方面，列示导致所有者权益变动的交易或事项，按所有者权益变动的来源对一定时期所有者权益变动情况进行全面反映；另一方面，按照所有者权益各组成部分（包括实收资本、资本公积、其他综合收益、盈余公积、未分配利润、库存股等）及其总额列示相关交易或事项对所有者权益的影响。

【释 2】与所有者的资本交易，是指企业与所有者以其所有者身份进行的、导致企业所有者权益变动的交易，也叫权益性交易。

二、所有者权益变动表的填列

（一）所有者权益变动表的格式（见表 5－29）

表 5－29　　**所有者权益变动表**　　会企 04 表

编制单位：　　________年度　　单位：元

项目	本年金额												上年金额											
	实收资本（或股本）	其他权益工具			资本公积	减：库存股	其他综合收益	专项储备	盈余未公积	分配利润	所有者权益合计		实收资本（或股本）	其他权益工具			资本公积	减：库存股	其他综合收益	专项储备	盈余公积	未分配利润	所有者权益合计	
		优先股	永续债	其他										优先股	永续债	其他								
一、上年年末余额																								
加：会计政策变更																								
前期差错更正																								
其他																								
二、本年年初余额																								
三、本年增减变动金额（减少以“－”号填列）																								
（一）综合收益总额																								
（二）所有者投入和减少资本																								
1. 所有者投入的普通股																								
2. 其他权益工具持有者投入资本																								
3. 股份支付计入所有者权益的金额																								

续表

项目	本年金额														上年金额													
	实收资本（或股本）	其他权益工具			资本公积	减：库存股	其他综合收益	专项储备	盈余未公积	分配利润	所有者权益合计				实收资本（或股本）	其他权益工具			资本公积	减：库存股	其他综合收益	专项储备	盈余公积	未分配利润	所有者权益合计			
		优先股	永续债	其他												优先股	永续债	其他										
4. 其他																												
（三）利润分配																												
1. 提取盈余公积																												
2. 对所有者（或股东）的分配																												
3. 其他																												
（四）所有者权益内部结转																												
1. 资本公积转增资本（或股本）																												
2. 盈余公积转增资本（或股本）																												
3. 盈余公积弥补亏损																												
4. 设定受益计划变动额结转留存收益																												
5. 其他综合收益结转留存收益																												
6. 其他																												
（五）专项储备																												
1. 本期提取																												
2. 本期使用（以负号填列）																												
四、本年年末余额																												

（二）所有者权益变动表的填列方法

1. 一般企业所有者权益变动表主要项目列报方法

企业应当根据所有者权益类科目和损益类有关科目的发生额分析填列所有者权益变动表“本年金额”栏，具体包括表 5－30 所示情况。

表 5－30　一般企业所有者权益变动表主要项目列报方法

（1）“上年年末余额”项目	应根据上年度所有者权益变动表“本年金额”栏内所列数字填列
（2）“会计政策变更”和“前期差错更正”项目	应根据“盈余公积”“利润分配”“以前年度损益调整”等科目的发生额分析填列，并在“上年年末余额”的基础上调整得出“本年年初金额”项目
（3）“本年增减变动额”项目	“综合收益总额”项目，应根据当年利润表中“其他综合收益的税后净额”和“净利润”项目填列，并对应列在“其他综合收益”和“未分配利润”栏
	“所有者投入和减少资本”项目中： “所有者投入资本”项目，反映企业接受投资者投入形成的实收资本（或股本）和资本公积，应根据“实收资本”“资本公积”等科目的发生额分析填列，并对应列在“实收资本”和“资本公积”栏 “股份支付计入所有者权益的金额”项目，反映企业处于等待期中的权益结算的股份支付当年计入资本公积的金额，应根据“资本公积”科目所属的“其他资本公积”二级科目的发生额分析填列，并对应列在“资本公积”栏
	“利润分配”项目中： “提取盈余公积”项目，反映企业按照规定提取的盈余公积，应根据“盈余公积”“利润分配”科目的发生额分析填列 “对所有者（或股东）的分配”项目，反映对所有者（或股东）分配的利润（或股利）金额，应根据“利润分配”科目的发生额分析填列
	“所有者权益内部结转”项目中： “资本公积转增资本（或股本）”项目，反映企业以资本公积转增资本或股本的金额，应根据“实收资本”“资本公积”等科目的发生额分析填列 “盈余公积转增资本（或股本）”项目，反映企业以盈余公积转增资本或股本的金额，应根据“实收资本”“盈余公积”等科目的发生额分析填列 “盈余公积弥补亏损”项目，反映企业以盈余公积弥补亏损的金额，应根据“盈余公积”“利润分配”等科目的发生额分析填列 “其他综合收益结转留存收益”项目，反映企业指定为以公允价值计量且其变动计入其他综合收益的非交易性权益工具投资终止确认时，之前计入其他综合收益的累计利得或损失从其他综合收益中转入留存收益的金额；以及企业指定为以公允价值计量且其变动计入当期损益的金融负债终止确认时，之前由企业自身信用风险变动引起而计入其他综合收益的累计利得或损失，从其他综合收益中转入留存收益的金额等。根据“其他综合收益”科目的相关明细科目的发生额分析填列

2. 金融企业所有者权益变动表的列报格式

应当遵循本准则的规定，并根据金融企业经营活动的性质和要求，比照上述一般企业的所有者权益变动表列报格式进行相应调整。

【案例 5－17】所有者权益变动表的编制。

学天海股份有限公司 2019 年发生业务及有关资料如下，编制学天海股份有限公司 2019 年年度所有者权益变动表本年数。

上年末所有者权益余额参考例 5－1 中期末余额。当年发生业务如表 5－31 所示。

表 5－31　　　　案例业务资料及解析

案例业务资料	案例解析
1. 将原来成本模式计量的投资性房地产转换为公允价值模式计量，原价为 5 000 万元，累计折旧为 2 000 万元，转换日公允价值为 4 000 万元	会计政策变更行： 盈余公积项目（4 000－3 000）×（1－25%）×10%＝75 万元 未分配利润项目 75×9＝675 万元
2. 将上年一笔不符合收入确认条件的业务确认了收入4 000 万元	前期差错更正行： 盈余公积项目 4 000×（1－25%）×10%＝300 万元 未分配利润项目 300×9＝2 700 万元
3. 当年实现净利润 2 329 万元，实现其他综合收益税后净额为 1 680 万元	综合收益总额行： 未分配利润项目＝2 329（万元） 其他综合收益项目＝1 680（万元）
4. 当年增发股票 1 000 万股，每股面值 1 元，每股公允价值为 6 元	所有者投入的普通股行： 股本项目＝1 000（万元） 资本公积项目＝5 000（万元）
5. 发行了一项年利率为 6%、无固定还款期限、可自主决定是否支付利息的不可累积永续债，面值为 10 000 万元，其他合同条款如下：①该永续债嵌入了一项看涨期权，允许学天海公司在发行第 10 年及之后以面值回购该永续债。②如果学天海公司在第 5 年年末没有回购该永续债，则之后的票息率增加至 8%	看涨期权和利率跳升均不形成合同义务，应分类为权益工具，在其他权益工具持有者投入资本行列示： 其他权益工具下永续债项目＝10 000（万元）

续表

案例业务资料	案例解析
6. 在股权激励计划分类为权益结算的股份支付中，年末形成的其他资本公积为1 000万元	股份支付计入所有者权益的金额行： 资本公积项目＝1 000（万元）
7. 年末按照净利润2 329万元的10%计提法定盈余公积为232.9万元；宣告发放现金股利为2 000万元	提取盈余公积行： 盈余公积项目＝232.9（万元） 未分配利润项目＝－232.9（万元） 对股东的分配行： 未分配利润项目＝－2 000（万元）
8. 年末宣告以资本公积4 000万元转增股本，盈余公积2 000万元转增股本	资本公积转增股本行： 股本项目＝4 000（万元） 资本公积项目＝－4 000（万元） 盈余公积转增股本行： 股本项目＝2 000（万元） 盈余公积项目＝－2 000（万元）
9. 因以前年度实施的设定受益计划结束，累计的其他综合收益贷方余额为100万元	设定受益计划变动额结转留存收益行： 其他综合收益项目＝－100（万元） 盈余公积项目＝10（万元） 未分配利润项目＝90（万元）
10. 因终止确认原来分类为以公允价值计量且其变动计入其他综合收益的非交易性权益工具投资，累计的公允价值变动贷方余额为300万元。因终止确认指定为以公允价值计量且其变动计入当期损益的金融负债，之前由于自身信用风险引起的累计的公允价值变动为100万元	其他综合收益结转留存收益行： 其他综合收益项目＝－300－100＝－400（万元） 盈余公积项目＝40（万元） 未分配利润项目＝360（万元）
11. 企业所有者权益上年年末的余额为：股本20 000万元，其他权益工具——永续债20 000万元，资本公积5 000万元，其他综合收益990万元，盈余公积3 000万元，未分配利润27 000万元	填入上年年末余额行

综上所述，所有者权益变动表相关项目填列如表5－32所示。

表 5-32　　所有者权益变动表相关项目的填列金额

	本年金额										
	实收资本（或股本）	其他权益工具			资本公积	减：库存股	其他综合收益	专项储备	盈余公积	未分配利润	所有者权益合计
		优先股	永续债	其他							
一、上年年末余额	20 000		20 000		5 000		990		3 000	27 000	75 990
加：会计政策变更									75	675	750
前期差错更正									-300	-2 700	-3 000
其他											
二、本年年初余额	20 000		20 000		5 000		990		2 775	24 975	73 740
三、本年增减变动金额（减少以“-”号填列）											
（一）综合收益总额							1 680			2 329	4 009
（二）所有者投入和减少资本											
1. 所有者投入的普通股	1 000				5 000						6 000
2. 其他权益工具持有者投入资本			10 000								10 000
3. 股份支付计入所有者权益的金额					1 000						1 000
4. 其他											
（三）利润分配											
1. 提取盈余公积									232.9	-232.9	0
2. 对所有者（或股东）的分配										-2 000	-2 000
3. 其他											
（四）所有者权益内部结转											
1. 资本公积转增资本（或股本）	4 000				-4 000						0
2. 盈余公积转增资本（或股本）	2 000								-2 000		0
3. 盈余公积弥补亏损											

续表

	本年金额										
	实收资本（或股本）	其他权益工具			资本公积	减：库存股	其他综合收益	专项储备	盈余公积	未分配利润	所有者权益合计
		优先股	永续债	其他							
4. 设定受益计划变动额结转留存收益							-100		10	90	0
5. 其他综合收益结转留存收益							-400		40	360	0
6. 其他											
四、本年年末余额	27 000		30 000		7 000		2 170		1 057.9	25 521.1	92 749

【案例5-18】 学天海公司20×9年年度免交所得税，当年发生的有关交易或事项如下：

（1）以盈余公积转增资本5 500万元；

（2）向股东分配股票股利4 500万元；

（3）接受控股股东的现金捐赠350万元；

（4）外币报表折算差额本年增加70万元；

（5）因自然灾害发生固定资产净损失1 200万元；

（6）因会计政策变更调减年初留存收益560万元；

（7）持有的交易性金融资产公允价值上升60万元；

（8）因处置联营企业股权相应结转原计入资本公积贷方的金额为50万元；

（9）因其他债权投资公允价值上升在原确认的减值损失范围内转回减值准备85万元。

要求： 不考虑其他因素，计算上述交易或事项对学天海公司20×9年12月31日所有者权益总额的影响金额。

解析：（1）（2）不影响所有者权益总额；

（8）资本公积减少，投资收益增加，所有者权益总额不变；

（9）其他综合收益减少，信用减值损失减少导致损益增加，所有者权益总额不变；

对 20×9 年 12 月 31 日所有者权益总额的影响 = 350 + 70 − 1 200 − 560 + 60 = −1 280（万元）。

【案例 5－19 · 多选题】（2016）学天海公司 2×15 年发生下列交易或事项：

（1）以账面价值为 18 200 万元的土地使用权作为对价，取得同一集团内乙公司 100% 股权，合并日乙公司净资产在最终控制方合并报表中的账面价值为 12 000 万元；

（2）为解决现金困难，控股股东代学天海公司缴纳税款 4 000 万元；

（3）为补助学天海公司当期研发投入，取得与收益相关的政府补助 6 000 万元；

（4）控股股东将自身持有的学天海公司 2% 股权赠予学天海公司 10 名管理人员并立即行权。

不考虑其他因素，上述交易会引起学天海公司 2×15 年所有者权益中资本性项目发生变动的有（　　）。

A. 大股东代为缴纳税款

B. 取得与收益相关的政府补助

C. 控股股东对管理人员的股份赠予

D. 同一控制下企业合并取得乙公司股权

答案：ACD

解析：选项 AC，关联交易导致单方面经济利益输送，应当计入权益；选项 B，属于政府补助，计入损益，不影响权益；选项 D，同一控制下的投资差额应当计入权益。

第五节　附　　注

为什么需要报表附注？虽然财务报表内确认的信息是财务报告的核心，但是也有局限性。有时候表外披露的信息甚至比报表本身提供的信息更重要。附注的主要作用有：

第一，附注是对会计报表内列示的项目进行详细解释，以帮助财务报表使用者更准确地把握其含义。例如，通过阅读附注中披露的固定资产折旧政策的说明，使用者可以掌握报告企业与其他企业在固定资产折旧政策上的异同，以便进行更准确的比较。

第二，附注提供了对会计报表内未列示项目的详细说明。例如，通过阅读附注中披露的存货增减变动情况，财务报表使用者可以了解资产负债表中未单列的存货分类信息。

第三，通过附注与会计报表项目的相互参照关系，以及对未能在财务报表中列示项目的说明，可以使财务报表使用者全面了解企业的财务状况、经营成果和现金流量以及所有者权益的情况。

第四，财务报表反映的基本上是面向过去的历史信息，而且必须是能用货币计量的信息。对报告使用者来说，还需要能够面向未来决策的信息，以及能够反映企业持续经营能力非货币性信息，例如，马云的头脑对阿里巴巴非常重要，很多重大的战略和决策都是马云拍板的，但是阿里巴巴的报表上没有马云这项重要的资产。所以，表外披露就成了表内确认的一种补充。

信息披露，是公司治理的重要因素，是保护投资者合法权益的基本手段和制度安排，是会计决策有用性目标的内在要求。因此，除了会计准则规定信息披露外，还有适用于非上市公司的非市场导向的公司法规定的信息披露，以及适用于上市公司的市场导向的证券法规定的信息披露。如果不公开披露会计信息，那么以信息为导向的会计准则体系就没有意义了。

一、总体要求

附注披露的总体要求如表 5 – 33 所示。

表 5 – 33　　附注披露的总体要求

1. 概念	附注，是对在会计报表中列示项目的文字描述或明细资料，以及对未能在这些报表中列示项目的说明等
2. 编制基础	附注应当披露财务报表的编制基础，相关信息应当与会计报表中列示的项目相互参照，以有助于使用者联系相关联的信息，并由此从整体上更好地理解财务报表
3. 披露方式	以定量、定性信息相结合，按照一定的结构对附注信息进行系统合理地排列和分类，以便于使用者理解和掌握

二、附注一般应当按顺序至少披露的信息

附注一般应当按顺序至少披露的信息如表 5－34 所示。

表 5－34　　附注一般应当按顺序至少披露的信息

1. 企业的基本情况	企业注册地、组织形式和总部地址
	企业的业务性质和主要经营活动。如企业所处的行业、所提供的主要产品或服务、客户的性质、销售策略、监管环境的性质等
	母公司以及集团最终母公司的名称
	财务报告的批准报出者和财务报告批准报出日，或者以签字人及其签字日期为准
	营业期限有限的企业，还应当披露有关其营业期限的信息
2. 财务报表的编制基础	企业应当根据本准则的规定判断企业是否持续经营，并披露财务报表是否以持续经营为基础编制
3. 遵循企业会计准则的声明	企业应当声明编制的财务报表符合企业会计准则的要求，真实、完整地反映了企业的财务状况、经营成果和现金流量等有关信息，以此明确企业编制财务报表所依据的制度基础。如果企业编制的财务报表只是部分地遵循了企业会计准则，附注中不得做出这种表述
4. 重要会计政策和会计估计	重要会计政策的说明【1】
	重要会计估计的说明【2】
5. 会计政策和会计估计变更以及差错更正的说明	
6. 报表重要项目的说明	企业应当按照会计报表及其项目列示的顺序，采用文字和数字描述相结合的方式披露报表重要项目的说明。报表重要项目的明细金额合计，应当与报表项目金额相衔接
	企业还应当在附注中披露费用按照性质分类的利润表补充资料，可将费用分为耗用的原材料、职工薪酬费用、折旧费用、摊销费用等
7. 或有和承诺事项、资产负债表日后非调整事项、关联方关系及其交易等按照相关会计准则的规定需要说明的事项	
8. 有助于财务报表使用者评价企业管理资本的目标、政策及程序的信息【3】	

【释 1】企业应当披露采用的重要会计政策，并结合企业的具体实际披露其重要会计政策的确定依据、财务报表项目的计量基础、在运用会计政策过程中所做的重要判断等。例如，企业如何判断持有的金融资产是债权投资而不是交

易性投资，投资性房地产的判断标准是什么，存货是按成本还是可变现净值计量等。

【释2】 企业应当披露重要会计估计，并结合企业的具体实际披露其会计估计所采用的关键假设和不确定因素。包括可能导致下一个会计期间内资产、负债账面价值重大调整的会计估计的确定依据等。例如，固定资产可收回金额的计算需要根据其公允价值减去处置费用后的净额与预计未来现金流量的现值两者之间的较高者确定；在计算资产预计未来现金流量的现值时需要对未来现金流量进行预测，并选择适当的折现率；企业应当在附注中披露未来现金流量预测所采用的假设及其依据、所选择的折现率为什么是合理的等。又如，对于正在进行中的诉讼提取准备，企业应当披露最佳估计数的确定依据等。

【释3】 要求所有主体披露资本信息，因为它对通用目的财务报表使用者都是有用的，无论受监管主体还是不受监管主体。报表使用者在评估主体的风险状况，以及其承担未预期不利事件的能力时，主体的资本水平及其如何运营资本等信息是使用者考虑的重要因素。资本水平同样影响主体支付股利的能力。

企业应当基于可获得的信息充分披露与资本信息有关的内容如表5－35所示。

表5－35　　充分披露资本信息

1. 企业资本管理的目标、政策及程序的定性信息	包括： (1) 对企业资本管理的说明 (2) 受制于外部强制性资本要求的企业，应当披露这些要求的性质以及企业如何将这些要求纳入其资本管理之中 (3) 企业如何实现其资本管理的目标
2. 资本结构的定量数据摘要	包括资本与所有者权益之间的调节关系等。例如，有的企业将某些金融负债（如次级债）作为资本的一部分，有的企业将资本视作扣除某些权益项目（如现金流量套期产生的利得或损失）后的部分
3. 上述变动	自前一会计期间开始上述1和2中的所有变动
4. 强制性资本要求的披露	企业当期是否遵循了其受制的外部强制性资本要求，以及当企业未遵循外部强制性资本要求时，其未遵循的后果
5. 对每项受管制的资本单独披露	企业按照总体对上述信息披露不能提供有用信息时，还应当对每项受管制的资本要求单独披露上述信息。例如，跨行业、跨国家或地区经营的企业集团可能受一系列不同的资本要求监管

财务报表附注中对资本的披露与主体向监管机构披露不同，因为向监管机构披露的功能和向报表使用者披露的功能不同，不能互相替代。

财务报表附注中对资本的披露与一些行业内要求的披露不同，因为按行业要求披露的信息，在不同主体或不同国家类似主体之间不具有可比性。

【案例5－20】不受制于外部强制性资本要求。

以下的例子说明了不受制于外部强制性资本要求的非金融机构主体如何进行资本披露。

某企业利用债务/调整后的资本比率来监控资本。其他企业也可能用其他方法来监控资本。企业可根据自身环境决定其披露的详细程度。

A集团制造并销售汽车，不受制于外部强制性资本要求。A集团包括一家主要以租赁形式向客户提供金融服务的子公司。披露如下：

集团运营资本的目标：保持主体持续经营的能力，以持续向股东和其他利益相关者提供回报，以及按照风险水平对产品和服务进行相应的定价，以向股东提供足够的回报。

集团设定了与风险成比例的资本金额。集团根据经济环境的变化和标的资产的风险特征来管理资本结构并对其进行调整。为维持或调整资本结构，集团可能会调整支付给股东的股利金额、返还给股东的资本、发行新股份或者出售资产以减少负债。

与行业中的其他竞争者一致，集团以债务/调整后的资本比率为基础来监控资本。这一比率是按照净负债除以调整后的资本来计算的。净负债等于总负债（资产负债表中所列示的）减去现金和现金等价物。调整后的资本包括除有关现金流量套期在权益中累计金额之外的权益各组成部分（即股本、股本溢价、少数股东权益、留存收益），并包括一些次级债务。

在20×4年，该集团的战略依然和20×3年以来的战略一致，即维持债务/调整后的资本比率在6∶1至7∶1之间的低值，以达到维持B级信用评级来确保以合理成本进行融资。20×4年12月31日和20×3年12月31日的债务/调整后的资本比率如表5－36所示。

表 5－36　　A 集团的各财务指标　　单位：百万元

	20×4 年 12 月 31 日	20×3 年 12 月 31 日
总负债	1 000	1 100
减：现金和现金等价物	(90)	(150)
净负债	910	950
权益合计	110	105
加：次级债务工具	38	38
减：现金流量套期相关的权益累计金额	(10)	(5)
调整后的资本	138	138
债务/调整后的资本比率	6.6	6.9

20×4 年债务/调整后的资本比率的减少，主要因出售子公司 Z 带来的净负债的减少。由于净负债的减少、盈利能力的提高和管理的应收账款水平的降低，因此 20×4 年支付的股利增加到 280 万元（20×3 年是 250 万元）。

【案例 5－21】未遵循外部强制性资本要求。

某企业 A 向其客户提供金融服务，并遵循由监管者 B 提出的资本要求。在截至 20×7 年 12 月 31 日的年度，主体 A 没有遵循监管者 B 提出的资本要求。在截至 20×7 年 12 月 31 日的年度财务报表中，主体 A 披露了其未遵循的如下情况：

主体 A 在 20×7 年 10 月 20 日报送了其截至 20×7 年 9 月 30 日的季度法定资本回报申请。在当日，主体 A 的法定资本小于监管者提出的资本要求 100 万元。因此，要求主体 A 向监管者提交一份表明其如何增加法定资本以达到要求金额的计划。主体 A 提交了一份计划，即在 20×7 年第 4 季度出售其账面金额为 1 150 万元的部分未挂牌权益组合。20×7 年第 4 季度，主体 A 以 1 260 万元出售了其固定利率的投资组合并满足了监管资本要求。

三、企业应当在附注中披露的信息

企业应当在附注中披露的信息如表 5－37 所示。

表 5 – 37　　企业应当在附注中披露的信息

1. 关于其他综合收益各项目的信息	(1) 其他综合收益各项目及其所得税影响 (2) 其他综合收益各项目原计入其他综合收益、当期转出计入当期损益的金额 (3) 其他综合收益各项目的期初和期末余额及其调节情况
2. 期后股利分配信息	在资产负债表日后、财务报告批准报出日之前提议或宣布发放的股利总额和每股股利金额（或向投资者分配的利润总额）
3. 终止经营的信息	终止经营的收入、费用、利润总额、所得税费用和净利润，以及归属于母公司所有者的终止经营利润。企业披露的上述数据应当是针对终止经营在整个报告期间的经营成果

【案例 5 – 22】分别判断下列事项的会计处理是否正确并说明理由。

(1) 上市公司在报告期内处置子公司构成终止经营，在利润表中列报终止经营净利润时，未包括处置该子公司的处置损益，亦未将可比期间相关信息重新列报为终止经营净利润。

解析：不正确。终止经营净利润应当包括处置该子公司的处置损益，可比期间相关信息应当重新列报为终止经营净利润。

(2) 上市公司在报告期因转让合同权利和出售债权确认大额收益，占当年利润总额的比例超过 100%，上市公司在年报中对该交易的相关信息披露甚少。

解析：不正确。上市公司对报告期业绩产生重大影响的交易和事项应当充分披露。

(3) 上市公司受政策、市场等重大不利因素影响导致业绩大幅下滑，并且该不利影响可能会持续。流动资产远远小于流动负债，营运资金为负，不得不出售经营性资产以缓解资金紧张，但公司未明确披露。

解析：不正确。这些迹象很可能表明公司持续经营存在重大不确定性风险，应当充分披露持续经营存在的重大不确定性风险。

(4) 上市公司在临近年末挂牌出售土地并确认处置收益；在年末挂牌转让子公司股权，签订相应资产转让协议并于当年确认处置收益。

解析： 不正确。通常情况下，短时间内较难满足搬迁、解除抵押等土地交付条件或完成控制权的转移，短时间内也较难完成股权转让手续并符合终止确认的条件。因此对这类因业绩压力而进行的突击交易的合理性存疑，容易虚增当年利润。

四、部分项目披露格式

1. 货币资金的披露格式（见表 5－38）

表 5－38　货币资金　单位：元

项目	原币	折算汇率	折合人民币
1. 现金			
2. 银行存款			
3. 其他货币资金			
合计			

2. 其他流动资产的披露格式（见表 5－39）

表 5－39　其他流动资产　单位：元

项目	期末账面价值	年初账面价值
1.		
……		
合计		

注：有长期待摊费用、其他非流动资产的，比照其他流动资产进行披露。

3. 应交税费的披露格式（见表 5－40）

表 5－40　应交税费　单位：元

税费项目	期末账面余额	年初账面余额
1. 增值税		
……		
合计		

4. 其他流动负债的披露格式（见表 5-41）

表 5-41 **其他流动负债** 单位：元

项目	期末账面余额	年初账面余额
1.		
……		
合计		

注：有预计负债、其他非流动负债的，比照其他流动负债进行披露。

5. 营业收入的披露格式（见表 5-42）

表 5-42 **营业收入** 单位：元

项目	本期发生额	上期发生额
1. 主营业务收入		
2. 其他业务收收入		
合计		

同时，企业还应披露建造合同当期预计损失的原因和金额，同时按表 5-43 的格式披露。

表 5-43 **预计损失** 单位：元

合同项目		总金额	累计已发生成本	累计已确认毛利（亏损以“-”号表示）	已办理结算的价款金额
固定造价合同	1.				
	……				
	合计				
成本加成合同	1.				
	……				
	合计				

6. 公允价值变动损益的披露格式（见表 5-44）

表 5-44 **公允价值变动损益** 单位：元

产生公允价值变动损益的来源	本期发生额	上期发生额
1.		
……		
合计		

7. 投资收益的披露格式（见表5－45）

表5－45　　投资收益　　单位：元

产生投资收益的来源	本期发生额	上期发生额
1.		
……		
合计		

另外，企业按照权益法核算的长期股权投资，直接以被投资单位的账面净损益计算确认投资损益的事实及原因。

8. 营业外收入的披露格式（见表5－46）

表5－46　　营业外收入　　单位：元

项目	本期发生额	上期发生额
1. 非流动资产处置利得合计		
其中：固定资产处置利得		
无形资产处置利得		
合计		

9. 营业外支出的披露格式（见表5－47）

表5－47　　营业外支出　　单位：元

项目	本期发生额	上期发生额
1. 非流动资产处置利得合计		
其中：固定资产处置损失		
无形资产处置损失		
合计		

第六章
现金流量表

保持现金流量的稳定是商业的根本目标，企业持有各类资产的最终目的，就是为了实现更多的现金流量，收回高于投入的现金。企业的现金流量在很大程度上影响着企业的生存和发展。企业现金充裕，就可以及时购入各种经营所需要的资产，及时支付工资、偿还债务、支付股利和利息；反之，轻则影响企业的正常生产经营，重则危及企业的生存。现金管理已经成为企业财务管理的一个重要方面，受到企业管理人员、投资者、债权人以及政府监管部门的关注。

在20世纪初期，收付实现制曾经是财务报告的编制基础，但是随着利润表重要性的上升，权责发生制就成了财务报告的编制基础。直到20世纪80年代，现金流量表才重新站上历史舞台。为什么要编制现金流量表?

第一，现金流量表弥补了利润表和权责发生制的不足。在权责发生制下，企业利润很可能虚高，企业在虚增收入的情况下，应收账款金额特别大，并没有充足的现金流向投资者分红或扩大生产规模，导致很多利润很好看的企业破产了。所以，将权责发生制下的利润信息调整为收付实现制下的现金流量信息，有利于降低企业的盈余管理程度，提高会计信息质量，有助于报表使用者能够了解现金流量的影响因素，评价企业的支付能力、偿债能力及周转能力。

第二，现金流量表弥补了资产负债表的不足。现金流量表进一步解释了资产负债表中的货币资金是如何增减变动的，企业的净利润有多少现金流量支撑，企业的经营活动、投资活动、筹资活动，分别能够产生多少现金流量，未来需要偿付多少现金流量，从而有助于报表使用者预测企业未来现金流量，为其决策提供有力依据。资产负债表中的流动性分类是粗略的，而现金流量信息对评估企业的流动性和财务灵敏性是非常具体的。

第三，将权责发生制下的盈利信息调整为收付实现制下的现金流量信息，有助于报表使用者了解企业收益的质量及影响现金净流量的因素。尤其是经营成果（即净利润）中由经营活动创造的现金流量越多，才能真正表示企业盈利能力越强，企业偿还筹资活动现金流出才有保证，否则企业就有可能因为资金链断裂而破产。所以，补充资料中专门要求将净利润调节为经营活动现金流量。

第四，现金流量表提高了不同企业之间财务报告的可比性。由于不同的企业对同样的交易和事项，可能采用了不同的会计方法，从而产生不同的利润，导致会计信息可比性下降。而现金流量不受不同会计方法的影响，提高了不同企业会计信息的可比性。

第五，现金流量信息更能体现财务报告的目标。因为财务报告应当为使用者提供企业未来现金流量的金额、时间分布、不确定性方面的信息，过去的现金流量信息通常被视为未来现金流量的金额、时间和不确定性的标志。它也有助于检查过去对未来现金流量所进行的评价的精确性，以及明晰获利能力与净现金流量之间的关系以及价格变动的影响。很多财务管理决策就是通过现金流量的分析来进行的。所以，现金流量信息更能体现决策有用观和会计信息的相关性。

第六，将现金流量表提供的信息与其他财务报表提供的信息联系起来，有助于帮助财务报表使用者评价主体净资产变动情况、主体的财务结构（包括其资产流动性和偿债能力）以及主体为适应环境和机会变化而对其现金流量的金额和时间进行调整的能力所需的信息。现金流量信息有助于评价主体产生现金和现金等价物的能力，有助于财务报表使用者设计决策模型以评价和比较不同主体未来现金流量的现值。

《CAS31——现金流量表》（下文简称“CAS31”）规范了现金流量表的编制和列报。

2006 版 CAS31 与 2001 版《现金流量表准则》相比，变化如表 6 - 1 所示。

表 6－1　　2006 版 CAS31 与 2001 版的区别

变化项目	2001 版《现金流量表准则》	2006 版 CAS31
1. 列示了不同类型企业的现金流量表	只列示了一般企业的现金流量表	分别列示了一般企业、商业银行、保险公司、证券公司等不同企业类型现金流量表的格式。企业如有特别需要，可以结合本企业的实际情况，进行必要调整和补充
2. 增加了现金流量表列报内容和有关项目	只要求编制“现金流量表”和“现金流量表补充资料”	增加了“当期取得或处置子公司及其他营业单位的有关信息披露”“现金和现金等价物的披露”以及“处置子公司及其他营业单位收到的现金净额”“取得子公司及其他营业单位支付的现金净额”等项目；补充资料中增加了“公允价值变动损失”“递延所得税资产减少”“递延所得税负债增加”等项目

第一节　概　　述

现金流量表概述如表 6－2 所示。

表 6－2　　现金流量表概述

1. 概念	现金流量表，是指反映会计主体和其他会计主体之间在一定会计期间发生的现金和现金等价物（下文统称“现金”）流入和流出的报表【1】
	现金，是指企业库存现金和可以随时用于支付的存款
	现金等价物，是指企业持有的期限短、流动性强、易于转换为已知金额现金、价值变动风险较小的投资【2】
2. 会计政策	企业应当根据具体情况制定会计政策，确定现金及现金等价物的范围，一经确定不得随意变更。如果发生变更，应当按照会计政策变更处理【3】
3. 会计基础	收付实现制【4】
4. 适用范围	个别现金流量表的编制和列报适用 CAS31
	合并现金流量表的编制和列报还适用 CAS33【5】

续表

5. 总额列报	现金流量应当按照总额列报，但是，下列各项可以按照净额列报： （1）代客户收取或支付的现金以及周转快、金额大、期限短项目的现金流入和现金流出【6】 （2）金融企业的有关项目，主要指期限较短、流动性强的项目【7】
6. 外币现金流量	根据CAS19外币折算的规定，外币现金流量以及境外子公司的现金流量，应当采用现金流量发生日的即期汇率，或按照系统合理的方法确定的与现金流量发生日即期汇率近似的汇率折算。两者的差额应当作为调节项目单独列报【8】

【释1】在现金流量表中，现金及现金等价物被视为一个整体，导致现金或现金等价物流入或流出企业的，才构成现金流量表中的现金流量。编制现金流量表的目的之一，就是将非现金交易排除在现金流量表之外。

如果企业现金与现金等价物之间形式的转换，例如，企业从银行提取现金，或者，用现金购买3个月内到期的国库券，并未导致现金流出企业，属于现金管理活动，不会产生现金流量。

【释2】对于银行定期存款，如果不能随时用于支付则不属于现金，应当分类为投资。如果提前通知金融机构便可随时支取的则属于现金。

已签发但尚未付款的支票金额，不属于现金及现金等价物，应当扣除，因为支票金额不能随时用于支付。

“期限短”一般是指自购买日起3个月内到期。例如，可以在证券市场上流通的3个月内到期的债券等。

流动性强强调变现能力强。

易于转换为已知金额的现金，强调金额可确定。

价值变动风险很小强调支付能力强。

主体持有现金等价物只是为了满足其短期现金承诺的需要，而不是为了投资和其他目的。

在IAS7中，现金等价物还包含作为现金管理一部分的银行透支或银行授信额度，因为符合现金及现金等价物的概念，虽然需要偿还。

资产负债表中的货币资金、交易性金融资产，有的属于现金及现金等价物，有的不属于现金及现金等价物，没有直接的一一对应关系。

【释 3】不同企业现金及现金等价物的范围可能不同。例如，商业银行的现金及现金等价物包括库存现金、存放中央银行可随时支取的备付金、存放同业款项、拆放同业款项、同业间买入返售证券、短期国债投资等。

【释 4】现金流量表的目的是将权责发生制下的盈利信息调整为收付实现制下的现金流量信息，所以不要求现金流入项目与现金流出项目之间的配比性。

【释 5】不管主体的主营业务如何不同，它们都需要现金进行正常的生产经营、偿还债务和向投资者提供回报。因此，准则要求所有的主体都应当编制现金流量表。

【释 6】代收代付的现金流量，例如，旅游公司代游客支付的房费、餐费、交通费等费用；证券公司代收的客户证券买卖交割费、印花税等。这些项目由于周转快、在企业停留的时间短、企业加以利用的余地比较小，净额更能说明其对企业支付能力、偿债能力的影响；反之，如果以总额反映，反而会对评价企业的支付能力和偿债能力、分析企业的未来现金流量产生误导。

【释 7】金融企业由于其存贷款业务的数额巨大，比较频繁，因而其下列项目应以净额列示：

（1）短期贷款发放与收回的贷款本金（银行）；

（2）活期存款的吸收与支付（银行）；

（3）同业存款和存放同业款项的存取（银行）；

（4）向其他金融企业拆借资金（银行）；

（5）委托存款与委托贷款（银行）；

（6）证券的买入与卖出（证券公司）；

（7）自营证券和代理业务收到或支付的现金（证券公司）；

（8）再保险业务收到或支付的现金（保险公司）。

【释 8】外币汇率变动所引起的未实现利得和损失并不是现金流量。然而，为了调节期初和期末的现金和现金等价物金额，持有的或到期的外币现金和现金等价物受汇率变动的影响应当在现金流量表中作为调节项目，单独列报，与来自经营活动、投资活动或筹资活动的现金流量分开反映。如果是按期末汇率折算的，该金额还包括汇兑差额。

【案例6－1·多选题】 下列各项中，不能够引起现金流量净额发生变动的是（　　）。

A. 以存货抵偿债务

B. 以银行承兑汇票支付采购款

C. 将现金存为银行活期存款

D. 以银行存款购买2个月内到期的债券投资

答案： ABCD

解析： 选项A，不涉及现金流量变动；

选项B，开出银行承兑汇票支付货款时不发生现金流量变动，将来企业支付汇票的款项时才发生现金流量变动；

选项CD，属于现金与现金等价物形式的转换，不涉及现金流量的变动。

【案例6－2·多选题】 下列各项中不属于现金和现金等价物的是（　　）。

A. 权益性投资

B. 质押的定期存单、被冻结的银行存款

C. 按照定期存款利率（而非活期存款利率）计提利息收入的定期存款

D. 在其他货币资金中的3个月内到期的银行承兑汇票保证金

E. 购买的到期日为一个月的且赎回价格固定的优先股

答案： ABCD

解析： 选项A，收回金额不确定，期限也不确定；

选项B，不符合可随时支付的条件；

选项C，该定期存款持有的目的主要是获取利息收入，不符合可随时支付的条件；

选项D，保证金属于受限资金，不符合可随时支付、流动性强的条件；

选项E，所取得的到期日很短且规定了赎回日期的优先股，本质上就属于现金等价物。

第二节　现金流量的分类

一、现金流量分类的逻辑

现金流量分类的逻辑如表6－3所示。

表6－3　　现金流量的分类

1. 分类	现金流量应当分为经营活动、投资活动、筹资活动三类【1】
	筹资活动，是指导致企业资本及债务规模和构成（即资本结构）发生变化的活动。但是不包括经营性债务，如应付账款、应付票据等【2】
	投资活动，是指企业长期资产的购建和不包括在现金等价物范围内的投资及其处置活动【3】
	经营活动，是指企业投资活动和筹资活动以外的所有交易和事项（兜底分类）【4】
2. 与业务一致	企业的业务性质决定了现金流量的分类，同样的业务在不同企业的分类可能不同【5】
	一项业务的性质，是属于经营活动、投资活动还是筹资活动，应当从业务的经济实质出发，在不同报表中分类的口径要保持一致，要符合报表之间的勾稽关系，形成的会计信息才更有利于报表分析

【释1】筹资活动、投资活动、经营活动三大类，分别代表现金流量的来源、去向、使用。将现金流量分为三类列报，有助于报表使用者评价这些活动对企业财务状况和现金流量的影响，以及评价这些活动之间的相互关系。

【释2】筹资活动产生的现金流量，主要是指因与所有者权益或债权相关的交易而产生的现金流量，有助于预测主体资本的提供者对主体未来现金流量的要求权，有助于预测企业未来与筹资相关的现金流出。

【释3】投资活动的“投资”既包括实物资产投资（对内投资），也包括金融资产投资（对外投资），与长期股权投资的“投资”、现金等价物的“投资”概念不同。

长期资产是指固定资产、无形资产、在建工程等持有期限在一个营业周期以上的资产。

投资活动产生的现金流量，主要是指与非流动资产和金融资产相关的现金流量，代表着主体为了获得未来的收益和现金流量而转出资源的程度，有助于预测企业未来与投资相关的现金流出。

费用化的支出不能分类为投资活动，只有当支出能够导致一项资产得到确认时，才能被归类为投资活动，从而与资产负债表中确认的资产保持一致，便于报表使用者理解。

【释4】经营活动产生的现金流量，主要来源于企业日常经营活动，有助于评价企业在不动用外部资金的情况下，能否偿还贷款、支付股利、进行新的投资、维持生产经营能力，有助于预测企业未来与经营相关的现金流量。

【释5】例如，利息支出在工商企业应作为筹资活动；而在金融企业，利息支出是其经营活动的主要支出，应列入经营活动产生的现金流量。

再如，交易性金融资产产生的现金流量，对于工商企业来说，属于投资活动的现金流量；但是，对于证券公司来说，属于经营活动的现金流量。

现金流量分类的逻辑如图6-1所示。

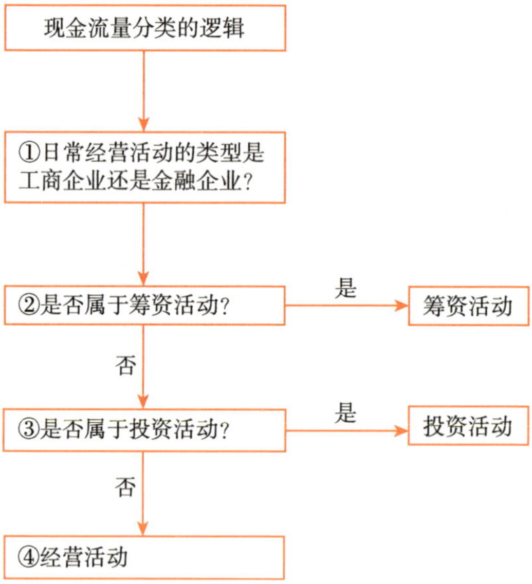

图6-1 现金流量分类的逻辑

二、部分特殊项目的现金流量分类

（一）税费相关现金流量的分类（见表6－4）

表6－4　　　　税费相关现金流量的分类

税费类型	现金流量的分类
缴纳企业承担的税费	经营活动（支付的各项税费）
发放工资时代扣代缴的个人所得税	经营活动（支付给职工）
股利分配时代扣代缴股东的个人所得税	筹资活动（分配股利）
收购个人股东股权时代扣代缴的个人所得税	投资活动（投资支付的现金）
处置长期股权投资和金融资产的投资收益产生的所得税	如果单独申报纳税，属于投资活动（支付其他）；如果和其他税费一起申报纳税，属于经营活动（支付的各项税费）

投资收益产生的所得税，根据国际现金流量表准则IAS7.35的规定；所得税的现金流量应当单独揭示，并应归类为源于经营业务的现金流量，除非能具体确认其源于筹资或投资业务。

（二）特殊项目现金流量的分类（见表6－5）

表6－5　　　　特殊项目现金流量的分类

特殊项目	现金流量的分类
收到因自然灾害导致资产发生损失的保险赔款	如果是固定资产损失属于投资活动（收到其他）
	如果是流动资产损失或无法确定的，属于经营活动（收到其他）
捐赠收入和支出	属于经营活动，因为与筹资活动与投资活动无关
套期工具所产生的现金流量	应与被套期项目产生的现金流量的分类相一致，即根据对被套期项目所产生的现金流量的分类，将套期工具所产生的现金流量划归为经营活动产生的现金流量、投资活动产生的现金流量或筹资活动产生的现金流量
购买交易性证券	属于投资活动（投资支付）
销售交易性证券	属于投资活动（收回投资）

（三）存款及利息现金流量的分类（见表6－6）

表6－6　　存款/利息现金流量的分类

存款/利息	现金流量的分类
活期存款利息收入	经营活动（收到其他）
活期存款转为定期存款	如果资产负债表中确认为金融资产投资，则分类为投资活动（投资支付的现金），因为利息的分类和本金的分类应当保持一致；否则属于现金形式的变化，不产生现金流量
受限定期存款利息收入	投资活动（收到其他）
定期存款到期转为活期存款	如果原来活期转定期的时候，资产负债表中确认为金融资产投资，那么现在分类为投资活动（收回投资收到的现金）；否则属于现金形式的变化，不产生现金流量
为取得借款而质押的定期存单	分类为筹资活动（支付其他），因为定期存单原来属于现金等价物，质押后不能随时支付
质押的定期存单的利息收入	筹资活动（收到其他）
解除（收回）质押定期存单	筹资活动（收到其他）

（四）保函及保证金现金流量的分类（见表6－7）

表6－7　　保函及保证金现金流量的分类

保函/保证金	现金流量的分类
支付/收回的经营活动的票据、信用保证金、保函保证金	经营活动（支付/收到其他）
经营活动的保证金在票据到期后直接从保证金账户划走	分类为经营活动（购买商品接受劳务支付的现金），因为与直接购买商品性质一样
支付/收回的筹资活动的票据、信用保证金（如集团内公司之间开具的、不具有商业实质的、用于贴现的银行承兑汇票保证金）	集团内部交易抵销后，从合并报表来说，分类为筹资活动（支付/收到其他）
支付/收回的投资活动的保函保证金	投资活动（支付/收到其他）
保证金存款的利息收入	根据本金的性质分类为经营/投资/筹资活动（收到其他）

（五）贴现及保理业务现金流量的分类（见表6－8）

表6－8　　　　贴现/保理业务现金流量的分类

贴现/保理	现金流量的分类
票据贴现后未终止确认	分类为筹资活动（取得借款），因为在资产负债表中确认为短期借款
票据贴现后终止确认	经营活动（销售商品）
支付的贴现息	一般贴现时由银行直接扣除，无须单独反映； 如果单独支付，分类为筹资活动（未终止确认时计入偿付利息/终止确认时计入支付其他）
应收账款保理收到现金	保理业务主要是获得流动性，无论是否有追索权，无论是否终止确认，都分类为筹资活动（收到其他）
应收账款保理支付给银行的款项	筹资活动（支付其他）

（六）资金拆借及委托贷款现金流量的分类（见表6－9）

表6－9　　　　资金拆借/委托贷款现金流量的分类

资金拆借/委托贷款	现金流量分类	
	借出方	借入方
关联方资金拆借（无息）	经营活动（支付其他）	借入方经营活动（收到其他）
关联方资金拆借（计息）	投资活动（收到其他）	筹资活动（支付其他）
委托贷款本金的借出/收回	投资活动（支付其他/收到其他）	筹资活动（借款/偿还）
委托贷款利息	如果在资产负债表中未将委托贷款确认为金融资产投资，利润表中将利息计入其他业务收入，分类为经营活动（收到其他）/如果在资产负债表中将委托贷款确认为金融资产投资，利润表中将利息计入投资收益的，分类为投资活动（取得投资收益）	筹资活动（偿付利息）

第三节　现金流量表的编制方法

一、现金流量表的格式

现金流量表的格式如表 6－10 所示。

表 6－10　　现金流量表的格式

1. 种类	现金流量表格式分别一般企业、商业银行、保险公司、证券公司等企业类型予以规定
	企业应当根据其经营活动的性质，确定本企业适用的现金流量表格式。如有特别需要，可以结合本企业的实际情况，进行必要调整和补充
2. 特殊行业	政策性银行、信托投资公司、租赁公司、财务公司、典当公司应当执行商业银行现金流量表格式规定
	担保公司应当执行保险公司现金流量表格式规定
	资产管理公司、基金公司、期货公司应当执行证券公司现金流量表格式规定

二、经营活动现金流量的编制方法

列报经营活动现金流量的方法（见表 6－11）有两种：一是直接法，一是间接法。

表 6－11　　经营活动现金流量的编制方法

1. 直接法	是指按现金收入和现金支出的主要类别直接反映企业经营活动产生的现金流量。以利润表中的营业收入为起算点，在主表中编制，调节与经营活动有关的项目的增减变动，然后计算出经营活动产生的现金流量
2. 间接法	是指以净利润为起算点，在附表中编制，调整不涉及现金的收入、费用、营业外收支等有关项目，剔除投资活动、筹资活动对现金流量的影响，据此计算出经营活动产生的现金流量

采用直接法编制的经营活动现金流量，便于分析企业经营活动产生的现金流量的来源和用途，预测企业现金流量的未来前景。但是间接法不具有这一优点。

采用间接法编制的经营活动现金流量，实际上就是将按权责发生制原则确定的净利润调整为现金净流入，并剔除投资活动和筹资活动对现金流量的影响，便于将净利润与经营活动产生的现金流量净额进行比较，了解净利润与经营活动产生的现金流量差异的原因，从现金流量的角度分析净利润的质量。

所以，CAS31 规定企业应当采用直接法编制经营活动的现金流量，同时要求在附注中采用间接法提供以净利润为基础调节到经营活动现金流量的信息。但是，IAS7 中，允许主体选择直接法或间接法中的一种方法列报现金流量表。

对于投资活动与筹资活动的现金流量，只能采用直接法编制。

三、现金流量表主表的编制方法

现金流量表主表的编制方法如表 6－12 所示。

表 6－12　现金流量表主表的编制方法

1. 工作底稿法	是以工作底稿为手段，以资产负债表和利润表数据为基础，对每一个项目进行分析并编制调整分录，从而编制现金流量表。工作底稿法的程序是：
	第一步，将资产负债表的期初数和期末数填入工作底稿的期初数栏和期末数栏
	第二步，要以利润表项目为基础从“营业收入”开始，结合资产负债表项目逐一进行分析。在调整分录中，有关现金和现金等价物的事项，并不直接借记或贷记现金，而是分别计入“经营活动产生的现金流量”“投资活动产生的现金流量”“筹资活动产生的现金流量”有关项目。借记表示现金流入，贷记表示现金流出
	第三步，将调整分录填入工作底稿中的相应部分
	第四步，核对调整分录。借方、贷方合计数均已经相等，资产负债表项目期初数加减调整分录中的借贷金额以后，也等于期末数
	第五步，根据工作底稿中的现金流量表项目部分编制正式的现金流量表
2. T 型账户法	是以 T 型账户为手段，以资产负债表和利润表数据为基础，对每一项目进行分析并编制调整分录，从而编制现金流量表。T 型账户法的程序是：
	第一步，为所有的非现金项目（包括资产负债表项目和利润表项目）分别开设 T 型账户，并将各自的期末期初变动数填入各相关账户。如果项目的期末数大于期初数，则将差额填入和项目余额相同的方向；反之，填入相反的方向
	第二步，开设一个大的“现金及现金等价物”T 型账户，每边分为经营活动、投资活动和筹资活动三个部分，左边记录现金流入，右边记录现金流出。与其他账户一样，填入期末期初变动数

续表

2. T型账户法	第三步，以利润表项目为基础，结合资产负债表分析每一个非现金项目的增减变动，并据此编制调整分录
	第四步，将调整分录填入各T型账户，并进行核对，该账户借贷相抵后的余额与原先填入的期末期初变动数应当一致
	第五步，根据大的“现金及现金等价物”T型账户编制正式的现金流量表
3. 会计分录法	从现金流量的角度来看，会计分录分为三类： 第一类是借贷双方只有一方涉及现金流量（如现金采购）； 第二类是借贷双方都不涉及现金流量（如以非现金资产抵债）； 第三类是借贷双方都涉及现金或现金等价物，属于现金和现金等价物内部的变动（如提现），不需要在现金流量表中反映
	只根据第一类分录编制现金流量，第二类、第三类分录无须考虑。这种方法最简单

在实务中，可以利用财务软件的功能，在编制凭证时，将涉及现金及现金等价物的项目，直接指定所属的现金流量表项目，期末，直接通过软件汇总现金流入与流出的金额，自动生成现金流量表。

四、一般企业现金流量表的编制

（一）现金流量表的格式（见表6－13）

表6－13　　现金流量表　　会企03表

编制单位：　　年　月　　单位：元

项目	本期金额	上期金额
一、经营活动产生的现金流量		
销售商品、提供劳务收到的现金		
收到的税费返还		
收到其他与经营活动有关的现金		
经营活动现金流入小计		
购买商品、接受劳务支付的现金		
支付给职工以及为职工支付的现金		
支付的各项税费		
支付其他与经营活动有关的现金		
经营活动现金流出小计		
经营活动产生的现金流量净额		

续表

项目	本期金额	上期金额
二、投资活动产生的现金流量		
收回投资收到的现金		
取得投资收益收到的现金		
处置固定资产、无形资产和其他长期资产收回的现金净额		
处置子公司及其他营业单位收到的现金净额		
收到其他与投资活动有关的现金		
投资活动现金流入小计		
购建固定资产、无形资产和其他长期资产支付的现金		
投资支付的现金		
取得子公司及其他营业单位支付的现金净额		
支付其他与投资活动有关的现金		
投资活动现金流出小计		
投资活动产生的现金流量净额		
三、筹资活动产生的现金流量		
吸收投资收到的现金		
取得借款收到的现金		
收到其他与筹资活动有关的现金		
筹资活动现金流入小计		
偿还债务支付的现金		
分配股利、利润或偿付利息支付的现金		
支付其他与筹资活动有关的现金		
筹资活动现金流出小计		
筹资活动产生的现金流量净额		
四、汇率变动对现金及现金等价物的影响		
五、现金及现金等价物净增加额		
加：期初现金及现金等价物余额		
六、期末现金及现金等价物余额		

现金流量表的基本结构是根据“现金流入量－现金流出量＝现金净流量”公式设计的。

（二）现金流量表项目的填列方法（见表6－14）

表6－14　　现金流量表项目的填列方法

现金流量表项目	含义	填列方法
一、经营活动产生的现金流量		
销售商品、提供劳务收到的现金	反映的业务应当与利润表营业收入项目的业务一致	本期和前期销售商品提供劳务在本期收到的现金（含增值税销项税额）－本期和前期销售在本期退回支付的现金＋本期预收的款项＋销售材料收到的现金＋代购代销业务收到的现金净额＋符合终止确认条件的票据贴现收到的现金
收到的税费返还	反映企业由于享受税收优惠而收到的税费返还	本期收到的各项税费返还＋增值税留抵退税＋出口退税
收到其他与经营活动有关的现金	其他类都是兜底项目	罚款收入＋捐赠收入＋经营性往来款（通常按总额，除非周转快按净额）＋经营活动的保证金＋经营租赁的租金（如果出租房地产属于主营业务，则属于销售商品收到的现金）＋流动资产的赔偿收入＋除税费返还外的政府补助＋银行活期存款利息等
经营活动现金流入小计		计算
购买商品、接受劳务支付的现金	反映的业务应当与利润表营业成本项目的业务一致【1】	本期和前期购买商品接受劳务在本期支付的现金（含支付的增值税进项税额）－本期和前期购货在本期退回收到的现金＋本期预付款项＋代购代销业务支付的现金净额－为购买存货发生的借款利息资本化部分（属于筹资活动中偿付利息支付的现金）
支付给职工以及为职工支付的现金		支付的职工薪酬及福利费＋现金结算的股份支付＋离退休人员工资及福利费＋职工个人所得税－在建工程人员的职工薪酬（属于投资活动中购建长期资产所支付的现金）
支付的各项税费		支付的本期和以前期间的各项税费＋预缴的税金－汇算清缴退回的所得税【2】
支付其他与经营活动有关的现金		罚款支出＋捐赠支出＋差旅费＋招待费＋保险费＋办公费＋经营活动保证金＋经营活动往来款（通常按总额，除非周转速度快按净额）＋按照CAS21对短期租赁和低价值资产租赁进行简化处理的付款额＋未纳入租赁负债计量的可变租赁付款额＋工会经费等

续表

现金流量表项目	含义	填列方法
经营活动现金流出小计		计算
经营活动产生的现金流量净额	反映企业持续经营能力的重要指标。正数表示经营活动创造现金的能力比较强，反之则比较弱	
二、投资活动产生的现金流量		
投资活动中，投资本金与利息、股利分别列报，金融资产投资与固定资产等非金融长期资产投资、收购子公司投资分别列报		
收回投资收到的现金	只反映投资本金	债权投资本金+股权投资本金
取得投资收益收到的现金	反映的业务应当与利润表投资收益项目的业务一致	债权投资的利息+股权投资的股利+资产负债表中确认为金融资产投资的项目（如银行定期存款、委托贷款、理财产品、现金等价物）产生的利息
处置固定资产、无形资产和其他长期资产收回的现金净额	如果净额为负数的，重分类为支付的其他与投资活动有关的现金项目	处置长期资产收回的现金（不扣除长期资产损失收到的保险赔偿款，这部分在收到其他与投资活动有关的现金项目列报）－处置过程中的现金流出
处置子公司及其他营业单位收到的现金净额	如果净额为负数，重分类为支付的其他与投资活动有关的现金项目	处置对价中收到的现金－处置费用现金流出－子公司及其他营业单位持有的现金和现金等价物【3】
收到其他与投资活动有关的现金		取得投资时被投资方已宣告但尚未发放的现金股利或已到付息期但尚未领取的利息+长期资产损失收到的保险赔偿款+取得子公司及其他营业单位支付的现金净额负数的绝对值+收到的投资活动保证金
投资活动现金流入小计		计算
购建固定资产、无形资产和其他长期资产支付的现金	反映为长期资产支付的现金	购买长期资产支付的现金（含增值税等）－资本化利息（属于筹资活动中偿付利息支付的现金）+为在建工程支付的现金（含在建工程人员职工薪酬）+往来款中（预付账款、应付账款）为长期资产支付的现金
投资支付的现金	反映为金融资产投资支付的本金。但不包含现金等价物投资支付的现金，因为不产生现金流量	取得债权投资和股权投资支付的本金（含税费）－取得投资时包含的被投资方已宣告但尚未发放的现金股利或已到付息期但尚未领取的债券利息（属于其他与投资活动有关的现金）+资金拆借中借出本金

续表

现金流量表项目	含义	填列方法
取得子公司及其他营业单位支付的现金净额	反映收购业务支付的现金。如果净额为负数，重分类为收到的其他与投资活动有关的现金	购买对价中以现金支付的金额 - 子公司及其他营业单位持有的现金和现金等价物【4】
支付其他与投资活动有关的现金		取得投资时被投资方已宣告但尚未发放的现金股利或已到付息期但尚未领取的债券利息 + 处置长期投资收回的现金净额负数的绝对值 + 处置子公司及其他营业单位收到的现金净额负数的绝对值 + 投资活动保证金等
投资活动现金流出小计		计算
投资活动产生的现金流量净额	正数反映企业收缩或维持投资规模，负数反映企业扩大投资规模	
三、筹资活动产生的现金流量		
筹资活动中，负债与权益应当分别列报，筹资的本金与利息股利应当分别列报		
吸收投资收到的现金	反映的业务应当与所有者权益项目一致	权益性筹资方式筹集的资金扣除交易费用后的净额（如果筹资交易费用单独支付则属于支付的其他与筹资活动有关的现金项目）
其中：子公司吸收少数股东权益性投资收到的现金	合并现金流量中单独列报	
取得借款收到的现金	反映的业务应当与资产负债表的短期借款、长期借款、应付债券项目的业务一致	债务性筹资方式筹集的资金扣除交易费用后的净额【5】
收到其他与筹资活动有关的现金		筹集资金的利息收入 + 不符合终止确认条件的票据贴现收到的现金 + 筹资活动保证金 + 向非金融企业取得的借款 + 非经营性或政府性资金借入 + 合并报表层面权益性交易收到的现金等
筹资活动现金流入小计		计算

续表

现金流量表项目	含义	填列方法
偿还债务支付的现金	反映偿还负债的本金	归还金融企业借款的本金＋偿还到期债券的本金
分配股利、利润或偿付利息支付的现金	反映作为负债与权益回报的利息或股利。偿还本金时一起支付的利息，与本金应当分拆后分别列报	现金股利（包含代扣代缴的个人所得税）＋资本化和费用化的利息＋单独支付的作为筹资活动的应收票据贴现及应收账款保理的利息
支付其他与筹资活动有关的现金		单独支付的筹资费用＋分期付款购买资产各期支付的现金＋筹资活动的担保费或保证金＋按照 CAS21 规定偿还租赁负债的本金和利息（包括预付租金和租赁保证金）＋合并报表层面权益性交易支付的现金等
筹资活动现金流出小计		计算
筹资活动产生的现金流量净额	正数反映企业扩大融资规模，负数反映企业收缩或维持融资规模【6】	
四、汇率变动对现金及现金等价物的影响	反映按照现金流量发生日的即期汇率折算的外币现金流量及境外经营子公司的现金流量折算为记账本位币时的金额，与按照资产负债表日即期汇率折算的现金及现金等价物净增加额项目中外币现金净增加额折算为记账本位币时的金额，之间的差额【7】	
五、现金及现金等价物净增加额		第一项至第四项的总和
加：期初现金及现金等价物余额		按照上期末现金及现金等价物余额填列
六、期末现金及现金等价物余额		计算

【释 1】如果用票据付款购买资产，不涉及现金流量，无须考虑。

【释 2】汇算清缴退回的税金是多预缴的税金，这部分税金不是企业应当缴纳的金额，也不是由于享有优惠政策而返还的金额。企业所得税分类为经营活动的现金流量，因为我国实行法人所得税制，只有一张反映企业整体所得税的纳税申报表，因此，即使缴纳的所得税可以对应某一类投资业务（如有些投资公司可能没有经营业务，所得税来自于股权转让所得而产生），也分类为经营活动的现金流量。

【释3】“处置子公司及其他营业单位收到的现金净额”项目，主要是因为处置当期年初至处置日的子公司现金流量要并入合并报表，与母公司个别报表中处置子公司收到的现金缺乏勾稽关系，所以才有了这个项目。

例如，处置日是7月1日，被处置子公司年初现金余额是100万元，1—6月实现现金流入200万元，处置日子公司现金余额为300万元，因处置子公司收到现金360万元。这300万元应当并入合并现金流量表中，但是由于处置的子公司不再纳入合并报表，因此，合并现金流量表中只增加了60（360－300）万元。所以，在“处置子公司及其他营业单位收到的现金净额”项目中列报60万元，这样期末现金余额等于处置日前并入的子公司现金余额（300）加上处置子公司净额（60），即360万元，与母公司个别报表中收到的现金360万元形成勾稽关系。

【释4】这个项目主要是因为购买的子公司的现金要并入母公司合并现金流量表，购买子公司发生的现金流出应当扣除并入的子公司现金后的差额。例如，母公司个别报表中购买子公司支付现金360万元，子公司个别报表中有现金300万元，从合并现金流量表来看，现金只减少了60（360－300）万元，因此，在“取得子公司及其他营业单位支付的现金净额”项目中列报60万元，这样期末现金余额为子公司个别报表中的现金余额300万元和取得子公司支付的现金60万元，共360万元，与母公司个别报表中支付的现金360万元形成勾稽关系，所以设置了这个项目。

【释5】如果发行可转换债券收到的现金应当分拆，负债成份在本项目列报，权益成份在吸收投资收到的现金项目列报。

对于上市公司来说，发行债券收到的现金项目应当单独列报。

【释6】三类活动的现金流量净额应当结合企业所处的不同生命周期阶段来进一步分析，而不是简单看是正数还是负数。三类活动的现金流量净额如果都是正数，不一定是最好，但是，如果三类活动的现金流量净额如果都是负数，则一定不好，接近破产的边缘。企业不同生命周期的现金流量特征如表 6－15 所示。

表 6－15　　企业不同生命周期的现金流量特征

	初创期	成长期	成熟期	衰退期
经营活动现金流量净额	－	+/－	+	+/－
投资活动现金流量净额	－	－	+	+
筹资活动现金流量净额	+	+	－	－

【释 7】由于该项目与副表中的“现金及现金等价物净增加额”有勾稽关系，因此，也可以不用逐笔计算汇率变动对现金的影响，计算公式如下：

汇率变动对现金及现金等价物的影响 = 现金及现金等价物净增加额 －（经营活动产生的现金流量净额 + 投资活动产生的现金流量净额 + 筹资活动产生的现金流量净额）

这个项目对一般企业不重要，但是对外币业务比较多的企业非常重要，汇率波动可能导致企业产生比较大的收益或损失。

汇兑损益包括两部分，一是外币现金及现金等价物的汇率变动，产生的汇兑损益影响现金流量，二是其他外币货币性项目（如应收账款等）的汇率变动，产生的汇兑损益不影响现金流量。

例如，甲外贸企业当期采购进口商品 100 美元，当日汇率 1∶7，形成应付账款 100 美元。企业将该商品出口销售，当日汇率 1∶7.2，形成应收账款 120 美元，期末汇率 1∶7.3。假设企业期初期末其他货币性项目均为 0，则当期汇兑损益 = 120 ×（7.3－7.2）－100 ×（7.3－7）＝ －18 元，即汇兑损失应计入“财务费用”科目共 18 元。而企业当期现金流量为 0，－18 元完全是期末汇率折算产生的，因此，如果将汇兑损失 18 元计入“汇率变动对现金及现金等价物的影响”项目列报，明显和企业实际情况不符。所以，不能按照财务费用中的汇兑损益直接填列。

【案例 6－3】汇率变动影响的列报。

甲企业当期出口商品一批，售价 10 000 美元，款项已收到，收汇当日汇率为 1∶7.90。当期进口货物一批，价值 5 000 美元，款项已支付，结汇当日汇率为

1∶7.92。资产负债表日的即期汇率为1∶7.93，假定银行存款的期初余额为0，当期没有其他业务发生。不考虑其他因素。

要求：计算现金及现金等价物净增加额。

解析：（1）计算汇率变动对现金的影响额：

经营活动流入的现金	10 000（美元）
汇率变动（7.93－7.90）	×0.03
汇率变动对现金流入的影响额	300（元）
经营活动流出的现金	5 000（美元）
汇率变动（7.93－7.92）	×0.01
汇率变动对现金流出的影响额	50（元）
汇率变动对现金的影响额	250（元）

（2）计算现金流量表中现金及现金等价物净增加额：

经营活动流入的现金（10 000×7.9）	79 000
减：经营活动流出的现金（5 000×7.92）	39 600
经营活动产生的现金流量净额	39 400
加：汇率变动对现金的影响额	250
现金及现金等价物净增加额	39 650

（3）计算现金流量表补充资料中现金及现金等价物净增加额：

现金及现金等价物净增加情况：

银行存款的期末余额（5 000×7.93）	39 650
银行存款的期初余额	0
现金及现金等价物净增加额	39 650

由此可见，现金流量表与补充资料中的现金及现金等价物净增加额项目应当一致。

五、附表（补充资料）的填列方法

企业应当采用间接法在现金流量附注中披露将净利润调节为经营活动现金流量的信息。

（一）补充资料的编制方法（见表 6－16）

表 6－16　　现金流量表补充资料的编制方法

1. 假设	假设净利润全部实现了现金流量，调整下列项目： （1）影响净利润但不涉及现金流量的（如计提折旧费用） （2）不影响净利润但是发生经营活动现金流量的（如应收账款减少） （3）剔除非经营活动（即投资活动和筹资活动）对现金流量的影响 （4）只调整对本期净利润有影响的本期发生额，不是调整期末余额或期初余额
2. 编制方法	（1）对损益类项目调整时，直接判断，加上对本期净利润的不利影响数（即加上损失），减去对本期净利润的有利影响数（即减去收益） （2）对资产和负债项目调整时，编制调整分录判断对净利润的影响，加上对本期净利润的不利影响数（即加上损失），减去对本期净利润的有利影响数（即减去收益） 借：资产增加或负债减少 　　贷：净利润（有利调减） 借：净利润（不利调增） 　　贷：资产减少或负债增加

（二）补充资料的格式（见表 6－17）

表 6－17　　现金流量表补充资料的格式

现金流量表补充资料	本期金额	上期金额
1. 将净利润调节为经营活动现金流量：		
净利润		
加：资产减值准备		
信用损失准备		
固定资产折旧、油气资产折耗、生产性生物资产折旧		
无形资产摊销		
长期待摊费用摊销		
处置固定资产、无形资产和其他长期资产的损失（收益以“－”号填列）		
固定资产报废损失（收益以“－”号填列）		
净敞口套期损失（收益以“－”号填列）		
公允价值变动损失（收益以“－”号填列）		
财务费用（收益以“－”号填列）		
投资损失（收益以“－”号填列）		
递延所得税资产减少（增加以“－”号填列）		
递延所得税负债增加（减少以“－”号填列）		
存货的减少（增加以“－”号填列）		

续表

现金流量表补充资料	本期金额	上期金额
经营性应收项目的减少（增加以“－”号填列）		
经营性应付项目的增加（减少以“－”号填列）		
其他		
经营活动产生的现金流量净额		
2. 不涉及现金收支的重大投资和筹资活动：		
债务转为资本		
一年内到期的可转换公司债券		
融资租入固定资产		
3. 现金及现金等价物净变动情况：		
现金的期末余额		
减：现金的期初余额		
加：现金等价物的期末余额		
减：现金等价物的期初余额		
现金及现金等价物净增加额		

（三）补充资料项目的填列方法（见表6－18）

表6－18　　补充资料项目的填列方法

补充资料项目	填列方法
1. 将净利润调节为经营活动现金流量：	
净利润	来自利润表
加：资产减值准备	只调整当期计提的减值准备，因为当期计提的减值准备减少净利润但不影响现金流量
信用损失准备	
固定资产折旧、油气资产折耗、生产性生物资产折旧	只调整当期计提的折旧摊销金额，因为当期计提的金额减少净利润但不影响现金流量【1】
无形资产摊销	
长期待摊费用摊销	
处置固定资产、无形资产和其他长期资产的损失（收益以“－”号填列）	本项目属于投资活动，不属于经营活动，影响净利润的金额应当剔除
固定资产报废损失（收益以“－”号填列）	
净敞口套期损失（收益以“－”号填列）	影响净利润但不影响现金流量
公允价值变动损失（收益以“－”号填列）	影响净利润但不影响现金流量，而且本项目属于投资活动或筹资活动，不属于经营活动，应当剔除

续表

补充资料项目	填列方法
财务费用（收益以“－”号填列）	只调整投资活动和筹资活动产生的财务费用，经营活动产生的财务费用不需要调整
投资损失（收益以“－”号填列）	本项目属于投资活动，不属于经营活动，影响净利润的金额应当剔除
递延所得税资产减少（增加以“－”号填列）	递延所得税导致所得税费用变化，从而影响净利润，但不影响现金流量
递延所得税负债增加（减少以“－”号填列）	
存货的减少（增加以“－”号填列）	只调整经营活动中存货的变动，不调整投资活动和筹资活动中存货的变动，因为不属于经营活动的现金流量【2】
经营性应收项目的减少（增加以“－”号填列）	只调整影响净利润的经营活动引起增减变动的部分，不调整不影响净利润的其他活动（即投资活动和筹资活动）引起变动的部分，因为这些变动既不影响净利润，也不属于经营活动现金流量【3】
经营性应付项目的增加（减少以“－”号填列）	
其他	通常包括：①权益结算的股份支付，因为减少了净利润但没有现金流出；②计提专项储备，因为减少了净利润但没有现金流出；③非同一控制下企业合并产生的负商誉，增加了净利润但没有现金流入
经营活动产生的现金流量净额	与主表应当一致
2. 不涉及现金收支的重大投资和筹资活动：	【4】
债务转为资本	反映企业未来利息支出的现金流量将会减少，根据应付债券、长期应付款等项目分析填列
一年内到期的可转换公司债券	如果持有人行权，企业利息支出的现金流量将会减少，如果持有人不行权，企业将面临偿还到期本息的现金流量支出的压力。根据应付债券项目分析填列
融资租入固定资产	根据 CAS21 的规定，承租人不再区分融资租赁与经营租赁，报表格式需要修改
3. 现金及现金等价物净变动情况：	根据资产负债表中“货币资金”、“交易性金融资产”等项目中的现金及现金等价物的变动情况分析填列
现金的期末余额	
减：现金的期初余额	
加：现金等价物的期末余额	
减：现金等价物的期初余额	
现金及现金等价物净增加额	与主表应当一致

【释 1】对于计入损益的折旧、摊销费用应直接调整。对于计入存货成本的折旧、摊销费用，由于在调节存货增减变动时，已经从中扣除，因此也需要予以加回。

【释 2】存货的减少，说明期末存货比期初存货减少，本期有一部分期初存货转入了本期营业成本，减少了净利润，但是这部分存货并没有发生现金流出，所以，应当加回。如果存货增加，说明期末存货比期初存货增加，本期购入的存货除转入本期营业成本外，还剩余了一部分，这部分存货也发生了现金流出，但在计算净利润时没有包括在内，所以，需要扣除。

当然，存货的增减变化过程还涉及应付项目，这一因素在“经营性应付项目的增加（减少以“－”号填列）”中考虑。

如果存货包含相应的存货跌价准备，应当按照未扣除存货跌价准备前的金额来调整，因为存货跌价准备已经在资产减值准备里面调整了，不能重复调整。

如果存货成本中包含资本化利息的要考虑在内，因为属于存货成本的一部分。

【释 3】经营性应收项目包括应收票据、应收账款、预付账款、应收的增值税销项税额、其他应收款、长期应收款中与经营活动有关的部分。

如果经营性应收项目期末余额小于期初余额，这个差额说明本期收回了现金流量，形成了净利润之外的经营活动的现金流量，所以，需要加回。如果期末余额大于期初余额，说明本期营业收入、净利润中有一部分没有收回现金，所以，需要减去。

如果应收项目包含相应的坏账准备，应当按照扣除坏账准备前的金额来调整，因为坏账准备已经在信用损失准备中调整了，不能重复调整。

往来抵销、核销金额要扣除，因为没有发生现金流入。

债权人在债务重组时放弃的债权要扣除，因为没有发生现金流入。

经营性应付项目包括应付票据、应付账款、预收账款、应付职工薪酬、应交税费、应付利息、应付的增值税进项税额、其他应付款、长期应付款中与经营活动有关的部分等。

如果经营性应付项目期末余额大于期初余额，说明本期购入的存货中有一部分没有支付现金，但是，在计算净利润时，视同其已经支付了现金通过营业成本扣除，所以，需要加回；如果期末余额小于期初余额，说明本期支付的现金大于结转到净利润中的营业成本，所以，需要扣除。

代扣代缴个人所得税，不属于经营性应付项目，需要扣除。

往来抵销金额，因为没有发生现金流出，需要加上。

债务人在债务重组时豁免的债务要加上，因为没有发生现金流出，需要加上。

【释4】不涉及现金收支的重大投资和筹资活动，这些投资和筹资活动影响了资产或负债，虽然不涉当期现金收支，但对以后各期的现金流量有重大影响。例如，企业租入资产形成的租赁负债，导致以后各期形成了一项固定的现金支出。

（四）现金流量表的简化分析

1. 资产负债表反映企业的财务状况，利润表反映企业的经营成果或盈利能力，现金流量表反映企业的风险。现金流量比收入更难造假。

2. 经营活动的现金流量，应当结合同行业经营活动的现金流量比率进行比较分析，如果超过同行业的标准，说明企业的经营活动创造现金的能力非常好。

投资活动的现金流量，应当结合每一个投资项目具体分析，如果超过了每个项目预期的投资回报率，说明投资活动创造的现金流量是健康的。

筹资活动的现金流量，应当结合企业的所处阶段、权益净利率、经济增加值进一步分析，如果企业处于初创期或成长期，权益净利率、经济增加值都超过同行业水平，说明筹资活动创造的现金流量是必要的、健康的。

3. 现金净流量与营业状况是否匹配。

4. 其他项目现金流量过大的原因。

5. 预测未来现金流量对持续经营能力的影响。

【案例6-4】学天海公司某年实现净利润6 500万元，发生的有关交易或事项如下：

（1）出售固定资产收到现金净额60万元。该固定资产的成本为90万元，累计折旧为80万元。

解析：投资活动现金流入60万元。处置固定资产净收益50［60-(90-80)］万元。

（2）以现金200万元购入一项无形资产，本年度摊销60万元，其中40万元计入当期损益，20万元计入在建工程的成本。

解析：投资活动现金流出200万元。无形资产摊销40万元。

（3）以现金2 500万元购入一项固定资产，本年度计提折旧500万元，全部计入当期损益。

解析：投资活动现金流出2 500万元。固定资产折旧500万元。

（4）存货跌价准备期初余额为零，本年度计提存货跌价准备920万元。

解析：不影响现金流量。资产减值准备920万元。

（5）递延所得税资产期初余额为零，本年因计提存货跌价准备确认递延所得税资产230万元。

解析：不影响现金流量。递延所得税资产增加230万元。

（6）出售本年购入的交易性金融资产，收到现金200万元。该交易性金融资产的成本为100万元，持有期间公允价值变动收益为50万元。

解析：投资活动现金流入200万元，投资活动现金流出100万元。投资收益100（200－100）万元。

（7）期初应收账款为1 000万元，本年度销售产品实现营业收入6 700万元，本年度因销售商品收到现金5 200万元，期末应收账款为2 500万元。

解析：经营活动现金流入5 200万元。经营性应收项目增加1 500（2 500－1 000）万元。

要求：（1）计算经营活动现金流入金额。

（2）计算投资活动现金流出金额。

（3）计算经营活动现金流量净额。

解析：（1）经营活动现金流入＝（7）5 200（万元）

（2）投资活动现金流出＝200（2）＋2 500（3）＋100（6）＝2 800（万元）

（3）经营活动现金流量净额＝净利润6 500－（1）50＋（2）40＋（3）500＋（4）920－（5）230－（6）100－（7）1 500＝6 080（万元）

【案例6－5】判断下列说法是否正确并说明理由。

（1）银行定期存单质押属于经营活动现金流量。

解析：不正确。首先，判断定期存单本身是否属于现金及现金等价物。如果定期存单本身不属于现金及现金等价物，其质押或解除质押不会产生现金流量；如果定期存单本身属于现金及现金等价物，被用于质押会减少现金流量。其次根据企业所属行业特点进行判断现金流量的类型。如果企业属于金融行业，通过定期存款质押取得借款分类为经营活动现金流量；如果企业为非金融行业，通过定期存款质押取得借款分类为筹资活动现金流量。

（2）其他资本公积属于现金流量表中的资本。

解析：不正确。因为其他资本公积未来转入损益。资本只包括实收资本和资本溢价。

（3）递延收益属于现金流量表中的债务。

解析：不正确。因为递延收益未来不需要偿还，而且转入损益，与需要偿还的债务本质不同，应当分类为经营活动的现金流量。

（4）长期待摊费用发生的现金流出，应当分类为投资活动的现金流量。

解析：不正确。因为长期待摊费用的经济实质是一项长期的费用，而不是一项投资，所以属于经营活动的现金流量。

（5）自然灾害损失、保险索赔等特殊项目的现金流量，应当分类为经营活动的现金流量。

解析：不正确。特殊项目的现金流量，应当根据业务性质不同，分别进行分类。

（6）有些实在无法划分的特殊项目的现金流量，应当分类为经营活动的现金流量。

解析：正确。因为经营活动的现金流量是一个兜底的分类。

第四节　特殊行业现金流量表的编制

一、商业银行现金流量表的编制

商业银行现金流量表的编制，除表 6 - 19 列举的项目外，应比照一般企业现金流量表编制处理。

表 6 – 19　　商业银行现金流量表的编制

项目	填列方法
1. 客户存款和同业存放款项净增加额	本项目反映商业银行本期吸收的境内外金融机构以及非同业存放款项以外的各种存款的净增加额
	本项目可以根据“吸收存款”“同业存放”等科目的记录分析填列
	商业银行可以根据需要增加项目。例如，本项目可以分解成“吸收活期存款净增加额”“吸收活期存款以外的其他存款”“支付活期存款以外的其他存款”“同业存放款项净增加额”等项目
2. 向中央银行借款净增加额	本项目反映商业银行本期向中央银行借入款项的净增加额
	本项目可以根据“向中央银行借款”科目的记录分析填列
3. 向其他金融机构拆入资金净增加额	本项目反映商业银行本期从境内外金融机构拆入款项所取得的现金，减去拆借给境内外金融机构款项而支付的现金后的净额
	本项目可以根据“拆入资金”和“拆出资金”等科目的记录分析填列。本项目如为负数，应在经营活动现金流出类中单独列示
4. 收取利息、手续费及佣金的现金	本项目反映商业银行本期收到的利息、手续费及佣金，减去支付的利息、手续费及佣金的净额
	本项目可以根据“利息收入”“手续费及佣金收入”“应收利息”等科目的记录分析填列
5. 客户贷款及垫款净增加额	本项目反映商业银行本期发放的各种客户贷款，以及办理商业票据贴现、转贴现融出及融入资金等业务的款项的净增加额
	本项目可以根据“贷款”“贴现资产”“贴现负债”等科目的记录分析填列
	商业银行可以根据需要增加项目。例如，本项目可以分解成“收回中长期贷款”“发放中长期贷款”“发放短期贷款净增加额”“垫款净增加额”等项目
6. 存放中央银行和同业款项净增加额	本项目反映商业银行本期存放于中央银行以及境内外金融机构的款项的净增加额
	本项目可以根据“存放中央银行款项”“存放同业”等科目的记录分析填列
7. 支付手续费及佣金的现金	本项目反映商业银行本期支付的利息、手续费及佣金
	本项目可以根据“手续费及佣金支出”等科目的记录分析填列
8. 发行债券收到的现金	本项目反映商业银行发行债券收到的现金净额
	本项目可以根据“应付债券”等科目的记录分析填列

二、保险公司现金流量表的编制

根据财会〔2022〕37 号规定，保险公司现金流量表的编制，除表 6-20 所示的项目外，适用财会〔2018〕36 号金融企业财务报表的规定。

表 6-20　　保险公司现金流量表的编制

项目	填列方法
1. 收到签发保险合同保费取得的现金	反映保险公司因签发适用新保险准则的合同（分入再保险合同除外）收到的保费（含投资成分和预收保费，下同）现金流量。若企业在按照新保险准则第八十六条规定对保险合同负债（或保险合同资产）账面价值变动的披露中未将保费返还与投资成分合并披露，则保费返还对应的现金流出应列示在本项目中
2. 收到分入再保险合同的现金净额	反映保险公司因签发适用新保险准则的分入再保险合同从分出人收到的分入保费减去向分出人支付的赔款和费用（含投资成分，下同）等后的净额
3. 支付签发保险合同赔款的现金	反映保险公司因签发适用新保险准则的合同（分入再保险合同除外）从已发生赔款负债金额中向保单持有人支付的现金流量，例如，向保单持有人支付的赔款（含投资成分）、保单红利、满期给付等 若企业在按照新保险准则第八十六条规定对保险合同负债（或保险合同资产）账面价值变动的披露中将保费返还与投资成分合并披露，则保费返还对应的现金流出应列示在本项目中
4. 支付分出再保险合同的现金净额	反映保险公司因分出适用新保险准则的再保险合同向分入人支付的分出保费减去从分入人收到的摊回赔款和费用等后的净额
5. 保单质押贷款净增加额	反映保险公司因签发适用新保险准则的保险合同产生的保单质押贷款所支付与收到的经营活动净现金流量
6. 其他	保险公司因签发或者分出不适用新保险准则的保单而从保单持有人或分入人收到和向保单持有人或分入人支付的现金流量净额，列示在“收到其他与经营活动有关的现金”或“支付其他与经营活动有关的现金”项目

三、证券公司现金流量表的编制

证券公司现金流量表的编制，除表 6-21 所示的项目外，应比照一般企业现金流量表编制处理。

表 6－21　　证券公司现金流量表的编制

项目	填列方法
1. 处置交易性金融资产净增加额	本项目反映证券公司本期自行买卖交易性金融资产所取得的现金净增加额
	本项目可以根据“交易性金融资产”等科目的记录分析填列。本项目如为负数，应在经营活动现金流出类项目中单独列示
2. 拆入资金净增加额	本项目反映证券公司本期从境内外金融机构拆入款项所取得的现金，减去拆借给境内外金融机构款项而支付的现金后的净额
	本项目可以根据“拆入资金”“拆出资金”等科目的记录分析填列。本项目如为负数，应在经营活动现金流出类项目中列示
3. 回购业务资金净增加额	本项目反映证券公司本期按回购协议卖出票据、证券、贷款等金融资产所融入的现金，减去按返售协议约定先买入再按固定价格返售给卖出方的票据、证券、贷款等金融资产所融出的现金后的现金增加额
	本项目可以根据“买入返售金融资产”“卖出回购金融资产款”等科目的记录分析填列
	本项目如为负数，应在经营活动现金流出类项目中单独列示
	证券公司可以根据需要将本项目分为“买入返售证券收到的现金净额”“卖出回购证券支付的现金净额”等项目列示
4. 代理业务产生的现金流量	可以根据需要单独设置“代理买卖业务的现金净额”“代理兑付债券的现金净额”等项目，以反映证券公司从事代理业务产生的现金流量

第五节　会计报表之间的逻辑关系

一、从资产负债观看财报之间的逻辑关系

财务报表以资产负债表为核心，现金流量表进一步解释货币资金变化的原因，利润表进一步解释未分配利润变化的原因，所有者权益变动表进一步解释所有者权益变化的原因。

从资产负债观来看，资产负债表不仅能披露财务状况，还能披露经营成果和现金净流量；利润表和现金流量表不是为了披露利润和现金净流量的数量，而是为了披露各自的业务来源，并说明其在未来的稳定性。资产负债表分析与评价的

关键点不在于右方的负债和所有者权益，而在于左方的资产。企业的负债、资本和未分配利润都会形成资产，只要资产在未来能够变现，负债就可以偿还，投资就可以收回，未分配利润就没有损失，否则企业会面临一系列的风险。企业的经营风险和财务风险最终都取决于未来资产能否变现，因此企业必须加强资产变现能力的管理。

从形式上看，资产负债表表达的是“资产 = 负债 + 所有者权益”；从实质上看，资产负债表披露了企业的财务状况，而衡量财务状况的核心就是偿债能力，如果资产的价值减去所有者权益小于负债，从而导致债务不能偿还，就会陷入破产的困境。如果资产的价值减去负债小于所有者权益，从而出资者出现部分破产的情形。正是基于这样的原理，形成了与偿债能力有关的各项指标。

（一）基于出资者视角分析资产负债表

无论是在个体经营企业还是在公司制企业，出资者投入本金或者资本后，必然要了解投入的本金经过一段时期的经营是否得以收回并赚得利润。站在出资者的视角，需要通过了解资产的价值与负债和所有者权益的对比关系来判断能否收回了本金并赚得利润：如果没有负债，只要资产的价值大于投入的本金，就意味着本金可收回并赚得利润；如果有负债，只要资产的价值扣减负债后仍然大于投入的本金，就意味着本金可收回并赚得利润。

可见，从出资者的视角来看，资产负债表的实质结构并不是资产等于负债加所有者权益，而是资产减负债的结果是否大于等于或小于所有者权益。如果大于就意味着赚得利润，如果等于就意味着仅收回了本金，如果小于就意味着本金不能收回，进入部分破产状态。因此，资产负债表不仅披露了财务状况，也披露了经营成果。

（二）基于经营者视角分析资产负债表

站在经营者的视角，为了报告其履行出资者受托责任的情况，资产负债表中必须披露其对出资者资本保全和资本增值责任履行情况的信息。由此，资本保全和资本增值的本质就决定了资产负债表的基本构造和内容。

什么是资本保全和资本增值？从数量上看，经营者履行受托责任后，如果资产的价值减去负债等于投入资本，就意味着实现了资本保全；若大于投入资本，就意味着实现了资本增值；若小于投入资本，就意味着出现了部分资本的损失或者部分资本的破产。

可见，基于出资者与经营者之间委托受托关系的视角，资产负债表的基本结构也是资产减去负债后与投入本金的比较，以此确定是否实现了资本保全与资本增值。

那么，在这样的总结构下，资产负债表为什么会在左右两方列出所有明细项目？其根本原因在于，资本保全和资本增值又分为数量保全和质量保全、数量增值和质量增值，也就是说经营者对出资者承担的受托经济责任包含了这四个方面。所有经营者必须就这四个方面向出资者提供履行受托责任的报告。

资本数量保全，是指期末净资产数量等于投入资本数量，而期末净资产等于总资产减负债。可见站在出资者和经营者的视角，为了报告资本数量保全的受托责任，资产负债表的结构仍然是资产减去负债后与投入资本的比较。

资本质量保全，是指期末资产的变现能力必须等于投入资本的变现能力，投入资本应处于现金状态（或者为可变现的非现金资产）。出资者的出资可能是现金，也可能是其他非现金资产，其中非现金资产入资必须通过资产评估确定其入资数额，而资产评估的本质就是确认在入资时点上资产能够变现的数额。出资者投入的资本会用来购买从事生产经营的实体资产，经过一定时期的生产经营后，其大多仍然处于实体资产状态，这些资产并不是现金，其在未来能否变现及能变现多少并不一致，由此就产生了变现能力大小的问题。只有资产负债表中期末所有资产在未来都能按照表中所披露的数量等额或超额变现，出资者的本金才能收回，甚至形成利润。资产变现能力的重要性导致了出资者必须对经营者赋予资本质量保全的责任，其本质就是资产负债表中的期末资产不能有任何潜亏因素的存在。为了披露经营者对资本质量保全受托责任的履行情况，就必须对资产按变现能力由大到小排序，以判断总资产的变现能力是否增强。由此，经营者的资本保全受托责任就由数量上的期末净资产等于投入资本，进一步深化为期末能够变现的净资产等于投入资本，从而在不改变资产负债表总结构的前提下，进一步按变现能力细化资产项目。

资产负债表不仅要披露资本保全情况，也需要披露资本增值情况，资本增值分为数量增值和质量增值。

数量增值，是指期末净资产数量大于投入资本数量，这也决定了资产负债表的基本结构是资产减去负债后与投入资本的比较，前者大于后者就意味着企业获得了利润。

质量增值，是指期末资产都能在未来变现，期末净资产也能在未来变现。如果变现后的期末净资产大于投入资本，就意味着企业的利润是可变现利润，这样的利润才没有包含潜亏因素，是高质量的利润。如果企业的销售业务全部收到了现金，利润的质量就高，如果包含应收款项，利润的质量就变低，这种低质量有可能导致高估利润数额而成为假账。也正是由于这种需要，资产负债表在其总结构的基础上确定是否有利润后，还需要进一步就资产一方的变现能力进行披露，因此也需要对资产按变现能力进行细分。这就确定了资产负债表的资产一方必须要按变现能力进行细分，并由大到小排序。

可见，基于出资者与经营者双方委托受托经济责任关系的视角，资产负债表不仅要对资本保全和资本增值进行数量披露，还要进行质量披露，但资产负债表的总结构仍然是资产减去负债后与所有者权益或者投入本金的比较。

（三）基于经营成果视角分析资产负债表

资产负债表既披露财务状况，又披露经营成果。

资产负债观下，利润＝资产－负债－投入资本；

收入费用观下，利润＝收入－费用。

两者的根本差异表现在：（1）资产负债观是以资产、负债和所有者权益为基础计算利润的，而收入费用观是以收入、成本和费用为基础计算利润的；（2）资产负债观是实体观，能够从资产负债表中看出利润的实物存在形态，而收入费用观是虚拟观，从利润表中无法看出利润的实物存在形态。

基于资产负债观的利润计算方式说明期末总资产先要收回投入本金，只有先收回本金才存在获得利润的基础，可见资本保全是资本增值得以存在的前提。

尽管固定资产的价值要通过销售收入得以补偿，但也改变不了利润形成的实体资产基础必须是在满足投入资本收回之后的剩余资产。

如果有负债，则变现能力最强的资产必须首先用来偿还负债，而后作为收回本金的基础，最后才是利润形成的资产基础。

如果利润的资产存在基础是实体的，可以进一步判断与此对应的实体资产的真实价值，即其在未来能否变现（可以理解为实物的直接变现，也可以理解为实物在未来创造的变现价值，固定资产就是这一属性）为与利润相同的数额，若不能，则利润就是不真实的。

在收入费用观下，收入、成本和费用都以观念的形式而存在，具有抽象性。收入可以是现金收入、应收账款收入、实物收入（以物易物时）、合同履约进度收入等，但这些收入的实体形态在利润表中并不能得到体现；成本费用也具有抽象性，其可以是现金支出、各种应付款项、实物的减少或者实物成本摊销和转移、根据合同履约进度预提的成本费用，这些成本费用对应的实体形态在利润表中也不能得到体现，这正是收入费用观虚拟性的根本体现。

正因为资产负债表能够披露利润，所以在会计核算中利润表与资产负债表之间形成了数量勾稽关系，就是利润表的本年利润必须等于资产负债表的本年利润，且不能相反。实质上，利润表之所以产生不是为了披露利润，而是为了披露利润的质量。所以任何一个企业的财务状况和经营成果都是通过资产负债表集中反映出来的，只有资产负债表才能反映企业财务状况和经营成果的全貌。

（四） 基于偿债能力视角分析资产负债表

传统上，在进行会计报表分析时，企业主要以资产负债表为基础计算分析偿债能力指标，并据此判断企业的偿债能力是上升了还是下降了，当这些指标趋坏时意味着债务风险（或者财务风险）增加，趋好时意味着债务风险减少。其中，分析债务风险的常用指标是资产负债比率、速动比率、现金比率，其实资产负债表双边的关系也直接决定了这些指标的特征。

首先必须要明确，债务风险形成的根本原因不在于负债本身，而使用资产负债比率来分析债务风险显然是将这种风险形成的原因归咎于负债，资产负债率越高债务风险越大，这并不正确。原因很简单，一个资产负债率高达 99% 的企业，只要作为资产负债率分母的资产在未来可变现程度达 100% 以上，债务就一定能够偿还；而一个资产负债率低于 50% 的企业，只要资产在未来可变现程度低于 50%，债务就一定不能全部偿还。因此，一个企业的债务能否偿还并非取决于负债规模，而是取决于资产的变现能力，但是采用资产负债率计算分析偿债能力就很容易让人误认为，债务不能偿还的原因是负债的比率过高或者负债规模过大，这显然张冠李戴，“冤枉”负债了。

一个公司制企业的资金都是从外部取得的，无非是来自负债或者资本（未分配利润表面上看是自有资金，实际上其最终归属是出资者），任何从外部取得的资金都不可能是无偿的，也不可能不要求收回本金，只是形式不同。例如，负债以还本付息的形式使得债权人收回本金，并形成债权收益；资本是以利润分配的形式使得出资者收回本金，并形成资本收益。

人们常常因为债务必须按时还本付息而认为它给企业带来了财务风险，却没有考虑到出资者投入的资本也会给企业带来类似的风险，然而站在出资者的角度，其投入的本金也是需要收回并取得相应收益的。产生这一现象的根本原因是：出资者投入的本金是长期投资，又是以利润的方式收回本金和获得收益，企业不存在即期即付的压力（这正是负债能够对企业起到警示作用的特点所在）。

实质上，出资者投入的本金对企业所形成的支付压力并非不存在，虽然它不是以即期即付的现实压力而存在，但是当出资者投入的本金不能获得市场平均利润时，一方面其会对企业行使控制权以改变这种状况，另一方面有可能因最终转移或者出售股权而导致企业股权价值急剧下跌，以至企业陷入失败。

债权人或者出资者的出资大多数处于现金状态，企业为了进行生产经营活动必须用其购买流动资产、固定资产和无形资产，这些资产都不处于现金状态，只有通过其生产经营的产品取得收入后才能还本付息或者为出资者带来利润。企业能否偿还负债的根本不在于负债本身或者资产负债率的高低，而在于负债所形成的资产或者使用资产形成的产品在未来能否变现。因此，债务偿还的根本不在于债务本身，而在于债务所形成的资产。这不是负债的问题，而是用负债购买并生产经营了怎样的资产，这显然是企业生产经营的问题。企业资产在未来变现能力的大小，也是影响债权人是否愿意向企业提供借款的主要因素之一。

综上可知，对于企业债务风险的分析和评价不能采用偿债能力相关指标，而是要分析评价企业资产在未来的变现能力，资产在未来的变现能力强，则偿还债务的可能性大，否则就存在债务风险。但现实的问题是：资产负债表并没有提供每项资产在未来能否变现及变现能力大小的信息，而只是笼统地以资产负债表为基础计算偿债能力指标，这一方面使人们误认为负债是债务风险存在的根本原因，另一方面无法发现各项资产在未来变现过程中可能存在的种种风险，也不能针对风险提出各种防范措施。实际上，资产负债率、速动比率和现金比率三个偿债能力指标，也不过表明债务风险分析评价的关键不在于负债，而在于未来资产的变现能力。

在资产负债率计算分析的基础上发现资产不能变现才是债务不能偿还的根本原因，为此就开始专注于资产的变现能力，从而采用速动比率指标，将速动资产作为偿还债务的基础；但即使是速动资产也并不意味着其在未来都能变现，能作为偿债的保证，从而采用了现金比率指标，将现金资产作为偿还债务的直接保证。这一方面间接证明了不是负债导致企业面临偿债风险，而是资产未来不能变现才导致债务不能偿还；另一方面，既然是资产不能变现导致债务不能偿还，就没必要考核资产负债率，而是应当直接分析资产的变现能力。因此，资产负债表不仅能披露债务风险，也能披露经营风险。

（五）基于因果关系视角分析资产负债表

既然资产负债表已经能全面披露企业的财务状况和经营成果，或者披露经营者履行资本保全和资本增值责任的状况，为什么还要将利润表和现金流量表作为与资产负债表并驾齐驱的报表对外披露呢？其实，资产负债表与利润表和现金流量表并不是一个层级的报表，资产负债表是结果报表；利润表和现金流量表是原因报表，即针对资产负债表的特定项目进行原因说明的特定报表。

1. 资产负债表

资产负债表反映了企业一定时期的财务状况和经营成果，而这个“一定时期”会有期初和期末，从而形成期初资产负债表和期末资产负债表，也就是资产负债表中的期初余额和期末余额，两者之间必然形成差异，从而表明财务状况和经营成果发生了变化。整体上说，这种差额反映在两个方面：一是总资产减去总负债和总资本（或期初所有者权益）的差额，称之为总量变化，这个总量实质上就是企业在一定时期内形成的利润，并表现在资产的增加上；二是资产负债表左右两方每个项目的数量变化，称之为个量变化。无论是站在出资者和债权人的角度，还是站在经营者的角度，当发生这种总量和个量变化后，都必然要问“为什么会形成这种变化”，寻找这种变化的原因，正是资产负债表与其他报表之间呈因果关系的客观基础。

2. 利润表

利润表就是为了说明资产负债表中总量变化，也即本年利润形成的直接原因的报表。利润形成的直接原因是企业开展生产经营活动，一个企业的生产经营活动可以分为主营业务、其他业务、对外投资业务、营业外业务四大类型，利润表就是按照这些业务来构造的，所以利润表不是为了披露利润，而是为了披露利润的形成来源。一方面，披露利润的形成来源要穷尽所有的业务；另一方面，披露利润的形成来源不是为了呈现利润数量的多少（这已经在资产负债表中得以披露），而是为了反映利润的质量，也就是利润的稳定性，从反面来说就是为了披露利润的不确定性，而这种不确定性就是经营风险。从这个意义出发，利润表是要披露企业在未来存在的经营风险。

利润表首先将所有业务分为营业内业务和营业外业务，又将营业内业务分为主营业务、其他业务和对外投资业务。这一分类与利润的稳定性存在密切关系，也就是说利润表是按照不同的业务对利润的稳定性由大到小进行排序的，这种排序体现在：一个企业通过营业内业务而不是营业外业务取得的利润越多，利润就越稳定，反之亦然；一个企业通过主营业务而不是其他业务取得的利润越多，利润就越稳定，反之亦然。正因如此，利润表不仅穷尽了形成利润的所有业务或者利润的业务成因，而且说明了通过什么业务取得的利润更具有稳定性。

3. 现金流量表

现金流量表是为了反映资产负债表中货币资金在期初与期末产生差异的原因的报表，说明的只是资产负债表中货币资金个量差异，也就是现金净流量的成因。形成货币资金个量差异的直接原因仍然是企业的业务活动，一个企业不发生业务活动，自然不会有现金的流入和流出，也就不会形成现金净流量。因此，要说明现金净流量形成的直接原因，就要知道企业有哪些业务活动。

资产负债表是结果报表，包含了一切业务活动的结果，所以可以从资产负债表的各项结果中寻找相应的全部业务活动。资产负债表右方所形成的结果是负债与资本，这一结果是由筹资活动形成的；通过负债与资本筹资形成现金，从而转化到资产负债表的左方，再用现金购买任何非现金资产（称为投资活动），这一投资活动形成了资产负债表左方的资产结果；企业购买资产后就开始开展生产活动，通过生产形成产品，并将其销售出去取得利润，成为资产负债表右下方的留存收益项目，这就是经营活动的结果。因此，一个企业的全部业务活动无非就是三项：通过筹资取得货币资金，再用货币资金进行投资取得各项资产，运用各项资产进行生产经营活动获取利润。在此基础上又进入下一个同样的过程，如此循环往复，使企业可持续稳定发展。这三项业务都会带来现金流入和流出，从而形成各自的现金净流量，它是资产负债表期初和期末货币资金差异形成的直接原因。

之所以要通过现金流量表披露资产负债表中期初和期末货币资金差异形成的直接原因，目的是说明现金净流量在未来持续取得的可能性，正是基于这一需要，现金流量表对不同业务产生的未来现金净流量的稳定性由大到小进行排序，先经营活动后投资活动而后筹资活动。一个企业通过经营活动取得的现金净流量越大，在未来持续取得现金的可能性就越大；通过筹资活动取得的现金净流量越大，在未来持续取得现金的可能性就越小。可见，现金流量表是反映未来现金流稳定性的，从反面来说就是披露未来现金流的不确定性，即现金流的未来风险。

通过上述分析可以看出，利润表和现金流量表都是资产负债表的原因报表，而不是与资产负债表平行的报表；只有资产负债表能够全面反映企业一定时期的全部财务状况和经营成果，其他报表只是说明这一财务状况和经营成果形成的原因。

（六）基于资产经营视角分析资产负债表

在20世纪，全世界建立了以利润为中心的概念，强调企业利润最大化，从而强化了利润表的管理，利润表是每个企业和每个管理者最为关心和首选的报表，当时所奉行的会计观念是收入费用观。

经过多年的实践，到了21世纪，人们发现以利润表为中心分析评价企业的经营能力存在根本的缺陷。例如，许多企业从利润表上看，利润水平高或者持续盈利，后来却发现这些利润并没有在未来能够真正变现为资产，从而形成巨大的潜亏漏洞，最终导致企业陷入失败。因此，企业和管理者开始关注资产负债表的重要性，会计观念也由收入费用观转向了资产负债观，认为只有资产负债表才能更好地表达企业的财务状况和经营成果。一方面，资产负债表确实能披露财务状况和经营成果，而利润表只披露经营成果；另一方面，资产负债表在披露利润的同时，还能披露与利润相应的实体资产状况，而利润表所披露的与利润有关的收入、成本和费用都处于观念的状态。

仅仅认识到这一步是不够的，这只是就会计报表论会计报表，而不是以会计报表所披露的业务属性分析评价会计报表的重要性。企业和管理者们之所以将会计报表的重心从利润表转移到资产负债表，是因为资产负债表不仅能够深刻地指明企业生产经营业务的本质或者关键点是什么，而且能够说明企业经营的风险所在。

一个企业生产经营的最终结果都表现在资产负债表上，企业的生产经营是以筹资为基础的，而筹资的结果最终表现在资产负债表的“资产”一方，通过筹资取得资产后开展经营活动形成的利润也最终表现在资产负债表的“资产”一方。因此，企业或者管理者们分析和评价企业的财务状况和经营成果必须以资产负债表为基础，而分析和评价资产负债表又必须以资产为重心。

企业一切生产经营活动的结果都会表现在资产上，主要体现在以下几个方面：一是企业的负债、资本、利润会表现为资产的存在性；二是企业的收入和费用会表现为资产或负债的增加或减少。如果资产在未来能够按照资产负债表所披露的数量足额变现，就意味着债务可以偿还，资本可以收回，以前的留存利润没有损失，当期的利润是真实的，这也进一步说明债务可以付息，资本可以获利。从这个意义上讲，企业经营不是经营资产负债表的右方，而是对债权人和出资者投入的资金进行经营，将他们投入的资金按照特定的经营目标转化为资产，并通过这些资产的使用形成利润，所以企业或者经营者经营的是资产，而不是负债和资本，这正是资产经营与资本经营的根本区别。因此，资产负债表最为重要，而且其中的资产更为关键。

（七）基于经营风险视角分析资产负债表

正因为企业的一切生产经营结果都表现为资产的存在性，而资产在未来能否变现又决定了债务能否偿还、资本能否收回、以前的留存利润有没有损失、当期的利润是否真实，所以任何企业和管理者都必须紧盯资产的变现能力。如果资产在未来能持续不断地变现，企业就能存续下去，否则企业就将面临破产。

企业的经营风险不是存在于资产负债表的负债和资本一方，而是存在于资产一方，进行风险管理，本质上就是要强化资产变现能力的管理，风险存在于资产之中，而不是所筹措的资金之中。所筹措的资金都处于现金状态，不存在变现的风险，只有用筹措的资金购买资产后才产生了资产不能变现的风险。

站在出资者的角度，其资本是否能实现保值增值，也是直接由资产的变现能力决定的。出资者投入的资本首先会表现为资产的存在性，然后资产在变现后，一方面会形成收入，另一方面会形成成本，提取成本就是为了收回被销售和使用的资产的价值，而收回资产的价值就是收回本金。也就是说，提取成本就是为了收回本金，如果资产变现后的收入等于成本，就意味着资产保全了，如果大于成本就意味着资本增值了。所以资本保值增值的风险最终由资产的变现能力决定。

二、从资产的角度看财报之间的逻辑关系

从资产的角度看财报之间的逻辑关系如图 6－2 所示。

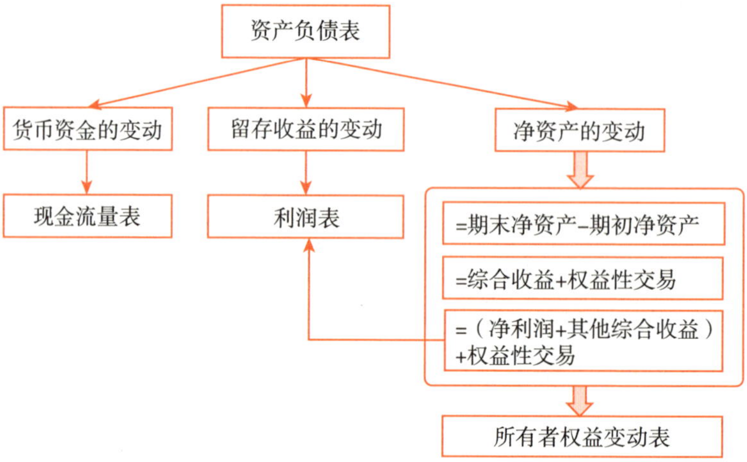

图 6－2　从资产角度看财报之间的逻辑关系

三、从损益的角度看财报之间的逻辑关系

从损益角度看财报之间的逻辑关系如图 6－3 所示。

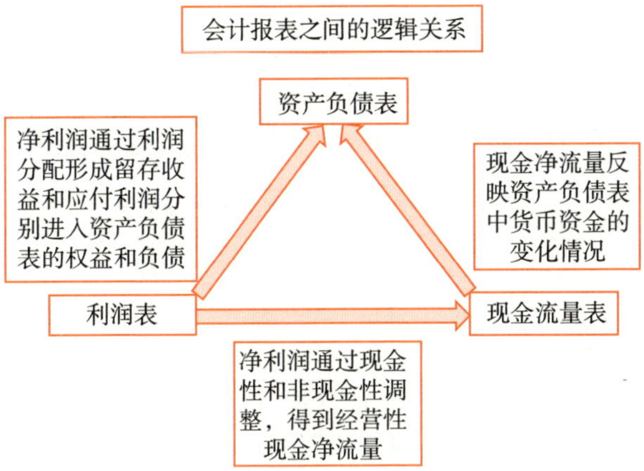

图 6－3　从损益角度看财报间的逻辑关系

四、从现金流量的角度看财报之间的逻辑关系

从现金流量角度看财报间的逻辑关系如图 6－4 所示。

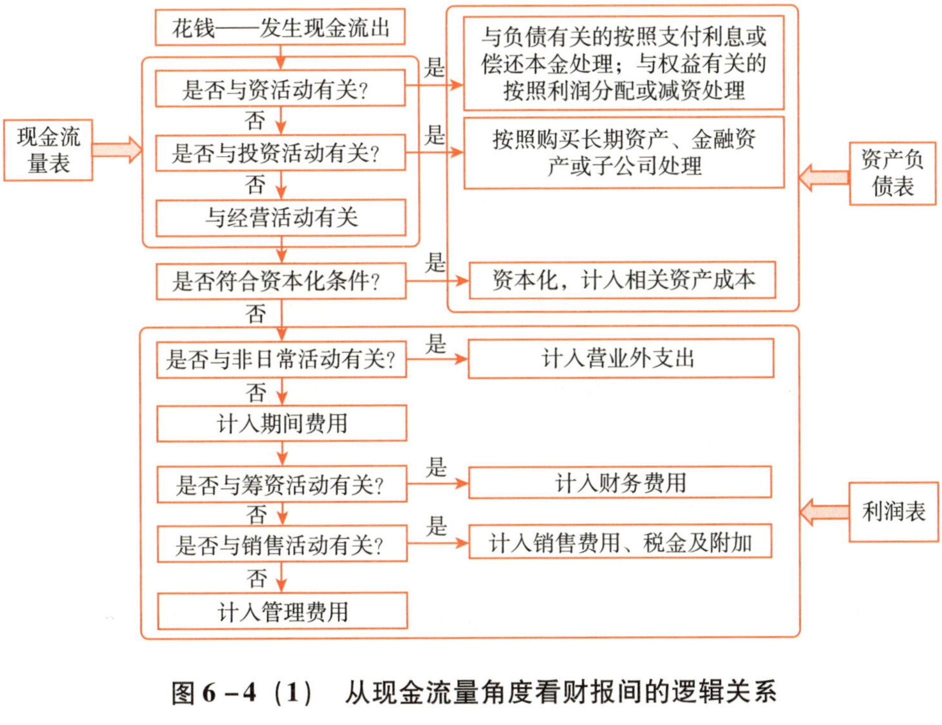

图 6－4（1）　从现金流量角度看财报间的逻辑关系

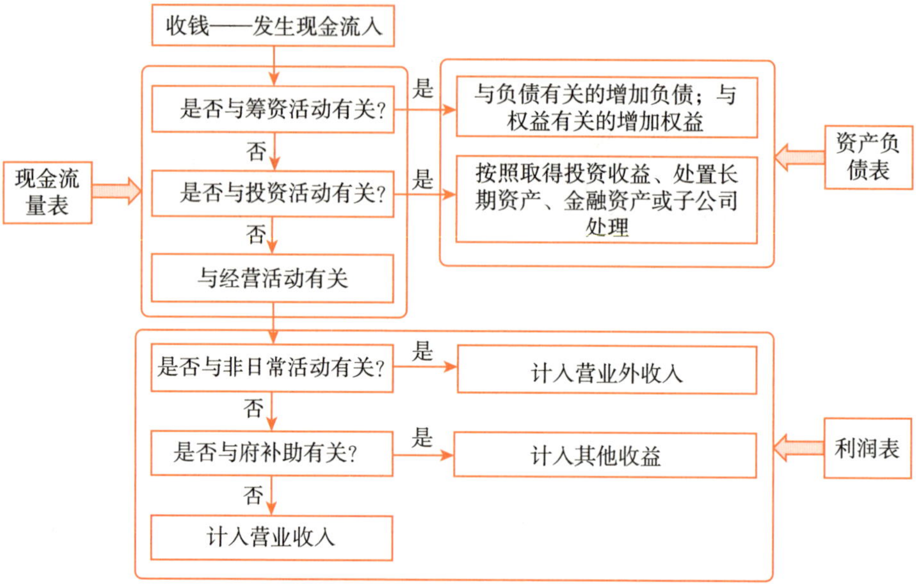

图 6－4（2） 从现金流量角度看财报间的逻辑关系

五、从支出的角度看财报之间的逻辑关系

从支出角度看财报间的逻辑关系如图 6－5 所示。

图 6－5 从支出角度看财报间的逻辑关系

六、净利润与经营活动现金流量净额的逻辑关系

净利润－经营活动现金流量净额＝资产负债表中非现金资产和负债的变动

第六节　披　　露

企业除了采用间接法披露将净利润调节为经营活动现金流量的信息之外，还应当披露表6－22所示的信息。

表6－22　　现金流量表的披露

1. 控制权	企业应当按下列格式披露当期取得或处置子公司及其他营业单位的有关信息： （1）取得或处置价格 （2）取得或处置价格中以现金支付的部分 （3）取得或处置子公司及其他营业单位收到的现金 （4）取得或处置子公司及其他营业单位按照主要类别分类的非现金资产和负债
2. 非现金收支	企业应当在附注中披露不涉及当期现金收支，但影响企业财务状况或在未来可能影响企业现金流量的重大投资和筹资活动
3. 现金和现金等价物	企业应当按照下列格式披露与现金和现金等价物的有关信息： （1）现金和现金等价物的构成及其在资产负债表中的相应金额 （2）企业持有但不能由母公司或集团内其他子公司使用的大额现金和现金等价物金额

当期取得或处置子公司及其他营业单位的信息披露格式如表6－23所示。

表6－23　　当期取得或处置子公司及其他营业单位的信息

项目	金额
一、取得子公司及其他营业单位的有关信息：	
1. 取得子公司及其他营业单位的价格	
2. 取得子公司及其他营业单位支付的现金和现金等价物	
减：子公司及其他营业单位持有的现金和现金等价物	
3. 取得子公司及其他营业单位支付的现金净额	
4. 取得子公司的净资产	
流动资产	
非流动资产	
流动负债	
非流动负债	

续表

项目	金额
二、处置子公司及其他营业单位的有关信息：	
1. 处置子公司及其他营业单位的价格	
2. 处置子公司及其他营业单位收到的现金和现金等价物	
减：子公司及其他营业单位持有的现金和现金等价物	
3. 处置子公司及其他营业单位收到的现金净额	
4. 处置子公司的净资产	
流动资产	
非流动资产	
流动负债	
非流动负债	

现金和现金等价物的披露格式如表6－24所示。

表6－24　　现金和现金等价物的披露

项目	本期金额	上期金额
一、现金		
其中：库存现金		
可随时用于支付的银行存款		
可随时用于支付的其他货币资金		
可用于支付的存放中央银行款项		
存放同业款项		
拆放同业款项		
二、现金等价物		
其中：三个月内到期的债券投资		
三、期末现金及现金等价物余额		
其中：母公司或集团内子公司使用受限制的现金和现金等价物		

【案例6－6】 当期取得子公司的披露。

经过协商，学天海公司决定购买丙企业的一个子公司，出价150万元，全部以银行存款转账支付。该子公司简化的资产负债表如表6－25所示。

表 6－25　　简化的资产负债表　　单位：万元

资产	金额	负债及所有者权益	金额
现金及银行存款	15	短期借款	40
存货	30	应付账款	50
固定资产	150	长期应付款	20
长期投资	60	实收资本	120
其他资产	5	资本公积	20
		盈余公积	10
资产总额	260	负债及所有者权益总额	260

假设现金及银行存款均符合现金及现金等价物的条件，不考虑其他因素。

要求：(1) 学天海公司在现金流量表中“取得子公司及其他营业单位支付的现金净额”项目列报的金额。

(2) 学天海公司如何披露购买子公司的信息。

解析：(1) 因为该子公司有 15 万元的现金及银行存款，没有其他现金等价物，企业的实际现金流出为 135（150－15）万元。即“取得子公司及其他营业单位支付的现金净额”项目列报的金额为 135 万元。

(2) 学天海公司应在现金流量表附注中披露的信息如表 6－26 所示。

表 6－26　　当期取得子公司及其他营业单位的信息

项目	金额
一、取得子公司及其他营业单位的有关信息：	
1. 取得子公司及其他营业单位的价格	150
2. 取得子公司及其他营业单位支付的现金和现金等价物	150
减：子公司及其他营业单位持有的现金和现金等价物	15
3. 取得子公司及其他营业单位支付的现金净额	135
4. 取得子公司的净资产	
流动资产	30
其中：存货	30
非流动资产	215
其中：固定资产	150
长期投资	60

续表

项目	金额
其他资产	5
流动负债	90
其中：短期借款	40
应付账款	50
非流动负债	20
其中：长期应付款	20

第七节　综合案例

【案例6－7】现金流量表的编制。

学天海股份有限公司某年发生业务及有关资料如表6－27所示，编制当年年度现金流量表本期金额。

表6－27　　学天海公司的业务资料及解析

业务资料	案例解析
1. 销售商品收入6 000万元，提供服务收入5 000万元，均收到80%的现金；已缴纳增值税为1 000万元，已缴纳城建税和教育费附加为120万元	销售商品、提供劳务收到的现金＝(6 000＋5 000)×80%＝8 800（万元） 支付的各项税费＝1 000＋120＝1 120（万元）
2. 销售商品成本3 000万元，提供服务成本2 000万元，均支付60%的现金	购买商品、接受劳务支付的现金＝(3 000＋2 000)×60%＝3 000（万元）
3. 现金支付员工工资及奖金费用2 000万元，因实施的设定受益计划而重新计量的利得为100万元；现金支付办公费用1 000万元；购置子公司支付现金3 000万元	支付给职工以及为职工支付的现金＝2 000（万元） 支付其他与经营活动有关的现金＝1 000（万元） 取得子公司及其他营业单位支付的现金净额＝3 000（万元）
4. 现金支付对外宣传费用1 000万元，年初向银行借款2 000万元用于补充流动资金，年利率为5%，利息年末已支付；闲置资金存入银行的利息收入为50万元	支付其他与经营活动有关的现金＝1 000（万元） 取得借款收到的现金＝2 000（万元） 分配股利、利润或偿付利息支付的现金＝2 000×5%＝100（万元） 收到其他与经营活动有关的现金＝50（万元）

续表

业务资料	案例解析
5. 当年收到财政返还的退税款 50 万元，代扣代缴员工个人所得税，收到税务局返还的手续费 4 万元	收到的税费返还 = 50（万元） 收到其他与经营活动有关的现金 = 4（万元）
6. 持股比例为 20% 的联营企业甲公司当年实现净利润 1 000 万元，甲公司因其他债权投资公允价值上升 300 万元，甲公司因其他权益工具投资公允价值增加 200 万元	不涉及现金流量
7. 按面值用银行存款购买乙公司发行的债券 1 000 万元，分类为以摊余成本计量的金融资产，当年收到利息收入 20 万元，按照预期损失法计提了损失准备 30 万元，年末将该债券出售收到现金 1 200 万元	投资支付的现金 = 1 000（万元） 取得投资收益收到的现金 = 20（万元） 收回投资收到的现金 = 1 200（万元）
8. 将持有的庚公司债权，原分类为以摊余成本计量的金融资产，因为业务模式改变，重分类为以公允价值计量且其变动计入其他综合收益的金融资产，重分类日公允价值比账面价值高 400 万元	不涉及现金流量
9. 按面值用银行存款购买丙公司发行的债券 2 000 万元，分类为以公允价值计量且其变动计入其他综合收益的金融资产，当年收到利息收入 40 万元，公允价值变动为 500 万元，按照预期损失法计提了损失准备 60 万元	投资支付的现金 = 2 000（万元） 取得投资收益收到的现金 = 40（万元）
10. 用银行存款购买丁公司发行的股票 5 000 万元，将其指定为以公允价值计量且其变动计入其他综合收益的金融资产，当年收到丁公司分回的现金股利 600 万元，公允价值变动为 300 万元	投资支付的现金 = 5 000（万元） 取得投资收益收到的现金 = 600（万元）
11. 用银行存款购买戊公司发行的股票 4 000 万元，分类为以公允价值计量且其变动计入当期损益的金融资产，当年收到戊公司分回的现金股利 400 万元，当年该股票公允价值变动为 700 万元	投资支付的现金 = 4 000（万元） 取得投资收益收到的现金 = 400（万元）
12. 对相关的原材料采购和销售业务采用套期进行风险管理，实现净敞口套期损益 10 万元；对预计未来的销售交易产生的现金流量风险进行套期，形成套期储备 20 万元	不涉及现金流量
13. 当年发行的短期融资债券 3 000 万元，年末支付利息 150 万元，当年公允价值下降了 300 万元，其中因自身信用风险导致的变动为 100 万元	取得借款收到的现金 = 3 000（万元） 分配股利、利润或偿付利息支付的现金 = 150（万元）

续表

业务资料	案例解析
14. 年初用银行存款购买一台大型设备1 000万元，年末对固定资产进行减值测试，计提了减值准备200万元	购建固定资产、无形资产和其他长期资产支付的现金＝1 000（万元）
15. 将一项无形资产与已公司的一台机器设备进行交换，收回现金80万元	处置固定资产、无形资产和其他长期资产收回的现金净额＝80（万元）
16. 收到股东捐赠现金100万元；对希望小学捐赠现金150万元	收到其他与筹资活动有关的现金＝100（万元） 支付其他与经营活动有关的现金＝150（万元）
17. 收到客户捐赠的现金10万元；向小股东捐赠现金20万元	收到其他与经营活动有关的现金10（万元） 支付的其他与筹资活动有关的现金20（万元）
18. 当年按照企业所得税法规定，实际缴纳企业所得税250万元，确认当期递延所得税资产100万元，递延所得税负债200万元	支付的各项税费＝250（万元）
19. 支付2 000万元回购公司股票，用于员工激励计划	支付其他与筹资活动有关的现金2 000万元
20. 支付1 000万元回购已授予但未解锁的限制性股票，用于员工激励计划	支付其他与筹资活动有关的现金1 000万元
21. 为了采购原材料相关的应付票据的结算及保证金的支付100万元	购买商品、接受劳务支付的现金100万元
22. 为了采购固定资产相关的应付票据的结算及保证金支付200万元	购建固定资产、无形资产和其他长期资产支付的现金200万元
23. 发行股份向母公司购买业务相关的过渡期现金补偿支付600万元	支付其他与投资活动有关的现金600万元
24. 发行股份及支付现金购买乙公司大型资产，其中，为了发行股份支付的审计费、律师费为100万元，为了购买资产支付了评估费20万元	支付其他与筹资活动有关的现金100万元；支付其他与投资活动有关的现金20万元
25. 收到搬迁补偿及土地收储补偿款8 000万元	处置固定资产、无形资产和其他长期资产收回的现金净额8 000万元
26. 收到应收票据贴现的现金800万元，符合金融资产的终止确认条件	收到其他与经营活动有关的现金800万元
27. 收到应收票据贴现的现金700万元，不符合金融资产的终止确认条件	收到其他与筹资活动有关的现金700万元
28. 收回应付账款、应付票据的现金900万元	收到其他与经营活动有关的现金900万元
29. 收到被投资企业A公司支付的现金股利300万元	取得投资收益收到的现金300万元

续表

业务资料	案例解析
30. 向股东支付现金股利 1 000 万元	分配股利、利润或偿付利息支付的现金 1 000 万元
31. 收到保险公司支付的固定资产损失赔款 30 万元	收到其他与投资活动有关的现金 30 万元
32. 收到职工小王因工作错失导致库存商品被盗的赔款 20 万元	收到其他与经营活动有关的现金 20 万元
33. 分 5 次付款购买大型设备，每年支付 1 000 万元，增值税 130 万元，当年款项已经支付，该设备不含税现价为 4 000 万元	支付其他与筹资活动有关的现金 1 130 万元
34. 收到当年无形资产租金收入 60 万元	收到其他与经营活动有关的现金 60 万元
35. 支付购买固定资产的增值税 260 万元	购建固定资产、无形资产和其他长期资产支付的现金 260 万元
36. 支付预缴企业所得税 500 万元	支付的各项税费 500 万元
37. 研发一项专利技术，当年支付发生费用化支出的现金 200 万元；支付资本化支出的现金 300 万元	支付其他与经营活动有关的现金 200 万元 购建固定资产、无形资产和其他长期资产支付的现金 300 万元
38. 收到政府拨付的与资产相关的政府补助 800 万元	收到其他与经营活动有关的现金 800 万元
39. 收到非同一控制下并购子公司，标的公司原股东支付的业绩补偿款 3 000 万元	收到其他与投资活动有关的现金 3 000 万元
40. 收到新三板挂牌地方政府补助费用 80 万元；支付的新三板挂牌费用 50 万元	收到其他与经营活动有关的现金 80 万元 支付其他与经营活动有关的现金 50 万元
41. 买方信贷模式下，客户（购买方）向银行借款 100 万元用于向学天海公司（卖方）支付货款，学天海公司按照银行要求以定期存款 100 万元质押给银行为买方提供担保	支付其他与经营活动有关的现金 100 万元； 【注】因为该担保基于买卖双方的购销业务，不属于卖方的投资或筹资活动
42. 通过 POS 机收取 100 万元货款，银行从中扣除 2 万元手续费，实际结算收到 98 万元	销售商品、提供劳务收到的现金 98 万元； 【注】利润表中确认收入 100 万元，确认财务费用 2 万元
43. 汇率变动对现金及现金等价物的影响为 100 万元	
44. 期初现金及现金等价物余额为 20 000 万元	

综上所述，现金流量表相关项目填列如表 6－28 所示。

表 6－28　　现金流量表相关项目列示　　单位：万元

项目	本期金额
一、经营活动产生的现金流量：	
销售商品、提供劳务收到的现金	8 800＋98＝8 898
收到的税费返还	50
收到其他与经营活动有关的现金	50＋4＋800＋900＋20＋60＋10＋800＋80＝2 724
经营活动现金流入小计	11 672
购买商品、接受劳务支付的现金	3 000＋100＝3 100
支付给职工以及为职工支付的现金	2 000
支付的各项税费	1 000＋120＋250＋500＝1 870
支付其他与经营活动有关的现金	1 000＋1 000＋150＋200＋50＋100＝2 500
经营活动现金流出小计	9 470
经营活动产生的现金流量净额	2 202
二、投资活动产生的现金流量：	
收回投资收到的现金	1 200
取得投资收益收到的现金	20＋40＋600＋400＋300＝1 360
处置固定资产、无形资产和其他长期资产收回的现金净额	80＋8 000＝8 080
处置子公司及其他营业单位收到的现金净额	0
收到其他与投资活动有关的现金	30＋3 000＝3 030
投资活动现金流入小计	13 670
购建固定资产、无形资产和其他长期资产支付的现金	1 000＋200＋260＋300＝1 760
投资支付的现金	1 000＋2 000＋5 000＋4 000＝12 000
取得子公司及其他营业单位支付的现金净额	3 000
支付其他与投资活动有关的现金	600＋20＝620
投资活动现金流出小计	17 380
投资活动产生的现金流量净额	－3 710
三、筹资活动产生的现金流量：	
吸收投资收到的现金	0
取得借款收到的现金	2 000＋3 000＝5 000

续表

项目	本期金额
收到其他与筹资活动有关的现金	800
筹资活动现金流入小计	5 800
偿还债务支付的现金	0
分配股利、利润或偿付利息支付的现金	100 + 150 + 1 000 = 1 250
支付其他与筹资活动有关的现金	2 000 + 1 000 + 100 + 1 130 + 20 = 4 250
筹资活动现金流出小计	5 500
筹资活动产生的现金流量净额	300
四、汇率变动对现金及现金等价物的影响	100
五、现金及现金等价物净增加额	-1 108
加：期初现金及现金等价物余额	20 000
六、期末现金及现金等价物余额	18 892

【案例 6-8】三种方法编制现金流量表。

学天海股份有限公司为一般纳税人，适用的增值税税率为 13%，所得税税率为 25%，原材料采用计划成本进行核算。2×20 年 12 月 31 日简化的资产负债表如表 6-29 所示。其中，“应收账款”科目的期末余额为 300 000 元，“坏账准备”科目的期末余额为 900 元。资产和负债的账面价值与计税基础不存在暂时性差异，不考虑其他因素。

表 6-29　资产负债表

编制单位：学天海股份有限公司　　2×20 年 12 月 31 日　　单位：元

资产	期末余额	负债和所有者权益	期末余额
流动资产：		流动负债：	
货币资金	1 406 300	短期借款	300 000
交易性金融资产	15 000	应付票据	200 000
应收票据	246 000	应付账款	953 800
应收账款	299 100	应付职工薪酬	110 000
其他应收款	5 000	应交税费	36 600

续表

资产	期末余额	负债和所有者权益	期末余额
预付款项	200 000	其他应付款	51 000
存货	2 580 000	一年内到期的长期负债	1 000 000
流动资产合计	4 751 400	流动负债合计	2 651 400
非流动资产：		非流动负债：	
长期股权投资	250 000	长期借款	600 000
固定资产	1 100 000	非流动负债合计	600 000
在建工程	1 500 000	负债合计	3 251 400
无形资产	600 000	所有者权益：	
其他长期资产	200 000	股本	5 000 000
非流动资产合计	3 650 000	资本公积	0
		盈余公积	100 000
		未分配利润	50 000
		所有者权益合计	5 150 000
资产总计	8 401 400	负债和所有者权益总计	8 401 400

要求：（1）编制学天海公司 2×21 年年度经济业务的会计分录。

（2）编制 2×21 年 12 月 31 日资产负债表。

（3）编制 2×21 年年度利润表。

（4）采用工作底稿法编制 2×21 年年度现金流量表。

（5）采用 T 形账户法编制 2×21 年年度现金流量表。

（6）采用会计分录法编制 2×21 年年度现金流量表。

2×21 年，学天海股份有限公司共发生如下经济业务：

（1）收到银行通知，用银行存款支付到期的商业承兑汇票 100 000 元。

（2）购入原材料一批，收到的增值税专用发票上注明的原材料价款为 150 000 元，增值税进项税额为 19 500 元，款项已通过银行转账支付，材料未验收入库。

（3）收到原材料一批，实际成本 100 000 元，计划成本 95 000 元，材料已验收入库，货款已于上月支付。

（4）用银行汇票支付采购材料价款，公司收到开户银行转来银行汇票多余款收账通知，通知上填写的多余款为226元，购入材料及运费99 800元，支付的增值税进项税额12 974元，原材料已验收入库，该批原材料计划价格100 000元。

（5）销售产品一批，开出的增值税专用发票上注明的销售价款为300 000元，增值税销项税额为39 000元，货款尚未收到。该批产品实际成本180 000元，产品已发出。

（6）公司将交易性金融资产（全部为股票投资）15 000元兑现，收到本金15 000元，投资收益1 500元，均存入银行。假设不考虑金融资产的增值税。

（7）购入不需安装的设备1台，设备价款为100 000元，支付包装费、运费1 000元。价款及包装费、运费均以银行存款支付。设备已交付使用。

（8）购入工程物资一批，价款为150 000元，款项已通过银行转账支付。

（9）工程应付工资200 000元，应付职工福利费28 000元。

（10）工程完工，计算应负担的长期借款利息150 000元。该项借款本息未付。

（11）一项工程完工，交付生产使用，已办理竣工手续，固定资产价值1 400 000元。

（12）基本生产车间1台机床报废，原价200 000元，已提折旧180 000元，清理费用500元，残值收入800元，均通过银行存款收支。该项固定资产已清理完毕。假设不考虑固定资产清理的增值税。

（13）从银行借入3年期借款400 000元，借款已入银行账户，该项借款用于购建固定资产。

（14）销售产品一批，开出的增值税专用发票上注明的销售价款为700 000元，增值税销项税额为91 000元，款项已存入银行。销售产品的实际成本420 000元。

（15）公司将要到期的一张面值为200 000元的无息银行承兑汇票（不含增值税），连同解讫通知和进账单交银行办理转账。收到银行盖章退回的进账单一联。款项银行已收妥。

（16）收到股权投资的股息30 000元（该项股息未提前宣告，直接分配），已存入银行。

（17）公司出售一台不需用的设备，收到价款300 000元，该设备原价400 000元，已提折旧150 000元。该项设备已由购入单位运走。假设不考虑固定资产处置的增值税。

（18）提取应计入本期损益的借款利息共21 500元，其中，短期借款利息11 500元；长期借款利息10 000元。

（19）归还短期借款本金250 000元，利息12 500元（已计入其他应付款）。

（20）提取现金500 000元，准备发放工资。

（21）支付工资500 000元，其中包括支付给在建工程人员的工资200 000元。

（22）分配应支付的职工工资300 000元（不包括在建工程应负担的工资），其中生产人员工资275 000元，车间管理人员工资10 000元；行政管理部门人员工资15 000元。

（23）提取职工福利费42 000元（不包括在建工程应负担的福利费28 000元），其中生产工人福利费38 500元，车间管理人员福利费1 400元，行政管理部门福利费2 100元。

（24）基本生产车间领用原材料，计划成本700 000元，领用低值易耗品，计划成本50 000元，采用一次摊销法摊销。

（25）结转领用原材料应分摊的材料成本差异。材料成本差异率为5%。

（26）摊销无形资产60 000元；摊销基本生产车间固定资产修理费90 000元（已列入预付账款）；缴纳印花税10 000元。

（27）计提固定资产折旧100 000元，其中，计入制造费用80 000元，管理费用20 000元。计提固定资产减值准备30 000元。

（28）收到应收账款39 000元，存入银行，按应收账款余额的3‰计提坏账准备。

（29）用银行存款支付产品展览费10 000元。

（30）计算并结转本期完工产品成本1 282 400元。没有期初在产品，本期生产的产品全部完工入库。

（31）广告费10 000元，已用银行存款支付。

（32）公司采用商业承兑汇票结算方式销售产品一批，开出的增值税专用发票上注明的销售价款为250 000元，增值税销项税额为32 500元，收到282 500元的商业承兑汇票1张，产品实际成本为150 000元。

（33）公司将上述承兑汇票到银行办理贴现，贴现息为20 000元。

（34）提取现金50 000元，准备支付退休费。

（35）支付退休金50 000元，未统筹。

（36）公司本期产品销售应缴纳的教育费附加为2 000元。

（37）用银行存款缴纳增值税100 000元，教育费附加2 000元。

（38）结转本期产品销售成本750 000元。

（39）计算并结转应交所得税77 575元。

（40）将各收支科目结转本年净利润。

（41）按照净利润的10%提取法定盈余公积金，按照净利润的5%提取法定公益金，宣告分配普通股现金股利32 091.25元。

（42）将利润分配各明细科目的余额转入“未分配利润”明细科目，结转本年利润。

（43）偿还长期借款1 000 000元。

（44）用银行存款缴纳所得税77 575元。

解析：1. 会计分录如下：

（1）借：应付票据　　100 000
　　　贷：银行存款　　100 000

（2）借：材料采购　　150 000
　　　应交税费——应交增值税（进项税额）　　19 500
　　　贷：银行存款　　169 500

（3）借：原材料　　95 000
　　　材料成本差异　　5 000
　　　贷：材料采购　　100 000

（4）借：材料采购　　99 800
　　　银行存款　　226
　　　应交税费——应交增值税（进项税额）　　12 974
　　　贷：其他货币资金　　113 000
　　借：原材料　　100 000
　　　贷：材料采购　　99 800
　　　　材料成本差异　　200

（5）借：应收账款　　339 000

贷：主营业务收入　　300 000
　　应交税费——应交增值税（销项税额）　　39 000

（6）借：银行存款　　16 500
　　贷：交易性金融资产　　15 000
　　　　投资收益　　1 500

（7）借：固定资产　　101 000
　　贷：银行存款　　101 000

（8）借：工程物资　　150 000
　　贷：银行存款　　150 000

（9）借：在建工程　　228 000
　　贷：应付职工薪酬——工资　　200 000
　　　　　　　　　——福利费　　28 000

（10）借：在建工程　　150 000
　　贷：长期借款——应付利息　　150 000

（11）借：固定资产　　1 400 000
　　贷：在建工程　　1 400 000

（12）借：固定资产清理　　20 000
　　累计折旧　　180 000
　　贷：固定资产　　200 000
借：固定资产清理　　500
　　贷：银行存款　　500
借：银行存款　　800
　　贷：固定资产清理　　800
借：营业外支出——固定资产报废净损失　　19 700
　　贷：固定资产清理　　19 700

（13）借：银行存款　　400 000
　　贷：长期借款　　400 000

（14）借：银行存款　　791 000
　　贷：主营业务收入　　700 000

	应交税费——应交增值税（销项税额）		91 000
（15）	借：银行存款	200 000	
	贷：应收票据		200 000
（16）	借：银行存款	30 000	
	贷：投资收益		30 000
（17）	借：固定资产清理	250 000	
	累计折旧	150 000	
	贷：固定资产		400 000
	借：银行存款	300 000	
	贷：固定资产清理		300 000
	借：固定资产清理	50 000	
	贷：资产处置损益——处置固定资产净收益		50 000
（18）	借：财务费用	21 500	
	贷：其他应付款		11 500
	长期借款——应付利息		10 000
（19）	借：短期借款	250 000	
	其他应付款	12 500	
	贷：银行存款		262 500
（20）	借：库存现金	500 000	
	贷：银行存款		500 000
（21）	借：应付职工薪酬	500 000	
	贷：库存现金		500 000
（22）	借：生产成本	275 000	
	制造费用	10 000	
	管理费用	15 000	
	贷：应付职工薪酬——工资		300 000
（23）	借：生产成本	38 500	
	制造费用	1 400	
	管理费用	2 100	

贷：应付职工薪酬——福利费　　42 000

（24）借：生产成本　　700 000

贷：原材料　　700 000

借：制造费用　　50 000

贷：低值易耗品　　50 000

（25）借：生产成本　　35 000

制造费用　　2 500

贷：材料成本差异　　37 500

（26）借：管理费用——无形资产摊销　　60 000

贷：累计摊销　　60 000

借：税金及附加——印花税　　10 000

制造费用——固定资产修理费　　90 000

贷：预付账款　　90 000

银行存款　　10 000

（27）借：制造费用——折旧费　　80 000

管理费用——折旧费　　20 000

贷：累计折旧　　100 000

借：资产减值损失——固定资产　　30 000

贷：固定资产减值准备　　30 000

（28）借：银行存款　　39 000

贷：应收账款　　39 000

应收账款余额 = 期初余额 300 000 + 339 000 − 39 000 = 600 000（元）

应计提坏账准备 = 600 000 × 3‰ − 期初余额 900 = 900（元）

借：信用减值损失——坏账损失　　900

贷：坏账准备　　900

（29）借：销售费用——展览费　　10 000

贷：银行存款　　10 000

（30）借：生产成本　　233 900

贷：制造费用　　233 900

借：库存商品　　1 282 400
　　贷：生产成本　　1 282 400

(31) 借：销售费用——广告费　　10 000
　　贷：银行存款　　10 000

(32) 借：应收票据　　282 500
　　贷：主营业务收入　　250 000
　　　　应交税费——应交增值税（销项税额）　　32 500

(33) 借：财务费用　　20 000
　　银行存款　　262 500
　　贷：应收票据　　282 500

(34) 借：库存现金　　50 000
　　贷：银行存款　　50 000

(35) 借：管理费用——劳动保险费　　50 000
　　贷：库存现金　　50 000

(36) 借：税金及附加　　2 000
　　贷：应交税费——应交教育费附加　　2 000

(37) 借：应交税费——应交增值税（已交税金）　　100 000
　　　　——应交教育费附加　　2 000
　　贷：银行存款　　102 000

(38) 借：主营业务成本　　750 000
　　贷：库存商品　　750 000

(39) 借：所得税费用　　77 575
　　贷：应交税费——应交所得税　　77 575

利润总额 = 1 331 500 − 1 021 200 = 310 300（元）

应交所得税 = 310 300 × 25% = 77 575（元）

(40) 借：主营业务收入　　1 250 000
　　资产处置损益　　50 000
　　投资收益　　31 500
　　贷：本年利润　　1 331 500

借：本年利润　　1 021 200

　　贷：主营业务成本　　750 000

　　　　税金及附加　　12 000

　　　　销售费用　　20 000

　　　　管理费用　　147 100

　　　　财务费用　　41 500

　　　　营业外支出　　19 700

　　　　资产减值损失　　30 000

　　　　信用减值损失　　900

借：本年利润　　77 575

　　贷：所得税费用　　77 575

（41）提取法定盈余公积金 =（310 300 − 77 575）×10% = 23 272.5（元）

借：利润分配——提取法定盈余公积　　23 272.5

　　贷：盈余公积——法定盈余公积　　23 272.5

提取法定公益金数额为 =（310 300 − 77 575）×5% = 11 636.25（元）

借：利润分配——提取法定公益金　　11 636.25

　　贷：盈余公积——法定公益金　　11 636.25

借：利润分配——应付普通股股利　　32 091.25

　　贷：应付股利　　32 091.25

（42）借：利润分配——未分配利润　　67 000

　　贷：利润分配——提取法定盈余公积　　23 272.5

　　　　　　　　——提取法定公益金　　11 636.25

　　　　　　　　——应付普通股股利　　32 091.25

借：本年利润　　232 725

　　贷：利润分配——未分配利润　　232 725

（43）借：长期借款　　1 000 000

　　贷：银行存款　　1 000 000

（44）借：应交税费——应交所得税　　77 575

　　贷：银行存款　　77 575

2. 编制资产负债表（工作底稿略）（见表6-30）。

表6-30　　资产负债表

编制单位：学天海股份有限公司　　2×21年12月31日　　单位：元

资产	期末余额	上年末余额	负债和所有者权益	期末余额	上年末余额
流动资产：			流动负债：		
货币资金	790 251	1 406 300	短期借款	50 000	300 000
交易性金融资产	0	15 000	应付票据	100 000	200 000
应收票据	46 000	246 000	应付账款	953 800	953 800
应收账款	598 200	299 100	应付职工薪酬	180 000	110 000
其他应收款	5 000	5 000	应交税费	66 626	36 600
预付款项	110 000	200 000	其他应付款	82 091.25	51 000
存货	2 574 700	2 580 000	一年内到期的长期负债	0	1 000 000
流动资产合计	4 124 151	4 751 400	流动负债合计	1 432 517.25	2 651 400
非流动资产：		250 000	非流动负债：		
长期股权投资	250 000	1 100 000	长期借款	1 160 000	600 000
固定资产	2 201 000	1 500 000	非流动负债合计	1 160 000	600 000
在建工程	628 000	600 000	负债合计	2 592 517.25	3 251 400
无形资产	540 000	200 000	所有者权益：		
其他长期资产	200 000	3 650 000	股本	5 000 000	5 000 000
非流动资产合计	3 819 000		资本公积		0
			盈余公积	134 908.75	100 000
			未分配利润	215 725	50 000
			所有者权益合计	5 350 633.75	5 150 000
资产总计	7 943 151	8 401 400	负债和所有者权益总计	7 943 151	8 401 400

3. 编制利润表（工作底稿略）（见表6-31）

表6-31　　利润表

编制单位：学天海股份有限公司　　2×21年度　　单位：元

项目	本年累计数
一、营业收入	1 250 000
减：营业成本	750 000
税金及附加	12 000

续表

项目	本年累计数
销售费用	20 000
管理费用	147 100
财务费用	41 500
加：投资收益	31 500
资产减值损失（损失以“－”号填列）	－30 000
信用减值损失（损失以“－”号填列）	－900
资产处置收益（亏损以“－”号填列）	50 000
二、营业利润	330 000
减：营业外支出	19 700
三、利润总额	310 300
减：所得税费用	77 575
四、净利润	232 725

4. 采用工作底稿法编制现金流量表，具体步骤如下：

第一步，将资产负债表的期初数和期末数填入工作底稿的期初数栏和期末数栏。

第二步，对当期业务进行分析并编制调整分录。首先对利润表每个项目进行分析调整，视同所有的收入都收到了现金，所有的成本都支付了现金，然后对未收到现金和未支付现金的项目再进行调整。其次对资产负债表中影响现金流量但不影响损益的项目进行分析调整，最后对现金及现金等价物的净变动额进行调整。

（1）分析调整主营业务收入：

借：经营活动现金流量——销售商品、提供劳务收到的现金

（倒挤）1 189 000

应收账款　300 000

贷：主营业务收入　1 250 000

应收票据　200 000

应交税费　39 000

本期应收账款增加 300 000 元均系货款，应减少经营活动产生的现金流量，对应的应交税费（增值税销项税额）增加 300 000 × 13% ＝39 000 元。

本期应收票据减少 200 000 元均系货款，应增加经营活动产生的现金流量。

(2) 分析调整主营业务成本:

借: 主营业务成本　750 000

　应付票据　100 000

　贷: 经营活动现金流量——购买商品、接受劳务支付的现金

　　(倒挤) 844 700

　　存货　5 300

应付票据减少 100 000 元, 表明本期用于购买存货的现金支出增加 100 000 元; 存货减少 5 300 元, 表明本期消耗的存货中有 5 300 元是原先库存的, 即购买商品支付的现金减少 5 300 元。

(3) 计算销售费用付现:

借: 销售费用　20 000

　贷: 经营活动现金流量——支付的其他与经营活动有关的现金

　　20 000

(4) 调整税金及附加:

借: 税金及附加　12 000

　贷: 经营活动现金流量——支付的各项税费　12 000

(5) 分析调整管理费用:

借: 管理费用　147 100

　贷: 经营活动现金流量——支付的其他与经营活动有关的现金

　　147 100

管理费用中包含着不涉及现金支出的项目, 此笔分录先将管理费用全额转入"经营活动现金流量——支付的其他与经营活动有关的现金"项目中, 至于不涉及现金支出的项目, 再分别进行调整。

(6) 分析调整财务费用:

借: 财务费用　41 500

　贷: 经营活动现金流量——销售商品、提供劳务收到的现金　20 000

　　其他应付款　11 500

　　长期借款　10 000

本期增加的财务费用中, 有 20 000 元是票据贴现利息, 由于在调整应收票据

时已全额计入“经营活动现金流量——销售商品、提供劳务收到的现金”项目，所以要从“经营活动现金流量——销售商品、提供劳务收到的现金”项目内冲回，不能作为现金流出；其他应付款 11 500 元和长期借款 10 000 元均系利息费用。

（7）分析调整投资收益：

借：投资活动现金流量——取得投资收益收到的现金　　30 000
　　　　　　　　　　——收回投资收到的现金　　16 500
　贷：投资收益　　31 500
　　　交易性金融资产　　15 000

投资收益由两部分组成，一是分得现金股利 30 000 元，二是出售交易性金融资产获利 1 500 元。

（8）分析调整所得税费用：

借：所得税费用　　77 575
　贷：应交税费　　77 575

（9）分析调整资产处置收益：

借：投资活动现金流量——处置固定资产、无形资产和
　　其他长期资产收回的现金净额　　300 000
　　累计折旧　　150 000
　贷：资产处置损益　　50 000
　　　固定资产　　400 000

资产处置损益 50 000 元是处置固定资产的利得，应列入投资活动现金流量中。

（10）分析调整营业外支出和资产减值损失：

借：营业外支出——报废固定资产损失　　19 700
　　投资活动现金流量——处置固定资产、无形资产和
　　其他长期资产收回的现金净额　　300
　　累计折旧　　180 000
　贷：固定资产　　200 000

借：资产减值损失　　30 000
　贷：固定资产减值准备　　30 000

(11) 分析调整坏账准备：

借：信用减值损失 900

　　贷：坏账准备 900

(12) 分析调整预付账款：

借：经营活动现金流量——购买商品、接受劳务支付的现金 90 000

　　贷：预付账款 90 000

预付账款减少的原因是摊销固定资产大修理费用 90 000 元，已计入制造费用并分配到存货成本中，由于存货的变动已在第（2）笔分录中全部调整到“经营活动现金流量——购买商品、接受劳务支付的现金”项目中，所以反向调整。

(13) 分析调整固定资产：

借：固定资产 1 501 000

　　贷：投资活动现金流量——购建固定资产、无形资产和

　　　　其他长期资产支付的现金 101 000

　　　　在建工程 1 400 000

本期固定资产的增加包括两部分，一是购入设备 101 000 元，二是在建工程完工转入 1 400 000 元。

(14) 分析调整累计折旧：

借：经营活动现金流量——支付的其他与经营活动有关的现金

20 000

——购买商品、接受劳务支付的现金 80 000

　　贷：累计折旧 100 000

本期计提折旧的 100 000 元中，计入管理费用的有 20 000 元，计入制造费用的有 80 000 元，所以反向调整。

(15) 分析调整在建工程：

借：在建工程 378 000

　　工程物资 150 000

　　贷：投资活动现金流量——购建固定资产、无形资产和

　　　　其他长期资产支付的现金 350 000

　　　　长期借款 150 000

应付职工薪酬——福利费　　28 000

本期在建工程增加的原因，一是以现金购买工程物资150 000元及支付工资200 000元；二是长期借款利息资本化150 000元；三是应付福利费28 000元。

(16) 分析调整无形资产：

借：经营活动现金流量——支付的其他与经营活动有关的现金　　60 000

贷：累计摊销　　60 000

无形资产摊销时已计入管理费用，所以反向调整。

(17) 分析调整短期借款：

借：短期借款　　250 000

贷：筹资活动现金流量——偿还债务支付的现金　　250 000

(18) 分析调整应付工资：

借：应付职工薪酬　　300 000

贷：经营活动现金流量——支付给职工以及为职工支付的现金　　300 000

借：经营活动现金流量——购买商品、接受劳务支付的现金　　285 000

——支付的其他与经营活动有关的现金　　15 000

贷：应付职工薪酬　　300 000

本期应付工资的期末期初差额虽然为零，但并不意味着本期支付给职工的工资为零。上述分录中，由于工资费用分配时已分别计入制造费用和管理费用并已经计入现金流量，所以反向调整，否则就重复计算现金流量了。

(19) 分析调整应付福利费：

借：经营活动现金流量——购买商品、接受劳务支付的现金　39 900

——支付的其他与经营活动有关的现金2 100

贷：应付职工薪酬——福利费　　42 000

理由同上。本例中并没有出现使用应付福利费的情况。若本期使用了应付福利费，则应将这部分金额列入“经营活动现金流量——支付给职工以及为职工支付的现金”项目中。

(20) 分析调整应交税费：

借：应交税费　210 049

　　贷：经营活动现金流量——支付的各项税费

(100 000 +77 575) 177 575

——购买商品、接受劳务支付的现金

(19 500 +12 974) 32 474

借：经营活动现金流量——销售商品、提供劳务收到的现金 123 500

　　贷：应交税费　(91 000 +32 500) 123 500

这里的第一笔调整分录，是调整实际以现金缴纳的增值税税款、所得税税款以及购货时支付的增值税进项税额；第二笔分录是调整收到的增值税销项税额。为便于分析，企业在日常核算中，应按应交税费的税种分设明细账，以便获得分析所需的数据。

(21) 分析调整其他应付款：

借：其他应付款　12 500

　　贷：筹资活动现金流量——分配股利、利润或偿付利息支付的现金

12 500

(22) 分析调整长期借款：

借：长期借款　1 000 000

　　贷：筹资活动现金流量——偿还债务支付的现金　1 000 000

借：筹资活动现金流量——取得借款收到的现金　400 000

　　贷：长期借款　400 000

(23) 结转净利润：

借：净利润　232 725

　　贷：未分配利润　232 725

(24) 提取盈余公积及分配股利：

借：未分配利润　67 000

　　贷：盈余公积　34 908.75

　　　　应付股利　32 091.25

（25）最后调整现金净变化额：

借：现金净减少额　　616 049

　贷：现金　　616 049

第三步，将调整分录填入工作底稿的相应部分（见表6－32）。

表6－32　　现金流量表工作底稿　　单位：元

项目	期初数	调整分录		期末数
		借方	贷方	
一、资产负债表项目				
借方项目：				
货币资金	1 406 300		（25）616 049	790 251
交易性金融资产	15 000		（7）15 000	
应收票据	246 000		（1）200 000	46 000
应收账款	300 000	（1）300 000		600 000
其他应收款	5 000			5 000
预付款项	200 000		（12）90 000	110 000
存货	2 580 000		（2）5 300	2 574 700
长期股权投资	250 000			250 000
固定资产原价	1 500 000	（13）1 501 000	（9）400 000	2 401 000
			（10）200 000	
工程物资		（15）150 000		150 000
在建工程	1 500 000	（15）378 000	（13）1 400 000	478 000
无形资产	600 000		（16）60 000	540 000
其他长期资产	200 000			200 000
借方项目合计	8 802 300	2 329 000	2 926 349	8 204 951
贷方项目：				
坏账准备	900		（11）900	1 800
累计折旧	400 000	（9）150 000	（14）100 000	170 000
		（10）180 000		
累计摊销			（6）60 000	60 000
固定资产减值准备			（10）30 000	30 000
短期借款	300 000	（17）250 000		50 000
应付票据	200 000	（2）100 000		100 000

续表

项目	期初数	调整分录		期末数
		借方	贷方	
应付账款	953 800			953 800
应付职工薪酬——工资	110 000	（18）300 000	（18）300 000	180 000
——福利费			（15）28 000	
			（19）42 000	
应付股利			（24）32 091.25	32 091.25
应交税费	36 600	（20）210 049	（1）39 000	66 626
			（8）77 575	
			（20）123 500	
其他应付款	51 000	（21）12 500	（6）11 500	50 000
长期借款	1 600 000	（22）1 000 000	（6）10 000	1 160 000
			（15）150 000	
			（22）400 000	
实收资本	5 000 000			5 000 000
盈余公积	100 000		（24）34 908.75	134 908.75
未分配利润	50 000	（24）67 000	（23）232 725	215 725
贷方项目合计	8 802 300	2 269 549	1 672 200	8 204 951
二、利润表项目	—			本期数
营业收入			（1）1 250 000	1 250 000
营业成本		（2）750 000		750 000
税金及附加		（4）12 000		12 000
销售费用		（3）20 000		20 000
管理费用		（5）147 100		147 100
财务费用		（6）41 500		41 500
投资收益			（7）31 500	31 500
资产处置收益			（9）50 000	50 000
资产减值损失		（10）30 000		30 000
信用减值损失		（11）900		900
营业外支出		（10）19 700		19 700
所得税费用		（8）77 575		77 575
净利润		（23）232 725		232 725

续表

项目	期初数	调整分录		期末数
		借方	贷方	
三、现金流量表项目				本期数
（一）经营活动产生的现金流量				
销售商品、提供劳务收到现金		（1）1 189 000	（6）20 000	1 292 500
		（20）123 500		
现金流入小计				1 292 500
购买商品、接受劳务支付的现金		（12）90 000	（2）844 700	382 274
		（14）80 000	（20）32 474	
		（18）285 000		
		（19）39 900		
支付给职工以及为职工支付的现金			（18）300 000	300 000
支付的各项税费			（20）177 575	189 575
			（4）12 000	
支付的其他与经营活动有关的现金		（14）20 000	（3）20 000	70 000
		（16）60 000	（5）147 100	
		（18）15 000		
		（19）2 100		
现金流出小计				941 849
经营活动产生的现金流量净额				350 651
（二）投资活动产生的现金流量				
收回投资收到的现金		（7）16 500		16 500
取得投资收益收到的现金		（7）30 000		30 000
处置固定资产、无形资产和其他资产收回的现金净额		（9）300 000		300 300
		（10）300		
现金流入小计				346 800
购建固定资产、无形资产和其他资产支付的现金				451 000
			（13）101 000	
现金流出小计			（15）350 000	451 000
投资活动产生的现金流动净额				-104 200

续表

项目	期初数	调整分录		期末数
		借方	贷方	
（三）筹资活动产生的现金流量				
取得借款收到的现金		（22）400 000		400 000
现金流入小计				400 000
偿还债务支付的现金			（17）250 000	1 250 000
			（22）1 000 000	
分配股利、利润或偿还利息支付的现金			（21）12 500	12 500
现金流出小计				1 262 500
筹资活动产生的现金流量净额				-862 500
（四）现金及现金等价物净增加额		（25）616 049	9 197 398	-616 049
调整分录借贷合计		9 197 398	9 197 398	—

第四步，核对调整分录，借方、贷方合计数均已经相等，资产负债表项目期初数加减调整分录中的借贷金额以后，也已等于期末数。

第五步，根据工作底稿中的现金流量表项目部分编制正式的现金流量表（见表6-33）。

表6-33　　　　现金流量表　　　　会企03表

编制单位：学天海股份有限公司　　　　2×21年度　　　　单位：元

项目	本期数
一、经营活动产生的现金流量：	
销售商品、提供劳务收到的现金	1 292 500
收到的税费返还	0
收到的其他与经营活动有关的现金	0
现金流入小计	1 292 500
购买商品、接受劳务支付的现金	382 274
支付给职工以及为职工支付的现金	300 000
支付的各项税费	189 575
支付的其他与经营活动有关的现金	70 000
现金流出小计	941 849
经营活动产生的现金流量净额	350 651

续表

项目	本期数
二、投资活动产生的现金流量：	
收回投资收到的现金	16 500
取得投资收益收到的现金	30 000
处置固定资产、无形资产和其他长期资产收回的现金净额	300 300
收到的其他与投资活动有关的现金	0
现金流入小计	346 800
购建固定资产、无形资产和其他长期资产支付的现金	451 000
投资支付的现金	0
支付的其他与投资活动有关的现金	0
现金流出小计	451 000
投资活动产生的现金流量净额	－104 200
三、筹资活动产生的现金流量：	
吸收投资收到的现金	0
取得借款收到的现金	400 000
收到的其他与筹资活动有关的现金	0
现金流入小计	400 000
偿还债务支付的现金	1 250 000
分配股利、利润和偿付利息支付的现金	12 500
支付的其他与筹资活动有关的现金	0
现金流出小计	1 262 500
筹资活动产生的现金流量净额	－862 500
四、汇率变动对现金的影响	0
五、现金及现金等价物净增加额	－616 049

补充资料：

补充资料	本期数
1. 将净利润调节为经营活动现金流量：	
净利润	232 725
加：资产减值准备	30 000
信用损失准备	900
固定资产折旧	100 000

续表

补充资料	本期数
无形资产摊销	60 000
长期待摊费用摊销	0
处置固定资产、无形资产和其他长期资产的损失（减：收益）	-50 000
固定资产报废损失	19 700
财务费用	21 500
投资损失（减：收益）	-31 500
存货的减少（减：增加）	5 300
经营性应收项目的减少（减：增加）	-10 000
经营性应付项目的增加（减：减少）	-27 974
其他	
经营活动产生的现金流量净额	350 651
2. 不涉及现金收支的投资和筹资活动：	
债务转为资本	0
一年内到期的可转换公司债券	0
融资租入固定资产	0
3. 现金及现金等价物净增加情况：	
现金的期末余额	790 251
减：现金的期初余额	1 406 300
加：现金等价物的期末余额	0
减：现金等价物的期初余额	0
现金及现金等价物净增加额	-616 049

5. 采用T形账户法编制现金流量表，具体步骤如下：

第一步，为所有的非现金项目（包括资产负债表项目和利润表项目）分别开设T形账户，并将各自的期末期初变动数填入各该账户。如果项目的期末数大于期初数，则将差额填入和项目余额相同的方向；反之，填入相反的方向。

第二步，开设一个大的“现金及现金等价物”T形账户，每边分为经营活动、投资活动和筹资活动三个部分，左边记录现金流入，右边记录现金流出。与其他账户一样，过入期末期初变动数。

第三步，以利润表项目为基础，结合资产负债表分析每一个非现金项目的增减变动，并据此编制调整分录。

调整分录基本上和工作底稿法一样。在实际工作中，若采用T形账户法，企业可省去一些不涉及现金的调整分录，以简化编制现金流量表的工作量。

第四步，将调整分录填入各T形账户，并进行核对，该账户借贷相抵后的余额与原先填入的期末期初变动数应当一致。

第五步，根据大的“现金及现金等价物”T形账户编制正式的现金流量表（与前面现金流量表相同）。

6. 采用会计分录法编制现金流量表

只需要编制借贷双方只有一方涉及现金流量的分录，具体步骤如下：

（1）借：应付票据　100 000

　　贷：银行存款——购买商品、接受劳务支付的现金　100 000

（2）借：材料采购　150 000

　　应交税费——应交增值税（进项税额）　19 500

　　贷：银行存款——购买商品、接受劳务支付的现金　169 500

（3）不涉及现金流量。

（4）借：材料采购　99 800

　　银行存款——购买商品、接受劳务支付的现金　226

　　应交税费——应交增值税（进项税额）　12 974

　　贷：其他货币资金——购买商品、接受劳务支付的现金　113 000

（5）不涉及现金流量。

（6）借：银行存款——收回投资收到的现金　16 500

　　贷：交易性金融资产　15 000

　　　　投资收益　1 500

（7）借：固定资产　101 000

　　贷：银行存款——购建固定资产、无形资产和其他长期资产支付的现金　101 000

（8）借：工程物资　150 000

　　贷：银行存款——购建固定资产、无形资产和其他长期资产支付的现金　150 000

(9) 不涉及现金流量。

(10) 不涉及现金流量。

(11) 不涉及现金流量。

(12) 借：固定资产清理 500

贷：银行存款——处置固定资产、无形资产和其他长期资产收回的现金净额 500

借：银行存款——处置固定资产、无形资产和其他长期资产收回的现金净额 800

贷：固定资产清理 800

(13) 借：银行存款——取得借款收到的现金 400 000

贷：长期借款 400 000

(14) 借：银行存款——销售商品、提供劳务收到的现金 791 000

贷：主营业务收入 700 000

应交税费——应交增值税（销项税额） 91 000

(15) 借：银行存款——销售商品、提供劳务收到的现金 200 000

贷：应收票据 200 000

(16) 借：银行存款——取得投资收益收到的现金 30 000

贷：投资收益 30 000

(17) 借：银行存款——处置固定资产、提供劳务收回的现金净额 300 000

贷：固定资产清理 300 000

(18) 不涉及现金流量。

(19) 借：短期借款 250 000

其他应付款 12 500

贷：银行存款——偿还债务支付的现金 250 000

——分配股利、利润或偿付利息支付的现金 12 500

(20) 不涉及现金流量。

(21) 借：应付职工薪酬 500 000

贷：库存现金——支付给职工的现金　　300 000
——支付给在建工程人员工资　　200 000

（22）不涉及现金流量。

（23）不涉及现金流量。

（24）不涉及现金流量。

（25）不涉及现金流量。

（26）借：税金及附加——印花税　　10 000
制造费用——固定资产修理费　　90 000
贷：预付账款　　90 000
银行存款——支付的各项税费　　10 000

（27）不涉及现金流量。

（28）借：银行存款——销售商品、提供劳务收到的现金　　39 000
贷：应收账款　　39 000

（29）借：销售费用——展览费　　10 000
贷：银行存款——支付的其他与经营活动有关的现金　　10 000

（30）不涉及现金流量。

（31）借：销售费用——广告费　　10 000
贷：银行存款——支付的其他与经营活动有关的现金　　10 000

（32）不涉及现金流量。

（33）借：财务费用　　20 000
银行存款——销售商品、提供劳务收到的现金　　262 500
贷：应收票据　　282 500

（34）不涉及现金流量。

（35）借：管理费用——劳动保险费　　50 000
贷：库存现金——支付的其他与经营活动有关的现金　　50 000

（36）不涉及现金流量。

（37）借：应交税费——应交增值税（已交税金）　　100 000
——应交教育费附加　　2 000
贷：银行存款——支付的各项税费　　102 000

（38）不涉及现金流量。

（39）不涉及现金流量。

（40）不涉及现金流量。

（41）不涉及现金流量。

（42）不涉及现金流量。

（43）借：长期借款　　1 000 000

　　贷：银行存款——偿还债务支付的现金　　1 000 000

（44）借：应交税费——应交所得税　　77 575

　　贷：银行存款——支付的各项税费　　77 575

将上述分录中现金流量表项目过入现金流量表工作底稿（见表6-34）。

表6-34　　现金流量表工作底稿　　单位：元

项目	上期数	调整分录		本期数
		借方	贷方	
（一）经营活动产生的现金流量				
销售商品、提供劳务收到现金		（14）791 000		1 292 500
		（15）200 000		
		（28）39 000		
		（33）262 500		
现金流入小计				1 292 500
购买商品、接受劳务支付的现金		（4）226	（1）100 000	382 274
			（2）169 500	
			（4）113 000	
支付给职工以及为职工支付的现金			（21）300 000	300 000
支付的各项税费			（26）10 000	189 575
			（37）102 000	
			（44）77 575	
支付的其他与经营活动有关的现金			（29）10 000	70 000
			（31）10 000	
			（35）50 000	
现金流出小计				941 849
经营活动产生的现金流量净额				350 651

续表

项目	上期数	调整分录		本期数
		借方	贷方	
（二）投资活动产生的现金流量				
收回投资所收到的现金		（6）16 500		16 500
取得投资收益所收到的现金		（16）30 000		30 000
处置固定资产收回的现金净额		（12）300		300 300
		（17）300 000		
现金流入小计				346 800
购建固定资产所支付的现金			（7）101 000	451 000
			（8）150 000	
			（21）200 000	
现金流出小计				451 000
投资活动产生的现金流动净额				-104 200
（三）筹资活动产生的现金流量				
取得借款所收到的现金		（13）400 000		400 000
现金流入小计				400 000
偿还债务所支付的现金			（19）250 000	1 250 000
			（43）1 000 000	
偿还利息所支付的现金			（19）12 500	12 500
现金流出小计				1 262 500
筹资活动产生的现金流量净额				-862 500
（四）现金及现金等价物净增加额				-616 049

根据上表本期数填列现金流量表（与前面现金流量表相同）。

第七章

中期财务报告

中期财务报告，是指所涵盖的会计期间短于一个会计年度的财务报告。

随着社会经济环境的快速发展和科学技术的突飞猛进，企业经营环境的不确定性程度越来越高，因此，投资者、债权人、金融分析师、证券交易员等报表使用者对公开披露的财务报告信息的及时性和相关性提出了更高的要求，信息披露的频率和时效就显得越来越重要，尤其是中期报告对资本市场的重要性越来越大。

为了向报表使用者提供比年度财务报告更加及时的信息，以提高会计信息的决策有用性，《企业会计准则第 32 号——中期财务报告》（下文简称“CAS32”）规范了中期财务报告的内容和编制，提供了企业较短期间的财务状况、财务业绩和现金流量的信息，可以使报表使用者对企业的业绩评价和监督管理更加及时，更有助于揭示问题，寻求相应的应对措施，在时间上缩短了委托人与代理人之间的信息不对称，从而规范企业经营者的行为，以满足投资者决策需求。尤其对上市公司来说，有利于减少内幕交易。

CAS32 定义了中期财务报告最基本的内容和披露要求，确定了中期财务报告应采用的会计确认和计量原则。

2006 版 CAS32 与原 2001 版《中期财务报告准则》实质上基本相同。

CAS32 的内容如图 7－1 所示。

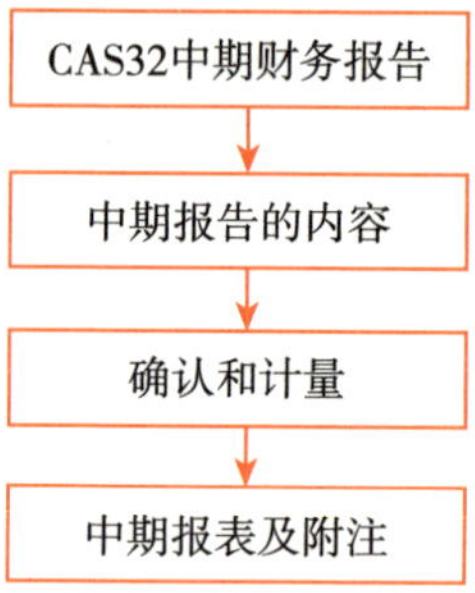

图 7－1　中期财务报告的内容

第一节　中期报告的内容

中期报告的内容如表 7－1 所示。

表 7－1　　中期财务报告的内容

1. 概念	中期财务报告，是指以中期为基础编制的财务报告
	中期，是指短于一个完整的会计年度的报告期间。例如，月度、季度、半年度、年初至本中期末【1】
2. 内容	中期财务报告至少应当包括资产负债表、利润表、现金流量表和附注，即三表一注。中期报告可以不编制所有者权益变动表
	中期财务报表应当与年度财务报表相一致
	中期财务报告旨在列报比最近期的完整的年度财务报表更新的信息。因此，中期财务报告注重新的活动、事项和情况，不重复以前已报告过的信息
3. 格式	中期财务报表的格式应当与年度财务报表相一致【2】
	基本每股收益和稀释每股收益应当在中期利润表中单独列示
	当年新施行的会计准则对财务报表格式和内容作了修改的，中期财务报表应当按照修改后的报表格式和内容编制，上年度比较财务报表的格式和内容，也应当作相应调整
4. 适用范围	CAS32 不强制规定哪些主体应公布中期财务报告、间隔多长，或在中期期末后多久公布，这些事宜应由政府监管机构以及会计职业团体决定
	如果主体被要求或自行选择依据企业会计准则公布中期财务报告，应采用 CAS32

续表

5. 中期报表项目重分类	财务报表项目在报告中期作了调整或者修订的，上年度比较财务报表项目有关金额应当按照本年度中期财务报表的要求重新分类，并在附注中说明重新分类的原因及其内容，无法重新分类的，应当在附注中说明不能重新分类的原因
6. 中期重要性	中期财务报告应当包括自上一年末报告日后至本中期末所有相关的重要信息
	中期财务报表中对项目重要性程度的判断，应当以中期财务数据为基础，不应以预计的年度财务数据为基础

【释 1】根据我国证监会的有关规定，我国上市公司从 2002 年起就必须编制季度财务报告。因为一方面，中期财务报告具有预测盈利的功能，提供越多的季度报告，预测的准确度就越高。另一方面，随着信息技术的快速发展，信息的生产成本大幅下降，为提供季度报告提供有力的支持。

【释 2】我国 CAS32 要求中期财务报表应当是一套完整的报表，而国际会计准则和美国会计准则中要求中期财务报表可以是一套简化的报表。

【案例 7－1】重要性的判断。

甲公司第 3 季度计提存货跌价准备 100 万元，第 3 季度实现净利润 200 万元，预计全年实现净利润 5 000 万元。

要求：甲公司对该存货跌价准备在第 3 季度中期报告中是否应当披露？

解析：尽管以全年数据为基础判断，存货跌价准备金额只占预计全年净利润的 2%，可能并不重要。但是，以中期财务数据为基础判断时，该存货跌价准备金额占第 3 季度净利润的 50%，属于重要事项，所以应当在第 3 季度中期报告中披露该事项。

【案例 7－2】重要性的判断。

甲公司为一家水果生产和销售企业，需要对外提供季度财务报告。甲公司水果的收获和销售主要集中在每年的第 3 季度。甲公司某年 1 月 1 日至 9 月 30 日（即年初至第 3 季度末）累计实现净利润 400 万元，其中第 1 季度发生亏损 1 400 万元，第 2 季度发生亏损 1 200 万元，第 3 季度实现净利润3 000 万元。

第3季度末的存货（库存水果）为150万元，甲公司考虑到该批存货已经过了销售旺季，可变现净值已经远低于账面价值，确认了存货跌价损失120万元。

要求： 甲公司在第3季度财务报告中是否应当披露该存货跌价损失事项？

解析： 尽管该批存货跌价损失仅仅占甲公司第3季度净利润总额的4%（120÷3 000），可能并不重要。但是，该项损失占公司1—9月累计净利润的30%（120÷400），对于理解甲公司1—9月的经营成果来讲，属于重要事项。所以，甲公司应当在第3季度财务报告附注中披露该事项。在实务工作中，企业还应当综合考虑资产规模、经营特征等因素，以对重要性作出较为合理的判断。

【案例7-3】 重要性的判断。

甲公司在某年1月1日至6月30日累计实现净利润2 500万元，其中，第2季度实现净利润80万元，甲公司在第2季度转回前期计提的坏账准备100万元，第2季度末应收账款余额为800万元。

要求： 甲公司在第2季度财务报告中是否应当披露该存货跌价损失事项？

解析： 尽管甲公司第2季度转回的坏账准备仅占1—6月净利润总额的4%（100÷2 500），可能并不重要。但是该项转回金额占第2季度净利润的125%（100÷80），占第2季度末应收账款余额的12.5%，对于理解第2季度（4—6月）经营成果和第2季度末财务状况非常重要，属于重要事项。所以，甲公司应当在第2季度财务报告附注中披露该事项。

第二节　确认和计量

一、中期报告的确认和计量

中期报告的确认和计量如表7-2所示。

表 7－2　　中期报告的确认和计量

1. 会计政策	企业的中期财务报表中应当采用与年度财务报表相一致的会计政策【1】
	上年度资产负债表日之后发生了会计政策变更，且变更后的会计政策将在年度财务报表中采用的，中期财务报表应当采用变更后的会计政策，按照《CAS28——会计政策、会计估计变更和差错更正》的规定处理。既要调整本中期和本财务年度以前中期的报表，也要追溯调整可比期间中期和可比财务年度以前中期的报表，并按照 CAS32 的规定在附注中作相应披露【2】
	在中期期末不符合资产定义的费用不应在资产负债表中递延，既不能等待未来信息以确定其是否已符合资产的定义，也不应用来平滑财务年度内各中期的利润【3】
	每个中期应当确认所得税费用并按照 CAS18 的规定处理
	中期报告中资产减值的处理按照 CAS8 的规定处理
2. 会计估计	中期会计计量与年度财务数据相比，可在更大程度上依赖于会计估计【4】
	在同一会计年度内，以前中期财务报告中报告的某项估计金额在最后一个中期发生了重大变更、企业又不单独编制该中期财务报告的（有时企业不单独报告第 4 季度报告或下半年年度报告），应当按照 CAS28 的规定处理，并在年度财务报告的附注中按照 CAS32 的规定披露该项估计变更的内容、原因及其影响金额
3. 会计计量	财务报告的频率不应当影响年度结果的计量。为了实现这个目标，中期报告的计量应以年初至本中期末为基础，与年度计量保持一致
4. 不均匀发生的收入	企业取得的季节性、周期性或者偶然性收入，应当在发生时予以确认和计量，不应在中期财务报表中预计或者递延，但会计年度末允许预计或者递延的除外。即不应当为了平衡各中期的收益而将这些收入在会计年度的各个中期之间进行分摊【5】
5. 不均匀发生的费用	企业在会计年度中不均匀发生的费用，应当在发生时予以确认和计量（如员工培训费用），不应在中期财务报表中预提或者待摊，但会计年度末允许预提或者待摊的除外

【释 1】包括两层含义：第一，中期的资产、负债、收益和费用的确认原则，应与年度财务报表采用的确认原则一致；第二，中期的会计确认应当仅考虑截至本中期末的情况来判断是否符合确认条件，符合确认条件的才能确认，不符合确认条件的不能确认，且不应当结合当年剩余期间可能的情况来判断是否符合确认条件。

例如，甲图书出版公司按季度编制中期财务报告。某年 3 月对外征订图书，收到订单和购书款 50 万元，5 月向客户发送图书，图书征订与发货分属于不同的中期。尽管从全年来看，该图书销售符合收入确认条件，但是，甲企业在第1季度中期报告中（即在收到订单和购书款的中期）不应当确认图书的销售收入，因为此时不符合图书销售收入确认的条件，甲企业应当在第2季度中期报告中（即发送图书，并且符合收入确认的条件的中期）才能确认销售图书的收入。

【释2】会计政策变更处理的原则是，确保本期报表与可比报表都采用了一致的变更后的新政策，从而提高会计信息的可比性。否则，将导致中期分摊的困难、经营成果的扭曲、中期信息分析的复杂化和难以理解。

【释3】对于待处理财产损益项目，企业在中期资产负债表日也应当像会计年度末一样，将其计入当期损益，不能递延到以后中期，因为它已经不符合资产的定义和确认标准。

例如，甲公司为一家化工生产企业，需要编制季度财务报告。某年6月30日，甲公司在盘点库存时，发现一批账面价值为100万元的存货已经毁损，该批存货已无任何价值，不会再给企业带来经济利益，不再符合资产的定义。因此，在编制甲公司第2季度财务报告时，该批存货就不能再作为资产列报，而应当在利润表中确认一项损失。

【释4】因为很多业务在中期末可能还没有完成，如存货没有盘点等，所以可能更大程度上依赖会计估计。

【释5】企业经营的季节性特征，是指企业营业收入的取得或者营业成本的发生主要集中在全年度的某一季节或者某段期间内。例如，供暖企业的营业收入主要来自于冬季；冷饮企业的营业收入主要来自夏季。

企业经营的周期性特征，是指企业每隔一个周期就会稳定地取得一定的收入或者发生一定的成本。例如，某房地产开发企业开发房地产通常需要2至3年的周期才能完成开发，在房地产出售之前不能确认收入，在对外出售之后才能确认收入。

其他不均匀发生的收入，如股利收入、政府补助收入等。

二、年度报告与中期报告中会计估计的比较

年度报告与中期报告中会计估计的比较如表7－3所示。

表 7－3　　年度报告与中期报告中会计估计的比较

项目	年度报告	中期报告
存货	可能要求进行全面的存货盘点和计价程序	可以不要求，以销售毛利为基础来进行估计就足够了
准备	确定准备（如保修准备、环境成本准备、场地恢复准备）的恰当金额可能是复杂的，往往成本很高且耗费时间，聘用外部专家来协助	作类似的估计经常只需调整以前年度准备，而不是聘用外部专家来作新的计算
养老金	《CAS9——职工薪酬》要求在每个报告期末日确定设定受益义务的现值和计划资产的公允价值，利用具有职业资格的精算师的工作	通过对最近精算估价的推断，通常可以获得可靠的计量
所得税	可以将适用于各税收管辖区的税率运用于每个管辖区内的收益来计算所得税费用和递延所得税负债	可以采用跨税收管辖区或跨收益类别的加权平均税率，只要它采用了更具体税率的结果的合理近似值
或有事项	涉及法律专家或其他顾问人员的报告	可能需要，也可能不需要
公允价值会计	可以依赖具有职业资格的评估师	不需要
集团的公司间余额调节	编制年度合并财务报表时要求以较为详细的程度调节的某些公司间余额	编制中期合并财务报表时可以不那么详细
流动性分类	在年度报告日可能比在中期报告日作更彻底的核查	
特殊行业	由于复杂、高成本和费时，特殊行业中的中期计量可能比在财务年度末的精确性更低。如保险公司对保险准备的计算	

【案例 7－4】中期会计处理。

甲公司 1 月 1 日利用专门借款资金开工建造一项固定资产。3 月 1 日，建造工程由于资金周转发生困难而停工，发生了非正常中断。甲公司预计在 1 个半月内即可获得补充专门借款，解决资金周转问题，工程可以重新施工。所以，在编制第 1 季度财务报告时，没有中断借款费用的资本化，将借款费用计入了在建工程成本。

后来的事实发展表明，甲公司直至 6 月 15 日才获得补充专门借款，工程才重新开工。甲公司在编制第 2 季度财务报告时，认为第 2 季度发生非正常中断的时间只有 2 个半月，不到 3 个月，因此在第 2 季度报告中继续将借款费用资本化。

要求：判断甲公司上述中期报告中的处理是否正确并说明理由。

解析：（1）甲公司第 1 季度中期报告处理正确。

（2）第 2 季度中期报告处理错误。甲公司第 2 季度中期报告应当以年初至本中期末为基础，与以年度为计量基础保持一致。当以整个会计年度作为会计计量的基础，3月1日至6月15日之间发生的借款费用，因中断时间连续超过3个月，符合暂停资本化条件，应当费用化，计入当期损益。因此，在第2季度中期报告中，应当将第1季度和第2季度已经资本化的借款费用调整为费用化，调减在建工程成本，调增财务费用，从而实现财务报告的频率不影响年度结果计量的目标。

【案例7-5】中期会计处理。

甲公司是一家软件开发商，需要编制季度财务报告。2×21年4月1日，甲公司将其2×21年新版长江管理信息系统软件投放市场，市场前景看好。

4月10日，甲公司收到B公司（B公司为一家财务软件开发商）来函，声明长江管理信息系统软件中的财务管理软件包与该公司开发的并已于2×20年申请专利的财务管理系统相同，要求甲公司停止侵权，并赔偿损失1 000万元。甲公司不服，继续销售其新产品。

B公司遂于4月15日将甲公司告上法庭，要求甲公司停止侵权行为，公开道歉，并赔偿B公司损失1 000万元。法院受理了此案，随后作了数次调查取证后，初步认定甲公司的确侵犯了B公司的专利权。根据有关规定，甲公司将要赔偿B公司800万—1 000万元的损失。为此，甲公司在6月30日提出，希望能够庭外和解，B公司初步表示同意。

8月2日，双方经过数次调解，没有达成和解协议，只能再次通过法律诉讼程序。

9月20日，法院判决，甲公司立即停止对B公司的侵权行为，赔偿B公司损失980万元，并在媒体上公开道歉。甲公司不服，继续上诉。

12月1日，二审判决，维持原判。

2×22年1月20日，根据最终判决，甲公司被强制执行，向B公司支付侵权赔偿款980万元。

要求：针对上述事项，甲公司在2×21年第2季度中期报告与第3季度中期报告中应当如何处理？

解析：（1）在2×21年第2季度该事项属于或有事项，且在2×21年第2季度末，甲公司已经可以合理预计在诉讼案中公司将很可能会败诉，需要向B公司赔偿由于侵权导致的损失，甲公司在当时已经承担了一项现时义务，而且赔偿金额可以可靠估计，因此，根据《CAS13——或有事项》的规定，应当在2×21年第2季度末就确认一项负债（即预计负债），金额为900万元［(800+1 000)÷2］，而不是等到以后季度或者年末时再予确认。

（2）在2×21年第3季度财务报告中，由于法院一审已经判决，要求甲公司赔偿980万元。所以，甲公司在第3季度财务报告中还应当再确认80万元负债，以反映甲公司在第3季度末的现时义务。与此同时，作为预计负债和会计估计变更事项，甲公司还应当在附注中作相应披露。

由此可见，企业在中期资产负债表日不能把当时已经符合负债确认条件的现时义务（即使履行该义务的时间和金额还需等到会计年度以后中期才能够完全确定）递延到以后中期进行确认。

【案例7-6】周期性收入。

甲公司为一家房地产开发公司，按照季度编制中期财务报告。甲公司采取滚动开发房地产的方式，即开发完成一个房地产项目后，再开发下一个房地产项目。

甲公司于2×21年1月1日开始开发一个住宅小区，小区建成完工需2年。甲公司采取边开发、边销售楼盘的策略。甲公司在2×21年各季度分别收到楼盘销售款1 000万元、3 000万元、2 500万元和2 000万元；为小区建设分别发生开发成本2 000万元、1 500万元、2 200万元和1 800万元。在2×22年各季度分别收到楼盘销售款2 500万元、3 000万元、3 000万元和1 000万元；为小区建设分别发生开发成本1 000万元、1 700万元、1 500万元和300万元。小区所有商品房于2×22年11月完工，12月全部交付给购房者，并办理完有关产权手续。假设此时才符合CAS14规定的收入确认条件。不考虑其他因素。

要求：甲公司在2×21年和2×22年各季度中期报告中如何反映房地产业务的销售收入？

解析：由于甲公司的经营业务具有明显的周期性特征，只有在每隔一个周期，待房地产开发完成并实现对外销售后，才能确认收入，即只有在2×22年12月所建商品房完工后，才符合收入确认条件。这一收入就属于周期性取得的收入。

甲公司在2×22年12月之前的各中期都不能确认收入，已经收到的楼盘销售款应当作为合同负债处理。对于开发小区所发生的成本也应当先归集在“开发成本”科目中，待到确认收入时，再结转相应的成本。另外，甲公司对于其经营的周期性特征，则应当根据中期财务报告准则的要求在各有关中期财务报告附注中予以披露。

第三节　中期报表及附注

一、中期合并报表

中期合并报表的编制要求如表 7－4 所示。

表 7－4　　　　中期合并报表的编制要求

上年度	本中期
编制合并财务报表的	应当编制合并财务报表
除了包括合并财务报表，还包括母公司财务报表的	也应当包括母公司财务报表
包括了合并财务报表	处置了所有子公司的，只需提供母公司财务报表，但上年度比较财务报表仍应当包括合并财务报表，上年度可比中期没有子公司的除外
没有子公司	增加了子公司的，提供合并报表

二、中期比较报表

中期财务报告的目的是列报自最近一期完整年度报告以来更新的信息。所以，不但要列报本中期（如第 3 季度）的信息，还要列报自年初至本中期末的信息。中期比较报表的编制要求如表 7－5 所示。

表 7－5　　　　中期比较报表的编制要求

编制 2×17 年第 3 季度报表	本中期财务报表	上年度比较财务报表
资产负债表	2×17 年 9 月 30 日	2×16 年 12 月 31 日
利润表（本中期）	2×17 年 7 月 1 日至 9 月 30 日	2×16 年 7 月 1 日至 9 月 30 日
利润表（年初至本中期末）	2×17 年 1 月 1 日至 9 月 30 日	2×16 年 1 月 1 日至 9 月 30 日

续表

编制2×17年第3季度报表	本中期财务报表	上年度比较财务报表
现金流量表（年初至本中期末）	2×17年1月1日至9月30日	2×16年1月1日至9月30日
所有者权益变动表（若有）	2×17年1月1日至9月30日	2×16年1月1日至9月30日
附注（上年末至本中期末）	披露自上年度末资产负债表日至本中期末发生的重要交易或者事项	

例如，甲公司需要编制季度财务报告，在3月7日对外进行一项重大投资，收购一家子公司。对于这个重要事项，不仅应当在第1季度中期报告附注中予以披露，在第2季度和第3季度中期报告附注中也应当予以披露。

三、中期报表附注

中期财务报告中的附注应当以本年年初至本中期期末为基础编制，披露自上年度资产负债表日之后发生的，有助于理解企业财务状况、经营成果和现金流量变化情况的重要交易或者事项。

中期财务报告中的附注至少应当包括的信息包括：

（1）中期财务报表所采用的会计政策与上年度财务报表相一致的声明。会计政策发生变更的，应当说明会计政策变更的性质、内容、原因及其影响数；无法进行追溯调整的，应当说明原因。

（2）会计估计变更的内容、原因及其影响数；影响数不能确定的，应当说明原因。

（3）前期差错的性质及其更正金额；无法进行追溯重述的，应当说明原因。

（4）企业经营的季节性或者周期性特征。

（5）存在控制关系的关联方发生变化的情况；关联方之间发生交易的，应当披露关联方关系的性质、交易类型和交易要素。

（6）合并财务报表的合并范围发生变化的情况。

（7）对性质特别或者金额异常的财务报表项目的说明。

（8）证券发行、回购和偿还情况。

（9）向所有者分配利润的情况，包括在中期内实施的利润分配和已提出或者已批准但尚未实施的利润分配情况。

（10）根据《CAS35——分部报告》规定披露分部报告信息的，应当披露主要报告形式的分部收入与分部利润（亏损）。

（11）中期资产负债表日至中期财务报告批准报出日之间发生的非调整事项。

（12）上年度资产负债表日以后所发生的或有负债和或有资产的变化情况。

（13）企业结构变化情况，包括企业合并，对被投资单位具有重大影响、共同控制或者控制关系的长期股权投资的购买或者处置，终止经营等。

（14）其他重大交易或者事项，包括重大的长期资产转让及其出售情况、重大的固定资产和无形资产取得情况、重大的研究和开发支出、重大的资产减值损失情况等。

（15）企业在提供上述事项5和事项10有关关联方交易、分部收入与分部利润（亏损）信息时，应当同时提供本中期（或者本中期期末）和本年度年初至本中期期末的数据，以及上年度可比本中期（或者可比期末）和可比年初至本中期期末的比较数据。

（16）其他会计准则所要求披露的信息。

（17）如果主体的中期财务报告遵从CAS32，应对此事实予以披露。除非中期财务报告符合CAS32的所有要求，否则不能声称为与CAS32保持一致。

【案例7－7·单选题】下列有关编制中期财务报告的表述中，符合会计准则规定的是（　　）。

A. 中期财务报告会计计量以本报告期期末为基础

B. 在报告中期内新增子公司的中期期末不应将新增子公司纳入合并范围

C. 中期财务报告会计要素确认和计量原则应与本年度财务报告相一致

D. 中期财务报告的重要性判断应以预计的年度财务报告数据为基础

答案：C

解析：选项A，应当以年初至本中期期末为基础编制；选项B，也应该纳入合并报表；选项D，重要性判断应以中期报告数据为基础。

【案例7－8·多选题】下列关于企业中期财务报告附注应当披露的内容中，正确的有（　　）。

A. 企业经营的季节性或周期性特征

B. 中期财务报告采用的会计政策与上年度财务报告相一致的声明

C. 会计估计变更的内容、原因及其影响数

D. 中期资产负债表日到中期财务报告批准日之间发生的非调整事项

答案：ABCD

解析：以上选项都正确。

第八章

每股收益

每股收益，即每一股普通股能赚的收益，其反映企业的经营成果，是投资者等信息使用者据以评价企业盈利能力、预测企业成长潜力，进而做出相关经济决策的重要的财务指标之一，它能够帮助投资者快速判断不同企业的获利能力。因此在投资领域具有举足轻重的地位。它将企业一定期间的经营成果浓缩为一个简单的数字，是财务报告中具有高度概括性的指标，也是反映普通股获利水平和投资风险的重要财务指标。根据实证研究表明，每股收益与股价高度相关，对股价有重大影响。

由于利润是绝对数，对于股本规模不同的企业来说不具有可比性。分析如表 8－1 所示。

表 8－1　　　　　　　　每股收益与利润的评价

	甲企业	乙企业
利润	1 亿元	1 000 万元
股本	10 亿元	1 000 万元
每股收益	1 ÷ 10 = 0.1 元	1 000 ÷ 1 000 = 1 元

由此可见，乙企业的盈利能力是甲企业的 10 倍。

《企业会计准则第 34 号——每股收益》（下文简称“CAS34”）规范了每股收益的计算方法和列报，借此比较同一期间内不同主体之间以及同一主体在不同会计期间的业绩水平。尽管不同的主体可能因采用不同的会计政策确定“收益”，导致每股收益数据有局限性，但是，制定一个统一的标准会改善财务报告的可比性，提高会计信息的质量。

在 2006 年以前，我国只有每股收益计算与披露的规定（以下简称“原规定”），2006 版 CAS34 与原规定相比，变化如表 8 –2 所示。

表 8 –2　　原规定与 2006 版 CAS34 的区别

变化项目	原规定	2006 版 CAS34
考虑潜在普通股的影响，增加了稀释每股收益的计算要求	无论全面摊薄每股收益还是加权平均每股收益的计算，实际上都近似于基本每股收益，只是在是否考虑发行在外普通股时间权重上有所不同；都没有要求计算稀释每股收益	要求考虑可转换公司债券、认股权证、期权等潜在普通股对每股收益的影响，并计算稀释每股收益
增加重新计算的要求，提高了每股收益指标前后期的可比性	无	要求企业在派发股票股利、公积金转增资本、拆股或并股等情况下应当重新计算各列报期间的每股收益
由表外披露改为表内列示	要求每股收益在表外披露	要求企业在利润表中应当单独列示基本每股收益和稀释每股收益，同时在附注中披露有关每股收益计算的进一步详细信息

第一节　基本每股收益的概念及计算

一、每股收益的相关概念

每股收益的相关概念如表 8 –3 所示。

表 8 –3　　每股收益的相关概念

1. 含义	每股收益，是指普通股股东每持有一股普通股所能享有的企业利润或需要承担的企业亏损 发生亏损的企业，每股收益就是负数
2. 适用范围	CAS34 适用于普通股或潜在普通股已公开交易的企业，以及正处于公开发行普通股或潜在普通股过程中的企业【1】
3. 潜在普通股	是指赋予其持有者在报告期或以后期间享有取得普通股权利的一种金融工具或其他合同，包括可转换公司债券、认股权证、股份期权等
4. 主要内容	基本每股收益、稀释每股收益（可转债、权证与期权、股份回购、多项稀释性工具）
	特殊每股收益的计算（合并每股收益、存在优先股等其他权益工具、限制性股票）
	每股收益的列报（重新计算、配股、列报）

【释1】第一，没有普通股或潜在普通股的企业不适用，如有限公司；第二，普通股或潜在普通股没有公开交易，或者没有处于公开发行过程中的股份有限公司不适用 CAS34。

二、基本每股收益的计算

基本每股收益的计算如表 8－4 所示。

表 8－4　　基本每股收益的计算

计算方法	基本每股收益＝分子/分母 ＝归属于母公司普通股股东的当期净利润/当期发行在外的母公司普通股的加权平均数
分子	净利润＝合并净利润－归属于优先股等其他权益工具的净利润－少数股东损益－终止经营净利润
分母	发行在外普通股加权平均数＝期初发行在外普通股股数＋报告期增加的股份数×已发行时间/报告期时间－报告期回购等减少的股份数×已回购时间/报告期时间

1. 计算分子的注意事项：

（1）计算基本每股收益是为了反映母公司每股普通股所占的损益，因此，在合并报表中，分子要减去少数股东损益，分母要减去归属于少数股东的股数。

（2）减归属于其他权益工具的净利润，是因为每股收益主要反映归属于普通股股东的收益，普通股股东才对企业的损益有追索权，所以净利润要扣除不属于普通股股东的净利润。

当期优先股股利金额，不包括在当期支付或宣告的、针对以前期间累积优先股的所有优先股股利金额，因为这部分属于负债，不属于当期损益。

（3）减终止经营净利润，是因为如果列报了持续经营损益，应按持续经营损益计算基本每股收益。

2. 计算分母的注意事项：

（1）发行在外，是指扣除当期没有发行在外的普通股，按照发行在外的时间权重计算，一般按照天数占当期总天数的比重计算。

（2）减库存股、优先股等非普通股的股数，因为每股收益只反映归属于普通股股东的收益。

3. 新发行普通股时间的确定（见表8－5）

表8－5　　新发行普通股时间的确定

应当根据发行合同的具体条款，从应收对价之日（一般为股票发行日）起计算确定	
①为收取现金而发行的普通股股数	从应收现金之日起计算
②因将普通股或优先股股利自愿再投资而发行的普通股	从股利再投资时起计算
③因债务工具转换成普通股而发行的普通股股数	从停计债务利息之日起计算
④为替换其他金融工具的利息或本金而发行的普通股	从停计利息之日起计算
⑤作为主体债务结算的交换而发行的普通股	从结算日起计算
⑥为收购非现金资产而发行的普通股股数	从确认收购之日起计算
⑦因向主体提供服务而发行的普通股	从提供服务之时起计算
⑧非同一控制下的企业合并	从购买日起计算【1】
⑨同一控制下的企业合并	从列报最早期间期初起计算【2】
⑩一旦强制性的可转换工具发生转换就将发行的普通股	从合约签订之日起计算
⑪重新计算时的股数	从列报期间最早期初起计算

【释1】非同一控制下的企业合并，分子净利润自购买日之后才并入合并报表，分母口径应当和分子一致，所以作为对价发行的普通股股数也从购买日起计算。

【释2】同一控制下的企业合并，视同自最终控制方同时控制合并方和被合并方时起合并主体就一直存在，合并主体的留存收益包括参与合并各方在合并前实现净利润的累积金额。因此，与分子净利润口径相一致，作为对价发行的普通股也应当视同列报最早期间期初就已发行在外，计入各列报期间普通股的加权平均数。分子净利润和分母股数的期间应当匹配。

【案例8－1】发行在外普通股加权平均数的计算。

学天海公司期初发行在外普通股股数2 000万股，库存股300万股，5月31日增发800万股普通股，12月1日回购250万股库存股拟用于高层管理人员股权激励。

要求：计算发行在外普通股加权平均数。

解析：期初发行在外普通股股数＝2 000－300＝1 700（万股）；

方法一：累计计算（相对简单）。

发行在外普通股加权平均数＝1 700＋800×7÷12－250×1÷12＝2 146（万股）

方法二：分段计算。

发行在外普通股加权平均数＝1 700×5÷12＋(1 700＋800)×6÷12＋(1 700＋800－250)×1÷12＝2 146（万股）。

【案例8－2】甲公司某年实现的净利润为1 000万元，发行在外的普通股为500万股，优先股为100万股。优先股每股优先获得1元的分红，其余利润在优先股与普通股之间分配，且每股优先股的分红比普通股高0.3元。不考虑其他因素。

要求：分别计算当年优先股与普通股的每股收益。

解析：将当年净利润首先在优先股与普通股之间分配，则：

优先股可以分得净利润＝100×1＋（1 000－100）÷（500×1＋100×1.3）×130＝286（万元）

普通股可以分得净利润＝（1 000－100）÷（500×1＋100×1.3）×500＝714（万元）

优先股每股收益＝286÷100＝2.86元/股

普通股每股收益＝714÷500＝1.43元/股

第二节　稀释每股收益

企业发行潜在普通股的，应当假设潜在普通股转换为普通股时，是否会减少持续经营的基本每股收益，从而判断是否具有稀释性。如果存在终止经营情况的，应当按照扣除终止经营净利润后的持续经营净利润为基础计算。

为什么要计算稀释性每股收益？因为潜在普通股一旦转换或行权后，会导致经济资源流出企业，造成每股收益突然下降，如果不计算稀释每股收益，就误导了报表使用者以为企业的盈利能力下降了。所以计算稀释每股收益，能提高会计信息的可比性。稀释每股收益的目的在于给报表使用者提供最大的稀释可能性的信息。

一、稀释每股收益的计算逻辑

稀释每股收益的计算逻辑如图 8－1 所示。

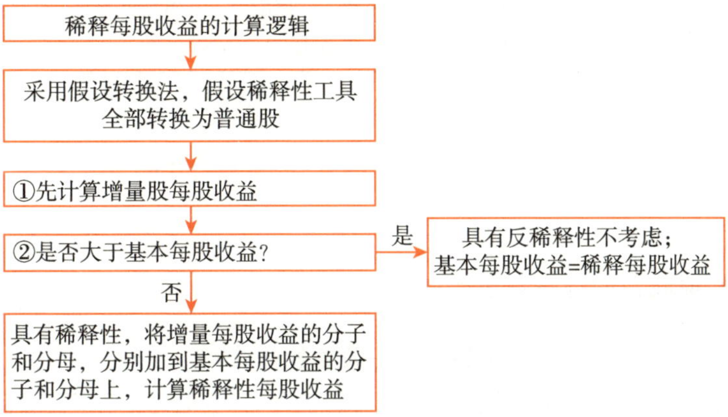

图 8－1　稀释每股收益的计算逻辑

稀释每股收益的计算如表 8－6 所示。

表 8－6　稀释每股收益的计算

稀释期间的确定	当期期初或发行日（合同签订日）至行权日或终止日（合同履行日）
	行权日或终止日以后的期间不再属于稀释期间，应当同时计入基本每股收益和稀释每股收益
	当期被注销或终止的稀释性潜在普通股，应当按照当期发行在外的时间计入稀释每股收益
转换股数的确定	当存在不止一种转换基础时，应当假定会采取从潜在普通股持有者角度看最有利的转换率或执行价格
计算方法	增量股每股收益＝潜在普通股对净利润的影响/增加的加权平均股数 ＝增量净利润/（增量股×时间权重）
	稀释每股收益＝（基本每股收益的分子＋增量净利润）/（基本每股收益的分母＋增量股×时间权重）

普通股平均市场价格的确定方法如表 8－7 所示。

表 8－7　　　　普通股平均市场价格的确定方法

理论上	应当包括该普通股每次交易的价格
实务操作中	通常对每周或每月具有代表性的股票交易价格进行简单算术平均
股票价格比较平稳的情况下	可以采用每周或每月股票的收盘价作为代表性价格
股票价格波动较大的情况下	可以采用每周或每月股票最高价与最低价的平均值作为代表性价格
当期发行认股权证或股份期权的	普通股平均市场价格应当自认股权证或股份期权的发行日起计算
无论采用何种方法	计算平均市场价格，一经确定，不得随意变更，除非有确凿证据表明原计算方法不再适用

二、不同稀释性工具增量股每股收益的计算

增量股每股收益的计算如表 8－8 所示。

表 8－8　　　　增量股每股收益的计算

1. 可转换债券【1】	增量股每股收益＝摊余成本×实际利率×(1－所得税税率)/可转换股数
2. 认股权证、买入股份期权【2】	增量股＝(拟转换股数－拟转换股数×行权价格/当期普通股平均市价)×时间权重 ＝拟转换股数×(1－行权价格/当期普通股平均市价)×时间权重
3. 股份回购	增量股＝(承诺回购的股数×回购价/当期普通股平均市价－承诺回购的股数)×时间权重 ＝承诺回购的股数×(回购价/当期普通股平均市价－1)×时间权重

【释 1】可转换债券：分子中的利息对净利润的影响，应采用实际利率法计算。

【释 2】认股权证和买入股份期权的稀释原理：企业盈利时，行权价格低于当期普通股平均市场价格时具有稀释性。因为按照拟转换股数与按市价发行股数的差额，未收取对价，所以这部分具有稀释性，导致企业经济资源流出。如果行权价格高于市场价格，员工不会行权，不会产生稀释性。企业亏损时具有反稀释性，计算时不予考虑。

如果企业持有的是卖出期权，则与买入期权的判断相反。

【释 3】股份回购的稀释原理：企业承诺将回购股份的合同中，回购价格高于当期普通股平均市场价格时，具有稀释性，因为高于市价的部分导致企业经济资

源流出。如果回购价低于市场价格，则不会产生稀释性。反之，企业亏损时具有反稀释性，计算时不予考虑。

【案例8-3】稀释每股收益的计算。

学天海公司2×13年归属于普通股股东的净利润为25 500万元，期初发行在外普通股股数7 900万股，3月31日定向增发3 000万股普通股，9月30日自公开市场回购600万股拟用于高层管理人员股权激励。

2×13年4月1日，学天海公司按面值发行40 000万元的三年期可转换公司债券，债券每张面值100元，票面年利率为2%，利息自发行之日起每年支付一次，即每年12月31日为付息日。假设不具备转换选择权的类似债券的市场利率为3%。该批可转换公司债券自发行结束后12个月以后即可转换为本公司股票，即转股期为发行12个月后至债券到期日止的期间。转股价格为每股10元，即每100元债券可转换为10股面值为1元的普通股。债券利息不符合资本化条件，直接计入当期损益。

按照公司利润分享计划约定，该公司高级管理人员按照当年税前利润的1%领取奖金报酬。企业所得税税率为25%。

要求：计算学天海公司2×13年基本每股收益和稀释每股收益。

解析：发行在外普通股加权平均数 $=7\ 900+3\ 000\times9\div12-600\times3\div12=10\ 000$（万股）；基本每股收益 $=25\ 500\div10\ 000=2.55$（元/股）；

负债成份公允价值 $=(40\ 000\times2\%)\div(1+3\%)+(40\ 000\times2\%)\div(1+3\%)^2+(40\ 000+40\ 000\times2\%)\div(1+3\%)^3=38\ 868.56$（万元）；

假设转换增加的净利润 $=38\ 868.56\times3\%\times9\div12\times(1-1\%)\times(1-25\%)=649.35$（万元）；

【注】稀释前净利润25 500万元已经考虑了高管奖金，这里只要考虑债券利息减少导致利润增加产生的高管奖金增加的金额即可。

假设转换所增加的增量股 $=40\ 000\div10\times9\div12=3\ 000$（万股）；增量股每股收益 $=649.35\div3\ 000=0.22$（元/股），小于基本每股收益2.55（元/股），具有稀释性；

稀释每股收益 $=(25\ 500+649.35)\div(10\ 000+3\ 000)=2.01$（元/股）。

【案例8-4】 稀释每股收益的计算。

学天海公司20×3年实现归属于普通股股东的净利润为1 500万元，发行在外普通股的加权平均数为3 000万股，20×3年有两项与普通股相关的合同：

（1）4月1日授予的规定持有者可于20×4年4月1日以5元/股的价格购买学天海公司900万股普通股的期权合约；

（2）7月1日授予员工100万份股票期权，每份期权于2年后的到期日可以3元/股的价格购买1股学天海公司普通股。

学天海公司20×3年普通股平均市场价格为6元/股。不考虑其他因素。

要求： 计算学天海公司20×3年稀释每股收益。

解析： 事项（1）调整增加的普通股股数=900×（1-5÷6）×9÷12=112.5（万股）

事项（2）调整增加的普通股股数=100×（1-3÷6）×6÷12=25（万股）

稀释每股收益=1 500÷（3 000+112.5+25）=0.48（元/股）。

【案例8-5】 稀释每股收益的计算。

股份回购每股收益的计算。

学天海公司2×16年度和2×17年度归属于普通股股东的净利润均为400万元，2×16年初发行在外普通股加权平均数为1 000万股。

2×16年3月1日，该公司与股东签订一份远期回购合同，承诺一年后以每股5.5元的价格回购其发行在外的240万股普通股。该普通股2×16年3月至12月平均市场价格为5元，2×17年1月至2月平均市场价格为5.2元。

要求：（1）计算2×16年基本每股收益和稀释每股收益。

（2）计算2×17年基本每股收益和稀释每股收益。

解析：（1）2×16年：基本每股收益=400÷1 000=0.4（元/股）；

增量股=240×（5.5÷5-1）×10÷12=20（万股）；

2×16年稀释每股收益=400÷（1 000+20）=0.39（元/股）。

（2）2×17年：基本每股收益=400÷（1 000×12÷12-240×10÷12）=0.5（元/股）；

增量股=240×（5.5÷5.2-1）×2÷12=2.31（万股）；

2×17 年稀释每股收益 = 400 ÷ (1 000 × 12 ÷ 12 − 240 × 10 ÷ 12 + 2.31) = 0.498 (元/股)。

三、同时存在多项稀释性工具时每股收益的计算

存在多项潜在普通股的，每次发行的潜在普通股应当视为不同的潜在普通股，分别判断其稀释性，而不能将其作为一个总体考虑。

计算原理：为使对基本每股收益的稀释效果达到最大化，先计算每一项稀释性工具的增量股每股收益，判断稀释性大小，增量股每股收益越小表明稀释性越大；然后按照稀释程度从大到小的顺序，逐步计算稀释每股收益，直至稀释每股收益达到最小值。

每股收益的计算逻辑如图 8－2 所示。

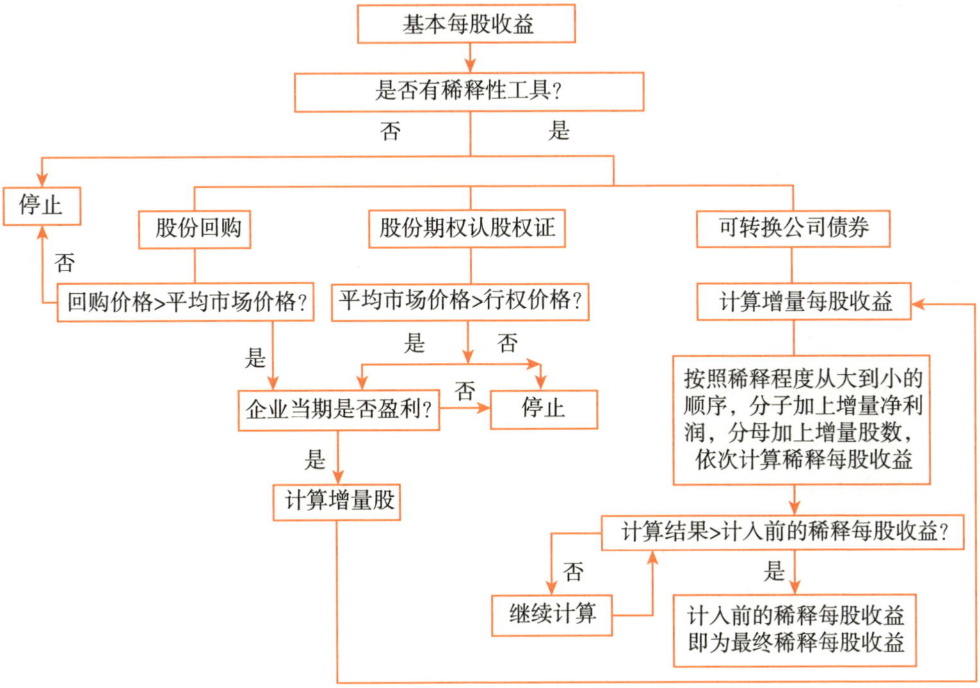

图 8－2 稀释每股收益的计算逻辑

【案例8-6】 多项潜在普通股稀释每股收益的计算。

学天海公司2×16年归属于普通股股东的净利润为5 625万元，发行在外普通股加权平均数为18 750万股。年初已发行在外的潜在普通股有：

（1）认股权证7 200万份，每份认股权证可以在行权日以8元的价格认购1股本公司新发股票。

（2）按面值发行的5年期可转换公司债券75 000万元，债券每张面值100元，票面年利率为2.6%，转股价格为每股12.5元，即每100元债券可转换为8股面值为1元的普通股。

（3）按面值发行的三年期可转换公司债券150 000万元，债券每张面值100元，票面年利率为1.4%，转股价格为每股10元，即每100元债券可转换为10股面值为1元的普通股。

当期普通股平均市场价格为12元，年度内没有认股权证被行权，也没有可转换公司债券被转换或赎回，所得税税率为25%。假设不考虑可转换公司债券在负债和权益成分的分拆，且债券票面利率等于实际利率。

要求： 计算2×16年基本每股收益和稀释每股收益。

解析： 基本每股收益＝5 625÷18 750＝0.3（元/股）。

计算增量每股收益：

认股权证由于不会增加净利润，只会增加股数7 200×(1－8÷12)×12÷12＝2 400（万股），因此增量每股收益为0；

利率为2.6%的债券：净利润增加75 000×2.6%×(1－25%)×12÷12＝1 462.5（万元），股数增加75 000÷12.5×12÷12＝6 000（万股），因此增量每股收益为1 462.5÷6 000＝0.24元；

利率为1.4%的债券：净利润增加150 000×1.4%×(1－25%)×12÷12＝1 575（万元），股数增加150 000÷10×12÷12＝15 000（万股），因此增量每股收益为1 575÷15 000＝0.11元；

由此可见，认股权证的稀释性最大，利率为2.6%的可转债的稀释性最小。分步计入稀释每股收益：

先计算包含认股权证后的稀释每股收益：5 625÷(18 750＋2 400)＝0.27元，具有稀释性；

再计算包含利率为1.4%的债券后的稀释每股收益：(5 625 +1 575) ÷(18 750 +2 400 +15 000) =0.2 元，具有稀释性；

再计算包含利率为2.6%的债券后的稀释每股收益：(5 625 +1 575 +1 462.5) ÷(18 750 +2 400 +15 000 +6 000) =0.21，具有反稀释性；因此，稀释每股收益为0.20 元。

第三节　特殊每股收益的计算

一、合并每股收益的计算

合并每股收益的计算如表8 -9 所示。

表8 -9　　合并每股收益的计算

1. 合并基本每股收益【1】	=归属于母公司普通股股东的合并净利润/母公司普通股加权平均股数 =(母公司个别报表净利润 + 子公司个别报表净利润中归母公司普通股股东享有的份额)/母公司普通股加权平均股数
2. 合并稀释每股收益【2】	=归属于母公司普通股股东的合并稀释净利润/母公司普通股稀释后加权平均股数 =(母公司个别报表稀释净利润 + 子公司个别报表稀释净利润中归母公司普通股股东享有的份额 + 子公司稀释性工具影响的净利润中归母公司普通股股东享有的份额)/(母公司发行在外加权平均股数 + 母公司稀释加权增量股)

【释1】分子上子公司净利润中如果有不归属于母公司普通股股东享有的净利润要扣除。

【释2】加上子公司稀释性工具影响的净利润中归属于母公司普通股股东享有的部分，是因为内部交易在合并报表中抵销后就不再具有稀释性了，而子公司计算稀释每股收益时减掉了这部分利润，因此加回。

【案例8 -7】合并每股收益的计算。

学天海公司2×19 年归属于普通股股东的净利润为72 000 万元（不包括子公司乙公司利润或乙公司支付的股利），发行在外普通股加权平均数为60 000

万股，持有乙公司70%的普通股股权。乙公司2×19年归属于普通股股东的净利润为32 400万元，发行在外普通股加权平均数为13 500万股，该普通股当年平均市场价格为8元。年初乙公司对外发行可用于购买其普通股的认股权证900万份，行权价格为4元，学天海公司持有18万份认股权证，当年无认股权证被行权。假设除股利外，母子公司之间没有其他需抵销的内部交易；学天海公司取得对乙公司投资时，乙公司各项可辨认资产等的公允价值与其账面价值一致。

要求：计算学天海公司当年合并基本每股收益和合并稀释每股收益。

解析：子公司基本每股收益＝32 400÷13 500＝2.4（元/股）；

稀释增量股＝900×(1－4÷8)×12÷12＝450（万股）；

子公司稀释每股收益＝32 400÷(13 500＋450)＝2.32（元/股）；

【注】学天海公司个别报表中基本每股收益等于稀释每股收益，但合并报表中要考虑稀释性工具。

合并基本每股收益＝(72 000＋2.4×13 500×70%)÷60 000＝1.58（元/股）；

合并稀释每股收益＝(72 000＋2.32×13 500×70%＋2.32×450×18÷900)÷60 000＝1.57（元/股）。

【案例8－8】合并比较每股收益的计算。

A公司和B公司分别为母公司学天海公司控制下的两家全资子公司。2×19年6月30日，A公司向母公司定向增发8 000万股本公司普通股（每股面值为1元），取得B公司100%的股权，合并后B公司仍维持其独立法人资格继续经营。

A公司2×18年度净利润为6 400万元，B公司2×18年度净利润为800万元；合并前A公司发行在外的普通股为32 000万股，B公司2×18年度发行在外的普通股为2 000万股。

A公司2×19年度合并净利润为8 400万元，其中包括被合并方B公司在合并前实现的净利润760万元。不考虑其他因素。

要求：计算A公司2×18年比较基本每股收益和2×19年基本每股收益金额。

解析：同一控制下的企业合并，合并净利润、为合并增发的普通股视同为自最终控制方开始控制时就已经存在。

2×18 年比较基本每股收益 =（A 公司净利润 6 400 + B 公司净利润 800）÷（A 公司股数 32 000×12÷12 + 增发股数 8 000×12÷12）=0.18（元/股）。

【注】分母中不能用 B 公司的股数。

2×19 年基本每股收益 =8 400÷（32 000×12÷12 +8 000×12÷12）=0.21（元/股）。

【案例 8-9】母公司持有多项子公司权益工具时每股收益的计算。

母公司和子公司 2×19 年的净利润和发行在外的普通股股数，以及子公司可转换为其自身普通股的金融工具及其被母公司持有的数量如表 8-10 所示。

表 8-10　　母子公司各项目金额汇总　　单位：万元

项目	母公司	子公司
个别财务报表的净利润（万元）	24 000（不含子公司的股利收益）	10 800
发行在外的普通股股数（万股）	20 000	2 000（平均每股市场价格 20 元）
母公司持有的子公司金融工具	1 600 万股普通股； 60 万份普通股认股权证； 600 万股可转换优先股	
发行在外的认股权证（万份）		300（可购买子公司自身普通股认股权证，行权价格每股 10 元）
发行在外的可转换优先股股数（万股）		800（每 1 份优先股可转换为 1 份普通股）
优先股股利		每股 1 元

另外，2×19 年母公司向子公司销售商品 1 200 万元，毛利率为 40%，子公司将此批商品的 70% 对外出售，尚有 30% 留作其库存。不考虑所得税因素。

要求：（1）计算子公司的基本每股收益和稀释每股收益。

（2）计算合并基本每股收益和合并稀释每股收益。

解析：（1）

子公司的基本每股收益 $=\dfrac{10\ 800-800}{2\ 000}=5$（元/股）

认股权证增量股每股收益 $=\dfrac{0}{300\times\left(1-\dfrac{10}{20}\right)}=0/150=0$ 元，小于 5 元/股，具

有稀释性。

优先股增量股每股收益 $=\frac{800}{800}=1$ 元/股，小于 5 元/股，具有稀释性。

子公司的稀释每股收益 $=\frac{10\ 800}{2\ 000+150+800}=\frac{10\ 800}{2\ 950}=3.66$（元/股）。

（2）合并每股收益。内部交易未实现损益要抵销，在计算合并净利润时要扣除。

归属于母公司普通股股东的利润 = 母公司净利润 24 000 − 未实现损益（1 200 × 30% × 40%）+ 子公司稀释净利润（10 800 − 800）× 母公司持股比例 1 600 ÷ 2 000 + 母公司享有的优先股股利 800 × 1 × 600 ÷ 800 = 24 000 − 144 + 10 000 × 80% + 600 = 32 456（万元）

合并基本每股收益 = 32 456 ÷ 20 000 = 1.62 元/股。

母公司享有的子公司稀释净利润 = 3.66 × 母公司持有普通股 1 600 + 3.66 × 优先股增量股 800 × 母公司持有比例 600 ÷ 800 + 3.66 × 认股权证增量股 150 × 母公司持有比例 60 ÷ 300 = 3.66 × 2 230 = 8 161.8（万元）。

合并稀释每股收益 $=\frac{24\ 000-144+8\ 161.8}{20\ 000}=1.60$（元/股）。

二、存在发行在外的除普通股以外的其他金融工具的每股收益的计算

存在发行在外的除普通股以外的其他金融工具的每股收益的计算如表 8－11 所示。

表 8－11　存在发行在外的除普通股以外的其他金融工具的每股收益的计算

1. 基本每股收益	分子中净利润应扣除不属于普通股股东的、属于其他工具的股利或利息。其中，对于发行的不可累积优先股等其他权益工具应扣除当期宣告发放的股利，对于发行的累积优先股等其他权益工具，无论当期是否宣告发放股利，均应予以扣除
	分母为发行在外普通股的加权平均股数
2. 稀释每股收益	稀释性工具的处理与正常情况下计算稀释每股收益相同

【案例 8 - 10】存在其他权益工具时每股收益的计算。

学天海公司 2×17 年实现净利润为 200 000 万元，发行在外普通股加权平均数为 250 000 万股。2×17 年 1 月 1 日，学天海公司按票面金额平价发行 600 万股优先股，优先股每股票面金额为 100 元。该批优先股股息不可累积，股息率为 6%，分类为权益工具。2×17 年 12 月 31 日，学天海公司宣告并以现金全额发放当年优先股股息，优先股股息不在所得税税前列支。企业所得税税率为 25%。

要求：计算学天海公司当年基本每股收益。

解析：基本每股收益 =（200 000 - 优先股股息 600 × 100 × 6%）÷ 250 000 = 0.79（元/股）。

三、限制性股票在等待期内每股收益的计算

限制性股票在等待期内每股收益的计算如表 8 - 12 所示。

表 8 - 12　　限制性股票在等待期内每股收益的计算

1. 基本每股收益	现金股利可撤销，分子应扣除当期宣告分配给预计未来可解锁的现金股利部分，分母不应包含限制性股票的股数 基本每股收益 =（净利润 - 预计可解锁部分宣告的股利）/（全部普通股股数 - 限制性股票股数）× 时间权重
	现金股利不可撤销，分子应扣除归属于预计未来可解锁的净利润部分，分母不应包含限制性股票的股数 基本每股收益 =（净利润 - 预计可解锁部分的净利润）/（全部普通股股数 - 限制性股票股数）× 时间权重【1】
2. 稀释每股收益	解锁条件仅为服务期限条件的，企业应假设尚未解锁的限制性股票已于当期期初（或晚于期初的授予日）全部解锁，分子应加回计算基本每股收益分子时已扣除的预计未来可解锁的股利或净利润 稀释每股收益 = 当期净利润/（普通股加权平均股数 + 限制性股票增量股）【2】 限制性股票增量股 = 限制性股票加权平均股数 ×（1 - 行权价格/平均市场价格） = ∑预计人数 × 授予股数 × 时间比例 ×（1 - 行权价格/平均市场价格） 行权价格 = 限制性股票发行价格 + 资产负债表日尚未取得服务的公允价值（即授予日权益工具公允价值 × 剩余等待期时间比例）【3】
	解锁条件包含业绩条件的，企业应假设资产负债表日即为解锁日，并据以判断资产负债表日的实际业绩情况是否满足解锁要求的业绩条件。若满足业绩条件的，应当参照上述解锁条件仅为服务期限条件的规定计算；若不满足业绩条件的不考虑

【释1】为什么分子的净利润中，现金股利可撤销时只扣除宣告部分的净利润，而不可撤销时要扣除全部预计可解锁部分（即包含已宣告和未宣告两部分）的净利润？因为在计算基本每股收益时，限制性股票在解锁前不属于发行在外的普通股，因此，预计解锁部分对应的净利润不归属于普通股股东，所以扣除。在现金股利可撤销的情况下，只有宣告的部分才不归属于发行在外的普通股股东，在现金股利不可撤销的情况下，全部预计可解锁部分（即包含已宣告和未宣告两部分）都不归属于发行在外的普通股股东，所以要扣除。

同理，分母中，限制性股票在解锁前不属于发行在外的普通股股数，属于稀释性工具，所以要扣除。

【释2】因为计算稀释每股收益时假设未解锁的都解锁了，所以，分子和分母都加回限制性股票对应的净利润和股数。

【释3】发行价格加上剩余等待期尚未服务的公允价值，相当于企业收到的对价，才是完整的行权价格。

【案例8－11】限制性股票每股收益的计算。

学天海公司采用限制性股票进行股权激励，20×5年1月1日以非公开方式向600名管理人员每人授予100股自身股票（面值1元），授予价格每股8元。当日认购手续办理完毕。该限制性股票在授予日的公允价值为每股15元。激励计划规定，这些人员自20×5年1月1日起连续服务3年后，所授予股票全部解锁，期间离职的由学天海公司按原授予价格回购。激励对象因限制性股票取得的现金股利由公司代为保管，在解锁时支付，对于未能解锁的回购时扣除享有的该部分现金股利。

学天海公司20×5年实现净利润500万元，发行在外普通股加权平均数为206万股（含限制性股票），当年宣告发放现金股利每股1元。20×5年6月30日有30人离职，估计3年中离职人数合计为80人，当年普通股平均市场价格为每股36元。

假设限制性股票加权平均数按月计算，不考虑其他因素。

要求：计算学天海公司20×5年的基本每股收益和稀释每股收益。

解析：基本每股收益＝[500－(600－80)×100×1÷10 000]÷(206－6)＝

2.47（元/股）；

行权价格 = 8 + 15 × 2 ÷ 3 = 18（元）；

限制性股票加权平均数 = 600 × 100 × 6 ÷ 12 + (600 − 30) × 100 × 6 ÷ 12 = 58 500（股）；

【注】这里只考虑当年离职的人数。

限制性股票增量股 = 58 500 × (1 − 18 ÷ 36) = 29 250（股）；

稀释每股收益 = 500 ÷ (200 + 29 250 ÷ 10 000) = 2.46（元/股）。

第四节 每股收益的列报

一、重新计算

重新计算在 IAS33 中叫追溯调整。重新计算的目的是保持各列报期间每股收益信息的可比性，否则每股收益降低会使报表使用者误以为公司的盈利能力下降了。

重新计算不会导致经济资源流出或流入企业，所以不影响所有者权益的总额，也不改变企业的盈利能力，只是单纯的股数增加或减少了。而稀释每股收益，稀释的部分导致经济资源流出企业、所有者权益减少了。重新计算的情形及计算方法如表 8 − 13 所示。

表 8 − 13　　重新计算的情形及计算方法

情形	发行在外普通股或潜在普通股的数量，因派发股票股利、公积金转增资本、拆股而增加或因并股而减少，但不影响所有者权益金额的，应当按调整后的股数重新计算各列报期间的每股收益（包括基本每股收益和稀释每股收益）
	上述变化发生于资产负债表日至财务报告批准报出日之间的，应当以调整后的股数重新计算各列报期间的每股收益
	按照《CAS28——会计政策、会计估计变更和差错更正》的规定对以前年度损益进行追溯调整或追溯重述的，应当重新计算各列报期间的每股收益
计算方法	分子净利润不变，分母股数直接按照比例扩大或缩小倍数，不考虑时间权重

【案例8-12】每股收益的重新计算。

学天海公司2×17年1月1日发行在外的普通股为10 000万股。2×17年度普通股平均市价为每股10元，2×17年度合并净利润为13 000万元，其中归属于学天海公司普通股股东的部分为12 000万元。

2×17年4月1日，学天海公司定向增发4 000万股普通股作为非同一控制下企业合并对价，于当日取得丁公司的控制权。

7月1日，根据股东大会决议，以2×17年6月30日的股份为基础分派股票股利，每10股送2股。

10月1日，根据经批准的股权激励计划，授予高级管理人员2 000万份股票期权，每一份期权一年后行权时可按5元的价格购买学天海公司的1股普通股。

要求：计算学天海公司2×17年度基本每股收益和稀释每股收益。

解析：非同一控制下合并从购买日开始计算股数。

发行在外普通股加权平均数＝(10 000＋4 000×9÷12)×1.2＝15 600（万股），

基本每股收益＝12 000÷15 600＝0.77（元/股）。

稀释性增量股＝2 000×(1－5÷10)×3÷12＝250（万股），

稀释每股收益＝12 000÷(15 600＋250)＝0.76（元/股）。

【案例8-13·多选题】学天海公司2×15年除发行在外普通股外，还发生以下可能影响发行在外普通股数量的交易或事项：

（1）3月1日，授予高管人员以低于当期普通股平均市价在未来期间购入学天海公司普通股的股票期权；

（2）6月10日，以资本公积转增股本，每10股转增3股；

（3）7月20日，定向增发3 000万股普通股用于购买一项股权；

（4）9月30日，发行优先股8 000万股，按照优先股发行合同约定，该优先股在发行后2年，学天海公司有权选择将其转换为本公司普通股。

不考虑其他因素，学天海公司在计算2×15年基本每股收益时，应当计入基本每股收益计算的股份有（　　）。

A. 为取得股权定向增发增加的发行在外股份数

B. 因资本公积转增股本增加的发行在外股份数

C. 因优先股于未来期间转股可能增加的股份数

D. 授予高管人员股票期权可能于行权条件达到时发行的股份数

答案：AB

解析：选项B，属于重新计算，同时计入基本每股收益和稀释每股收益；选项CD，计入稀释每股收益。

【案例8－14·多选题】下列各项中，应该重新计算各项报表期间每股收益的有（　　）。

A. 报告年度以盈余公积转为股本

B. 报告年度资产负债表日后期间分拆股份

C. 报告年度以发行股份为对价实现非同一控制下企业合并

D. 报告年度因发生企业前期重大会计差错而对财务报告进行调整

答案：ABD

解析：选项C，企业的资产与所有者权益均发生变动，而重新计算时所有者权益保持不变。

【案例8－15·多选题】学天海公司20×8年1月1日发行在外的普通股为30 000万股，当期普通股平均市场价格为每股10元，当年实现的归属于普通股股东的净利润为18 360万元。

20×8年5月15日，以年初发行在外普通股股数为基数每10股送4股红股，以资本公积每10股转增3股，除权日为6月1日。

7月1日，学天海公司与股东签订一份远期股份回购合同，承诺3年后以每股12元的价格回购股东持有的1 000万股普通股。

10月1日，发行3 000万份认股权证，行权日为20×9年4月1日，每份认股权证可在行权日以6元的价格认购1股学天海公司普通股。

下列各项关于学天海公司在计算20×8年稀释每股收益时调整发行在外普通股加权平均数的表述中，正确的有（　　）。

A. 因送红股调整增加的普通股股数为12 000万股

B. 因承诺回购股票调整增加的普通股股数为 100 万股

C. 因发行认股权证调整增加的普通股股数为 300 万股

D. 因资本公积转增股份调整增加的普通股股数为 9 000 万股

答案：BC

解析：选项 AD，送红股和资本公积转增股份在计算基本每股收益时已经考虑了，在计算稀释每股收益时无须再进行调整；

选项 B，因承诺回购股票调整增加的普通股加权平均数 = (12 ÷ 10 - 1) × 1 000 × 6 ÷ 12 = 100（万股）；

选项 C，因发行认股权证调整增加的普通股加权平均数 = 3 000 × (1 - 6 ÷ 10) × 3 ÷ 12 = 300（万股）。

二、配股

配股，是向全部现有股东以低于当前股票市价的价格发行普通股。

配股的原理是，配股可以分解为按市价发行股票和无对价送股两部分，对送股部分视同列报的最早期间就已发行在外，与重新计算相同。

配股的计算方法如表 8 - 14 所示。

表 8 - 14　　　　配股的计算方法

每股理论除权价（新股价）	=（行权前发行在外普通股市价总额 + 配股收到款项）/行权后总股数
调整系数	= 行权前每股市价/每股理论除权价
因配股重新计算的上年度基本每股收益	= 上年度基本每股收益/调整系数
本年基本每股收益	= 归属于普通股股东的当期净利润/（配股前股数 × 调整系数 × 配股前时间权重 + 配股后总股数 × 配股后时间权重）（分段相加法）

存在非流通股的企业和向特定对象配股的，可以采用简化的计算方法，不考虑送股因素，视同发行新股处理，因为可能存在其他形式的补偿。

【案例 8 - 16】配股时比较每股收益的计算。

学天海公司2×17年归属于普通股股东的净利润为23 500万元，2×17年1月1日发行在外普通股股数为8 000万股。

2×17年6月10日，学天海公司发布增资配股公告，向截止到2×17年6月30日（股权登记日）所有登记在册的老股东配股，配股比例为每4股配1股，配股价格为每股6元，除权交易基准日为2×17年7月1日。假设行权前一日的市价为每股11元。

2×16年基本每股收益为2.64元/股。不考虑其他因素。

要求： 计算学天海公司2×16年比较基本每股收益和2×17年基本每股收益。

解析：

每股理论除权价格＝(11×8 000＋6×2 000)÷(8 000＋2 000)＝10（元/股）

调整系数＝11÷10＝1.1

因配股重新计算的2×16年比较基本每股收益＝2.64÷1.1＝2.4（元/股）

2×17年基本每股收益＝23 500÷(8 000×1.1×6÷12＋10 000×6÷12)＝2.5（元/股）

【案例8－17】 配股导致每股收益的重新计算。

学天海公司2×17年、2×18年、2×19年三年归属于普通股股东的净利润为30 000万元、38 000万元、45 000万元，2×17年1月1日发行在外普通股股数为500 000万股。

2×17年6月10日，学天海公司发布增资配股公告，向截止到2×18年3月1日（股权登记日）所有登记在册的老股东配股，配股比例为每5股配1股，配股价格为每股5元。假设行权前一日的市价为每股11元。不考虑其他因素。计算结果保留三位小数。

要求： 计算考虑配股后重新计算的2×17年、2×18年、2×19年每年的基本每股收益。

解析： 配股的股数＝500 000÷5＝100 000万股

每股理论除权价格＝（11×500 000＋5×100 000）÷（500 000＋100 000）＝10（元/股）

调整系数＝11÷10＝1.1

因配股重新计算的 2×17 年基本每股收益 = 30 000 ÷（500 000 × 1.1）= 0.054（元/股）

2×18 年基本每股收益 = 38 000 ÷（500 000 × 1.1 × 2 ÷ 12 + 600 000 × 10 ÷ 12）= 0.064（元/股）

2×19 年基本每股收益 = 45 000 ÷ 600 000 = 0.075（元/股）

三、列报

每股收益的列报要求如表 8－15 所示。

表 8－15　　每股收益的列报

1. 列示	以持续经营为基础列示：企业应当以持续经营为基础列示基本每股收益和稀释每股收益
	单独列示：不存在稀释性潜在普通股的企业应当在利润表中单独列示基本每股收益。存在稀释性潜在普通股的企业应当在利润表中单独列示基本每股收益和稀释每股收益
	比较报表：各列报期间中只要有一个期间列示了稀释每股收益，那么所有列报期间均应当列示稀释每股收益，即使其金额与基本每股收益相等
	合并报表：企业对外提供合并财务报表的，仅要求其以合并财务报表为基础计算每股收益；与合并财务报表一同提供的母公司单独财务报表中不要求计算和列报每股收益【1】
	中期报告：如果年度报告中列示了每股收益，那么中期报告中也应当列示每股收益
2. 披露	基本每股收益和稀释每股收益分子、分母的计算过程
	列报期间不具有稀释性但以后期间很可能具有稀释性的潜在普通股
	在资产负债表日至财务报告批准报出日之间，企业发行在外普通股或潜在普通股股数发生重大变化的情况
	企业如有终止经营情况的，应当分别持续经营和终止经营披露基本每股收益和稀释每股收益

【释 1】因为母公司合并报表和个别报表如果同时提供每股收益，有可能对报表使用者形成误导。

【案例 8－18】存在多种潜在普通股时合并每股收益的计算。

学天海公司 2×19 年归属于母公司普通股股东的持续经营利润为 4 920 万

元，优先股股利为 1 920 万元，归属于母公司普通股股东的终止经营的损失为 1 200 万元，发行在外的普通股股数为600 万股，当年每股普通股的市场平均价为 15 元/股。

学天海公司发行在外的潜在普通股如下：

（1）期权：300 000 份，每份行权价格为 12 元。

（2）可转换优先股：240 万股，每股面值 100 元且有资格获取累计优先股股利 8 元，每 1 股优先股可转换为 2 股普通股。

（3）5% 可转换债券：面值总额为 30 000 万元；每 1 000 元面值的债券可转换为 20 股普通股。该债券没有溢价或折价的摊销，因而不影响利息费用的计算。

企业所得税税率为 25%，不考虑其他因素。

要求： 计算学天海公司在报表附注中披露的合并基本每股收益和合并稀释每股收益金额。（计算结果保留两位小数）

解析：（1）潜在普通股的增量每股收益（见表 8 – 16）。

表 8 – 16　　潜在普通股增量每股收益的计算过程

项目	利润增加额（万元）	普通股增加数（万股）	增量每股收益（元/股）
期权		30 ×（1 – 12 ÷ 15）= 6	0
可转换优先股	240 × 8 = 1 920	240 × 2 = 480	4
5% 可转换债券	30 000 × 5% ×（1 – 25%）= 1 125	30 000 ÷ 1 000 × 20 = 600	1. 88

（2）再按照稀释度从大到小的排序为期权、利率为 5% 的可转换债券、可转换优先股（见表 8 – 17）。

表 8 – 17　　稀释每股收益的计算过程

金融工具	归属于母公司普通股股东的持续经营利润（万元）	普通股股数（万股）	每股收益（元/股）	稀释性或反稀释性
发行在外的普通股	4 920 – 1 920 = 3 000	600	5	
期权		6		
小计	3 000	606	4. 95	稀释性
5% 可转换债券	1 125	600		
累计	4 125	1 206	3. 42	稀释性

续表

金融工具	归属于母公司普通股股东的持续经营利润（万元）	普通股股数（万股）	每股收益（元/股）	稀释性或反稀释性
可转换优先股	1 920	480		
累计	6 045	1 686	3.59	反稀释性

合并稀释每股持续经营收益是3.42元/股。

（3）披露合并每股收益（见表8－18）

表8－18　　合并每股收益的披露

项目（万元）	合并基本每股收益（元/股）	合并稀释每股收益（元/股）
归属于母公司普通股股东的持续经营利润	5	3.42
归属于母公司普通股股东的终止经营损失	－2（－1 200÷600）	－1（－1 200÷1 206）
归属于母公司普通股股东的持续经营每股收益	3（1 800÷600）	2.42（1 800＋1 125）÷1 206

【链接】在IAS33中，还规定了一些特殊项目每股收益的计算，供参考。

一、增率优先股（IAS33.15—18）

增率优先股的相关概念如表8－19所示。

表8－19　　增率优先股的相关概念

增率优先股	是指对于那些只提供较低的初始股利以补偿主体折价出售的优先股，或者在后续期间通过提供高于市场行情的股利以补偿投资者溢价购入的优先股
增率优先股的所有初次发行折价或溢价	按实际利率法摊销至留存收益，因为优先股相关的溢折价摊销与普通股无关，在计算每股收益而把它作为优先股股利处理
溢价或折旧回购优先股的差额	在主体向股东的股权收购要约下，优先股可能被回购。支付给优先股股东的对价的公允价值，超过该优先股账面金额的差额，反映的是给予优先股股东的一种回报，应当作为主体留存收益的抵减处理，这一差额在计算归属于母公司普通股股东的损益时予以扣除。反之，要加上优先股的账面金额超过清算该优先股所支付的对价的公允价值的差额
转换补偿	主体可能会通过对原转换条款作出有利变更，或者通过支付额外对价，促使可转换优先股更早地转换。普通股或所支付的其他对价的公允价值，超过按照原转换条款可发行的普通股的公允价值的差额，是给予优先股股东的一种回报，在计算归属于母公司普通股股东的损益时要予以扣除

二、股份支付交易中发行的普通股（IAS33.47—48）

股份支付交易中发行的普通股如表8－20所示。

表8－20　　股份支付交易中发行的普通股

执行价格	应包括未来将会提供给主体的所有商品和服务的公允价值
计算稀释每股收益时	具有固定或可确定条款（即服务期限条件）的雇员股票期权和非授予的普通股，作为期权处理，即使它们可能视授予与否而定，在其授予日就应将它们视为发行在外股份来处理以业绩为基础的雇员股票期权，作为或有可发行股份处理，因为它们的发行不仅随着时间的推移而定，还要看是否满足特定的条件

这个内容解释了限制性股票在等待期内每股收益的计算原理。

三、可用普通股或现金结算的合同（IAS33.58—61）

可用普通股或现金结算的合同如表8－21所示。

表8－21　　可用普通股或现金结算的合同

主体有选择权	当主体发行该主体可以选择用普通股或现金结算的合同，则该主体应假定该合同将会用普通股结算，且若其效果具有稀释性的话，由此产生的潜在普通股应包括在稀释每股收益计算中
持有人有选择权	对于那些可依据持有人的选择用普通股或现金结算的合同，计算稀释每股收益时，应用现金结算和股份结算两者中稀释性孰大来计算

【案例8－19】学天海公司在2×22年年初发行了2 000份可转换债券，期限为3年，每份债券按照面值1 000元发行，每年年末按照6%的名义年利率支付利息。发行可转债时，没有转换权的类似债券的市场利率为9%。发行日，每股普通股的市场价格为3元。

在到期时每份债券可以转换为250股学天海公司的普通股。学天海公司持有用现金或普通股结算可转债本金的选择权。

学天海公司2×22年实现的净利润为100万元，发行在外的普通股为120万股。不考虑税费等其他因素。

要求：计算学天海公司 2×22 年的基本每股收益与稀释每股收益。

解析：基本每股收益 = 100 ÷ 120 = 0.83 元/股

发行人应当假设通过普通股结算可转债本金，从而计算稀释每股收益。

根据市场利率 9%，计算出负债成分的公允价值为 1 848 122 元，权益成分的公允价值为 151 878 元。

假设年初通过普通股结算可转债本金，则：

稀释每股收益 = （100 + 1 848 122 × 9% ÷ 10 000） ÷ （120 + 2 000 × 250 ÷ 10 000） = 0.69 元/股

四、关联企业发行的潜在普通股、购入期权、签出看跌期权

关联企业发行潜在普通股、购入期权、签出看跌期权对每股收益的影响如表 8 – 22 所示。

表 8 – 22　关联企业发行的潜在普通股、购入期权、签出看跌期权

情形	对每股收益的影响
子公司、合营企业或联营企业发行的潜在普通股（IAS33.40）	子公司、合营企业或联营企业发行的潜在普通股，既可转换成该子公司、合营企业或联营企业的普通股，也可转换成母公司所控制、共同控制、重大影响或所投资的企业的普通股。如果这些潜在普通股，对报告主体基本每股收益具有稀释作用，应将其包括在稀释每股收益的计算中
购入期权（IAS33.62）	购入看跌期权或购入看涨期权（即主体持有的针对其自身普通股的期权）等合同，不包括在稀释每股收益计算中，因为将其包括在内将会有反稀释性
签出看跌期权（IAS33.63）	要求主体回购其自身股份的合约，例如，签出看跌期权和远期购入合同，如果具有稀释性，应包括在稀释每股收益计算中

例如，签出看跌期权。假定主体外发了 120 份普通股签出看跌期权，执行价格为 35 元。当期普通股的平均市场价格为 28 元。计算稀释每股收益时，主体假定期初以每股 28 元的价格发行了 150 股普通股，以满足其 4 200 元（即 120 份 × 35 元）的交售义务。发行的 150 股普通股，与为满足看跌期权收取的 120 股普通股之间的差额（30 股增量普通股），在计算稀释每股收益时应加回到分母中。

五、或有可发行股份（IAS33. 24. 52—57）

或有可发行股份的相关概念如表 8 – 23 所示。

表 8 – 23　　或有可发行股份

或有可发行股份	只有从所有必要条件均满足之日（即事件已经发生）起，才能将其当作外发股份处理，而且包括在基本每股收益计算中
不属于或有可发行股份	即仅经过一段时间后即可发行的股份，因为时间的推移是确定的
不属于发行在外的股份	外发的普通股如果属于或有可退回的（即有权退回），则不作为外发股份处理，排除在基本每股收益计算之外，直至该股份不再能够退回
计算方法	主体应当根据或有发行条件，判断是否可以假定潜在普通股将会发行；但是，不能为了计算稀释每股收益就直接假定行权或转换

【案例 8 – 20】或有可发行股份每股收益的计算。

学天海公司 2×19 年年初发行在外普通股为 100 万股，与最近的一项企业合并有关的协议，要求按下列条件发行额外的普通股：

（1）当年每开张一个新零售店发行 5 000 股普通股。

（2）截至当年年末，合并利润超过 200 万元时，每超过 1 000 元，发行 1 000 股额外普通股。

（3）当年 5 月 1 日开业一家零售店；当年 9 月 1 日开业一家零售店。

当年每季度末归属于母公司普通股股东的合并的年初至今净利润如表 8 – 24 所示。

表 8 – 24　　年初至每季度末累计净利润　　单位：万元

日期	年初至每季度末累计净利润
3 月 31 日	110
6 月 30 日	230
9 月 30 日	190（包括终止经营损失 45）
12 月 31 日	290

要求：计算学天海公司每季度末和全年的基本每股收益和稀释每股收益金额，并填写表 8 – 25。（计算结果保留整数）

解析：（1）基本每股收益（见表8－25）

表8－25　各季度及全年的每股收益

	第一季度	第二季度	第三季度	第四季度	全年
分子（元）	1 100 000	1 200 000	－400 000	1 000 000	2 900 000
分母：					
发行在外普通股	1 000 000	1 000 000	1 000 000	1 000 000	1 000 000
零售店或有股数	—	3 333①	6 667②	10 000	5 000③
或有盈利④	—	—	—	—	—
总股数	1 000 000	1 003 333	1 006 667	1 010 000	
基本每股收益（元/股）	1.1	1.2	－0.4	0.99	2.89

【注】①5月1日开业的店发行的5 000股，在第二季度占2个月，所以按照5 000×2÷3＝3 333股计算。

②9月1日开业的店发行的5 000股，在第三季度占1个月，所以按照5 000＋5 000×1÷3＝6 667股计算。

③当年开业的2个店，在全年来说，按照全年12个月的时间比例计算，5 000×8÷12＋5 000×4÷12＝5 000股。

④或有盈利对基本每股收益没有影响，因为在或有期间的期末之前，不确定条件是否满足。该影响对第四季度和全年的计算均可忽略，因为直至期末的最后一天，才能确定条件是否满足。

（2）稀释每股收益（见表8－26）

表8－26　各季度及全年的稀释每股收益

	第一季度	第二季度	第三季度	第四季度	全年
分子（元）	1 100 000	1 200 000	－400 000	1 000 000	2 900 000
分母：					
发行在外普通股	1 000 000	1 000 000	1 000 000	1 000 000	1 000 000
零售店或有股数	—	5 000	10 000	10 000	10 000
或有盈利	—①	300 000②	—③	900 000④	900 000
总股数	1 000 000	1 305 000	1 010 000	1 910 000	1 910 000
稀释每股收益（元/股）	1.1	0.92	－0.4⑤	0.52	1.52

【注】①在3月31日，累计利润未超过200万元，因或有盈利产生的股数为0。

②（2 300 000 - 2 000 000）÷1 000元×1 000股 = 300 000（股）

③在9月30日，累计利润未超过200万元，因或有盈利产生的股数为0。

④（2 900 000 - 2 000 000）÷1 000元×1 000股 = 900 000（股）

⑤因为第三季度的亏损来自终止经营产生的损失，反稀释性原则不适用，潜在普通股的影响包括在稀释每股收益的计算中。

【案例8 - 21】包含多项稀释性工具时每股收益的计算。

学天海公司2×19年年初发行在外普通股为500万股，3月1日增发20万股普通股。当年普通股平均市场价格依次为第一季度49元、第二季度60元、第三季度67元、第四季度67元、7月1日至9月1日65元、1月1日至9月1日57.125元。当年企业所得税税率为40%。其他潜在普通股的情况如下：

（1）可转换债券：在2×18年第四季度以面值1 000元发行了利率为5%、期限为20年的可转换债券，本金为1 200万元。每年11月1日和5月1日分两次支付利息。每1 000元的债券可转换为40股普通股，2×18年没有发生债券转换。全部债券于2×19年4月1日转换，因为这些债券由学天海公司赎回了。

（2）可转换优先股：2×18年第二季度，为一项购买交易中的资产发行了80万股可转换优先股。每股可转换优先股的季度股利为0.05元，于每季度末按当日发行在外的优先股支付。每股可转换为一股普通股。2×19年6月1日，持有60万股优先股的股东，将其持有的优先股转换为普通股。

（3）认股权证：2×19年1月1日，发行了5年期内可按每股55元购买60万股普通股的认股权证。所有外发的认股权证均于2×19年9月1日行权。

（4）期权：2×19年7月1日发行了10年期内，可按每股75元购买150万股普通股的期权。2×19年没有期权被行权，因为期权的行权价超过了普通股的市场价格。

当年每季度末归属于母公司普通股股东的损益如表8 - 27所示。

表 8－27　每季度末归属于母公司普通股股东的损益　单位：万元

2×19 年	归属于母公司的持续经营损益	归属于母公司的损益
第一季度	500	500
第二季度	650	650
第三季度	100	－100（发生终止经营损失 200）
第四季度	－70	－70
合计	1 180	980

要求： 计算学天海公司每季度末和全年的基本每股收益和稀释每股收益金额，并填写表 8－28。（计算结果保留整数）

解析：（1）基本每股收益（见表 8－28）

表 8－28　各季度及全年的基本每股收益

	第一季度	第二季度	第三季度	第四季度	全年
分子：（万元）					
持续经营利润	496①	649③	99⑤	－71⑦	1 173⑨
终止经营损失			－200		－200
损益合计			－101		973
分母：（股）					
发行在外普通股	5 066 666②	5 880 000④	6 480 000⑥	6 880 000⑧	6 076 667⑩
基本每股收益：（元/股）					
持续经营利润			0.15		1.93
终止经营损失			－0.31		－0.33
基本每股收益	0.98	1.1	－0.16	－0.1	1.6

【注】①500－优先股股利 80×0.05＝496（万元）

②500 万股＋增发 20 万股×1÷3＝5 066 666（股）

【注】计算季度每股收益时，时间权重按照季度 3 个月计算，计算年度每股收益时，时间权重按照全年 12 个月计算。

③650－20×0.05＝649 万元。因为 6 月 1 日已经转换了 60 万股优先股，还剩 20 万股优先股需要支付优先股股利。

④4 月 1 日可转换债券转换，6 月 1 日优先股转换，期初 520 万股 + 可转债转换 48 × 3 ÷ 3 + 优先股转换 60 × 1 ÷ 3 = 588 万股。

⑤100 − 20 × 0.05 = 99（万元）

⑥7 月 1 日普通股 = 520 + 48 + 60 = 628 万股，9 月 1 日认股权证行权 60 万股，加权平均股数 = 628 + 60 × 1 ÷ 3 = 648 万股。

⑦ − 70 − 20 × 0.05 = − 71（万元）

⑧628 + 60 = 688（万股）

⑨1 180 − 全年优先股股利 7 = 1 173（万元）

⑩年初 500 万股 + 3 月 1 日增发 20 万股 × 10 ÷ 12 + 4 月 1 日可转债转换 48 万股 × 9 ÷ 12 + 6 月 1 日优先股转换 60 万股 × 7 ÷ 12 + 9 月 1 日行使认股权证 60 万股 × 4 ÷ 12 = 6 076 667（股）

（2）稀释每股收益（见表 8 − 29）

表 8 − 29　　各季度及全年的稀释每股收益

	第一季度	第二季度	第三季度	第四季度	全年
分子（万元）	496	649	99	−71	1 173
加：优先股股利	4	1	1	1	7
可转债利息	9①	—	—		9
持续经营利润			100		1 189
终止经营损失			−200		−200
损益合计	509	650	−100	−70	989
分母：（股）					
发行在外普通股	5 066 666	5 880 000	6 480 000	6 880 000	6 076 667
认股权证	0②	50 000④	61 538⑥		14 880⑧
可转换优先股	800 000	600 000⑤	200 000	—⑦	450 000⑨
可转债	480 000③	—			120 000⑩
总股数	6 346 666	6 530 000	6 741 538		6 661 547
稀释每股收益：（元/股）					
持续经营利润			0.15		1.78
终止经营损失			−0.3		−0.3
稀释每股收益	0.8	1	−0.15		1.48

【注】①$1\ 200\times5\%\times1\div4\times(1-40\%)=9$（万元）

②因为认股权证的行权价格高于第一季度普通股平均市价，具有反稀释性，所以不予考虑。

③$1\ 200$ 万 $\div1\ 000\times40=48$（万股）

④$60\times(1-55\div60)=5$（万股）

⑤$80$ 万股 $\times2/3+20\times1\div3=60$（万股）

⑥$60$ 万股 $\times(1-55\div65)\times2\div3=61\ 538$（股）

⑦由于分子净利润为负数，所以计算稀释每股收益时，假设优先股转换后增加的 20 万股不考虑，否则起到反稀释的作用。

⑧$60$ 万股 $\times(1-55\div57.125)\times8\div12=14\ 880$（股）

⑨$80$ 万股 $\times5\div12+20\times7\div12=45$（万股）

⑩$1\ 200$ 万 $\div1\ 000\times40\times3\div12=12$（万股）

【注】四个季度每股收益之和，未必等于年度每股收益，因为季度时间权重和年度时间权重不同，采用的普通股平均市场价格不同。

第九章
分部报告

二十世纪六七十年代以来，随着企业的生产经营规模和经营范围日益扩大，企业跨行业和跨地区经营的现象越来越多，许多企业生产和销售各种各样的产品和提供多种劳务（以下统称“产品”），这些产品在其整体的经营活动中所占的比重各不相同，其营业收入、成本费用以及产生的利润（亏损）也不尽相同。不同业务产生的风险与报酬是不同的。只有分析每种产品的经营业绩，才能更好地把握企业整体的经营业绩。企业的整体风险，是由企业的各种经营业务的风险和报酬构成的。尤其是跨国公司多元化和跨地区经营的不断发展，财务报表已经越来越难以满足证券市场投资者对分析上市公司的经营业绩、跨行业和跨地区经营的风险与报酬的分布，以及对未来发展趋势的信息需求。例如，日本的三菱集团，产品种类繁多，业务非常广泛，如果只看四张报表的汇总数字，不披露分部信息的话，很难理解企业主要的风险与报酬的来源。因此，多文化与跨国经营是分部信息产生的重要推动因素。

虽然合并报表能够提供企业集团整体的财务信息，但是却隐藏了企业集团在不同行业、不同地区的经营情况，不利于报表使用者作出判断和决策。一般来说，企业不同的经营业务会具有不同的利润率、发展机会、未来前景和风险。要评估企业整体的风险与报酬，必须借助企业不同经营分部的信息。因此，反映不同经营分部的信息越来越普遍地受到会计信息使用者的重视。企业提供分部信息，能够帮助会计信息使用者更好地理解企业以往的经营业绩，更好地评估企业的风险与报酬，以便更好地把握企业整体的经营情况，对未来的发展趋势作出合理的预期。

美国财务会计准则委员会1976年12月颁布了SFAS14《财务会计准则公告第14号——企业分部报告》，并于1997年6月又进一步颁布了SFAS131《财务会计准则公告第131号——企业分部和相关信息的披露》。国际会计准则委员会1981年8月颁布了IAS14《国际会计准则第14号——按分部报告财务信息》，并于2006年11月参照美国SFAS131颁布《国际财务报告准则第8号——经营分部》（以下简称“IFRS8”）。我国为了与国际会计准则接轨，于2006年参照IAS14颁布了《企业会计准则第35号——分部报告》（下文简称“CAS35”），于2009年参照IFRS8颁布了《企业会计准则解释公告第3号》，对CAS35做了重大修订。

CAS35规范了分部报告的编制和相关信息的披露，规定了关于主体的经营分部、产品和服务、经营的地理区域以及主要客户的信息披露要求，有助于满足会计信息使用者的决策需要，让使用者更容易评价企业的财务状况和经营成果，体现了相关性的要求。

2006版CAS35与2001版《企业会计制度》相比，变化如表9-1所示。

表9-1　2006版CAS35与2001版《企业会计制度》的区别

变化项目	2001版《企业会计制度》	2006版CAS35和解释公告第3号
不再要求同时披露业务分部和地区分部信息	企业应当同时披露业务分部和地区分部的信息，并且详简程度相同	企业应当以经营分部为基础确定报告分部，并披露分部的相关信息，不再区分业务分部和地区分部，也不再区分主要报告形式和次要报告形式
取消了豁免条款	如果某一分部的对外营业收入总额占企业全部营业收入总额90%及以上的，则无须编制分部报告	不再强调某一分部的对外营业收入总额占企业全部营业收入总额90%的量化标准
改变了确定报告分部的重要性标准	分部营业利润占所有盈利分部的营业利润合计的10%或以上，或者分部营业亏损占所有亏损分部的营业亏损合计的10%或以上	该分部的分部利润（亏损）的绝对额，占所有盈利分部利润合计额或者所有亏损分部亏损合计额的绝对额两者中较大者的10%或者以上

大多数学术研究发现，分部报告应当是主体信息的分解，以主体的内部组织结构为基础（即采用管理层法），增加了报告分部的数量并提供了更多的信息，使财务报告使用者能够从管理层的视角去看主体；使主体能够以相对较低的增量成本，为外部中期报告及时提供分部信息；增强与管理层讨论和分析或其他年度

报告披露的一致性，提供了分部业绩的不同度量方法。因此，以经营分部为基础，比以业务分部或地区分部为基础，能够为使用者提供有助于预测管理层行动或反应的信息，因为管理层行动或反应可能对主体未来的现金流量产生重要影响。

管理层法，是指从企业管理层决策和管理经营活动的角度来提供会计信息，使其能够如实反映经济现象。这是现在会计理论中采用的主流会计方法之一。第一，管理层的决策影响了企业未来产生的现金流量的时间、金额和风险。第二，利用企业内部管理信息可以降低财务报告的编制成本。

但是，管理层所要求的分配可能是武断的，并且它所依赖的会计原则在分部层次上很难适用。因此，会计准则不要求主体按照通用的会计准则提供分部信息。

第一节　报告分部的确定

一、CAS35 的适用范围

CAS35 的适用范围如表 9 – 2 所示。

表 9 – 2　　CAS35 的适用范围

1. 核心原则	主体应向财务报表使用者披露信息，使其能够评价主体所从事经营活动的性质和财务影响，以及其经营所处的经济环境
2. 披露条件	企业存在多种经营或跨地区经营的，应当披露分部信息。但是，法律、行政法规另有规定的除外
3. 披露方式	企业披露分部信息时，应当确定经营分部和报告分部【1】
4. 披露要求	分部信息应当和财务报表列报的信息形成勾稽关系。企业应当以对外提供的财务报表为基础披露分部信息。对外提供合并财务报表的企业，应当以合并财务报表为基础披露分部信息
5. 适用范围	适用于年度财务报告与中期财务报告中的分部信息披露
	适用于个别报表与合并报表的分部信息披露
	如果同时提供合并报表与母公司单独财务报表的，后者可以豁免披露分部信息

【释 1】经营分部是主体的组成部分，该部分的单独财务信息能够获得，并且主体首席经营决策者能据此对其进行定期评价，并以此决定如何进行资源分配和

业绩评估。一般来说，财务信息所要求的报告基础与内部对经营分部业绩进行评价和决定如何向经营分部分配资源时所采用的基础应保持一致。

报告分部是满足特定条件的经营分部。

二、经营分部的认定

经营分部的认定如表9－3所示。

表9－3　　经营分部的认定

1. 概念	经营分部是指企业内同时满足下列条件的组成部分： （1）该组成部分能够在日常活动中产生收入、发生费用【1】 （2）企业管理层能够定期评价该组成部分的经营成果，以决定向其配置资源、评价其业绩【2】 （3）企业能够取得该组成部分的财务状况、经营成果和现金流量等有关会计信息【3】
2. 划分条件	（1）企业应当以内部组织结构、管理要求、内部报告制度为依据确定经营分部【4】
	（2）经济特征不相似的经营分部，应当分别确定为不同的经营分部【5】
3. 合并条件	具有相似经济特征的多个经营分部，在同时满足下列条件时可以合并为一个经营分部【6】 （1）各单项产品或劳务的性质相同或相似；包括产品或劳务的规格、型号、最终用途等；【7】
	（2）生产过程的性质相同或相似；包括采用劳动密集或资本密集方式组织生产、使用相同或者相似设备和原材料、采用委托生产或加工方式等【8】
	（3）产品或劳务的客户类型相同或相似；包括大宗客户、零散客户等【9】
	（4）销售产品或提供劳务的方式相同或相似；包括批发、零售、自产自销、委托销售、承包等【10】
	（5）监管环境相似，即生产产品或提供劳务受法律、行政法规的影响相同或相似；包括经营范围或交易定价限制等【11】

【释1】主体的某部分主要或仅向主体的其他经营分部提供销售（即只有内部收入），如果主体按这种方式进行管理，这也符合经营分部的定义。

【释2】“企业管理层”强调的是一种职能，而不必是具有特定头衔的某一具体管理人员。该职能主要是向企业的经营分部配置资源，并评价其业绩。例如，通常情况下，企业管理层可能是企业的董事长、总经理，但是，也可能是由其他人员组成的管理团队。

【释 3】这里经营分部的概念比分公司要大。不是企业的每个组成部分都构成经营分部或经营分部的组成部分。例如，企业的管理总部或某些职能部门可能不赚取收入，或对于企业而言其赚取的收入仅仅是偶发性的，在这种情况下，这些部门就不是经营分部或经营分部的组成部分。

企业可能将其经营活动以各种不同的方式在财务报告中予以披露。如果企业管理层使用多种分部信息，其他因素可能有助于企业管理层确定经营分部，如每一组成部分经营活动的性质、对各组成部分负责的管理人员、向董事会呈报的信息等。

【释 4】管理层法的运用。因为企业管理层根据对该内部报告的定期评价向分部分配资源并评价分部业绩。因此，应当以管理层对经营问题作出决策时使用的主体分部信息为基础确定经营分部。

【释 5】因为经济特征不相似的分部的风险与报酬是不同的，风险与报酬是否类似是区分经营分部的重要标准。

【释 6】为什么相似的经营分部要合并？因为第一，具有相似的经济特征的经营分部经常会表现出相似的长期财务业绩，如长期平均毛利率、资金回报率、未来现金流量等。此时，将他们合并披露可能更为恰当。第二，如果不合并，作为单独的经营分部并不会增加会计信息的有用性。例如，一个零售连锁企业可能有10 家店满足经营分部的定义，但每一家店之间彼此都是相同的。按照 10 个经营分部与合并为一个经营分部提供的会计信息作用是相同的。第三，在实务中，并非所有的经营分部均作为独立的经营分部来考虑。

【释 7】一般情况下，生产的产品和提供的劳务的性质相同或相似的，其风险、报酬率及其成长率可能较为接近，因此，可以合并为一个经营分部。而对于性质完全不同的产品或劳务，则不能合并到同一个经营分部中。

【释 8】例如，对于资本密集型的部门来说，其占用的设备较为先进，占用的固定资产较多，相应所负担的折旧费也较多，其经营成本受资产折旧费用影响较大，受技术进步因素的影响也较大；而对于劳动密集型部门来说，其使用的劳动力较多，相对而言劳动力的成本即人工费用的影响较大，其经营成果受人工成本的高低影响也很大。

【释 9】对于同一类型的客户，销售条件基本相同。例如，相同或相似的销售价格、销售折扣，相同或相似的售后服务，因此具有相同或相似的风险和报酬。而不同的客户，销售条件不尽相同，因此具有不同的风险和报酬。例如，某计算机生产企业，其生产计算机可以分为商用计算机和个人用计算机，商用计算机主要销售客户是企业，一般是大宗购买，对计算机专用性要求比较强，售后服务相对较为集中；而个人用计算机，其客户对计算机的通用性要求较高，其售后服务相对较为分散。

【释 10】企业销售产品或提供劳务的方式不同，其承受的风险和报酬也不相同。例如，在赊销方式下，可以扩大销售规模，但发生的收账费用较大，并且发生应收账款坏账的风险也很大；而在现销方式下，则不存在应收账款的坏账问题，不会发生收账费用，但销售规模的扩大程度有限。

【释 11】例如，商业银行、保险公司等金融企业易受特别的、严格的监管政策的影响，在考虑该类企业确定分部产品和劳务是否相关时，应当考虑所受监管政策的影响。

三、报告分部的相关概念

报告分部的相关概念如表 9－4 所示。

表 9－4　　报告分部的相关概念

1. 报告分部	是指符合经营分部定义，按规定应予披露的经营分部
2. 确定基础	报告分部的确定应当以经营分部为基础，而经营分部的划分通常是以不同的财务业绩为基础，而不论其是否重要【1】
3. 分部收入	确定报告分部时的分部收入，是指可归属于分部的对外交易收入（即外部收入）和对其他分部交易收入（即内部收入）
	外部收入，包括可以直接归属经营分部的收入和间接归属于经营分部的收入 间接归属于经营分部的收入，是指将企业交易产生的收入在相关经营分部之间进行分配，按属于某经营分部的收入金额确认为分部收入
	报告分部的收入主要是指分部的日常经营活动产生的营业收入，不包括偶然的、非日常经营活动产生的收益，因为非日常的收益不能代表分部的盈利能力。分部收入通常不包括下列项目： （1）利息收入、股利收入、金融资产处置损益，但分部的日常活动是金融性质的除外 （2）非金融资产处置收益，营业外收入

续表

4. 分部费用	是指可归属于经营分部的对外交易费用（即外部费用）和对其他分部交易费用（即内部费用）。分部费用通常包括营业成本、税金及附加、销售费用等，包括可以直接归属于经营分部的费用和间接归属经营分部的费用
4. 分部费用	间接归属经营分部的费用，是指将企业交易发生的费用在相关分部之间进行分配，按属于某经营分部的费用金额确认为分部费用
4. 分部费用	分部费用通常不包括下列项目： （1）利息费用 （2）营业外支出、非金融资产处置损失 （3）金融资产处置净损失，但分部的日常活动是金融性质的除外 （4）与企业整体相关的管理费用和其他费用（如所得税费用、总部管理费用）。因为这些费用不是归属于某一个分部的
5. 分部利润	分部利润（亏损），是指分部收入减去分部费用后的余额。这里的利润是指利润总额，不是净利润，因为分部不是纳税主体，不计算净利润
5. 分部利润	在合并利润表中，分部利润（亏损）应当在调整少数股东损益前确定
6. 分部资产	是指分部经营活动中使用的可归属于该分部的资产，以及能够以合理的基础分配给该分部的商誉、无形资产等资产，但是不包括递延所得税资产、服务于整个企业的总部资产
6. 分部资产	分部资产应当按照账面价值进行计量
6. 分部资产	通常情况下，分部资产与分部利润（亏损）、分部费用等之间存在一定的对应关系： （1）如果分部利润（亏损）包括利息或股利收入，分部资产中就应当包括相应的应收账款、贷款、投资或其他金融资产 （2）如果分部费用包括某项固定资产的折旧费用，分部资产中就应当包括该项固定资产 （3）如果分部费用包括某项无形资产或商誉的摊销额或减值额，分部资产中就应当包括该项无形资产或商誉
7. 分部负债	是指分部经营活动形成的可归属于该分部的负债，以及能够以合理的基础分配给该分部的负债，但是不包括递延所得税负债
7. 分部负债	如果与两个或多个经营分部共同承担的负债相关的费用分配给这些经营分部，该共同承担的负债也应当分配给这些经营分部

【释1】划分报告分部的会计基础，是根据内部报告的收入、费用、资产、负债等数字作为业绩评价和资源分配的会计基础，而不是直接根据财务报告计量的数字作为会计基础。

四、报告分部的确定标准

为什么要确定报告分部的标准？因为第一，应当在分部报告中披露所有重要的分部；第二，避免分部过细从而导致信息泛滥，不仅会给财务报表使用者带来困惑，给财务报表编制者也带来不必要的披露成本。

确定报告分部的逻辑如图 9－1 所示。

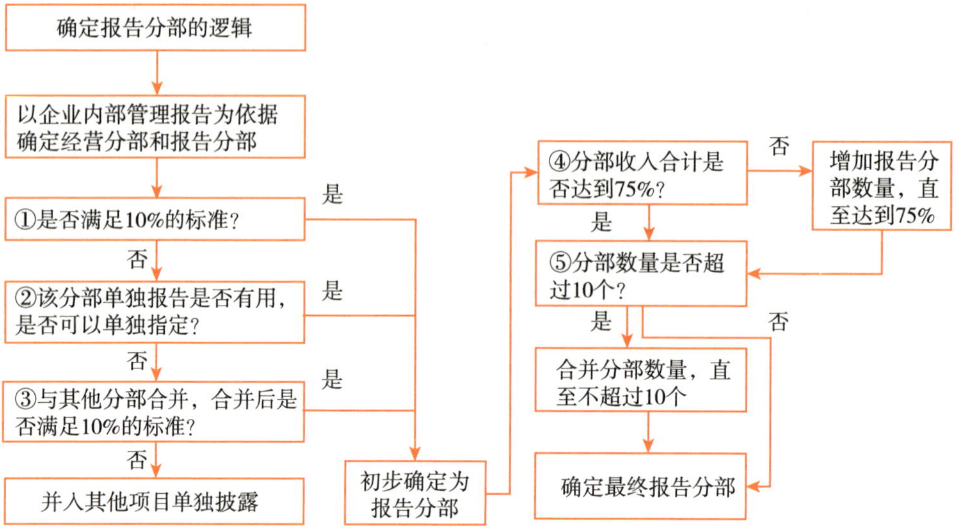

图 9－1　确定报告分部的逻辑

报告分部的确定标准如表 9－5 所示。

表 9－5　　　　　　　　报告分部的确定标准

1. 10%的标准	经营分部满足下列条件之一的，应当确定为报告分部：
	分部收入/所有分部收入总额≥10%
	$\frac{\text{分部利润（或亏损）的绝对数}}{\text{所有盈利分部利润合计额或所有亏损分部合计的绝对数两者中较大者}} \geq 10\%$【1】
	分部资产/所有分部资产合计额≥10%
2. 低于 10% 的标准	指定：管理层认为披露该经营分部对会计信息使用者有用的，可以指定为报告分部【2】
	合并：将该经营分部与一个或一个以上类似的其他分部合并为一个报告分部
	汇总：不将该分部指定为报告分部且不与其他分部合并的，应在披露分部信息时，将其并入“其他项目”汇总披露
3. 75%的标准	确定为报告分部的各个分部的对外交易收入的合计额，如果未达到企业总收入的 75% 的，必须增加报告分部的数量（即使未满足 10% 的标准），直到达到 75% 的标准【3】

续表

4. 10个标准	报告分部的数量通常不超过10个。如果超过10个，企业应当考虑将具有类似经济特征的报告分部进行合并【4】
5. 可比标准	为提供可比信息，有的经营分部上期满足报告分部的条件，但是本期可能并不满足报告分部的条件，若认为该分部仍重要，则仍应将其确定为本期的报告分部
	有的经营分部上期可能未满足报告分部的条件，但是在本期可能满足报告分部的条件，出于比较目的，对上期的分部信息应当重述，将其反映为一个报告分部

【释1】确定分母时，计算盈利分部的合计数时不减去亏损分部的亏损额，计算亏损分部的合计数时不加上盈利分部的盈利额，根据这两个合计数取较大者作为分母。

【释2】指定的目的是分部信息保持可比性。例如，有的分部上期符合报告分部的确认条件，但本期不符合报告分部的确认条件，如果管理层认为该分部信息对报告使用者有用的，可以直接指定，从而与上期信息保持可比性。

【释3】分部收入合计达到75%才能反映企业主要的财务业绩。

【释4】如果超过10个，提供的会计信息太繁琐，没有重点。

【案例9-1】确定报告分部。

某股份有限公司为企业集团母公司，某年该集团五个经营分部的营业收入、营业利润和资产总额如表9-6所示，并且对外交易营业收入合计数为合并总收入数。

表9-6　某股份有限公司的经营分部业绩指标

20××年　单位：万元

项目	A分部	B分部	C分部	D分部	E分部	合计
营业收入	1 575 000	375 000	187 500	150 000	75 000	2 362 500
对外交易收入	1 200 000	225 000	150 000	112 500	75 000	1 762 500
分部间交易收入	375 000	150 000	37 500	37 500		600 000
营业利润	187 500	45 000	22 500	11 250	6 000	272 250
资产总额	1 875 000	900 000	600 000	225 000	300 000	3 900 000

要求：根据10%的量化门槛，判断哪个分部可作为报告分部。

解析：计算各分部的营业收入、营业利润和资产总额分别占分部营业收入合计、分部营业利润合计和分部资产总额合计的百分比，如表9－7所示。

表9－7　各分部营业收入、营业利润和资产总额占比情况

项目	A分部	B分部	C分部	D分部	E分部	合计
营业收入	66.67%	15.87%	7.94%	6.35%	3.17%	100%
营业利润	68.87%	16.53%	8.26%	4.13%	2.2%	100%
资产总额	48.08%	23.08%	15.38%	5.77%	7.69%	100%

根据表9－7可知，按分部营业收入占分部营业收入合计百分比判断，A分部和B分部的占比分别为66.67%和15.87%，超过分部营业收入合计的10%。

按分部营业利润占分部营业利润合计百分比判断，A分部和B分部的占比分别为68.87%和16.53%，超过分部营业利润合计的10%。

按分部资产总额占分部资产总额合计百分比判断，A分部、B分部和C分部的占比分别为48.08%，23.08%和15.38%，超过分部资产总额合计的10%。

A分部、B分部和C分部的对外交易营业收入相加为1 575 000万元，是对外营业收入合计1 762 500万元的89.36%，超过75%的要求。因此，A分部、B分部和C分部应当作为报告分部。

【案例9－2】确定报告分部。

某集团有六个经营分部，某年营业利润如表9－8所示。

表9－8　经营分部营业利润表　单位：万元

项目	A分部	B分部	C分部	D分部	E分部	F分部	合计
营业利润	1 350	300	－60	－90	180	270	1 950

要求：以营业利润指标为基础判定哪个经营分部可作为报告分部。

解析：1. 求盈利分部的盈利合计数和亏损分部的亏损合计绝对值的两者较大者。

A、B、E、F分部为盈利分部，盈利合计数为2 100万元，C、D分部为亏损分部，亏损合计的绝对值为150万元。因此，盈利合计数和亏损合计的绝对值两者之较大者为2 100万元，应以2 100万元的10%，即210万元可作为报告分部的判定值。

2. 判定哪一分部可作为报告分部（见表 9 – 9）

表 9 – 9　　经营分部营业利润检验表　　单位：万元

经营分部	盈利分部的盈利	亏损分部的亏损绝对值	符号	判定值	是否应报告
A	1 350		>	210	是
B	300		>	210	是
C		60	<	210	否
D		90	<	210	否
E	180		<	210	否
F	270		>	210	是
合计	2 100	150			

按营业利润指标，A、B、F 分部可作为报告分部。

第二节　分部信息的披露

企业应当在附注中披露报告分部的信息如表 9 – 10 至表 9 – 17 所示。

一、描述性信息

表 9 – 10　　描述性信息

1. 确定报告分部考虑的因素	通常包括企业管理层是否按照产品和服务、地理区域监管环境差异或综合各种因素进行组织管理
2. 报告分部的产品和劳务的类型	因为针对产品和服务收入的趋势分析对评价过去业绩和未来增长前景都很重要

二、分部会计政策

表 9 – 11　　分部会计政策

1. 披露分部会计政策	与分部报告特别相关的会计政策包括分部的确定、分部间转移价格的确定方法，以及将收入和费用分配给分部的基础等
2. 不重复披露	分部会计政策与合并财务报表或个别财务报表一致的无须重复披露

续表

3. 分部政策变更	当企业改变了其分部信息采用的会计政策，并且这种变更对分部信息产生了实质性影响时，企业应当按照《CAS28——会计政策、会计估计变更和差错更正》的规定披露这一变更情况，以及这些变更产生的影响，并按规定提供相关比较数据【1】
	如果企业改变分部的分类且提供比较数据不切实可行的，应当在改变分部分类的年度，分别披露改变前和改变后的报告分部信息
4. 计量基础	分部信息的计量基础，应与管理层向分部分配资源和评价分部业绩时所使用的信息的计量基础保持一致
5. 分部损益	企业应当在附注中披露计量每一报告分部利润（亏损）的下列会计政策： （1）分部间转移价格的确定基础【2】 （2）相关收入和费用分配给报告分部的基础 （3）确定报告分部例如（亏损）使用的计量方法发生变化的性质，以及这些变化产生的影响
6. 分部资产负债	企业应当在附注中披露计量每一报告分部资产、负债的下列会计政策： （1）分部间转移价格的确定基础 （2）相关资产或负债分配给报告分部的基础

【释 1】例如，企业因管理战略改变对经营业务范围作出变更或对经营地区作出调整，使企业原以确定的报告分部所面临的风险和报酬产生较大差异，从而使企业必须改变原对分部所作的分类。在这种情况下，企业就应当对此项分部会计政策变更予以披露。

【释 2】企业在计量分部之间发生的交易收入时，需要确定分部间转移交易价格。一般情况下，分部之间的交易定价不同于市场公允交易价格，为准确计量分部间转移交易，企业在确定分部间的交易收入时，应当以实际交易价格为基础计量。

因企业不同期间生产的产品的成本等不同，可能会导致不同期间分部间转移价格的确定产生差异，对于转移交易价格的变更情况，也应当在附注中进行披露。

三、每一报告分部的利润（亏损）总额相关信息

表 9－12　　每一报告分部的利润（亏损）总额相关信息

1. 会计政策	该信息包括利润（亏损）总额组成项目及计量的相关会计政策信息： （1）分部间转移价格的确定基础 （2）相关收入和费用分配给报告分部的基础 （3）确定报告分部利润（亏损）使用的计量方法发生变化的性质，以及这些变化产生的影响

续表

2. 分部数据	企业管理层在计量报告分部利润（亏损）时运用了下列数据，或者未运用下列数据但定期提供给企业管理层的，应当在附注中披露每一报告分部的下列信息： （1）对外交易收入和分部间交易收入 （2）利息收入和利息费用。但是，报告分部的日常活动是金融性质的，可以仅披露利息收入减去利息费用后的净额，同时披露这一处理方法【1】 （3）折旧费用和摊销费用，以及其他重大的非现金项目 （4）采用权益法核算的长期股权投资确认的投资收益 （5）所得税费用或所得税收益 （6）其他重大的收益或费用项目

【释1】披露的目的是提供分部融资活动的信息。

对于非金融业务，按照总额披露利息收入和利息费用，相当于披露营业收入和营业成本。而对于金融业务按照净额披露，符合金融业务的管理模式。

四、每一报告分部的资产总额、负债总额相关信息

表9-13　　每一报告分部的资产总额、负债总额相关信息

1. 内容	该信息包括资产总额组成项目的信息，以及有关资产、负债计量相关的会计政策
2. 分部数据	企业管理层在计量报告分部资产时运用了下列数据，或者未运用下列数据但定期提供给企业管理层的，应当在附注中披露每一报告分部的下列信息： （1）采用权益法核算的长期股权投资金额 （2）非流动资产（不包括金融资产、独立账户资产、递延所得税资产）金额 （3）披露分部资产总额时，当期发生的在建工程成本总额、购置的固定资产和无形资产的成本总额，应当单独披露
3. 分部负债	报告分部的负债金额定期提供给企业管理层的，企业应当在附注中披露每一报告分部的负债金额【1】
4. 分配基础	企业应当披露将相关资产或负债分配给报告分部的基础

【释1】由于负债都是集中发生的，并且企业经常不将这些数据分配至分部，分部负债信息在评价企业分部业绩方面的价值是有限的，因此，关于负债的披露要求比较少。

五、披露未作为报告分部信息组成部分的信息

企业应当披露未作为报告分部信息组成部分的信息，不切实可行的除外。企业披露相关信息不切实可行的，应当披露这一事实。

表 9－14　　　　披露未作为报告分部信息组成部分的信息

1. 按类型披露收入	每一产品和劳务或每一类似产品和劳务的对外交易收入
2. 按国别披露收入	企业取得的来自本国的对外交易收入总额，以及企业从其他国家取得的对外交易收入总额【1】
3. 非流动资产	企业取得的位于本国的非流动资产（不包括金融资产、独立账户资产、递延所得税资产）总额，以及企业位于其他国家的非流动资产（不包括金融资产、独立账户资产、递延所得税资产）总额
4. 主要客户	企业与某一外部客户交易收入占合并总收入或企业总收入的 10% 或以上，企业应当披露对该主要客户的依赖程度，以及来自该外部客户的总收入和相关报告分部的特征【2】
	主体不需要报告主要客户的身份，每一分部也不需要报告来自该客户的收入
	出于披露目的，同一控制下的多个主体应被认为是单一客户
	是否把政府及其部门认定为单一客户需要进行判断评估。在评估时，报告主体应该考虑这些主体之间的经济一体化程度

【释 1】按国别披露的优点有，第一，根据国别提供的信息更为有用，因为它们容易理解。相互紧邻的国家可能在增长速度和其他经济情况方面存在重大差异。第二，它将为评价风险集中的影响提供更为有用的信息。因为来自不同地理区域内客户的收入、资产信息，有助于财报使用者理解经济状况发生不利变化时的风险集中情况（如没收财产这样的政治风险等）和经济状况发生有利变化时的成长前景。第三，它将减轻财务报表编制者的负担，因为大多数企业可能只在少数几个国家或只在其注册国才有重要的经营。

【释 2】为什么要披露主要客户？因为企业的主要客户代表了重要的风险集中。10% 的标准虽然是武断的，但却是实务中普遍采用的标准。

六、报告分部信息总额与企业信息总额的衔接

表 9-15　　报告分部信息总额与企业信息总额的衔接

1. 报告分部收入总额应当与企业收入总额相衔接	各个报告分部的收入总额，加上未包含在任何报告分部中的对外交易收入金额之和，扣除报告分部之间交易形成的收入（这部分内部交易收入在合并报表中抵销）金额之和，应当与企业收入总额一致
2. 报告分部利润（亏损）总额应当与企业利润（亏损）总额相衔接	各个报告分部的利润（亏损）总额，加上未包含在任何报告分部中的利润（亏损）金额之和，扣除报告分部之间交易形成的利润（亏损）金额之和（这部分内部交易损益在合并报表中抵销），应当与企业利润（亏损）总额一致
3. 分部资产总额应当与企业资产总额相衔接	报告分部资产总额加上未分配给各个报告分部的资产总额的合计额，与企业资产总额相一致
4. 报告分部负债总额应当与企业负债总额相衔接	分部负债总额加上未分配给各个报告分部的负债总额的合计额，与企业负债总额相一致
5. 所有的重要调节项目应当单独认定和描述	例如，由于会计政策不同而对报告分部利润或亏损与主体利润或亏损进行调节时，每一重要的调整数据都应单独认定和描述

七、比较信息

表 9-16　　比较信息

1. 比较信息	为可比起见，应当提供前期的比较数据。不论企业是否提供前期比较数据，均应披露这一事实【1】
2. 重述	企业内部组织结构和改变导致报告分部组成发生变化的，前期相应信息（包括中期）应当重述，除非信息无法获得或者信息的获得成本过高【2】
3. 未重述	如果主体内部组织结构的改变导致其报告分部的组成发生变化，并且前期分部信息（包括中期）未进行重述以反映相关的变化，除非信息无法获得或者信息的获得成本过高，主体应当在发生变化的当年，同时披露以新旧分部为基础编制的当期分部信息

【释 1】如果某个分部，本期满足报告分部条件确认为报告分部，但是前期未满足报告分部条件未确认为报告分部的，也应当提供前期比较数据，不切实可行的除外。

【释 2】确定信息是否无法获得或者信息的获得成本是否过高时，应当以披露

的每一单个项目为基础。

分部组成的变化中断了趋势，而趋势分析对于财务报表使用者而言是重要的。例如，许多重组导致利润中心，从一个分部重新转移至另一个分部，在这些情况下，重述相对简单。但是，如果一个企业进行了根本性的重组，重述可能非常困难和昂贵，可能是不切实可行的，因此不要求披露。

八、上市公司披露要求

表 9－17　　上市公司披露要求

披露内容	除上述披露要求外，还应当披露分部财务信息合计金额与对应合并财务报表项目的调节过程，无报告分部的应说明原因

实务中，上市公司编制财务报告除了要符合会计准则的规定之外，还要符合证监会信息披露的各种规定。

年报分析发现，个别上市公司在财务报告中未披露任何分部报告信息，未提供单独的分部报告，也未说明不提供分部信息的原因。但在董事会报告中披露了其主营业务覆盖多个行业或产品分类，并按类别提供了相关业绩情况，这表明其在经营管理方面存在分部，财务报告和董事会报告逻辑不一致。

为什么不要求披露分部的现金流量信息？因为实务中，报表使用者评价企业未来的现金流量一般不以分部为基础（如以企业整体或投资项目为基础），因此，提供分部的现金流量信息作用不大。

为什么不要求披露研发费用？第一，披露分部的研发费用可能过早地向竞争对手透露企业的战略计划，从而导致竞争性损害。第二，研发费用仅仅是显示企业工作重心的许多项目之一，它对不同企业的重要性并不相同。例如，对于某些企业而言，雇员培训和广告成本比研发费用更重要，从而对仅披露研发费用信息的相关性产生质疑。第三，研发费用都是集中发生的，并且企业经常不将这些数据分配至分部。

【案例 9－3·多选题】下列各项关于分部报告的表述中，正确的有（　　）。

A. 企业应当以经营分部为基础确定报告分部

B. 企业披露分部信息时无须提供前期比较数据

C. 企业披露的报告分部收入总额应当与企业收入总额相衔接

D. 企业披露分部信息时应披露每一报告分部的利润总额及其组成项目的信息

答案：ACD

解析：选项B，比较信息是可比性原则的要求。

第十章
关联方披露

关联方，是指一方通过对另一方实施控制、共同控制或重大影响，从而形成共同的经济利益，这样双方就构成关联方。

关联方关系是商业和经营的正常特征，例如，主体经常通过子公司、合营企业和联营企业开展其部分经营活动。在这些情况下，主体有能力通过控制、共同控制或重大影响来实现对被投资者财务和经营政策的影响。

关联方关系及其交易是随着世界范围内的公司组织形式和治理结构的演变，在跨国公司、母子公司制及总分公司制得到广泛运用时出现的。在西方发达国家，跨国集团公司常常运用关联交易在高税区与低税区之间转移收入与费用，以达到合理避税的目的。而在亚洲的一些家族企业和官营企业中，除了用来避税外，关联交易还被用作在母公司与子公司之间转移利润或掩盖亏损。为此，关联方关系及其交易的规范逐步成为各国和地区监管当局关注的重点。

为什么要披露关联方信息呢？因为关联方关系可能会对主体的损益和财务状况产生影响。

第一，关联方之间可能发生非关联方之间不会发生的交易，从而实现集团整体利益最大化。例如，子公司以成本价向母公司销售货物，但是子公司可能不会按照这个条件向其他客户销售货物。同样，关联方之间交易，可能不像非关联方之间的交易那样以相同的金额结算或相同的方式进行。

第二，即使不发生关联方交易，主体的损益和财务状况可能也会受到关联方关系的影响。仅仅存在这种关系，可能足以影响主体与其他方的交易。例如，子公司可能终止与其贸易伙伴的关系，因为其母公司安排另一个子公司从事与该前任贸易伙伴相同的业务活动。又如，一方可能会因另一方的重大影响而不采取行动，如子公司可能遵照母公司的指示而不进行研究开发活动。

由于这些原因，对一个主体与关联方的交易、未结算余额，包括与关联方的承诺及关联方关系的了解可能影响到财务报表使用者对其主体经营活动的评价，包括对主体面临的风险和机遇的评价。所以，需要披露关联方相关的信息。

《企业会计准则第 36 号——关联方披露》（下文简称“CAS36”）规范了关联方关系及其交易的披露，有助于会计信息使用者了解企业真实的财务状况和经营成果。

2006 版 CAS36 与 1997 版《关联方关系及其交易的披露准则》相比，变化如表 10 - 1 所示。

表 10 - 1　　2006 版 CAS36 与 1997 版《关联方关系及其交易的披露准则》的区别

变化项目	1997 版	2006 版 CAS36
取消个别报表中的豁免	不要求在与合并财务报表一同提供的母公司财务报表中披露关联方交易	企业个别财务报表中应当披露所有关联方关系及其交易的相关信息
拓宽了关联方的外延	直接对企业实施共同控制或施加重大影响的投资方、企业关键管理人员或与其关系密切的家庭成员属于关联方	间接对企业实施共同控制或施加重大影响的投资方，主要投资者个人、关键管理人员或与其关系密切的家庭成员直接或间接控制、共同控制，或施加重大影响的其他企业也属于关联方
增加了披露要求	—	增加了对有关最终控制方名称、母公司之上与其最相近的对外提供财务报表的母公司名称、未结算项目的条款条件以及坏账准备等相关信息进行披露的规定

第一节　关联方

一、关联方的概念

关联方的概念如表 10 - 2 所示。

表 10－2　关联方的概念

1. 概念	一方控制、共同控制另一方或对另一方施加重大影响的，以及两方或两方以上同受一方控制、共同控制或重大影响的，构成关联方【1】
	披露原则：企业应当在财务报表中披露所有的关联方关系及其交易的相关信息
2. 会计主体	纳入同一个合并报表内的主体应当视为同一个会计主体
	个人与其关系密切的家庭成员应当视为同一个会计主体【2】
3. CAS36 的适用范围	既适用于个别报表，也适用于合并报表

【释 1】关联关系以控制（根据 CAS33 判断）、共同控制（根据 CAS40 判断）、重大影响（根据 CAS2 判断）为标准判断。判断关联方关系时应当遵循实质重于形式的原则。

【释 2】关系密切的家庭成员，是指父母、配偶、兄弟、姐妹和子女等。即在处理与企业的交易时可能影响该个人或受该个人影响的直系亲属家庭成员。

主体应当将重大影响和一个主体与其关键管理人员之间的关系对等看待。但是，这些关系不如控制或共同控制关系那么紧密。

二、构成企业关联方的情形

构成企业关联方的情形如表 10－3 所示。

表 10－3　构成企业关联方的情形

关联方关系形成	下列各方构成关联方	举例
通过控制构成关联方	1. 该企业的母公司	A 控制 B，则 AB 是关联方
	2. 该企业的子公司【1】	子公司包括 SPV、企业设立的年金基金
	3. 与该企业受同一个最终控制方控制的其他企业【2】	A 控制子公司 B，控制孙公司 C，B 与 C 没有直接投资关系，则 AB、AC、BC 都是关联方
		ABC 是同一集团内的企业，D 和 E 是 C 企业的合营企业和联营企业，则 ABC 构成关联方，CD、CE、AD、AE、BD、BE 也构成关联方

续表

关联方关系形成	下列各方构成关联方	举例
通过共同控制构成关联方	4. 对该企业实施直接或间接共同控制的投资方	A 和 B 共同控制 C，C 控制子公司 D，则 AC、BC、CD、AD、BD 是关联方，但是 AB 不是关联方
	5. 该企业的合营企业及其子公司	
	6. 企业的合营企业与企业的其他合营企业或联营企业【3】	B 和 C 是 A 的合营企业，D 和 E 是 A 的联营企业，则 AB、AC、BC、AD、BD、CD、AE、BE、CE 是关联方，但是，DE 不是关联方
通过重大影响构成关联方	7. 对该企业施加直接或间接重大影响的投资方	A 和 B 对 C 都能施加重大影响，C 控制子公司 D，则 AC、BC、CD、AD、BD 都是关联方，但 AB 不是关联方
	8. 该企业的联营企业及其子公司	
企业与人构成关联方	9. 该企业的主要投资者个人及与其关系密切的家庭成员【4】	王某是 A 公司的主要投资者，则 A 公司与王某及其家人都是关联方
	10. 该企业或其母公司的关键管理人员及与其关系密切的家庭成员【5】	李某是 A 公司或其母公司 B 公司的关键管理人员，则 A 公司或 B 公司与李某及其家人都是关联方
企业之间通过人构成关联方	11. 该企业主要投资者个人、关键管理人员或与其关系密切的家庭成员控制、共同控制或重大影响的其他企业	赵某是 A 公司的主要投资者，B 公司是由赵某控制、共同控制或施加重大影响的企业，则 AB、A 与赵某及其家人、B 与赵某及其家人都是关联方
		老孙是 A 公司的关键管理人员，老孙儿子小孙是 B 公司的关键管理人员，则 AB、A 与老孙、A 与小孙、B 与小孙、B 与老孙都是关联方

【释 1】关联关系是对称的，因此母子公司互为关联方，其他符合关联关系的情况也是如此。纳入同一合并报表范围内所有主体，均构成关联方。

合并主体内的所有企业与合并主体的合营企业、联营企业，均构成关联方。例如，甲集团的子公司 A，甲集团的合营企业 B 或联营企业 C，则 AB、AC 构成关联方。

【释 2】如果两个主体都被同一主体或个人控制（或共同控制），那么这两个主体之间相互关联。因为受相同的最终控制方控制，各个被投资企业可能为自身利益而进行的交易受到某种限制，从而导致交易价格不公允。从最终控制方来看，他们具有共同的经济利益。

【释 3】如果一个主体（或个人）控制（或共同控制）了第二个主体，并且第一个主体（或个人）对于第三个主体有重大影响，那么第二主体和第三主体之间相互关联。这是根据 IAS24 在《企业会计准则解释第 13 号》中发布的规定。

实务中，注册会计师在审计时，一般要求最终控制人先出大报告，再出被审计的上市公司的小报告，否则无法得知所有的关联方。

【释 4】主要投资者个人，是指能够控制、共同控制一个企业或对一个企业施加重大影响的个人投资者。

【释 5】关键管理人员，是指有权力并负责计划、指挥和控制企业活动的人员。主要包括董事长、董事、董事会秘书、总经理、总会计师、财务总监、主管各项事务的副总经理以及行使类似决策职能的人员等。但是，不包括独立董事，否则将违背独立性原则。

企业与个人之间的关联关系以主要投资者或关键管理人员及其关系密切的家庭成员为标准判断。

三、不构成企业关联方的情形

不构成企业关联方的情形如表 10－4 所示。

表 10－4　　不构成企业关联方的情形

仅与企业存在下列关系的各方，不构成企业的关联方	举例
1. 与该企业发生日常往来的资金提供者、公用事业部门、政府部门和机构	A 公司与银行、供电公司、自来水公司、税务局
2. 与该企业发生大量交易而存在经济依存关系的单个客户、供应商、特许商、经销商或代理商【1】	B 公司与大客户、经销商、供应商
3. 与该企业共同控制合营企业的合营者	A 与 B 共同控制 C，则 AB 不是关联方
4. 受同一方重大影响的两个企业之间【2】	B 和 C 都受 A 重大影响，则 BC 不是关联方
5. 仅同受国家控制而不存在其他关联方关系的企业【3】	A 和 B 都受国资委控制，则 AB 不是关联方

【释 1】关联方关系的实质是一方具有能够对另一方施加控制、共同控制或重大影响的能力，且双方具有共同的经济利益。企业对银行、客户等外部单位既不具有控制、共同控制、重大影响的能力，双方也没有共同的经济利益。

【释 2】合营者之间、受同一方重大影响的企业之间，均不具有控制、共同控制、重大影响的能力，都是从自身利益进行决策。

【释3】国家与所控制的企业之间的关系性质不同于企业与所控制的企业之间的关系，否则所有的国有企业都成为关联方，在实务中无法操作，混淆了关联方及其交易的本质特征，掩盖真正的关联方及其交易，也增加了不必要的信息成本。

第二节　关联方交易

一、关联方交易的类型

关联方交易的类型如表10－5所示。

表10－5　关联方交易的类型

1. 概念	关联方交易，是指关联方之间相互转移资源、服务或义务的行为，不论是否收取价款
2. 关联方交易类型	（1）购买或销售商品
	（2）购买或销售商品以外的其他资产
	（3）提供或接受劳务
	（4）担保
	（5）提供资金（贷款或股权投资）
	（6）租赁
	（7）代理
	（8）研究与开发项目的转移
	（9）许可协议
	（10）代表企业或由企业代表另一方进行债务结算
	（11）关键管理人员薪酬
	（12）就某特定事项在未来发生或不发生时所作出的采取相应行动的任何承诺，如待执行合同

关联方交易判断的前提是双方先存在关联方关系，然后双方之间发生的交易才是关联方交易。只要是关联方之间发生的交易都是关联方交易。

需要注意的是，关联交易本身是允许发生的，但是，由于关联方之间存在共同的经济利益，有可能利用关联关系通过不公允的关联交易价格来操纵财务状况和经营成果，因此会计的关键是关联交易价格公允时才可以确认损益，不公允时按照权益性交易原则处理。

二、关联交易对财务报告的影响

关联交易对财务报告的影响如表10－6所示。

表10－6　　关联交易对财务报告的影响

1. 对上市公司财务报告的影响【1】	违规占用资金。有的上市公司向设立时间短、企业注册资本金很小甚至无实际出资、经营范围与上市公司业务毫无关联的企业支付大额预付账款
	违规担保。控股股东或其他关联方以上市公司的名义对外借款或为关联方提供担保，上市公司在未经董事会和股东大会审议批准，也未履行信息披露义务的情况下，债务发生逾期，上市公司被债权人起诉要求偿还债务或履行担保责任，因此计提大额预计负债。同时上市公司部分银行账户由于涉诉被冻结，影响正常的生产经营活动，使得上市公司遭受重大损失
	存在“存贷双高”等异常情况。有的上市公司拥有大量非受限的银行存款，同时又有大额有息负债，部分债务甚至出现违约，可能存在资金被挪用、资产受限或被质押等未充分披露的情况
	违规转移资金。有的上市公司疑似通过对外投资向关联方转移资金。上市公司作为有限合伙人出资参与产业投资基金等有限合伙企业，投资金额重大，且上市公司与有限合伙企业的普通合伙人及其他有限合伙人存在关联方关系。上市公司支付投资款后，一直未办理工商登记，后续却以投资款可能被其他合伙人挪用为由，对投资全额计提减值，报表上列示重大损失
	通过关联方交易虚增利润。有的上市公司出于业绩压力，将房屋、土地使用权等非流动资产转让给关联方，转让价格显著高于市场价格，因资产处置确认了大额收益，当年利润的主要来源是向关联方出售厂房等资产。关联交易的商业合理性以及交易价格的公允性值得关注
2. IPO报表审核的影响	充分披露报告期内（三年又一期）所有的关联方、已注销的关联方、客户与公司的关联关系、客户之间的关联关系
	关联交易表面上非关联化，实质上还属于关联交易
	关联交易是否逐年减少，从而逐渐降低对关联方的依赖
	上市公司与控股股东控制的企业是否存在同业竞争
	上市公司与股东之间的关联交易，资金占用与拆借，担保事项

【释1】关联方通过多种形式侵占上市公司利益，对上市公司财务报告产生重大影响。因此，编制或审计上市公司财务报告时应当重点关注。

第三节 关联方披露

企业财务报表中应当披露所有关联方关系及其交易的相关信息（见表10－7）。

表10－7　　关联方关系及其交易的披露

<table>
<tr><td rowspan="4">1. 关联方关系披露</td><td>企业无论是否发生关联方交易，均应当在附注中披露与母公司和子公司有关的下列信息【1】</td></tr>
<tr><td>（1）母公司和子公司的名称。母公司不是该企业最终控制方的，还应当披露最终控制方名称。母公司和最终控制方均不对外提供财务报表的，还应当披露母公司之上与其最相近的对外提供财务报表的母公司名称</td></tr>
<tr><td>（2）母公司和子公司的业务性质、注册地、注册资本（或实收资本、股本）及其变化</td></tr>
<tr><td>（3）母公司对该企业或者该企业对子公司的持股比例和表决权比例</td></tr>
<tr><td rowspan="5">2. 关联交易披露</td><td>（1）企业与关联方发生关联方交易的，应当在附注中披露该关联方关系的性质、交易类型及交易要素【2】</td></tr>
<tr><td>（2）交易要素至少应当包括：
①交易的金额（应当披露相关比较数据）
②未结算项目的金额、条款和条件，以及有关提供或取得担保的信息
③未结算应收项目的坏账准备金额
④定价政策</td></tr>
<tr><td>（3）企业只有在提供确凿证据的情况下，才能披露关联方交易是公平交易</td></tr>
<tr><td>（4）遵循重要性原则。判断关联方交易是否重要，不应以交易金额的大小作为判断标准，而应当以交易对企业财务状况和经营成果的影响程度来确定
对企业财务状况和经营成果有影响的关联方交易，应当分别披露关联方以及交易类型；不具有重要性的、类型相似的非重大交易可合并披露，但以不影响财务报表阅读者正确理解企业财务状况、经营成果为前提</td></tr>
<tr><td>（5）对于关键管理人员个人薪酬，应当按照《CAS9——职工薪酬》准则的四大类型（即短期薪酬、离职后福利、其他长期职工福利、辞退福利），以及《CAS11——股份支付》准则分类披露
如果主体接受的是关联方提供的管理层服务，只需要披露管理层主体已支付以及应付的报酬总额，不需要按照前面分类进行披露</td></tr>
<tr><td>3. 合并报表披露</td><td>对外提供合并财务报表的，对于已经包括在合并范围内各企业之间的交易不予披露，但应当披露与合并范围外各关联方的关系及其交易，包括且不限于披露投资性主体与其以公允价值计量且变动计入损益的子公司之间的关联方交易和未结算余额等【3】</td></tr>
</table>

【释1】因为母子公司之间存在控制关系，视同一个会计主体，这是最强的关联关系，因此必须披露。这种披露要求，是对《CAS30——财务报表列报》与

《CAS41——在其他主体中权益的披露》的补充，目的是对关联方交易进行更全面的分析。

【释 2】关联方关系的性质，是指关联方与该企业的关系，即关联方是该企业的子公司、合营企业、联营企业等。应当按照不同类型的关联方分类披露。

【释 3】因为合并范围内的关联交易已经抵销，对合并报表不再产生影响了，所以，纳入合并范围的企业之间的关联关系以及关联交易就不需要披露了，只需要披露合并主体与合并主体之外的主体之间的关联关系以及关联交易的信息。

根据 IAS24，如果关联方是政府的，还应当按照下列要求披露：

（一）豁免条件（IAS24.25）

报告主体与下列主体间的关联方交易及未结算余额，可以豁免关联方交易的披露要求。

1. 控制、共同控制或对报告主体具有重大影响的政府；

2. 另一个因与报告主体被同一政府控制、共同控制或具有重大影响而被判定为关联方的主体。

为什么政府关联主体可以豁免？因为在政府控制无处不在的环境里，完全按照 IAS24 进行披露可能会导致会计信息失真，理由如下：

第一，确认其他政府关联主体是困难的，尤其在管辖范围包含大量其他政府关联主体时。其甚至可能都不清楚与他们交易的主体是否是关联方。

第二，对于这些交易，为满足 IAS24 的要求所付出成本并不总是能被财务报告使用者获得的信息带来的收益所弥补。更具体的表现有：

（1）需要对不受这种关系影响的交易进行广泛披露；

（2）如果某些主体不知道他们的交易对象是其他政府关联主体，那么所提供的披露是不完善的；

（3）受这种关系影响的交易可能被其他不受该关系影响的交易过多的披露所掩盖。

第三，有些政府建立子公司、合营企业、联营企业是为了企业间相互竞争。在这种情况下，这些主体间的交易行为与当它们不是关联方时的行为是一致的。

（二）豁免外披露（IAS24.26）

如果报告主体适用豁免条款，报告主体应披露关联方交易及未结算余额的下列信息。

1. 政府的名称及与报告主体关系的性质（即控制、共同控制或重大影响）；

2. 为使主体财务报告使用者明白关联方交易对于财务报表的影响，应提供下列足够详细的信息：

（1）每一项单个重大交易的性质及金额；

（2）其他集合起来（非单个）重大的交易，定性或定量的程度信息。因此，报告主体决定披露细节的程度时应考虑与关联方关系的紧密度及构成交易重大程度的其他因素，包括：①规模是否庞大；②是否于非市场条件下发生；③并非日常经营活动，如业务的收购与出售；④是否向监管部门披露；⑤是否向高级管理层报告；⑥是否需要股东批准。

【案例10－1·单选题】不考虑其他因素，下列各项中，构成学天海公司关联方的是（　　）。

A. 与学天海公司同受乙公司重大影响的长江公司

B. 与学天海公司存在长期业务往来，为学天海公司供应40%原材料的黄河公司

C. 与学天海公司共同出资设立合营企业的合营方长城公司

D. 对学天海公司具有重大影响的个人投资者丙全额出资设立的黄山公司

答案：D

解析：选项ABC，均不构成关联方；选项D，丙与黄山公司视同一个会计主体，视同黄山公司对学天海公司具有重大影响，因此构成关联方。

【案例10－2·单选题】下列各项中，不构成江海公司关联方的是（　　）。

A. 江海公司外聘的财务顾问甲公司

B. 江海公司总经理之子控制的乙公司

C. 与江海公司同受集团公司（红光公司）控制的丙公司

D. 江海公司拥有15%股权并派出一名董事的被投资单位丁公司

答案： A

解析： 选项A，外聘的财务顾问属于供应商，与该公司不构成关联方；

选项B，总经理及其儿子、乙公司视同一个会计主体，由于江海公司与关键管理人员总经理构成关联方，因此，江海公司与乙公司也构成关联方；

选项C，同一个集团内的所有主体都构成关联方；

选项D，江海公司对丁公司具有重大影响，构成关联方。

【案例10－3·多选题】 下列各项中，构成甲公司关联方的有（　　）。

A. 与甲公司同受一方重大影响的乙公司

B. 与甲公司共同经营辛公司的丙公司

C. 甲公司受托管理且能主导相关投资活动的受托管理机构

D. 甲公司财务总监的妻子投资设立并控制的丁公司

答案： CD

解析： 选项A，受同一重大影响的并不能认定为关联方。两方或两方以上同受一方控制、共同控制构成关联方，不包括重大影响；

选项B，甲公司与丙公司是辛公司的共同经营者，他们之间不构成关联方；

选项C，甲公司能够控制受托管理机构，构成关联方；

选项D，财务总监及其妻子、丁公司视同一个会计主体，由于甲公司与关键管理人员财务总监构成关联方，因此，甲公司与丁公司也构成关联方。

【案例10－4·多选题】 下列业务中属于关联方交易的有（　　）。

A. 企业支付给关键管理人员的报酬

B. 甲、乙公司有相同控制方，甲公司经销乙公司的特许商品

C. 甲、乙公司共同控制丙公司，甲公司独家代理乙公司生产的产品

D. 甲公司对乙公司有重大影响，甲公司以市场价格向乙公司提供产品

答案： ABD

解析： 选项A，企业与关键管理人员构成关联方，因此支付报酬属于关联方交易；

选项B，甲与乙属于同一个集团，构成关联方，因此，发生的交易属于关联方交易；

选项C，甲与乙属于合营者，不构成关联方，因此之间的交易不属于关联方交易；

选项D，甲与乙构成关联方，因此，发生的交易属于关联方交易。

【案例10－5】提供关键管理人员服务的主体（以下简称“服务提供方”）与接受该服务的主体（以下简称“服务接受方”）之间是否构成关联方？例如，证券公司与其设立并管理的资产管理计划之间存在提供和接受关键管理人员服务的关系的，是否仅因此就构成了关联方，即证券公司在财务报表中是否将资产管理计划作为关联方披露，以及资产管理计划在财务报表中是否将证券公司作为关联方披露？

解析：根据《企业会计准则解释公告第12号》的规定，服务提供方（证券公司）在编制财务报表时，不应仅因为向服务接受方（资产管理计划相当于证券公司的客户）提供了关键管理人员服务就将其认定为关联方，因为这些管理人员不是为服务提供方提供关键管理人员服务，因此，不需要作为关联方披露。

服务接受方（资产管理计划）在编制财务报表时，应当将服务提供方（证券公司）作为关联方进行相关披露，因为管理人员给服务接受方提供了关键管理人员服务，是服务接受方的关联方；服务接受方可以不披露服务提供方所支付或应支付给服务提供方有关员工的报酬，但应当披露其接受服务而应支付的金额。

第十一章

首次执行企业会计准则

《企业会计准则第 38 号——首次执行企业会计准则》（下文简称“CAS38”）规定了首次执行企业会计准则对会计要素的确认、计量和财务报表列报，目标是：

第一，确保主体首份财务报表是按照企业会计准则编制；

第二，确保这些财务报表所涵盖的部分期间的中期财务报告包含高质量的信息，这些信息对使用者是透明的并且在所有列报期间可比；

第三，确保编制成本不超过带来的利益。

第一节　确认和计量

一、相关概念

CAS38 的相关概念如表 11－1 所示。

表 11－1　　CAS38 的相关概念

1. 概念	首次执行企业会计准则，是指企业第一次执行企业会计准则体系，包括基本准则、具体准则和应用指南
2. 确认和计量的原则	在首次执行日，企业应当按照 CAS38 的规定对所有资产、负债和所有者权益按照企业会计准则的规定进行重新分类、确认和计量，并编制期初资产负债表，作为执行企业会计准则体系的起点。除按照本准则要求追溯调整的项目外，其他项目不应追溯调整【1】
	第 38 号准则的相关规定与 2006 年之后新修订准则及解释中的相关衔接规定不一致的，企业应当以新准则及解释中的相关衔接规定为准
3. 首次执行后	首次执行企业会计准则后发生的会计政策变更，适用《企业会计准则第 28 号——会计政策、会计估计变更和差错更正》

【释1】在首次执行日，企业应当结合本单位的实际情况，对首次执行日前的资产负债表及相关账目的各项余额进行分析，按照新准则规定重新分类、确认和计量，设置新旧会计科目余额对照表，结束旧账，建立新账，并编制期初资产负债表。

二、采用追溯调整法的项目

采用追溯调整法的项目如表11－2所示。

表11－2　　采用追溯调整法的项目

1. 长期股权投资	根据《CAS20——企业合并》属于同一控制下企业合并产生的长期股权投资，尚未摊销完毕的股权投资差额应全额冲销，并调整留存收益，以冲销股权投资差额后的长期股权投资账面余额作为首次执行日的认定成本
	其他采用权益法核算的长期股权投资，存在股权投资贷方差额的，应冲销贷方差额，调整留存收益，并以冲销贷方差额后的长期股权投资账面余额作为首次执行日的认定成本；存在股权投资借方差额的，应当将长期股权投资的账面余额作为首次执行日的认定成本【1】
2. 投资性房地产	对于有确凿证据表明可以采用公允价值模式计量的投资性房地产，在首次执行日可以按照公允价值进行计量，并将账面价值与公允价值的差额调整留存收益
3. 弃置费用	在首次执行日，对于满足预计负债确认条件且该日之前尚未计入资产成本的弃置费用，应当增加该项资产成本，并确认相应的负债；同时，将应补提的折旧（折耗）调整留存收益
	折现率的选择应当考虑货币时间价值和相关期间通货膨胀等因素的影响
	预计弃置费用的范围，适用《CAS4——固定资产》《CAS27——石油天然气开采》等限定的资产范围
4. 辞退福利	对于首次执行日存在的解除与职工的劳动关系计划，满足《CAS9——职工薪酬》预计负债确认条件的，应当确认因解除与职工的劳动关系给予补偿而产生的负债，并调整留存收益
5. 年金基金	对于企业年金基金在运营中所形成的投资，应当在首次执行日按照公允价值进行计量，并将账面价值与公允价值的差额调整留存收益
6. 股份支付	对于可行权日在首次执行日或之后的股份支付，应当根据《CAS11——股份支付》的规定，按照权益工具、其他方服务或承担的以权益工具为基础计算确定的负债的公允价值，将应计入首次执行日之前等待期的成本费用金额调整留存收益，相应增加所有者权益或负债
	首次执行日之前可行权的股份支付，不应追溯调整【2】

续表

7. 或有事项	在首次执行日，企业应当按照《CAS13——或有事项》的规定，将满足预计负债确认条件的重组义务，确认为负债，并调整留存收益
8. 所得税	企业应当按照《CAS18——所得税》的规定，在首次执行日对资产、负债的账面价值与计税基础不同形成的暂时性差异的所得税影响进行追溯调整，并将影响金额调整留存收益【3】
9. 企业合并	除下列项目外，对于首次执行日之前发生的企业合并不应追溯调整： （1）按照《CAS20——企业合并》属于同一控制下企业合并，原已确认商誉的摊余价值应当全额冲销，并调整留存收益。按照该准则的规定属于非同一控制下企业合并的，应当将商誉在首次执行日的摊余价值作为认定成本，不再进行摊销
	（2）首次执行日之前发生的企业合并，合并合同或协议中约定根据未来事项的发生对合并成本进行调整的，如果首次执行日预计未来事项很可能发生并对合并成本的影响金额能够可靠计量的，应当按照该影响金额调整已确认商誉的账面价值
	企业应当按照《CAS8——资产减值》的规定，在首次执行日对商誉进行减值测试，发生减值的，应当以计提减值准备后的金额确认，并调整留存收益
10. 金融资产	（1）在首次执行日，企业应当将所持有的金融资产（不含 CAS2 规范的投资），划分为以摊余成本计量的金融资产、以公允价值计量且其变动计入其他综合收益的金融资产、以公允价值计量且其变动计入当期损益的金融资产
	（2）划分为以公允价值计量且其变动计入当期损益或其他综合收益的金融资产的，应当在首次执行日按照公允价值计量，并将账面价值与公允价值的差额调整留存收益【4】
	（3）划分为以摊余成本计量的金融资产的，应当自首次执行日起改按实际利率法，在随后的会计期间采用摊余成本计量
	（4）对于在首次执行日指定为以公允价值计量且其变动计入当期损益的金融负债，应当在首次执行日按照公允价值计量，并将账面价值与公允价值的差额调整留存收益
	（5）对于未在资产负债表内确认，或已按成本计量的衍生金融工具（不包括套期工具），应当在首次执行日按照公允价值计量，同时调整留存收益
	（6）对于嵌入衍生金融工具，按照《CAS22——金融工具确认和计量》规定应从混合工具分拆的，应当在首次执行日按其在该日的公允价值将其从混合工具分拆并单独处理。首次执行日嵌入衍生金融工具的公允价值难以合理确定的，应当将该混合工具整体指定为以公允价值计量且其变动计入当期损益的金融资产或金融负债
	（7）对于企业发行的包含负债和权益成份的非衍生金融工具，应当按照《CAS37——金融工具列报》的规定，在首次执行日将负债和权益成份分拆，先按该项负债在首次执行日的公允价值作为其初始确认金额，再按该项金融工具的账面价值扣除负债公允价值后的金额，作为权益成份的初始确认金额。首次执行日负债成份的公允价值难以合理确定的，不应对该项金融工具进行分拆，仍然作为负债处理

续表

11. 套期会计	在首次执行日，对于不符合《CAS24——套期会计》规定的套期会计方法运用条件的套期保值，应当终止采用原套期会计方法，并按照《CAS24——套期会计》处理
12. 保险合同	发生再保险分出业务的企业，应当在首次执行日按照2020版《CAS25——保险合同》的规定处理

【释1】根据《企业会计准则解释公告第1号》的规定，对子公司的长期股权投资应当在首次执行日追溯调整，视同该子公司自最初即采用成本法核算。

根据2007年2月1日发布的第1期《企业会计准则实施问题专家工作组意见》的规定，对非同一控制下企业合并取得的子公司的长期股权投资，按照CAS38的规定处理。即按照其他情形处理。

【释2】可行权日在首次执行日或之后的股份支付，授予职工以权益结算的股份支付，应当按照权益工具在授予日的公允价值调整期初留存收益，相应增加资本公积；授予日的公允价值不能可靠计量的，应当按照权益工具在首次执行日的公允价值计量。

授予职工以现金结算的股份支付，应当按照权益工具在等待期内首次执行日之前各资产负债表日的公允价值调整期初留存收益，相应增加应付职工薪酬。上述各资产负债表日的公允价值不能可靠计量的，应当按照权益工具在首次执行日的公允价值计量。

授予其他方的股份支付，在首次执行日比照授予职工的股份支付处理。

【释3】原采用应付税款法核算所得税费用的，应当按照企业会计准则相关规定调整后的资产、负债账面价值与其计税基础进行比较，确定应纳税暂时性差异和可抵扣暂时性差异，采用适用的税率计算递延所得税负债和递延所得税资产的金额，相应调整期初留存收益。

原采用纳税影响会计法核算所得税费用的，应当计算递延所得税负债和递延所得税资产的金额，同时冲销递延税款余额，根据上述两项金额之间的差额调整期初留存收益。

在首次执行日，企业对于能够结转以后年度的可抵扣亏损和税款抵减，应以很可能获得用来抵扣可抵扣亏损和税款抵减的未来应纳税所得额为限，确认相应的递延所得税资产，同时调整期初留存收益。

【释 4】根据《企业会计准则解释公告第 1 号》和第 1 期《企业会计准则实施问题专家工作组意见》的规定，对于划分为以公允价值计量且其变动计入其他综合收益的金融资产的，应当在首次执行日按照公允价值计量，并将账面价值与公允价值的差额调整资本公积（其他资本公积），2017 年金融工具准则修订后应调整其他综合收益。

【案例 11－1】甲公司 20×7 年 1 月 1 日投资于乙公司，投资成本为 60 万元，持有乙公司 30% 的股份，对乙公司能够实施重大影响，甲公司投资时采用权益法核算。假设乙公司 20×7 年 1 月 1 日所有者权益总额为 40 万元。股权投资差额按 10 年摊销，已经摊销 6 年。20×7 年 1 月 1 日，甲公司执行新的会计准则。

要求：按照 CAS38 的规定，计算甲公司确认的长期股权投资的金额。

解析：投资时股权投资差额＝60－40×30%＝48（万元）

未摊销的股权投资差额＝48－（48÷10）×6＝19.2（万元）

甲公司 20×7 年 1 月 1 日长期股权投资账面余额＝60－19.2＝40.8（万元）

【案例 11－2】甲公司 20×3 年 12 月建造一项大型资产项目，预计使用 30 年，预计弃置费用为 4 000 万元（现值为 925.6 万元）。按照原会计制度的规定，此项预计弃置费用不计入固定资产成本。该公司于 20×7 年 1 月 1 日执行新的会计准则体系，此时弃置费用的现值为 1 071.2 万元。按照新准则的规定，预计弃置费用已满足预计负债的确认条件，应确认相应的负债并应增加该项资产的成本，同时补提折旧调整留存收益。该资产采用直线法提取折旧，无残值。

要求：编制甲公司调整的会计分录。

解析：（1）将预计弃置费用增加固定资产成本：

借：固定资产　　9 256 000

　　贷：预计负债　　9 256 000

（2）补提截止到 20×7 年 1 月 1 日的累计折旧：

借：利润分配——未分配利润　　（9 256 000÷30×3）925 600

　　贷：累计折旧　　925 600

（3）补提截止到 20×7 年 1 月 1 日的财务费用：

借：利润分配——未分配利润　（10 712 000－9 256 000）1 456 000

　　贷：预计负债　　　　1 456 000

【案例 11－3】20×7 年 1 月首次执行企业会计准则时，A 公司为鼓励职工自愿接受裁减而提出给予补偿的决议，其中补偿金为 520 万元。根据首次执行企业会计准则的规定，在符合企业已制定正式的解除劳动关系计划和企业不能单方面撤回解除劳动关系计划这两个条件时，A 公司应确认为负债并列入当期费用。

要求：编制 A 公司调整的会计分录。

解析：

借：利润分配——未分配利润　　　　5 200 000

　　贷：应付职工薪酬——预计负债　　　　5 200 000

【案例 11－4】A 公司、B 公司同为甲公司的子公司。20×4 年 1 月，A 公司收购 B 公司的全部资产。收购日，B 公司的资产账面价值总额为 460 万元，负债账面价值总额为 240 万元；资产评估价值总额为 350 万元，负债评估价值总额为 150 万元。经过多次谈判，最终 A 公司以 270 万元的价格购入 B 公司。20×7 年 1 月 1 日，A 公司执行新的企业会计准则，根据新企业合并准则的规定，对同一控制下企业合并，原已经确认商誉的摊余价值应进行追溯调整。原商誉按照 10 年摊销。

要求：编制 A 公司 20×7 年 1 月 1 日调整的会计分录。

解析：A 公司购入 B 公司时的商誉＝270－（350－150）＝70（万元）

商誉摊余价值＝70－（70÷10）×3＝49（万元）

借：利润分配——未分配利润　　　　490 000

　　贷：无形资产——商誉　　　　490 000

三、采用未来适用法的项目

采用未来适用法的项目如表 11－3 所示。

表 11－3　　　　采用未来适用法的项目

<table>
<tr><td rowspan="2">1. 借款费用</td><td>对于处于开发阶段的内部开发项目、处于生产过程中的需要经过相当长时间才能达到预定可销售状态的存货（如飞机和船舶），以及营造、繁殖需要经过相当长时间才能达到预定可使用或可销售状态的生物资产，首次执行日之前未予资本化的借款费用，不应追溯调整</td></tr>
<tr><td>上述尚未完成开发或尚未完工的各项资产，首次执行日及以后发生的借款费用，符合《CAS17——借款费用》规定的资本化条件的部分，应当予以资本化</td></tr>
<tr><td rowspan="2">2. 超过正常信用条件延期付款（或收款）、实质上具有融资性质的购销业务</td><td>分期收款的销售收入：首次执行日之前已确认的收入和结转的成本不再追溯调整。首次执行日后的第一个会计期间，企业应当将尚未确认但符合收入确认条件的合同或协议剩余价款部分确认为长期应收款，按其公允价值确认为营业收入，两者的差额作为未实现融资收益，在剩余收款期限内采用实际利率法进行摊销。在确认收入的同时，应当相应地结转成本</td></tr>
<tr><td>分期付款购买的资产：首次执行日之前已计提的折旧和摊销额，不再追溯调整。在首次执行日，企业应当以尚未支付的款项与其现值之间的差额，抵减资产的账面价值，同时确认为未确认融资费用。首次执行日后，企业应当以调整后的资产账面价值作为认定成本并以此为基础计提折旧，未确认融资费用应当在剩余付款期限内采用实际利率法进行摊销</td></tr>
<tr><td rowspan="3">3. 无形资产</td><td>（1）首次执行日处于开发阶段的内部开发项目，首次执行日之前已经费用化的开发支出，不应追溯调整；根据《CAS6——无形资产》规定，首次执行日及以后发生的开发支出，符合无形资产确认条件的，应当予以资本化</td></tr>
<tr><td>（2）企业持有的无形资产，应当以首次执行日的摊余价值作为认定成本，对于使用寿命有限的无形资产，应当在剩余使用寿命内根据《CAS6——无形资产》的规定进行摊销。对于使用寿命不确定的无形资产，在首次执行日后应当停止摊销，按照《CAS6——无形资产》的规定处理</td></tr>
<tr><td>（3）首次执行日之前已计入在建工程和固定资产的土地使用权，符合《CAS6——无形资产》的规定应当单独确认为无形资产的，首次执行日应当进行重分类，将归属于土地使用权的部分从原资产账面价值中分离，作为土地使用权的认定成本，按照《CAS6——无形资产》的规定处理</td></tr>
<tr><td>4. 开办费</td><td>首次执行日企业的开办费余额，应当在首次执行日后第一个会计期间内全部确认为管理费用</td></tr>
<tr><td>5. 职工福利费</td><td>首次执行日企业的职工福利费余额，应当全部转入应付职工薪酬（职工福利）。首次执行日后第一个会计期间，按照《CAS9——职工薪酬》规定，根据企业实际情况和职工福利计划确认应付职工薪酬（职工福利），该项金额与原转入的应付职工薪酬（职工福利）之间的差额调整管理费用</td></tr>
</table>

【案例 11－5】2×13 年 1 月 1 日甲公司执行《企业会计准则》，将开发费用的处理由直接计入当期损益转为有条件资本化。至 2×13 年 4 月 1 日，研发完工

一项专利权，其中，2×12 年发生支出 400 万元计入了管理费用；2×13 年发生支出共计 200 万元，全部符合资本化条件。

要求：甲公司按照 CAS38 的规定应当如何对研发费用进行调整。

解析：研发费用的调整应采用未来适用法处理，因此，2×12 年发生的开发费用 400 万元计入当期损益，不再追溯调整；2×13 年以后发生的开发费用 200 万元全部予以资本化，计入无形资产的成本。

第二节　列　　报

列报的相关规定如表 11－4 所示。

表 11－4　　列报的相关规定

1. 首份年度财务报表	（1）在首次执行日后按照企业会计准则编制的首份年度财务报表期间，企业应当按照《CAS30——财务报表列报》和《CAS31——现金流量表》的规定，编报资产负债表、利润表、现金流量表和所有者权益变动表及附注
	（2）对外提供合并财务报表的，应当遵循《CAS33——合并财务报表》的规定
	（3）在首份年度财务报表涵盖的期间内对外提供中期财务报告的，应当遵循《CAS32——中期财务报告》的规定
	（4）企业应当在附注中披露首次执行企业会计准则财务报表项目金额的变动情况
2. 比较报表	（1）首份年度和中期财务报表至少应当包括按照企业会计准则列报的比较信息 财务报表项目的列报发生变更的，应当对上年度比较数据按照企业会计准则的列报要求进行调整，但不切实可行的除外
	（2）按照企业会计准则列报全部比较信息的，首次执行日是在首份年度财务报表中按照企业会计准则列报全部比较信息最早期间的期初
	（3）对于原未纳入合并范围但按照《CAS33——合并财务报表》规定应纳入合并范围的子公司，在上年度的比较合并财务报表中，企业应当将该子公司纳入合并范围。对于原已纳入合并范围但按照 CAS33 规定不应纳入合并范围的子公司，在上年度的比较合并财务报表中，企业不应将该子公司纳入合并范围
	（4）上年度比较合并财务报表中列示的少数股东权益，应当按照 CAS33 的规定，在所有者权益类列示
	（5）应当列示每股收益的企业，比较财务报表中上年度的每股收益按照《CAS34——每股收益》的规定计算和列示

续表

2. 比较报表	（6）应当披露分部信息的企业，比较财务报表中上年度关于分部的信息按照《CAS35——分部报告》的规定披露
	（7）母公司执行企业会计准则、但子公司尚未执行企业会计准则的，母公司在编制合并财务报表时，应当按照企业会计准则的规定调整子公司的财务报表 母公司尚未执行企业会计准则的，而子公司已执行企业会计准则的，母公司在编制合并财务报表时，可以将子公司的财务报表按照母公司的会计政策进行调整后合并，也可以将子公司按照企业会计准则编制的财务报表直接合并
3. 附注	企业在首份中期财务报告和首份年度财务报表附注中，应当以列表形式详细披露下列数据的调节过程： （1）按原会计制度或准则列报的比较报表最早期间的期初所有者权益，调整为按企业会计准则列报的所有者权益
	（2）按原会计制度或准则列报的最近年度年末所有者权益，调整为按照企业会计准则列报的所有者权益
	（3）按原会计制度或准则列报的最近年度损益，调整为按照企业会计准则列报的损益
	（4）比较中期期末按原会计制度或准则列报的所有者权益，调整为按企业会计准则列报的所有者权益
	（5）比较中期按原会计制度或准则列报的损益（可比中期和上年初至可比中期末累计数），调整为同一期间按企业会计准则列报的损益
	（6）执行企业会计准则后首份季报（或首份半年报），需要披露上述（1）-（5）项数据的调节过程，其他季度季报（或半年报）只需提供上述（4）-（5）项数据的调节过程。首份年度财务报表中只需提供上述（1）-（3）项数据的调节过程

第十二章
公允价值计量

公允价值计量基础，是随着金融市场的不断发展而产生的。公允价值是金融工具最相关的计量属性，是衍生工具唯一的计量属性。公允价值在真实反映交易的经济实质、及时提供价值信息、揭示相关风险等方面显现出重要作用。

一些准则要求或允许主体计量或披露资产、负债或主体自身权益工具的公允价值。由于准则的制定历经多年才陆续完成，关于公允价值计量和披露的要求是零散的，且缺乏一致性，从而导致了实务的多样性，降低了会计信息的可比性。

2008 年国际金融危机爆发后，公允价值计量受到全世界的关注。二十国集团和金融稳定理事会提出要建立一套全球统一的高质量的会计准则，所以国际会计准则理事会于 2011 年 5 月 12 日发布了《国际会计准则第 13 号——公允价值计量》，我国为了和国际会计准则接轨，2014 年发布了《企业会计准则第 39 号——公允价值计量》（下文简称“CAS39”）。

CAS39 建立了统一的公允价值计量和披露的框架，提高了会计信息的可比性，解释了如何为实现财务报告目的计量公允价值，从而解决了公允价值会计要求的在初始计量日和后续计量日对公允价值计量和披露的问题，它没有在现有其他准则之外再额外要求进行公允价值计量，其目的也不是建立估值准则或影响财务报告目的以外的估值实务。

CAS39 主要规范企业应当如何计量相关资产或负债的公允价值（公允价值计量还需要结合资产评估技术），以及应当披露哪些公允价值相关信息，但是企业是否应当以公允价值计量相关资产或负债、何时进行公允价值计量、公允价值变动应当计入当期损益还是其他综合收益等会计处理问题，由其他相关会计准则规范。公允价值计量解决的是计量金额问题，而公允价值会计解决的是会计处理问题。公允价值会计产生于资产负债表应当反映企业在资产负债表日控制资源的实际价值这个理念。例如，投资性房地产是采用公允价值还是历史成本来处理，金融资产是采用公允价值还是摊余成本来处理，企业合并是采用公允价值还是账面价值来处理，非货币性资产交换是采用公允价值模式还是账面价值模式等，都属于公允价值会计。

CAS39 的会计逻辑如图 12－1 所示。

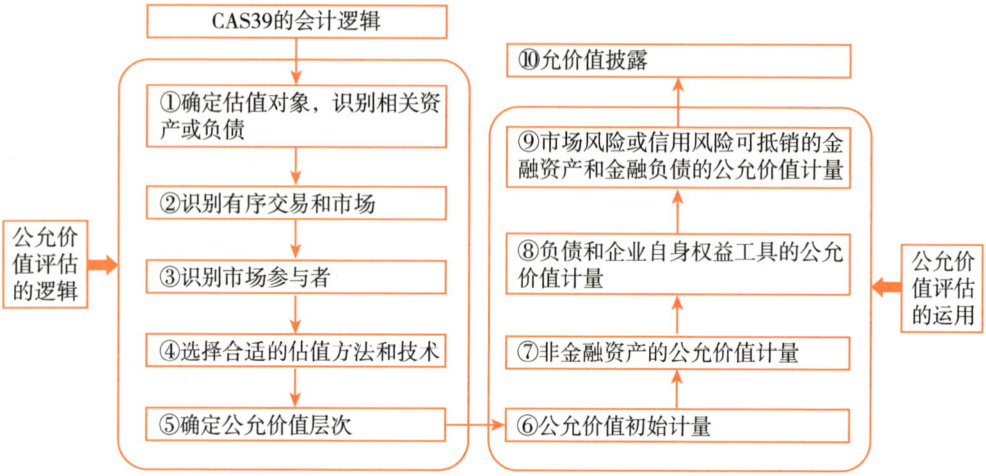

图 12－1　CAS39 的会计逻辑

第一节　公允价值计量的概念与适用范围

一、公允价值的概念

公允价值的概念如表 12－1 所示。

表 12－1　公允价值的概念

1. 概念	公允价值，是指市场参与者在计量日发生的有序交易中，出售一项资产所能收到或者转移一项负债所需支付的价格。公允价值是指退出价格（脱手价格）【1】
2. 非进入价格	进入价格，是指市场参与者之间在计量日进行的有序交易中购买一项资产所支付的价格或承担一项负债所收到的价格（包括主体承担一项负债时须支付的金额）【2】

续表

3. 非实际交易价格	公允价值是假设价格。无论该价格是直接可观察的，还是用其他估值技术估计的【3】
4. 计量日	包括初始计量日和后续计量日【4】

【释1】这个概念明确了公允价值计量的目标是，估计市场参与者在计量日按当前市场条件出售资产或转移负债的有序交易价格（即从在计量日持有资产或承担负债的市场参与者角度而言的退出价格）。

会计计量的关键因素如图12－2所示。

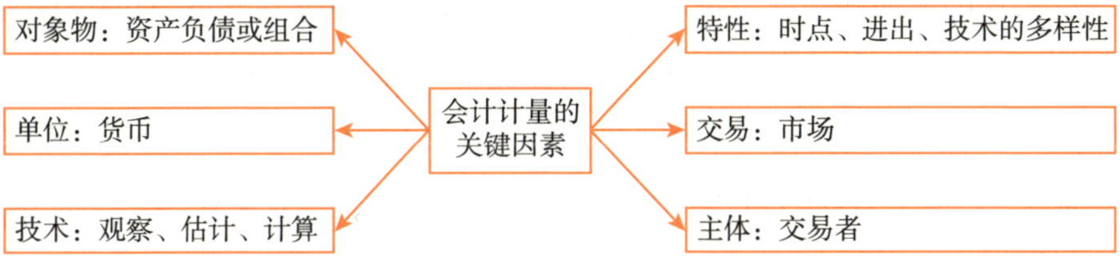

图12－2 会计计量的关键因素

公允价值计量的关键因素如图12－3所示。

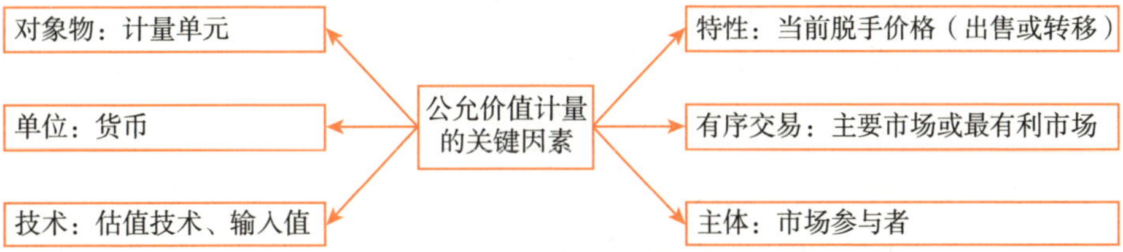

图12－3 公允质量计量的关键因素

【释2】为什么公允价值不采用进入价格（即购买资产的价格）？因为进入价格只能反映过去的现金流量信息，而退出价格体现了市场参与者在计量日对资产或负债未来现金流入或流出的预期，这是因为作为买方的市场参与者只会支付其预期将从资产的使用（或出售）获得的利益。即使企业打算使用资产，退出价格仍然能够提供有价值的信息。

对于负债来说，负债表示主体未来履行义务或者将义务转移给另一方时导致的现金（或其他经济资源）流出。不论主体是打算履行义务，还是将义务转移给将履行该义务的另一方，退出价格都能够体现相关现金流出的预期，因为作为受让人的市场参与者最终将被要求履行该义务。

为什么负债用转移价格而不是清偿价格？因为转移强调的是基于市场的价格，体现了市场参与者对流动性和不确定性等风险的预期，而清偿是基于企业自身偿还债务来说的，只考虑了企业自身的因素，清偿价格往往不公允，可能有债权人的让步。因此，如果企业用较少的经济资源清偿负债，则清偿损益应当反映在清偿时点的报表中，而不应当反映在清偿之前负债的期末公允价值计量中。

从承担负债的市场参与者角度而言，不论该负债是被清偿或者转移，其公允价值都是相同的。这是因为：

（1）负债的清偿和转移均反映了履行义务将发生的所有成本，包括主体和作为受让方的市场参与者期望从其所有活动中赚取的以市场为基础的利润。

（2）主体在履行义务时面临着与作为受让方的市场参与者履行该义务时面临的相同风险。主体或作为受让方的市场参与者均无法完全获悉现金流出的时间和金额，即使金融负债亦是如此。

（3）公允价值计量中的清偿是基于在计量日而不是在一定期间（如当本金和利息付款额到期时）与对方进行清偿的假设。因此，公允价值计量中的清偿金额反映的是对方在一定期间将取得的经济利益（如付款额）的现值。

【释3】为什么公允价值不是实际交易价格？因为第一，在某些情况下并不存在实际交易价格（例如，取得了一组资产但计量单元是单项资产，或者再生的生物资产），因此，必须使用假设或假定的价格。第二，企业并不需要在计量日通过出售特定资产或转移特定负债来计量以市场价格为基础的公允价值。如果计量日不存在可观察的主要市场（或最有利市场），企业仍然应当从市场参与者的角度假设计量日发生了交易，并以假设的交易作为估计出售资产或转移负债的价格的基础。例如，金融危机时很多股票、债券市场因不存在买家而消失，但是企业不应当终止公允价值计量，而应当以假设计量日发生了有序交易时的公允价格作为公允价值计量，即运用估值技术来估计公允价值。因此，公允价值是一个虚拟的价格。

为了符合会计信息的可验证性，使用的重要输入值越不可观察，表明虚拟程度越高，公允价值层次就越低，就越需要更详细的披露。

【释4】计量日是个虚拟的日期，不是实际交易日。

为什么公允价值要求是计量日的价值？因为在计量日，如果将被计量对象形成的资产或负债脱手，通过这个价值与其历史价值相比较，可以向财务报告使用者提供资产、负债的价值变动对企业财务状况和财务业绩，以及未来现金流量产生多大的影响的有用的信息。因此，公允价值是指某个计量日时点的价格。

二、CAS39 的适用范围

CAS39 的适用范围如表 12 –2 所示。

表 12 –2　　　　CAS39 的适用范围

1. 下列各项的计量和披露适用其他相关会计准则	《CAS1——存货》规范的可变现净值适用《CAS1——存货》；《CAS8——资产减值》规范的预计未来现金流量现值适用《CAS8——资产减值》【1】
	股份支付业务相关的计量和披露，适用《CAS11——股份支付》【2】
	租赁业务相关的计量和披露，适用《CAS21——租赁》【3】
2. 下列各项按照 CAS39 进行计量，披露适用其他相关会计准则	以公允价值减去处置费用后的净额确定可收回金额的资产的披露，适用《CAS8——资产减值》【4】
	以公允价值计量的职工离职后福利计划资产的披露，适用《CAS9——职工薪酬》【5】
	以公允价值计量的企业年金基金投资的披露，适用《CAS10——企业年金基金》【6】
3. 其他情形适用	除上述之外，其他相关会计准则要求或者允许采用公允价值进行计量或披露的情形，适用 CAS39，包括初始计量和后续计量【7】

【释 1】这两种计量基础虽然与公允价值类似，但是，它们是基于企业自身角度来判断和估计的，不是完全以市场为基础来计量的，所以计量和披露执行其他准则。

【释 2】股份支付的计量并未考虑市场参与者针对可行权条件及重置特征的假设，与公允价值要求的按照市场参与者的角度进行计量的概念不同，所以计量和披露不适用 CAS39。

【释 3】租赁业务中，对使用权资产采用的是历史成本计量，对租赁负债采用的是摊余成本计量，与公允价值计量的概念不同，所以计量和披露不适用 CAS39。

【释 4】因为可收回金额有基于使用价值与基于转让价值两种情形，为了确保减值资产的信息披露的一致性，从而无论可收回金额是基于使用价值还是公允价值扣除处置费用来确定，均能够提供同类的信息。因此，在 CAS8 中统一披露，不在 CAS39 中单独规定披露的要求了。

【释 5】在 CAS9 中，已经要求主体将计划资产的公允价值分解，区分此类资产的风险和流动性特征，并将每一类债务和权益工具进一步细分为具有活跃市场报价和不具有活跃市场报价的类别。因此，不需要再按照 CAS39 进行披露。

【释 6】这三种是为了简化披露，因为公允价值计量的披露比这三项准则规定的披露复杂。

【释 7】例如，CAS3 中以公允价值计量的投资性房地产，CAS5 中以公允价值后续计量的生物资产，CAS16 中取得的非货币性资产作为政府补助，CAS20 中非同一控制下取得被购买的资产、负债、权益工具，CAS22 中以公允价值计量的金融资产。

第二节　公允价值评估的逻辑

一、相关资产或负债

公允价值，是指市场参与者在计量日发生的有序交易中，出售一项资产所能收到或者转移一项负债所需支付的价格。

公允价值计量是针对一项具体的资产或负债的，因此，应当识别出对哪项资产或负债进行公允价值评估，该资产或负债的特征是什么，计量单元是什么。

识别相关资产或负债的方法如表 12－3 所示。

表 12－3　　识别相关资产或负债

1. 相关资产或负债的特征	是指市场参与者在计量日对该资产或负债进行定价时考虑的特征，包括资产状况及所在位置、对资产出售或者使用的限制等
	识别这些特征时应当考虑市场参与者在计量日对该资产或负债进行定价时考虑的特征【1】

续表

2. 计量单元	企业是以单项还是以组合（如 CAS8 规范的资产组、CAS20 规范的业务等）的方式对相关资产或负债进行公允价值计量，取决于该资产或负债的计量单元
	计量单元，是指相关资产或负债以单独或者组合方式进行计量的最小单位 计量单元应当由要求或者允许以公允价值计量的其他相关会计准则规定，即 CAS39 不规定计量单元【2】
	但是 CAS39 规范的市场风险或信用风险可抵销的金融资产和金融负债的公允价值计量除外【3】

【释 1】（1）资产的状况。例如，新的资产与旧的资产公允价值一般不同。

（2）所在位置。例如，不动产位置不同则公允价值一般不同；流动资产的位置不同，销售时产生的运输费用也不同。

（3）出售或使用的限制。要区分该限制是针对资产本身的还是针对资产持有者的。

①如果是针对相关资产本身的限制，那么这种限制是该资产本身的特征，任何持有该资产的企业都会受到影响，因此，应当考虑该限制特征。

例如，某上市公司的限售股具有在指定期间内无法在公开市场上出售的特征。市场参与者在对该上市公司限售股进行定价时将会考虑该权益工具流动性受限的因素。因企业以公允价值计量该权益工具时，应当对在公开市场上交易的同一发行人的未受限制的相同权益工具的报价作出相应调整，即从报价中扣除市场参与者因承担指定期间内无法在公开市场上出售该权益工具的风险而要求获得补偿的金额。

再如，某企业通过出让方式取得了一块土地，使用年限为 50 年。在土地使用权出让合同中，这块土地的用途被限定为工业用地。根据有关法律法规的要求，在未完成相关审批程序前，企业持有该土地使用权期间，不可以擅自改变其土地用途。企业在土地使用年限（50 年）内将该土地使用权转让给其他方的，受让方也不能擅自改变该土地用途。该土地作为工业用地，这是土地本身的特征。即使企业转让该土地，作为受让方的市场参与者也不能擅自改变用途，在以公允价值计量该土地时会考虑这一特征。因企业在对该土地进行公允价值计量时，应当考虑土地使用用途受限的影响。

②如果是针对资产持有者的限制，那么这种限制并不是该资产的特征，这种限制只会影响当前持有该资产的企业，而其他企业可能不会受到该限制的影响，市场参与者在计量日对该资产进行定价时不会考虑该限制因素，因此不应考虑该限制因素。

例如，甲公司与某商业银行签订一份借款合同。根据借款合同规定，甲公司将其持有的一块土地使用权作为抵押，在偿还该债务前，甲公司不能转让该土地使用权。该限制仅针对甲公司而不是土地使用权资产，其他市场参与者评估该土地的公允价值时不受该限制的影响。因此，甲公司在确定其持有的该土地使用权的公允价值时，不应考虑该限制。

再如，甲企业持有乙上市公司 15 000 万股普通股股票。乙公司在资本市场上一般平均日交易量约为 12 000 万股普通股股票。如果甲企业全部出售其持有的乙公司股份，将会造成流动性问题，乙公司每股普通股股价将发生严重下跌。由此可见，大宗持有因素是与交易相关的特定因素，因企业交易该资产的方式不同而有所不同。该因素与企业持有股份数量（即持有规模）有关，不是该资产（上市公司普通股股票）的特征。

根据计量对象的特征进行公允价值计量，与计量对象特征不一致的差异应当进行调整后计量公允价值，这与其他准则中关于公允价值的原则逻辑上一致。例如，在《CAS3——投资性房地产》准则中，主体应当确定以公允价值计量的房地产与具有可观察市场价格的类似房地产之间的差额，并作出适当调整。在《CAS5——生物资产》准则中，企业应当基于其当前的地点和状况来计量生物资产或农产品的公允价值。

【释 2】例如，甲公司拥有一台大型设备，主要用于生产医疗器械。某年该设备生产的医疗器械销售率大幅下降。年末甲公司对该设备进行减值测试。按照《CAS8——资产减值》的有关规定，甲公司能够在期末确定该设备可收回金额的，计量单元则为该设备这一单项资产，否则甲公司应将该设备所属的资产组作为一个计量单元，以确定该资产组的可收回金额。

再如，CAS20 中规定的“业务”也是一个计量单元

【释 3】以风险净敞口管理的金融工具组合除外，是因为金融工具组合不是其他会计准则规定的计量单元（在 CAS22 的规定中，单项金融工具才是计量单元），

但是 CAS39 为了计量该金融工具组合的公允价值，假设将该金融工具组合作为一个计量单元，所以不予考虑。

二、识别有序交易和市场

（一）识别有序交易（见表 12－4）

表 12－4　　识别有序交易

1. 有序交易	有序交易，是指在计量日前一段时期内相关资产或负债具有惯常市场活动的交易。清算等被迫交易不属于有序交易【1】
2. 不符合有序交易的情况	当企业遇到下列情况时，通常不应作为有序交易： （1）在当前市场情况下，市场在计量日之前一段时间内不存在惯常市场交易活动 （2）资产出售方或负债转移方仅与单一的市场参与者进行交易 （3）资产出售方或负债转移方处于或者接近于破产或托管状态，即陷入财务困境 （4）资产出售方为满足法律或者监管规定或清算而被迫（或偶然的）出售资产 （5）与近期发生的其他交易相比，出售资产或转移负债的价格是一个异常值
3. 有序交易的运用	企业以公允价值计量相关资产或负债，应当假定市场参与者在计量日出售资产或者转移负债的交易，是在当前市场条件下的有序交易
	如果相关资产或负债的交易价格不是有序的，不应该考虑该交易价格，或者赋予较低权重

【释 1】公允价值是假定有序交易下的交易价格，这样的价格才具有代表性。一般来说，符合正常商业惯例的市场交易都可以认定为有序交易。

（二）识别交易市场（见表 12－5）

表 12－5　　识别交易市场

1. 主要市场	主要市场，是指相关资产或负债交易量最大和交易活跃程度最高的市场，即流动性最强的市场
	企业应当假定出售资产或者转移负债的有序交易在相关资产或负债的主要市场进行。企业应当以主要市场上相关资产或负债的价格为基础，计量该资产或负债的公允价值，即使另一个不同市场的价格更为有利【1】
	不存在主要市场或者无法确定主要市场的，企业应当假定该交易在相关资产或负债的最有利市场进行，应当以最有利市场的价格为基础计量其公允价值

续表

2. 最有利市场	(1) 最有利市场，是指在考虑交易费用和运输费用后，能够以最高金额出售相关资产或者以最低金额转移相关负债的市场
	(2) 交易费用，是指在相关资产或负债的主要市场（或最有利市场）中，发生的可直接归属于资产出售或者负债转移的费用。交易费用是直接由交易引起的、交易所必需的，而且不出售资产或者不转移负债就不会发生的费用。交易费用不包括运输费用 企业应当根据其他相关会计准则对交易费用进行会计处理
	(3) 运输费用，是指将资产从当前位置运抵主要市场（或最有利市场）发生的费用
	(4) 评估最有利市场时应当扣除交易费用和运输费用（若有）；但是，评估公允价值时应当扣除交易费用但不扣除运输费用【2】
3. 市场的运用	(1) 企业在识别主要市场（或最有利市场）时，应当考虑所有可合理取得的信息，但没有必要考察所有市场。通常情况下，企业正常进行资产出售或者负债转移的市场可以视为主要市场（或最有利市场）
	(2) 主要市场（或最有利市场）应当是企业基于自身而非市场参与者角度确定的、在计量日能够进入的交易市场。但不要求企业于计量日在该市场上实际出售资产或者转移负债
	(3) 由于不同企业可以进入的市场不同，对于不同企业，相同资产或负债可能具有不同的主要市场（或最有利市场）。因此，应当从报告主体的角度考虑主要市场（或最有利市场）（及市场参与者），因而允许具有不同活动的主体之间存在差异【3】
	(4) 当计量日不存在能够提供出售资产或者转移负债的相关价格信息的可观察市场时，企业应当从持有资产或者承担负债的市场参与者角度，假定计量日发生了出售资产或者转移负债的交易，并以该假定交易的价格为基础计量相关资产或负债的公允价值

【释1】因为主要市场是资产或负债流动性最强的市场，能够为企业提供最具代表性的参考信息。因此，即使企业能够于计量日在主要市场以外的另一个市场上，获得更高的出售价格或更低的转移价格，企业也仍应当以主要市场上的价格为基础计量该资产或负债的公允价值。

【释2】评估公允价值时为什么不考虑交易费用？因为交易费用不属于相关资产或负债的特征，属于交易的特征，只与特定交易有关，而且受到不同交易方式的影响，而公允价值是资产或负债本身的价值，与是否发生交易无关的。

例如，学天海公司购买甲公司股票20万股，每股交易价格10元，交易费用2万元，共支付202万元，将其分类为交易性金融资产。则初始确认时金融资产的公允价值为200万元，不包含交易费用2万元，如果包含交易费用就变成202万元。

为什么评估最有利市场时要扣除运输费用？因为既然评估“最有利”，应当以“净额”的概念来评估，这与 CAS5 中主体在计量生物资产或农产品的公允价值时应扣除运输费用的逻辑一致。

为什么评估公允价值时不扣除运输费用？因为资产所在的位置是该资产的特征，所以运输费用是资产的特征，是将资产从当前位置转移到主要市场（或最有利市场）所必需的因素。

【释 3】例如，甲企业与乙银行以零对价签订了一项利率互换协议，甲企业只能进入利率互换的零售市场，而乙银行能进入利率互换的零售市场和做市商市场，并且乙银行的主要业务发生在做市商市场。该利率互换协议在做市商市场的公允价值为 1 万元。

由于甲企业只能进入零售市场，所以应该以零售市场作为主要市场。而乙银行主要业务发生在做市商市场，所以应该以做市商市场作为主要市场。

甲企业应当确认的公允价值为 0，乙银行应当确认的公允价值为 1 万元，产生的利得按照 CAS22 的规定计入损益。

【案例 12－1】识别主要市场。

甲企业与乙银行以零对价签订了一项利率互换协议，甲企业只能进入利率互换的零售市场，而乙银行能进入利率互换的零售市场和做市商市场，并且乙银行的主要业务发生在做市商市场。该利率互换协议在做市商市场的公允价值为 1 万元。

要求：（1）甲企业和乙银行的主要市场分别是哪个市场？

（2）甲企业和乙银行对该利率互换协议应当初始确认的公允价值是多少？

解析：（1）由于甲企业只能进入零售市场，所以应该以零售市场作为主要市场。而乙银行主要业务发生在做市商市场，所以应该以做市商市场作为主要市场。

（2）甲企业应当确认的公允价值为 0，乙银行应当确认的公允价值为 1 万元，产生的利得按照 CAS22 的规定计入损益。

【案例 12－2】识别主要市场与最有利市场。

学天海公司在非同一控制下的企业合并业务中获得一批存货（100 吨某原材料）。根据市场交易情况，该原材料在 A 城市和 B 城市有两个活跃的交易市场。学天海公司能够进入这两个市场，假定在A城市的市场出售这批存货的交易费用（如相关税费等）为600万元，将这批存货运抵A城市的成本为40万元；在B城市的市场出售这批存货的交易费用为640万元，将这批存货运抵B城市的成本为80万元。

假定学天海公司能够获得这批存货在A城市和B城市的市场交易数据如表12－6所示。

表12－6　　　　市场交易数据

市场	销售价格（万元/吨）	历史交易量（吨）
A城市	52	980万
B城市	56	20万

要求：（1）计量这批存货的公允价值金额。

（2）假定学天海公司无法获得这批存货在A城市和B城市的历史交易量，则这批存货的公允价值为多少万元？

解析：（1）A城市的市场拥有的交易量最大、交易活跃程度最高，判定A城市的市场为该原材料的主要市场。因此，这批存货的公允价值＝52×100－运输费用40＝5 160万元。

（2）无法确定主要市场，应当考虑最有利市场。在A城市的市场出售该存货能够收到的净额4 560万元（5 200－600－40），在B城市的市场中出售该存货能够收到的净额为4 880万元（5 600－640－80），高于A城市，因此B城市的市场为最有利市场。因此，这批存货的公允价值＝B城市的价格56×100－运输费用80＝5 520万元。

三、识别市场参与者

公允价值是基于市场的计量，而不是特定主体（或企业自身）的计量。因此，企业应当从市场参与者角度计量相关资产或负债的公允价值，并采用市场参与者在对该资产或负债定价时为实现其经济利益最大化所使用的假设；而不应考虑企业自身持有资产、清偿或者以其他方式履行负债的意图和能力。

如果市场参与者在交易中考虑了相关资产或负债的特征以及相关风险等，并根据这些特征或风险对该资产或负债的交易价格进行了调整，那么企业也应当采用市场参与者所使用的假设对该资产或负债的交易价格进行调整。

市场参与者的概念及运用如表 12 -7 所示。

表 12 -7　　　　市场参与者的概念及运用

1. 概念	市场参与者，是指在相关资产或负债的主要市场（或最有利市场）中，同时具备下列特征的买方和卖方： (1) 市场参与者应当相互独立，即不存在 CAS36 关联方披露所述的关联方关系。但是，如果关联方之间的交易价格是按照市场条款达成的，则关联方之间的交易可以作为市场参与者之间的交易，交易价格可作为公允价值计量的基础【1】 (2) 市场参与者应当熟悉情况，能够根据可取得的信息对相关资产或负债以及交易具备合理认知【2】 (3) 市场参与者应当有能力并自愿进行相关资产或负债的交易【3】
2. 市场参与者的运用	(1) 企业不应以该特定市场参与者的报价为基础，而是应当以大多数市场参与者愿意支付的价格为基础，因为大多数市场参与者的价格才更有代表性，即使某一单个市场参与者愿意支付更高的价格【4】
	(2) 所计量的相关资产或负债的不同可能导致市场参与者不同。例如，金融资产的市场参与者与非金融资产的市场参与者之间将存在较大差别
	(3) 市场参与者可能是同一行业的其他企业，也可能是来自其他行业的企业，例如，在计量制造业企业拥有的土地使用权的公允价值时，房地产开发企业也可能作为市场参与者

【释 1】这与 CAS36 规定的原则一致，即关联交易价格公允的可以确认损益。

【释 2】熟悉情况，强调不能是上当受骗的价格。

【释 3】自愿，强调不是被迫交易形成的价格。

【释 4】例如，企业持有某股票，成本为每股 10 元，而期末股票收盘价为 8 元，那么 8 元才是市场参与者角度的价格，才是公允价值的参考依据，而不是企业自己买入的 10 元。

例如，某一市场参与者愿意为一项业务支付更高的价格，因为该市场参与者能从该业务中获得协同效应，而其他市场参与者无法获得相同的协同效用。企业在确定该业务的公允价值时，不应以该特定市场参与者的报价为基础，而是应当以大多数市场参与者愿意支付的价格为基础。

再如，甲公司是一家日化公司，取得了竞争对手乙公司 100% 的股权，并对乙公司进行了吸收合并。甲公司决定不再使用乙公司的商标，所有产品统一使用甲公司的商标。乙公司商标声誉良好，对其他企业而言具有价值 50 万元。则甲公司以公允价值计量该商标时，不能因为自身放弃使用该商标，就将其公允价值确定为零，而是应当基于市场参与者的价格 50 万元确定其公允价值。

四、估值技术

企业有时难以获得与估值对象完全相同的资产或负债在活跃市场中不需要调整的公开报价，这时就需要使用估值技术。

估值技术的逻辑如图 12－4 所示。

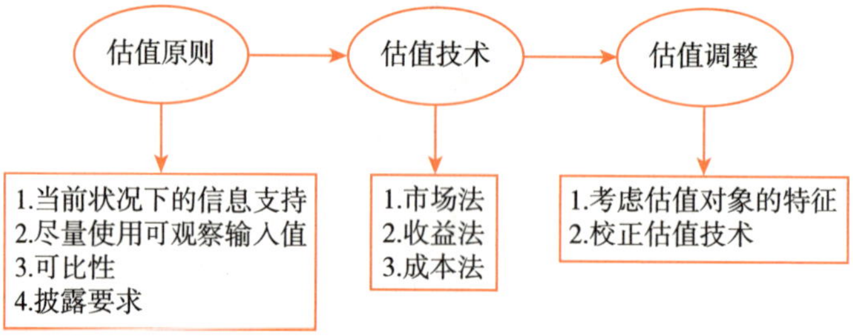

图 12－4　估值技术的逻辑

（一）估值的原则（见表 12－8）

表 12－8　估值的原则

1. 当前状况下的信息支持	企业以公允价值计量相关资产或负债，应当采用在当前情况下适用并且有足够可利用数据和其他信息支持的估值技术
2. 尽量使用可观察输入值	输入值，是指市场参与者在给相关资产或负债定价时所使用的假设，包括可观察输入值和不可观察输入值。 可观察输入值，是指能够从市场数据中取得的输入值。该输入值反映了市场参与者在对相关资产或负债定价时所使用的假设。企业通常可以从交易所市场、做市商市场、经纪人市场、直接交易市场获得可观察输入值 不可观察输入值，是指不能从市场数据中取得的输入值。该输入值应当根据可获得的市场参与者在对相关资产或负债定价时所使用假设的最佳信息确定【1】
	企业应当优先使用相关可观察输入值，只有在相关可观察输入值无法取得或取得不切实可行的情况下，才可以使用不可观察输入值
	企业应当选择与市场参与者在相关资产或负债的交易中所考虑的资产或负债特征相一致的输入值，包括流动性折溢价、控制权溢价或少数股东权益折价等，但不包括与 CAS39 规定的计量单元不一致的折溢价

续表

3. 可比性	公允价值计量使用的估值技术一经确定，不得随意变更，但变更估值技术或其应用能使计量结果在当前情况下同样或者更能代表公允价值的情况除外，包括但不限于下列情况： （1）出现新的市场 （2）可以取得新的信息 （3）无法再取得以前使用的信息 （4）改进了估值技术 （5）市场状况发生变化
4. 披露要求	企业变更估值技术或其应用的，应当按照《CAS28——会计政策、会计估计变更和差错更正》的规定作为会计估计变更，并根据 CAS39 的披露要求对估值技术及其应用的变更进行披露，而不需要按照 CAS28 的规定对相关会计估计变更进行披露

【释 1】某些资产和负债（例如金融工具）输入值的例子包括：

（1）交易所市场。在交易所市场上，收盘价是可获得的且通常能代表公允价值。

（2）做市商市场。在做市商市场上，做市商随时准备交易（用自己的账户或买或卖），用自身资本持有做市项目的存货，以此提供流动性并形成市场。通常出价和要价（分别表示做市商愿意购买的价格和愿意出售的价格）比收盘价更容易获得。柜台交易市场（价格公开）是做市商市场。有些金融工具、商品和有形资产（如二手设备）也存在做市商市场。

（3）经纪人市场。在经纪人市场上，经纪人试图撮合买方和卖方，但不用自身账户随时准备交易。换而言之，经纪人不利用自身的资本持有做市项目的存货。经纪人知道各方的出价和要价，但每一方通常不知道另一方的价格要求。完成交易的价格有时是可以获得的。经纪人市场包括撮合买方和卖方的电子交流网络，以及商用或民用房地产市场。

（4）买卖双方直接交易的市场。在买卖双方直接交易的市场上，交易都是独立协商无中介参与，这些交易的信息很少能够公开获得。

当可获得的可观察输入值并不能代表所计量的资产或负债的公允价值时，应当对可观察输入值进行调整。例如，发生金融危机或重大资产重组时可观察的证券价格。

（二）估值技术（即估值方法）（见表 12－9）

表 12－9　　估值方法

1. 市场法	（1）市场法，是利用相同或类似的资产、负债或资产和负债组合的价格以及其他相关市场交易信息进行估值的技术。例如，企业采用活跃市场股票的报价对购买的股票进行计价
	（2）市场乘数法。企业在应用市场法时，除直接使用相同或类似资产或负债的公开报价外，还可以使用市场乘数法等估值方法。市场乘数法是一种使用可比企业市场数据估计公允价值的方法，包括上市公司比较法、交易案例比较法等 企业采用上市公司比较法时，可使用的市场乘数包括市盈率、市净率、企业价值/税息折旧及摊销前利润乘数等。企业应当进行职业判断，考虑与计量相关的定性和定量因素，选择恰当的市场乘数
2. 收益法	（1）收益法，是将未来金额转换成单一现值的估值技术，是通过评估未来收益期、每期现金净流量、折现率来计算现值的方法
	（2）收益法包括现金流量折现法、期权定价模型等估值方法。企业使用收益法时，应当反映市场参与者在计量日对未来现金流量或者收入费用等金额的预期【1】
3. 成本法	（1）成本法，是反映当前要求重置相关资产服务能力所需金额（通常指现行重置成本）的估值技术【2】
	（2）在成本法下，企业应当根据折旧贬值情况，对市场参与者获得或构建具有相同服务能力的替代资产的成本进行调整。折旧贬值包括实体性损耗贬值、功能性贬值以及经济性贬值。这种贬值要比出于财务报告目的（历史成本的分配）或纳税目的（使用特定的服务期限）的折旧范围更广
	（3）成本法主要适用于对有形资产的估值，尤其是很少单独出售的、与其他资产或负债一起使用的有形资产的估值【3】
4. 估值方法的运用	相关资产或负债存在活跃市场公开报价的，企业应当优先使用该报价确定该资产或负债的公允价值。除此之外，CAS39 未规定企业应当优先使用何种估值方法【4】

【释 1】（1）现金流量折现法。

在收益法中，现金流量折现法最常用。企业在使用现金流量折现法估计相关资产或负债的公允价值时，需要在计量日从市场参与者角度考虑相关资产或负债的未来现金流量、现金流量金额和时间的可能变动、货币时间价值、因承受现金流量固有不确定性而要求的补偿（即风险溢价）、与负债相关的不履约风险（包括企业自身信用风险）、市场参与者在当前情况下可能考虑的其他因素等。如果其中所包含的上述因素有所不同，企业采用的现金流量折现法也有可能因此而不同。

（2）为避免重复计算或忽略风险因素的影响，折现率与现金流量应当保持一致。

例如，企业如果根据合同条款中的相关约定来预测未来现金流量，由于合同可能因为对方的违约而不能完全履约，导致未来实际现金流量与按照合同来预测的现金流量有所不同，所以，应当采用能够反映预期违约风险的折现率作为折现率。

如果使用概率加权现金流量，就是以一定的概率（这些概率加起来等于100%）乘以考虑了各种风险后预测的各种现金流量，然后将其加总得出一个现金流量期望值，这样的期望值已经包含了对风险的考虑，所以，应当采用无风险利率作为折现率。

如果使用包含了通货膨胀影响的现金流量，也就是包含了未来通货膨胀预期的名义金额，应当采用与之对应的名义折现率；反之，如果使用排除了通货膨胀影响的现金流量的，就应当采用实际利率。

如果使用税后现金流量，就应当采用税后折现率；反之，使用税前现金流量的，应当采用税前折现率；使用人民币现金流量的，应当使用与人民币相关的利率等。

（3）可以采用两种方法来体现风险溢价。由于在现金流量折现法中使用的现金流量是估计金额，而不是确定的已知金额。当存在违约风险时，即使是合同约定的金额（如贷款承诺中约定的贷款金额）也是不确定的，这种不确定性要求企业在以公允价值计量该资产或负债时应当考虑风险溢价。当然，在某些情况下，确定合适的风险溢价可能会存在较大的困难，但是，企业不能仅仅因为难以确定风险溢价而在公允价值计量中不考虑风险调整因素。

根据对风险的调整方式和采用现金流量类型，可以将现金流量折现法区分为两种方法，传统法和期望现金流量法。

传统法是使用在估计金额范围内最有可能的现金流量和经风险调整的折现率的一种折现方法。

期望现金流量法是使用风险调整的期望现金流量和无风险利率，或者使用未经风险调整的期望现金流量和包含市场参与者要求的风险溢价的折现率的一种折现方法。

（2）期权定价模型。

如果企业要适用 CAS11 或 CAS22 等准则，可能需要计量某些期权的公允价值，此时，可以使用布莱克—斯科尔斯模型、二叉树模型、蒙特卡洛模拟法等期权定价模型来估计。

其中，由于其中严格的假设条件，布莱克—斯科尔斯期权定价模型一般用于认股权证和具有转换特征的金融工具的简单估值。布莱克—斯科尔斯期权定价模型中的输入值包括：即期价格、行权价格、合同期限、预计或内含波动率、无风险利率、期望股息率等。

蒙特卡洛模拟法利用计算机强大的存储和计算功能，可以适用于包含复杂属性（如可变行权价格或转换价格、对行权时间具有限制条款等）的认股权证或具有转换特征的金融工具。简单理解，蒙特卡洛模拟法会根据认股权证或具有转换特征的金融工具的条款、条件以及其他假设，随机生成数千甚至数百万的可能结果，计算每种可能情形的相关回报，然后，将这些回报用概率加权并折现，由此计算相关资产或负债的公允价值。

【释 2】重置资产的成本是否更贴近于进入价格而非退出价格？不是。因为在同一市场中进入价格和退出价格是相同的，作为卖方的市场参与者重置资产的成本应当等于作为买方的市场参与者购置该资产支付的金额。因此，重置成本与公允价值的退出价格定义相符。

【释 3】因为很少被出售，因此无法采用市场法；因为很少被单独使用，因此无法估计其未来现金流量，从而无法采用收益法。

【释 4】市场法相当于从转让价值的角度来评估，收益法相当于从使用价值的角度来评估，成本法相当于从重置成本的角度来评估。这三种方法借鉴了资产评估学科的通用方法，与估值实务保持一致。

可参考的估值资料有：北注协专家提示 2020 年第 1 号，中国证券投资基金业协会发布《中国基金估值标准 2018》，中国证券业协会发布《证券公司金融工具估值指引》《非上市公司股权估值指引》，中国银行协会理财业务专业委员会发布《商业银行理财产品估值指引（试行）》。

（三）估值技术的运用（见表 12－10）

表 12－10　　估值技术的运用

1. 估值技术的使用	企业应当使用其中一种或多种估值技术计量公允价值【1】
	企业使用多种估值技术计量公允价值的，相关的假设或输入值应当保持一致，应当考虑各估值结果的合理性【2】 企业至少应当考虑下列因素： 一是根据企业可获得的市场数据和其他信息，其中一种估值技术是否比其他估值技术更恰当 二是其中一种估值技术所使用的输入值是否更容易在市场上观察到或者只需作更少的调整 三是其中一种估值技术得到的估值结果区间是否在其他估值技术的估值结果区间内 四是市场法和收益法结果存在较大差异的，进一步分析存在较大差异的原因
2. 大量持有的溢折价	企业不应当考虑因其大量持有相关资产或负债（即大宗交易）所产生的折价或溢价。该折价或溢价反映了市场正常日交易量低于企业在当前市场出售或转让其持有的相关资产或负债数量时，市场参与者对该资产或负债报价的调整【3】
3. 出价和要价	以公允价值计量的相关资产或负债在计量日只存在出价和要价的，企业应当以在出价和要价之间最能代表当前情况下公允价值的价格确定该资产或负债的公允价值
	出价，是经纪人或做市商购买一项资产或处置一项负债所愿意支付的价格（对经纪人来说是买价，对资产持有者来说就是卖价） 要价，是经纪人或做市商出售一项资产或承担一项负债所愿意收取的价格（对经纪人来说是卖价，对资产持有者来说就是买价）
	企业可以使用出价计量资产头寸、使用要价计量负债头寸。因为这反映了脱手价格
	CAS39 不限制企业使用市场参与者在实务中使用的在出价和要价之间的中间价或其他定价惯例计量相关资产或负债

【释 1】尤其对于采用不可观察数据估计的，可能需要使用多种估值技术，例如，企业对未上市企业股权投资的估值，可以采用市场法和收益法。

CAS39 对估值技术的三种方法不划分层次，因为在某些情况下，特定估值技术可能较其他技术更为恰当。例如，在《国际会计准则第 41 号——农业》农业结论基础中说明，在某些情况下，主体采用的不同方法得出生物资产或农产品的公允价值可能不同，但是主体应当考虑产生不同结果的原因，以在合理范围内确定公允价值。

【释 2】企业使用多种估值技术的目的是交叉验证，从而选取在当前情况下最能代表公允价值的金额作为公允价值。

【释 3】因为大宗持有因素不属于资产或负债的特征，与市场参与者不相关，而与主体自身相关，大宗持有因素因主体订立资产或负债交易的方式不同而有所不同，所以，企业持有资产或负债的规模与公允价值计量不相关。

溢价和折价的应用与以公允价值计量的资产或负债的特征及其计量单元相关。当无法获得第一层次输入值时，如果市场参与者将在资产或负债的交易中考虑溢价或折价，则公允价值计量应当包括溢价或折价。因为公允价值计量中溢价和折价的应用取决于在计量日的具体事实和情况。不同的事实和情况可能导致特定的溢价或折价与某些资产和负债相关，而与其他资产和负债无关（如在不同的管辖区域内），所以，会计准则无法制定统一的关于溢价和折价的规定。

【案例 12－3】权益工具的公允价值计量。

甲公司持有上市公司乙 4.8% 的股份，该股份比例不会导致甲公司控制、共同控制或重大影响乙公司。因此，根据 CAS22 该股份以公允价值计量，采用交易性金融资产核算，计量日股票收盘价为 10 元/股，但日常的成交量都比较小，不到乙公司全部股份的 1%。

根据经验，如果甲公司在市场上全部出售这些股份，将会由于卖盘太重，价格迅速下跌，估计这些股份的平均售价为 8 元/股。

乙公司目前有几个大股东，它们都没有控制或共同控制公司乙，但有重大影响，如果其中有 1 个股东受让甲公司的所有股份，可能导致这些股东之间的格局发生改变，受让方有可能因此能够与另一股东共同控制乙公司，甚至控制乙公司。目前，已经有两三个股东向甲公司表达受让股份的意向，出价明显高于市场价，约为 12 元/股。

要求：甲公司计量持有的股份的公允价值是多少？

解析：首先，分析计量单元，甲公司计划全部出售，并没有将该股份区分成不同性质的两个（或多个）部分，所以，该全部股份作为一项计量单元。

其次，分析这些股份的公允价值中，到底包含哪些因素？由此决定计量公允价值时，要保留哪些因素，剔除哪些因素。

（1）该股份计量日的收盘价为 10 元/股。这个价格确实反映了公司乙发行的所有股份的一些特征，但是这属于股份的边际交易价格，成交量远小于要计量的这部分股份，所以，甲公司持有的计量单元的某些特征可能没有反映在这一价格中。

（2）该股份在市场上全部出售时的估计的平均价为 8 元/股。因为是要全部出售，这个价格反映了这些股份（整个计量单元）的特征。这个价格之所以比目前的市场价低，是由市场交易造成的，是由于太多股份出售导致市场阻塞，进而价格下跌。因此，这一价格不仅反映了这些股份的特征，还反映了这些股份出售时的交易特征（大宗持有因素），交易特征不是该股份自身的特征，公允价值计量时不应该考虑的。

（3）该股份如果全部出售给公司乙的某个现有大股东的价格为 12 元/股。由于该股份数量比较多，受让股份的大股东可能因此增强对公司乙的影响，由此愿意出更高的价格，这种现象被称为“控制权溢价”（反之，如果市场上都是大比例股份成交，某些小比例股份的成交价可能因无法影响受让方对被投资方的影响程度而低于市场价，称之为“少数股东权益折价”），这部分溢价是这些股份作为一个整体（即该计量单元）本身所具有的特点。根据本准则，在计量其公允价值时，应当考虑控制权溢价部分，以 12 元/股作为每股的公允价值，乘以甲公司持有的股份数量，就是甲公司持有的公司乙 4.8% 股份的公允价值。

（四）估值的调整（见表 12－11）

估值调整有助于避免公允价值的高估或低估。

表 12－11　　　　估值的调整

1. 考虑估值对象的特征	由于估值使用的假设（或输入值）与计量对象物的特征可能在许多方面有不同之处，需要调整
2. 校正估值技术	企业应当在估值过程中校正估值技术，根据可观察的市场信息定期校准估值模型，以确保所使用的估值模型能够反映当前市场状况，并识别估值模型本身可能存在的潜在缺陷（如收益法中财务预测的不确定性）
3. 市场参与者角度	不管采用哪种估值方法，都应当根据资产或负债的特征、考虑当前市场状况、市场参与者在计量日对资产负债进行定价时可能进行的风险调整（如对信用风险和流动性风险的调整），对估值结果进行相应的调整【1】
4. 不可观察输入值	应当进行调整
5. 与初始计量相关的调整	如果以交易价格作为初始确认时的公允价值的，且在公允价值后续计量中使用了涉及不可观察输入值的估值技术的，应当校正后续计量中运用的估值技术，以使得该估值技术确定的初始确认结果与初始确认时的交易价格相等【2】

【释1】 针对风险的调整是估值技术的必要输入值，因为市场参与者在对资产或负债进行定价时将作出此类调整。因此，考虑风险调整将确保计量值反映资产或负债的公允价值。

【释2】 也就是说，企业可以直接将初始确认时的有关情况作为假设（或输入值），利用校正后的估值技术，估计得到的公允价值等于交易价格，而在后续公允价值计量中，继续使用这个已经校正的估值技术，从而（校正后的）估值技术保持不变，维护了会计信息的一致性与可比性。

五、公允价值层次

企业应当采用市场参与者会使用的、与估值对象特征相一致的输入值。

为了尽量降低公允价值计量的主观性，企业应当将公允价值计量所使用的输入值划分为三个层次，并首先使用第一层次输入值，其次使用第二层次输入值，最后使用第三层次输入值。

（一）第一层次输入值（见表12-12）

表12-12　　评估第一层次输入值

1. 概念	第一层次输入值，是指在计量日能够取得的相同资产或负债在活跃市场上未经调整的报价。第一层次输入值为公允价值提供了最可靠的证据
2. 活跃市场	活跃市场，是指相关资产或负债的交易量和交易频率足以持续提供定价信息的市场。活跃市场报价应当能够代表在公平交易基础上实际并经常发生的市场交易
	活跃市场要同时符合下列三个条件： （1）市场中交易的项目是同质的 （2）通常可在任何时候找到自愿的买方和卖方 （3）价格是公众可以公开获得的
3. 多个报价的选择	如果金融资产或金融负债存在多个活跃市场的（即有多个交易所的），应当选择主要市场（或最有利市场）上的报价，并且主体可以在计量日以该价格进行资产或负债的交易
	异常的市场报价不应作为第一层次输入值。例如，债券交易中出现的频繁对敲交易形成的市场价格

续表

4. 第一层次输入值的运用	第一层次输入值一般不需要调整。在所有情况下，企业只要能够获得相同资产或负债在活跃市场上的报价，就应当将该报价不加调整地应用于该资产或负债的公允价值计量
	交易量不足。如果主体持有单项的资产或负债头寸（包括大量相同的资产或负债头寸，如持有金融工具），并且该项资产或负债在活跃市场交易，该资产或负债的公允价值应当按照个别资产或负债的报价与主体持有数量的乘积在第一层次下计量，即使在市场正常日交易量不足以吸收持有量，以致在单项交易中卖掉头寸可能影响报价的情况下，也应如此
	企业因下列情况对相同资产或负债在活跃市场上的报价进行调整的，公允价值计量结果应当划分为较低层次（即第二层次或第三层次）： （1）企业持有大量类似但不相同的以公允价值计量的资产或负债，这些资产或负债存在活跃市场报价，但难以获得每项资产或负债在计量日单独的定价信息在这种情况下，企业可以采用不单纯依赖报价的其他估值模型。例如，银行等金融机构持有大量类似债券，可能在计量日较难取得每一债券的价格信息 （2）活跃市场报价未能代表计量日的公允价值。例如，因发生影响公允价值计量的重大事件、买卖双方直接交易、经纪商公告、由于某些重大内幕消息曝光等引起股价大幅度波动，导致公开报价未能代表计量日的公允价值。企业应当制定相应会计政策并一致应用，以识别那些可能影响公允价值计量的重大事项 （3）资产出售受到限制 （4）不存在相同或类似负债或企业自身权益工具报价但其他方将其作为资产持有的负债或自身权益工具的公允价值，或者负债或企业自身权益工具的计量单元与其他方将其作为资产持有的计量单元不完全相同

（二）第二层次输入值（见表 12－13）

表 12－13　　评估第二层次输入值

1. 概念	第二层次输入值，是指除第一层次输入值外相关资产或负债直接或间接可观察的输入值。 对于具有合同期限等具体期限的相关资产或负债，第二层次输入值应当在几乎整个期限内是可观察的
2. 第二层次输入值包括	（1）活跃市场中类似资产或负债的报价。如新三板的挂牌价
	（2）非活跃市场中相同或类似资产或负债的报价
	（3）除报价以外的其他可观察输入值，包括在正常报价间隔期间可观察的利率和收益率曲线、隐含波动率和信用利差等
	（4）市场验证的输入值等。市场验证的输入值，是指通过相关性分析或其他手段获得的主要来源于可观察市场数据或者经过可观察市场数据验证的输入值

续表

3. 第二层次输入值的运用	企业在使用第二层次输入值对相关资产或负债进行公允价值计量时，应当根据该资产或负债的特征，对第二层次输入值进行调整。这些特征包括资产状况或所在位置、输入值与类似资产或负债的相关程度、可观察输入值所在市场的交易量和活跃程度等
	在市场不再活跃的期间内计量金融工具的公允价值时，可能需要作出的估值调整，此类估值调整包括： （1）考虑未被估值技术反映的资产或负债特征而对估值技术的调整（在对使用可观察市场信息的估值技术校准计算的价值时通常能够发现需要作出该项调整） （2）应用出价—要价价差范围内最能代表当前情况下公允价值的价格 （3）考虑不履约风险（如主体自身的信用风险或者某项交易的交易对方的信用风险）的调整 （4）考虑计量不确定性的调整（例如，当与某资产或负债或者类似资产或负债的正常市场活动相比交易量或交易活跃程度显著减少，并且主体确定交易价格或报价未能代表公允价值时）【1】
	企业使用重要的不可观察输入值对第二层次输入值进行调整，且该调整对公允价值计量整体而言是重要的，公允价值计量结果应当划分为第三层次【2】

【释1】因为市场参与者在计量日按当前市场条件对金融资产或金融负债进行定价时将作出此类调整，包括针对计量不确定性的调整。这些估值调整应当与公允价值计量的目标相符。估值调整可有助于避免公允价值的低估或高估，并且在估值技术或估值技术的输入值并未涵盖市场参与者在计量日对资产或负债进行定价所考虑的因素时，应当应用估值调整。

【释2】对整体而言具有重要意义的输入值，是指用该输入值调整将引起公允价值计量结果显著增加或减少。因为进行公允价值评估时可能需要用到多个输入值。因此，按照最重要的输入值的层次划分公允价值计量结果所属的层次。

（三）第三层次输入值（见表12－14）

表12－14　　评估第三层次输入值

1. 概念	第三层次输入值，是相关资产或负债的不可观察输入值。例如，无法由可观察市场数据验证的利率、股票波动率、企业合并中承担的弃置义务的未来现金流量、企业使用自身数据作出的财务预测等
2. 第三层次输入值的运用	企业使用第三层次输入值时，应当对其进行调整
	企业只有在相关资产或负债不存在市场活动或者市场活动很少导致相关可观察输入值无法取得或取得不切实可行的情况下，才能使用第三层次输入值

续表

2. 第三层次输入值的运用	不可观察输入值应当使用在当前情况下可合理取得的最佳信息，包括所有可合理取得的市场参与者对相关资产或负债定价时所使用的假设，包括有关风险的假设，如特定估值技术的固有风险和估值技术输入值的固有风险等。如果企业在公允价值计量时没有考虑该风险调整，那么该计量就不能代表公允价值
	企业可以使用内部数据作为不可观察输入值，但是如果有证据表明其他市场参与者将使用不同于企业内部数据的其他数据，或者这些企业内部数据是企业特定数据、其他市场参与者不具备企业相关特征时（如企业的协同效应），企业应当对其内部数据作出相应调整

（四）第三方机构的报价（见表 12－15）

表 12－15　　评估第三方机构的报价

1. 前提	企业使用第三方报价机构（如经纪人、做市商等）提供的出价或要价计量相关资产或负债公允价值的，应当确保该第三方报价机构提供的出价或要价遵循了 CAS39 的要求
2. 评估出价和要价	企业应当综合考虑相关资产或负债所处市场的特点、交易是否活跃、是否有足够数量的报价方、报价方是否权威、报价是否持续等因素，对出价和要价的质量进行判断
3. 评估报价的性质	企业在权衡作为公允价值计量输入值的报价时，应当考虑报价的性质，例如，报价是参考价格还是具有约束性的要约，对第三方报价机构提供的具有约束性要约的报价应赋予更多权重，并对不能反映交易结果的报价赋予较少权重
4. 评估公允价值层次	企业应当了解第三方报价机构在估值服务中应用到的输入值，并根据该输入值的可观察性和重要性，确定公允价值计量结果的层次。企业即使使用了第三方报价机构提供的估值，也不应简单将该公允价值计量结果划入第三层次输入值。例如，第三方报价机构提供了相同资产或负债在活跃市场报价的，企业应当将该资产或负债的公允价值计量划入第一层次

（五）评估公允价值层次（见表 12－16）

划分公允价值层次的目的是提高公允价值计量和披露信息的一致性和可比性。从第一层次到第三层次，公允价值计量的信息可靠性越来越低。第三层次也为企业操纵利润搭建了一个平台。实务中公允价值的评估，会计师需要找资产评估师来评估，会计根据评估的结果进行会计处理。

公允价值计量结果所属的层次，取决于估值技术的输入值，而不是估值技术本身，由对公允价值计量整体而言具有重要意义的输入值所属的最低层次决定。

输入值与公允价值层次之间的逻辑关系如表 12 – 16 所示。

表 12 – 16　　输入值与公允价值层次之间的逻辑关系

输入值	是否调整	公允价值计量结果层次
活跃市场公开报价	未调整的	第一层次
	采用可观察数据调整的	第二层次
	采用重要的不可观察数据调整的	第三层次
非活跃市场公开报价	采用可观察数据调整	第二层次
	采用重要的不可观察数据调整的	第三层次
重要的不可观察输入值	应当进行调整	第三层次

估值技术与公允价值层次之间的逻辑关系如表 12 – 17 所示。

表 12 – 17　　估值技术与公允价值层次之间的逻辑关系

估值技术	第一层次	第二层次	第三层次
市场法	在活跃市场中未经调整	采用可观察数据调整	采用不可观察数据调整
收益法	不适用	采用可观察数据调整的直接可辨认的现金流量	
成本法	不适用	采用可观察数据调整	

例如，评估应收票据的公允价值层次时，应收票据一般在活跃市场没有公开报价，如果该应收票据贴现率在活跃市场有公开报价的（如一些大银行签发的票据），主要输入值采用可观察的市场数据的，则公允价值结果属于第二层次；如果该应收票据贴现率在活跃市场没有公开报价的（如一些小银行或企业签发的票据），主要输入值采用不可观察的市场数据的，则公允价值结果属于第三层次。

六、公允价值初始计量

根据其他会计准则的要求，有些资产或负债需要以公允价值进行初始计量，那么，企业应当判断初始确认时的公允价值是否与其交易价格相等（见表 12 – 18）。

表 12－18　　公允价值初始计量

1. 概念	交易价格，是指取得该项资产所支付或者承担该项负债所收到的价格（即进入价格）
	公允价值，是指出售该项资产所能收到或者转移该项负债所需支付的价格（即退出价格或脱手价格）【1】
2. 公允价值与交易价格产生差额的情形	相关资产或负债在初始确认时的公允价值通常与其交易价格相等，但在下列情况中两者可能不相等： （1）交易发生在关联方之间。但是企业有证据表明该关联方交易是在市场条件下进行的除外 （2）交易是被迫的【2】 （3）交易价格所代表的计量单元与按照 CAS39 确定的计量单元不同【3】 （4）交易市场不是相关资产或负债的主要市场（或最有利市场）【4】 （5）交易量显著下降
交易量显著下降	企业遇到下列情形时，应当确定相关资产或负债的交易量或交易活跃程度是否出现大幅下降： （1）最近几乎没有发生有关该资产或负债的交易 （2）该资产或负债的报价信息不是基于当前信息 （3）报价信息在一段时间内或在做市商之间（如一些经纪人市场）变化极大 （4）以往与该资产或负债公允价值高度相关的指数被证明与该资产或负债近期公允价值的指导价格不相关 （5）与企业对期望现金流量的估计相比，在考虑了关于该资产或负债信用风险和其他不履约风险可获得的所有市场数据后，可观察交易或报价的隐含流动性风险溢价、收益率或业绩指标（如拖欠率或损失严重程度）大幅增加 （6）出价和要价之间的价差很大或者大幅增加 （7）该资产或负债（或者类似资产或负债）一级市场的交易活动大幅降低或不存在此类市场； （8）几乎没有公开可获得的信息，例如一些交易活动由买卖双方直接进行【5】
3. 差额的处理	初始计量的公允价值与交易价格不相等的差额，应当按照其他会计准则的规定进行会计处理，其他准则没有规定的，计入当期损益【6】

【释 1】例如，企业收到一张应收票据，票面金额为 100 元，如果背书转让，按照 100 元来使用，这是结算金融工具的价格，这不符合“脱手价格”的概念。如果向银行贴现，假设贴现息为 2 元，可以收到 98 元，则该应收票据的公允价值应当为扣除贴现息后的 98 元，即出售给银行的价格，这才符合“脱手价格”的概念。

【释 2】例如，资产出售方或负债转移方为满足监管或法律的要求而被迫出售资产或转移负债，或者资产出售方或负债转移方正陷于财务困境。

【释 3】例如，以公允价值计量的相关资产或负债仅是交易（如企业合并）中的一部分，而交易除该资产或负债外，还包括按照其他会计准则应单独计量但未确认的无形资产。

【释4】企业可能在多个市场进行交易，但是，只有在主要市场（或最有利市场）中的交易价格才最能代表公允价值。

【释5】当相关资产或负债（或类似资产或负债）的交易量或交易活动比正常市场交易活动显著下降，交易价格或报价很可能无法代表公允价值。

【释6】公允价值与交易价格的差额，即买卖价差，大多数产生于金融业务，因为金融工具需要通过中介（如经纪人）才能进行交易，从而产生价差。而非金融项目的买卖双方大多数不需要通过中介进行交易，双方可以在主要市场（或最有利市场）中直接找到了对方并达成了交易，从而交易价格等于公允价值。

差额的处理属于会计问题，而不是一个计量问题，因此，首先按照其他相关准则的规定处理，如果其他准则没有规定的，CAS39 作了一个兜底的规定，即计入当期损益处理。

可以确认首日损益的情况如下：

（1）CAS22 中，金融资产或金融负债初始确认时的公允价值，如果不是仅以可观察的数据估计的，公允价值与交易价格之间的差额。

（2）金融工具减值采用预计损失法导致产生首日损失。

（3）《CAS20——企业合并》与《CAS5——生物资产》准则中要求，即使公允价值使用不可观察的输入值来计量，也应当确认首日利得或损失。

（4）CAS2 中权益法核算的长期股权投资初始计量时负商誉形成的首日利得。

（5）CAS20 中非同一控制下企业合并中的负商誉形成的合并利得。

（6）CAS25 中保险合同初始确认时发生亏损的应当确认首日亏损。

（7）CAS39 中交易价格和按照可观察的输入值估计的公允价值之间的差额。

第三节　非金融资产、负债、权益工具的公允价值计量

一、非金融资产的公允价值计量

非金融资产，例如，固定资产、存货、无形资产等。

非金融资产的公允价值计量如表 12－19 所示。

表 12－19　　非金融资产的公允价值计量

1. 最佳用途	企业以公允价值计量非金融资产，应当考虑市场参与者将该资产用于最佳用途产生经济利益的能力，或者将该资产出售给能够用于最佳用途的其他市场参与者产生经济利益的能力
	最佳用途，是指市场参与者实现一项非金融资产或其所属的资产和负债组合的价值最大化时该非金融资产的用途【1】
	企业确定非金融资产的最佳用途，应当考虑法律上是否允许、实物上是否可能以及财务上是否可行等因素【2】
	企业应当从市场参与者的角度确定非金融资产的最佳用途。即使企业自身可能因为保护其竞争地位或其他原因，不打算积极使用该非金融资产。 通常情况下，企业对非金融资产的现行用途可以视为最佳用途，除非市场因素或者其他因素表明市场参与者按照其他用途使用该资产可以实现价值最大化【3】
2. 估值前提	企业以公允价值计量非金融资产，应当基于最佳用途确定下列估值前提： （1）单独使用。市场参与者单独使用一项非金融资产产生最大价值的，该非金融资产的公允价值应当是将其出售给同样单独使用该资产的市场参与者的当前交易价格 （2）组合使用。市场参与者将一项非金融资产与其他资产（或者其他资产或负债的组合）组合使用产生最大价值的，该非金融资产的公允价值应当是将其出售给以同样组合方式使用该资产的市场参与者的当前交易价格，并且该市场参与者可以取得组合中的其他资产和负债。其中，负债包括企业为筹集营运资金产生的负债，但不包括企业为组合之外的资产筹集资金所产生的负债。最佳用途的假定应当一致地应用于组合中所有与最佳用途相关的资产【4】 （3）计量单元。企业应当按照与其他会计准则规定的计量单元相一致的方式判断该资产的最佳用途是单独使用还是组合使用

【释1】最佳用途，也称为最高最佳使用，最初来源于资产评估行业对诸如土地等非金融资产进行估值时所使用的估值概念。为什么最佳用途只适用于非金融资产的公允价值计量，不适用于金融工具的公允价值计量？因为最佳用途是从替代用途的角度来估值的，而金融工具不具有替代用途。理由如下：

（1）金融资产或权益工具不具有替代用途，因为金融资产或权益工具拥有特定的合同条款，当且仅当金融资产的合同条款发生改变时才可能具有不同用途。但是，合同条款的改变会导致该资产变为一项不同的资产。公允价值计量的目标是计量在计量日存在的资产。

（2）即使主体可以通过以不同方式免除自身的义务来改变与某项负债相关的现金流量，但此类不同方式并非替代用途。而且，虽然主体可能拥有主体特定的有利或不利因素使其能够比其他市场参与者更有效或低效地清偿负债，但这些主体特定的因素并不影响公允价值。

（3）对非金融资产从最佳用途的角度进行评估，符合理性经济人假设，有利于提高可比性。

【释2】法律上是否允许，应当考虑市场参与者在对该资产定价时考虑的资产使用在法律上的限制。例如，如果政府禁止在生态保护区内进行房地产开发，则该保护区内土地的最佳用途不可能是工业或商业用途的开发。

实物上是否可能，应当考虑市场参与者在对该资产定价时考虑的资产实物特征。例如，一栋建筑物是否能够作为仓库使用，如果不能，则仓库就不是最佳用途。

财务上是否可行，应当考虑在法律上允许且实物上可能的情况下，使用该资产能否产生足够的收益或现金流量，从而在补偿成本后获得满足市场参与者所要求的投资回报。

【释3】最佳用途，是从市场参与者的角度来判断，这是为了和公允价值计量的口径保持一致。所以，评估非金融资产的公允价值时，一般选择评估值较大的结果（类似于最佳用途）作为公允价值。

如果没有证据表明资产当前使用并非最佳用途的，企业无须全面详尽地寻找非金融资产的其他潜在用途。因为考虑资产的其他替代用途时，会发生转换成本，导致当前使用不大可能不是最佳用途。

【释4】即使资产是与其他资产相结合使用的，资产的退出价格仍是该资产单独的价格，因为公允价值计量假定该资产的市场参与者（买方）已持有配套资产及相关负债，这种情况下，买方不会愿意仅因为该资产是作为一组资产的一部分出售而支付更多的金额。该结论与CAS20计量企业合并中取得的可辨认资产的公允价值的结论逻辑上一致。

组合评估时，先评估组合的公允价值，然后将组合的公允价值分配给组合里的各项资产和负债，从而得到非金融资产的公允价值。

【案例12-4】非金融资产的计量。

2×13年12月1日，甲公司在非同一控制下的吸收合并中取得一块土地的使用权。该土地在合并前作为工业用地，一直用于出租。甲公司取得该土地使用权后，仍将其用于出租，作为以公允价值计量的投资性房地产核算。

2×14年3月31日，邻近的一块土地被开发用于建造住宅，作为高层公寓大楼的住宅用地使用。由于本地区的区域规划自2×14年1月1日以来已经作出调整，甲公司确定，在履行相关手续后，可将该土地的用途从工业用地变更为住宅用地，因为市场参与者在对该土地进行定价时，将考虑该土地可作为住宅用地进行开发的可能性。

该土地的最佳用途将通过比较以下两项价值的较高者来确定：

（1）该土地仍用于工业用途（即该土地与厂房结合使用）的价值600万元。

（2）该土地作为用于建造住宅用地的价值是1 000万元，同时应考虑为将该土地变为住宅土地而必须发生的拆除厂房成本及其他成本为250万元，即1 000－250＝750万元。

因此该土地使用权的公允价值应当根据最佳用途确定为750万元。

二、负债和企业自身权益工具的公允价值计量

（一）估值前提（见表12－20）

表12－20　估值前提

1. 转移而非清偿或终止确认	（1）企业以公允价值计量负债，应当假定在计量日将该负债转移给其他市场参与者，而且该负债在转移后继续存在，并由作为受让方的市场参与者履行义务
	（2）企业以公允价值计量自身权益工具，应当假定在计量日将该自身权益工具转移给其他市场参与者，而且该自身权益工具在转移后继续存在，并由作为受让方的市场参与者取得与该工具相关的权利、承担相应的义务【1】
2. 转移受限	企业以公允价值计量负债或自身权益工具，并且该负债或自身权益工具存在限制转移因素的，如果公允价值计量的输入值中已经考虑了该因素，企业不应当再单独设置相关输入值，也不应当对其他输入值进行相关调整【2】

【释1】第一，强调从市场参与者的角度来计量。第二，强调转移后继续存在。因为公允价值评估的目的是计量公允价值，而不是发行人终止确认负债或权益工具时的交易价格。

【释2】例如，在交易日，债权人和债务人在完全了解该义务包括转移限制的情况下接受负债的交易价格。由于交易价格中已经包含转移限制的考虑，在交易日不需要再设置单独的输入值或者对现有输入值进行调整来反映转移限制的影响。类似地，在后续计量日也不需要再设置单独的输入值或者对现有输入值进行调整来反映转移限制的影响。

要区分负债的限制与资产的限制不同。对负债来说，第一，负债的限制与履

行义务相关，而资产转移的限制与可销售性相关。第二，几乎所有的负债均包含防止负债转移的限制，因为债务人对债权人的负债是明确对应的，为了保护债权人的利益，负债转移限制的影响在理论上针对所有的负债均是一致的，而大多数资产均不包含类似限制。因此，在确定原交易价格所考虑的因素之外，不要求作出额外的调整。对资产来说，在所有其他因素均相同的情况下，受限制资产的公允价值一般低于不受限制的资产的公允价值。

对于权益工具，如果限制未反映在交易价格或用于计量公允价值的其他输入值中的，企业应当对输入值进行调整，以反映该限制因素。例如，对权益工具限售股进行估值，尽管该权益工具有公开报价，但是由于转移受限，因此公开报价不能直接使用，需要考虑限制因素进行调整，该调整将反映市场参与者因承担在指定期间内无法在公开市场上交易该工具的风险而要求获得的金额。调整后在公开报价的没有限制的流通股的价格基础上打个折扣。该调整将根据以下所有各项而有所不同：

（1）限制的性质和持续时间；

（2）买方受到限制的程度（如可能存在大量合格投资者）；

（3）特定于该工具及发行人的定性和定量因素。

（二）估值原则

企业以公允价值计量负债或自身权益工具，应当遵循表 12－21 的原则。

表 12－21　　估值原则

1. 优先采用可观察报价	存在相同或类似负债或企业自身权益工具可观察市场报价的，应当以该报价为基础确定该负债或企业自身权益工具的公允价值
2. 其次采用对方资产的公允价值	不存在相同或类似负债或企业自身权益工具可观察市场报价，但其他方将其作为资产持有的，企业应当在计量日从持有该资产的市场参与者角度，以该资产的公允价值为基础确定该负债或自身权益工具的公允价值。无论该工具作为一项资产是否存在可观察的市场。 当该资产的某些特征不适用于所计量的负债或企业自身权益工具时，企业应当根据该资产的公允价值进行调整，以调整后的价值确定负债或企业自身权益工具的公允价值。这些特征包括： （1）资产出售受到限制 （2）资产与所计量负债或企业自身权益工具类似但不相同；例如，发行方的信用特征与被作为资产持有的类似负债或权益工具的公允价值中反映的特征不同 （3）资产的计量单元与负债或企业自身权益工具的计量单元不完全相同【1】

续表

3. 最后采用估值技术	不存在相同或类似负债或企业自身权益工具可观察市场报价，并且其他方未将其作为资产持有的，例如，退役负债，企业应当从承担负债或者发行权益工具的市场参与者角度，采用估值技术确定该负债或企业自身权益工具的公允价值 企业应当考虑市场参与者承担或发行相同负债或权益工具所取得的金额，市场参与者在主要市场（或最有利市场）中发行相同合同条款的负债或权益工具时对相同项目（如具有相同信用特征）进行定价时的假设【2】

【释1】为什么可以从资产的角度计量负债的公允价值？因为资产与负债的合同条款是相同的。除非负债和资产的计量单元不一致，或者资产的报价与负债并非完全相同，否则，从概念上没有理由认为负债的价值会不同于相同市场上对应资产的价值。

在有效市场上，另一方作为资产持有的负债的价格必须等同于对应资产的价格。如果两者的价格不同，将会产生套利机会，作为受让人的市场参与者（即承担义务的一方）可以通过借款融资购买资产而赚取利润，在这种情况下，负债和资产的价格将进行调整，直至套利机会被消除。

【释2】在运用现值技术计量未被另一方作为资产持有的负债公允价值时如何考虑风险溢价？如果市场参与者对负债进行定价时考虑风险溢价，则企业计量负债的公允价值时也应当考虑风险溢价。在所有其他条件相同的情况下，与资产相关的风险将使该资产的公允价值降低，而与负债相关的风险则使该负债的公允价值增加。

（三）负债的公允价值计量（见表12－22）

表12－22　　负债的公允价值计量

1. 不履约风险	负债的公允价值应在计量单元的基础上反映不履约风险的影响，并假定不履约风险在负债转移前后保持不变【1】
2. 可随时偿还负债	企业以公允价值计量活期存款等具有可随时要求偿还特征的金融负债的，该金融负债的公允价值不应当低于债权人随时要求偿还时的应付金额，即从债权人可要求偿还的第一天起折现的现值，否则，将导致此类金融负债在初始确认时的公允价值低于随时要求偿还的金额，从而立即产生一项利得，该结果显然不合理
3. 附第三方信用增级的负债	从发行人角度，负债的公允价值将不同于另一方作为资产持有的被担保负债的公允价值，因此，需要对另一方作为资产持有的被担保负债的公允价值进行调整【2】

【释1】不履约风险，是指企业不履行义务的风险，包括但不限于企业自身信用风险。

初始计量负债的公允价值时，企业应该考虑其信用风险（信用状况）的影响，以及其他可能影响负债履行的因素，这些因素的影响会因不同负债而有所不同。例如，该负债是否是一项偿付现金的义务（金融负债）或者一项提供商品或服务的义务（非金融负债），或者存在与该负债相关的信用增级条款。

后续计量负债的公允价值时，实际情况是，负债发行方的自身信用状况随着时间的推移是发生变化的，如果发行方信用等级下降，将会导致负债的价值下降，但是，债权人不大可能接受债务人以不同金额清偿债务，因此，计量负债的公允价值时假设不履约风险在转移前后保持不变。

【释2】信用增级，就是有担保或有抵押的负债。通过与信用增级进行组合发行债务，发行人能够更容易地推销其债务，并且能够降低需向投资者支付的利率或者增加发行债务所取得的收入。

从发行人的角度而言，负债的公允价值将不同于另一方作为资产持有的被担保负债的公允价值。因为资产的价格反映了应收发行人款项和第三方信用增级两者的组合的汇总价格。因此，需要对另一方作为资产持有的被担保负债的公允价值作出调整，剔除第三方信用增级的影响，因为担保人根据担保作出的任何支付都将导致发行人的债务义务由投资者转向担保人，而由此产生的发行人对担保人负有的债务义务则未被担保。因此，如果将第三方信用增级与负债分开核算，则该负债的公允价值应当仅仅考虑发行人而非担保人的信用状况，不应当考虑信用增级的影响。但是，另一方作为资产持有的被担保负债的公允价值时，需要考虑的担保人的信用状况。

（四）企业自身权益工具的公允价值计量（见表12－23）

表12－23　　企业自身权益工具的公允价值计量

1. 优先采用活跃市场上的报价	权益工具存在活跃市场的，以评估日活跃市场上的报价估计公允价值【1】
2. 其次采用近期交易价格	权益工具不存在活跃市场的，如果自权益工具购买日至计量日之间的间隔较短，并且在此期间没有发生对该权益工具价值产生重大影响的事件，企业可采用近期交易价格作为公允价值

续表

3. 最后采用估值技术	不存在活跃市场报价和近期交易价格的，企业应当根据发行人所处的发展阶段，选用恰当的估值方法进行估值
4. 剩余股权的评估	剩余股权与处置股权公允价值评估采用的估值技术应当一致【2】

【释 1】当企业发行自身权益工具作为对价，进行对外投资交易时，就需要对自身权益工具进行定价。

如果企业对非上市的被投资企业的权益工具进行评估，一般来说，对成熟的被投资企业可以采用市场法，并根据被投资企业与可比企业的关键差异进行调整；对成长型被投资企业可以采用收益法，并充分考虑被投资企业未来现金流量的特征进行调整。

一项金融工具不论分类为金融负债还是权益工具，不应当影响其公允价值计量。

【释 2】企业处置股权，导致从成本法转为权益法，或者从权益法转为金融资产，需要对剩余股权的公允价值进行评估。企业应当采用与处置股权相同的估值技术来评估剩余股权的公允价值，两者应当保持一致，并在此基础上考虑控制权溢价、少数股权折价等因素。例如，不能对所处置股权的公允价值采用收益法评估，而计量剩余股权的公允价值却采用市场法或成本法评估，二者评估方法不同且结果存在重大差异。

权益工具的公允价值其实是很难评估的，因为股权是多种抽象的财产权利和人身权利的总称，很难对它进行定价。可以观察到的股权价格，实际上是成交价格，即历史成本。至于股票的收盘价也不能准确代表公允价值，因为收盘价反映的仅仅是边际投资者或者少数股权转让所形成的交易价格，并不是针对全部股权而言的公允价值，因此，股票的市价既不能反映价值，也不是公允的。当今时代，还没有一个学科能科学、准确的计算股权价值，各种金融估值模型中都增加了大量的假设或参数，没有一个是完全符合股权实际价值的。但是，由于没有更好的办法，会计上就把证券的收盘价作为近似的公允价值。

【案例 12－5】负债的公允价值计量。

甲企业的信用评级为 AA，可以按照 6% 的利率在市场上取得借款。乙企业的信用评级为BBB，可以按照12%的利率在市场上取得借款。

2×14年5月12日，甲、乙企业分别与丙商业银行订立了一项借款合同，约定在2×19年5月11日各自向丙商业银行一次性偿还借款本金和利息500万元。则：

甲企业借款的公允价值为$500\div(1+6\%)^5=374$万元；

乙企业借款的公允价值为$500\div(1+12\%)^5=284$万元。

甲企业和乙企业相关负债的公允价值（即所取得的借款额）均考虑了其信用状况。

【案例12-6】根据成本法评估非金融资产的公允价值。

甲公司于2×12年1月1日购买了一台数控设备，其原始成本为400万元，预计使用寿命为20年。

2×14年，该数控设备生产的产品有替代产品上市，导致甲公司产品市场份额骤降30%。2×14年12月31日，甲公司决定对该数控设备进行减值测试，根据该数控设备的公允价值减去处置费用后的净额与预计未来现金流量现值较高者确定可收回金额。

根据可获得的市场信息，甲公司决定采用垂直成本法估计该数控设备的公允价值。甲公司在估计公允价值时，因无法获得该数控设备的市场交易数据，也无法获取其各项成本费用数据，故采用以设备历史成本为基础，根据同类设备的价格上涨指数来确定公允价值的物价指数法。假设自2×12年至2×14年，此类数控设备价格指数按年分别为上涨的5%、2%和5%。此外，在考虑实体性贬值、功能性贬值和经济性贬值后，在购买日该数控设备的成新率为60%。

因此，甲公司采用成本法估计该设备公允价值为历史成本400×物价指数（1+5%）×（1+2%）×（1+5%）×成新率60%=270万元。

【案例12-7】采用市场法和收益法评估权益工具的公允价值。

学天海公司在2×14年12月31日购买了乙公司10万股普通股股票，占乙公司所有发行在外股份的5%。乙公司是一家非上市的股份公司，不存在活跃市场的公开报价。学天海公司使用市场乘数法计量这些股权的公允价值，并且将会在该估值技术中使用乙公司业绩衡量指标、流动性折价等不可观察输入值。假定乙公司2×14年12月31日的税息折旧及摊销前利润为800万元，流动性折价为10%，并且学天海公司从市场上获得可比公司的企业价值/税息折旧及摊销前利润乘数（EV/EBITDA）为10倍。

要求：评估2×14年12月31日学天海公司持有的乙公司股权的公允价值金额。

解析：同时采用市场法和收益法估计乙公司股权的公允价值计算如表12－24所示。

表12－24　　乙公司股权公允价值的计算过程

步　骤	金额
（1）乙公司2×14年12月31日的税息折旧及摊销前利润	800
（2）企业价值/税息折旧及摊销前利润乘数	10
（3）乙公司价值＝(1)×(2)	8 000
（4）5%的股权所占份额＝5%×(3)	400
（5）流动性折价	10%
（6）流动性折价调整＝10%×(4)	40
（7）2×14年12月31日5%的股权的估计价值＝（4）－(6)	360

因此，学天海公司持有的乙公司股权的公允价值是360万元。

在每一个后续计量日，学天海公司应当评价上述假设是否发生变动（即企业价值/税息折旧及摊销前利润乘数为10倍是否合适，流动性折价10%的假设在计量日是否有效等）。如果这些假设发生变化，在计量日应作出必要的调整。

【案例12－8·单选题】甲公司持有非上市的乙公司5%的股权。以前年度，甲公司采用上市公司比较法、以市盈率为市场乘数估计所持乙公司股权投资的公允价值。由于客观情况发生变化，为使计量结果更能代表公允价值，甲公司从2×19年1月1日起变更估值方法，采用以市净率为市场乘数估计所持乙公司股权投资的公允价值。对于上述估值方法的变更，甲公司正确的会计处理方法是（　　）。

A. 作为会计估计变更进行会计处理，并按照《企业会计准则第 39 号——公允价值计量》的规定对估值技术及其应用的变更进行披露

B. 作为会计估计变更进行会计处理，并按照《企业会计准则第 28 号——会计政策、会计估计变更和差错更正》的规定对会计估计变更进行披露

C. 作为前期差错更正进行会计处理，并按照《企业会计准则第 28 号——会计政策、会计估计变更和差错更正》的规定对前期差错更正进行披露

D. 作为会计政策变更进行会计处理，并按照《企业会计准则第 28 号——会计政策、会计估计变更和差错更正》的规定对会计政策变更进行披露

答案：A

解析：公允价值估值方法的变更，执行 CAS39，属于会计估计变更。

【案例 12－9 · 多选题】下列有关公允价值计量结果所属层次的表述中，正确的有（　　）。

A. 对非上市股权的公允价值采用市场法的估值技术计量，相关输入值包括市净率、流动性折价等，该调整对该金融资产的公允价值计量具有重大影响，应将其划分为第二层次的公允价值

B. 公允价值计量结果所属层次，由对公允价值计量整体而言重要的输入值所属的最高层次决定

C. 对非上市股权的公允价值采用第三方估值报告估计公允价值，应将其划分为第二层次

D. 对相同资产或负债在活跃市场上报价进行调整的公允价值计量结果应划分为第二层次或第三层次

答案：D

解析：选项 A，市净率属于可观察输入值，流动性折价为不可观察输入值，因此，公允价值计量结果应当被划入第三层次；选项 B，由最低层次决定；选项 C，第三方报告，应当根据其应用的输入值的层次划分公允价值计量结果的层次；选项 D，如果调整的重要输入值是可观察数据，应当划分为第二层次，如果调整的重要输入值是不可观察数据，应当划分为第三层次。

【案例 12 - 10 · 单选题】 下列有关确定公允价值的表述中，正确的是（　　）。

A. 在确定资产的公允价值时，可同时获取出价和要价的，应当使用要价作为资产的公允价值

B. 使用估值技术确定公允价值时，应当使用市场上可观察输入值，在无法取得或取得可观察输入值不切实可行时才使用不可观察输入值

C. 在根据选定的市场交易价格确定相关资产或负债的公允价值时，应当根据交易费用对有关价格进行调整

D. 以公允价值计量资产或负债，应当首先假定出售资产或转移负债的有序交易在该资产或负债的最有利市场进行

答案： B

解析： 选项 A，企业可以使用出价和要价价差中在当前市场情况下最能代表该资产或负债的价格作为公允价值，对资产可以使用出价计量，对负债可以使用要价计量；选项 C，交易费用不属于资产或负债的特征，不予考虑；选项 D，应当先假定有序交易在主要市场进行，不存在主要市场的才可以选择最有利市场。

第四节　市场风险或信用风险可抵销的金融资产和金融负债的公允价值计量

企业持有一组金融资产和金融负债时，将会面临市场风险（包括利率风险、货币风险和其他价格风险等）和每个交易对手的信用风险。通常情况下，企业不是通过“出售”金融资产或“转移”金融负债来管理其面临的市场风险敞口或信用风险敞口，而是通过交易具有相同风险的一项或多项金融工具形成抵销头寸来管理其风险敞口，即通过风险净敞口管理这些金融工具。因此，对这样的金融工具组合的计量反映的是净风险敞口的公允价值，而非组合内各单项金融工具的公允价值，组合内单项工具的公允价值总和并不等于组合风险净敞口的公允价值。

在 CAS22 中，允许主体在计量金融资产或金融负债的公允价值时考虑相同市场风险抵销头寸的影响。许多主体以类推方式采用相同的方法来处理针对特定交

易对方信用风险的抵销头寸。因此，可以采用风险净敞口来计量组合的公允价值。由于 CAS39 规定的公允价值计量主要是针对单项资产、负债或权益工具进行计量，为了使得公允价值计量和企业的风险管理实务结合起来，能够提供更有用的会计信息。因此，CAS39 作了例外规定，允许以风险净敞口为基础计量金融工具组合的公允价值，该例外规定仅适用于 CAS22 规范的金融工具。

实务中，主体持有的其他金融工具和主体的风险偏好（两者均是特定主体的决策，从而不构成公允价值计量的一部分）很大程度上决定了主体的风险净敞口。但是，使用主体风险偏好的计量并非公允价值计量，而是主体特定的计量。因此，应当从市场参与者角度以市场为基础计量金融工具组合的公允价值。

市场风险或信用风险可抵销的金融资产或金融负债的公允价值计量如表 12 - 25 所示。

表 12 - 25　　市场风险或信用风险可抵销的金融资产或金融负债的公允价值计量

1. 金融工具的要求	市场风险或信用风险可抵销的金融资产或金融负债，应当是由 CAS22 规范的金融资产和金融负债，也包括不符合金融资产或金融负债定义但按照 CAS22 进行会计处理的其他合同（如按净额结算的非金融项目合同）
2. 计量条件	企业计量金融资产和金融负债组合的公允价值的，应当同时满足下列条件： （1）企业风险管理或投资策略的正式书面文件已载明，企业以特定市场风险或特定对手信用风险的净敞口为基础，管理金融资产和金融负债的组合
	（2）企业以特定市场风险或特定对手信用风险的净敞口为基础，向企业关键管理人员（同 CAS36 准则中的规定）报告金融资产和金融负债组合的信息
	（3）企业在每个资产负债表日以公允价值计量组合中的金融资产和金融负债【1】
3. 计量方法	企业以市场风险净敞口或信用风险净敞口为基础管理金融资产和金融负债的，可以以计量日市场参与者在当前市场条件下有序交易中出售净多头（即资产）或者转移净空头（即负债）的价格为基础，计量该金融资产和金融负债组合的公允价值。即对市场风险净敞口使用价差（出价 - 要价）内最能代表当前市场环境下公允价值的价格【2】
	市场风险敞口。该金融资产和金融负债面临的特定市场风险及其期限实质上应当相同【3】
	特定对方的信用风险敞口。如果市场参与者将会考虑假定出现违约情况下能够减小信用风险敞口的所有现行安排（如与对方签订的主净额结算协议，或要求基于各方对对方的信用风险净敞口交换抵押品的协议），企业应当考虑特定对手的信用风险净敞口的影响或特定对手对企业的信用风险净敞口的影响，并预计市场参与者依法强制执行这些安排的可能性【4】

续表

4. 列报	应当适用其他相关会计准则（如 CAS37/CAS30/CAS36 等），以组合方式计量公允价值的要求不适用于财务报表列报【5】
5. 会计政策	企业按照 CAS39 的规定计量金融工具组合公允价值的，应当按照《CAS28——会计政策、会计估计变更和差错更正》的规定确定相关会计政策，并且一经确定，不得随意变更【6】

【释 1】这三个条件分别要求：要有书面文件证明，要与内部报告的管理模式一致，每个资产负债表日持续以组合公允价值计量。

主体应当提供一致的在各期间内管理其风险净敞口的证据。因为能够提供基于风险净敞口管理金融工具的证据的主体，可能在各期间内针对特定投资组合保持一致的管理，也可能在有些期间针对该投资组合运用净额基础，而在其他期间运用总额基础。

实务中，投资组合的构成将根据主体重新平衡投资组合以及其风险偏好随时间的变化而不断发生变化。主体应当根据 CAS28 的规定将以风险净敞口为基础的金融工具组合的公允价值计量作为一项会计政策，如果主体的风险偏好发生变化，可以改变其会计政策。在该情况下，主体可以决定不采用该例外处理，而是以单项工具为基础计量其金融工具的公允价值。但是，如果主体继续将该例外适用于投资组合估值，则必须在各期间内保持一致。

如果企业没有以净额为基础管理风险敞口，或没有基于公允价值管理这些金融工具的，就不应当基于风险敞口来计量这些金融工具的公允价值。

【释 2】市场风险净敞口与信用风险净敞口组合可以不同。企业为管理特定市场风险净敞口的金融工具组合，可以不同于企业为管理其特定交易对手信用风险净敞口的金融工具组合，因为企业所有合同不可能均与相同的交易对手订立。

【释 3】市场风险的性质相同。例如，企业不会将与金融资产相关的利率风险和与金融负债相关的商品价格风险进行结合管理，因为这样的做法不会减小企业利率风险或商品价格风险的敞口，无法抵销风险。这就是市场风险的性质不同。当基于主体的市场风险净敞口计量公允价值时，如果其未能缓解主体面临的市场风险敞口，主体不应将金融资产与金融负债相合并。仅当被抵销的市场风险实质上相同时，主体才可以针对特定市场风险的净头寸（而非包含在该头寸中的每一单项金融工具）应用买卖价差指南。

市场风险的期限相同。例如，企业使用12个月的期货合同对应5年期金融工具中与第1年的利率风险敞口价值相关的现金流量，企业对该组合以净额为基础计量第1年利率风险敞口的公允价值，以总额为基础计量剩余4年利率风险敞口（即第2年至第5年）的公允价值。

主体不应当将面临不同时期特定市场风险的金融资产与金融负债相合并，因为在该市场风险未被抵销的时期内，主体将全面面临该市场风险。如果因期限不同而导致在一段时期市场风险未被抵销的，主体可以计量其在市场风险被抵销的时期内的市场风险净敞口，并且必须计量在剩余时期（即市场风险未被抵销的时期）内的市场风险总敞口。

【释4】 由于市场风险产生的买卖价差并未包含针对交易对方信用风险的调整，主体对金融工具组合应用公允价值计量时可以考虑其特定交易对方的信用风险净敞口。如果主体已与交易对方达成了在违约时的缓解信用风险敞口的安排（如总净额合约，与交易对手订立的总互抵协议，或者交换担保品的协议），则主体可以考虑其交易对手信用风险的净敞口或者该交易对手对企业信用风险的净敞口。企业以公允价值计量相关资产或负债，应当反映市场参与者对这些安排在出现违约情况下能够依法强制执行的可能性。也就是说，要从市场参与者角度出发，不仅要考虑体现在协议（也是金融工具的一部分）中的违约时可以减少损失的所有安排，还应当考虑对手方因违约而被强制执行时市场参与者能够挽回损失的概率。二者的乘积才是以信用风险净敞口进行组合计量时，对手方违约风险的预期损失补偿，净敞口扣除这些预期补偿得到的才是这类金融工具组合的公允价值。

【释5】 如果相关会计准则不允许金融工具以净额为基础列报，企业在资产负债表中应当以总额分别列报金融资产和金融负债。根据CAS37和CAS30的列报规定，资产和负债一般以总额列报，除非符合抵销的条件。一般来说，企业以风险净敞口管理的金融工具组合是不符合抵销的条件的，因此，当主体在净额基础上计量金融工具组合的公允价值时，必须以总额基础列报公允价值信息，列报和计量的基础是不同的。在这种情况下，企业需要将以风险净敞口为基础管理的金融工具组合的公允价值分配至各金融资产和金融负债。

在对金融工具进行定价时，市场参与者将考虑其持有的其他工具对总体风险敞口的增加和减少，这是要求或允许对金融工具组合以公允价值计量的结果。公允价值计量旨在反映主体所面临的风险敞口，以及市场参与者如何对该风险敞口进行定价（这是允许例外的原因之一）。以风险净敞口计量的目的是反映金融工具组合的公允价值，而以总额为基础列报的目的是反映企业控制的资产和承担的负债，两者目的不同，所以要求不同。

列报和计量之间无须保持一定关系，针对市场风险或信用风险的调整（即组合层次的调整）是计量而非列报问题。

【释6】企业采用风险净敞口为基础计量金融工具组合公允价值的，会计政策执行 CAS28，列报执行 CAS37，披露执行 CAS39。

第五节 公允价值披露

由于公允价值是估计出来的，为了提高会计信息的可靠性与可比性，因此，企业应当在附注中充分披露在公允价值计量中所使用的估值技术和输入值，以及在持续的公允价值计量中使用的重大不可观察输入值及其对当期损益或其他综合收益的影响，以使财务报表使用者能够作出合理评价。企业应当根据所处的市场环境，考虑公允价值披露的详尽程度、重要程度、汇总或细化程度，以及是否需要向报表使用者提供额外信息，以帮助这些使用者评价公允价值披露的量化信息。

一、分组披露的要求

公允价值披露的要求如表 12－26 所示。

表 12－26　　分组披露的要求

1. 分组披露	企业应当根据相关资产或负债的性质、特征、风险以及公允价值计量的层次对该资产或负债进行恰当分组，并按照组别披露公允价值计量的相关信息
	为确定资产和负债的组别，企业通常应当对资产负债表列报项目做进一步分解。企业应当披露各组别与报表列报项目之间的调节信息
	其他相关会计准则明确规定了相关资产或负债组别且其分组原则符合本规定的，企业可以直接使用该组别提供相关信息

续表

2. 区分持续与非持续披露	企业应当区分持续的公允价值计量和非持续的公允价值计量
	持续的公允价值计量，是指其他相关会计准则要求或者允许企业在每个资产负债表日持续以公允价值进行的计量。如交易性金融资产，要求的披露比较多
	非持续的公允价值计量，是指其他相关会计准则要求或者允许企业在特定情况下的资产负债表中以公允价值进行的计量。如持有待售的非流动资产，简化了披露要求，增强可操作性，降低披露成本
3. 持续以公允价值计量的披露	在相关资产或负债初始确认后的每个资产负债表日，企业至少应当在附注中披露持续以公允价值计量的每组资产和负债的下列信息： （1）其他相关会计准则要求或者允许企业在资产负债表日持续以公允价值计量的项目和金额
	（2）公允价值计量的层次
	（3）在各层次之间转换的金额和原因，以及确定各层次之间转换时点的政策。应至少包括以下内容： ①导致各层次发生转换的事件或情况变化的日期 ②报告期期初 ③报告期期末 每一层次的转入与转出应当分别披露【1】
	（4）对于第二层次的公允价值计量，企业应当披露使用的估值技术和输入值的描述性信息。当变更估值技术时，企业还应当披露这一变更以及变更的原因
	（5）对于第三层次的公允价值计量，企业应当披露使用的估值技术、输入值和估值流程的描述性信息。当变更估值技术时，企业还应当披露这一变更以及变更的原因。 企业应当披露公允价值计量中使用的重要的、可合理取得的不可观察输入值的量化信息。 企业应当披露期初余额与期末余额之间的调节信息，分别披露相关资产或负债购买、出售、发行及结算情况。 当改变不可观察输入值的金额可能导致公允价值显著变化时，企业应当披露有关敏感性分析的描述性信息。 这些输入值和使用的其他不可观察输入值之间具有相关关系的，企业应当描述这种相关关系及其影响。 对于金融资产和金融负债，如果为反映合理、可能的其他假设而变更一个或多个不可观察输入值将导致公允价值的重大改变，企业还应当披露这一事实、变更的影响金额及其计算方法【2】
4. 非持续以公允价值计量的披露	在相关资产或负债初始确认后的资产负债表中，企业至少应当在附注中披露非持续以公允价值计量的每组资产和负债的下列信息： （1）其他相关会计准则要求或者允许企业在特定情况下非持续以公允价值计量的项目和金额，以及以公允价值计量的原因
	（2）公允价值计量的层次

续表

4. 非持续以公允价值计量的披露	(3) 对于第二层次的公允价值计量，企业应当披露使用的估值技术和输入值的描述性信息。当变更估值技术时，企业还应当披露这一变更以及变更的原因
	(4) 对于第三层次的公允价值计量，企业应当披露使用的估值技术、输入值和估值流程的描述性信息，当变更估值技术时，企业还应当披露这一变更以及变更的原因。企业应当披露公允价值计量中使用的重要不可观察输入值的量化信息

【释 1】对于持续的公允价值计量，企业应当披露在公允价值计量各层次之间转换的金额和原因。无论各层次之间转换的金额是否重大，企业都应当披露转入或转出第一、第二、第三层次的金额，以有助于财务报表使用者分析企业未来的流动性风险和企业对公允价值计量相对主观性的风险敞口，并且每一层次的转入与转出应当分别披露。

企业调整公允价值计量层次转换时点的相关会计政策应当在前后各会计期间保持一致，一致地应用于转出的公允价值计量层次和转入的公允价值计量层次。

【释 2】对第三层次的公允价值计量，应当采用更加严格的披露要求，以帮助会计信息使用者合理评价公允价值计量所使用的估值技术和输入值。

二、其他披露要求

其他披露要求如表 12－27 所示。

表 12－27　　其他披露要求

1. 非金融资产最佳用途	对于非金融资产的最佳用途与其当前用途不同的，企业应当披露这一事实及其原因【1】
2. 金融工具组合	对以风险净敞口为基础管理的金融工具组合进行公允价值计量的，应当披露该会计政策的事实
3. 不以公允价值计量的	对于在资产负债表中不以公允价值计量但以公允价值披露的各组资产和负债，企业应当披露下列信息： (1) 公允价值计量结果所属的层次
	(2) 对于第二层次公允价值计量，披露使用的估值技术和输入值的描述性信息。当变更估值技术时，披露这一变更以及变更的原因
	(3) 对于第三层次公允价值计量，披露使用的估值技术和输入值的描述性信息。当变更估值技术时，披露这一变更以及变更的原因
	(4) 非金融资产最佳用途与其当前用途不同的，披露这一事实及其原因

续表

4. 信用增级的负债	对于以公允价值计量且在发行时附有不可分割的第三方信用增级的负债，发行人应当披露这一事实，并说明该信用增级是否已反映在该负债的公允价值计量中
5. 估值技术和输入值	企业披露的估值技术和输入值的描述性信息通常包括： （1）是否存在可供企业选择的其他估值技术，如果存在，企业是如何在这些估值技术中进行选择的
	（2）企业所选估值技术可能存在的风险或缺陷
	（3）根据市场价格校准估值模型的方法和频率
	（4）对使用第三方报价机构估值的描述，如获得多少个报价、使用了哪一个第三方报价机构的估值、为何选择该报价机构等
	（5）企业采用类似资产或负债的报价对相关资产或负债进行公允价值计量的，如何根据相关资产或负债的特征调整该报价
	（6）企业使用估值模型以外因素对模型进行调整的，描述这些因素是什么，以及如何进行调整
6. 披露格式	企业应当以表格形式披露本准则要求的量化信息，除非其他形式更适当

【释1】企业披露该信息有助于报表使用者了解企业有关该非金融资产的使用方式以及与企业战略和经营计划的契合方式，能够为财务报表使用者提供预测未来现金流量的有用信息。

三、公允价值披露的格式

（一）关于第二层次公允价值计量中所属项目及其金额的披露格式（见表12－28）

表12－28　　第二层次公允价值计量中所属项目及其金额的披露格式

项　　目	2×10年12月31日	第一层次公允价值计量	第二层次公允价值计量	第三层次公允价值计量	合计
一、持续的公允价值计量					
（一）以公允价值计量且其变动计入当期损益的金融资产					
1. 交易性金融资产					

续表

项　目	2×10年12月31日	第一层次公允价值计量	第二层次公允价值计量	第三层次公允价值计量	合计
(1) 债务工具投资					
(2) 权益工具投资					
(3) 衍生金融资产					
2. 指定为以公允价值计量且其变动计入当期损益的金融资产					
(1) 债务工具投资					
(2) 权益工具投资					
(二) 以公允价值计量且其变动计入其他综合收益的金融资产					
1. 债务工具投资					
2. 权益工具投资					
3. 其他					
(三) 投资性房地产					
1. 出租的土地使用权					
2. 出租的建筑物					
3. 持有并准备增值后转让的土地使用权					
(四) 生物资产					
1. 消耗性生物资产					
2. 生产性生物资产					
持续以公允价值计量的资产总额					
二、非持续的公允价值计量					
(一) 持有待售资产					
非持续以公允价值计量的资产总额					

（二）重要的、可合理取得的、不可观察输入值的第三层次公允价值计量的定量信息披露格式（见表12－29）

表12－29　重要的、可合理取得的、不可观察输入值的第三层次公允价值计量的定量信息披露格式

项目	2×14年12月31日的公允价值	估值技术	不可观察输入值	范围区间（加权平均值）
1. 权益工具投资		现金流量折现法	加权平均资本成本	
			长期收入增长率	
			长期税前营业利润	
			流动性折价	
			控制权溢价	
		上市公司比较法	流动性折价	
			控制权溢价	
2. 债务工具投资		现金流量折现法	提前偿付率	
			违约概率	
			违约损失率	
3. 衍生金融资产		期权定价模型	波动率	
			交易对手信用风险	
			自身信用风险	
4. 出租的建筑物		现金流量折现法	长期净营业收入利润率	
			计算资产余值所使用的利率	

（三）转入与转出第三层次的持续的公允价值计量的披露格式（见表12－30）

对于划入第三层次的持续的公允价值计量，企业应当披露每组资产或负债如何从期初余额调节至期末余额。

表 12 - 30　　转入与转出第三层次的持续的公允价值计量的披露格式

项目	期初余额	转入第三层次	转出第三层次	当期利得或损失总额		购买、发行、出售和结算				期末余额	对于在报告期末持有的资产，计入损益的当期未实现利得或损失的变动
				计入损益	计入其他综合收益	购买	发行	出售	结算		
一、交易性金融资产											
1. 债务工具投资											
2. 权益工具投资											
3. 衍生金融资产											
二、指定为以公允价值计量且其变动计入当期损益的金融资产											
1. 债务工具投资											
2. 权益工具投资											
三、以公允价值计量且其变动计入其他综合收益的金融资产											
1. 债务工具投资											
2. 权益工具投资											
3. 其他											
四、投资性房地产											
1. 出租的土地使用权											
2. 出租的建筑物											
3. 持有并准备增值后转让的土地使用权											
五、生物资产											
1. 消耗性生物资产											
2. 生产性生物资产											
合计											

其中，计入当前损益的利得和损失中与金融资产和非金融资产有关的损益信息的披露格式如表 12 - 31 所示。

表 12-31　与金融资产和非金融资产有关损益信息的披露

类别	与金融资产有关的损益	与非金融资产有关的损益
计入损益的当期利得或损失总额		
对于在报告期末持有的资产计入损益的当期未实现利得或损失的变动		

第六节　综合案例

【案例 12-11】无公开报价权益工具的公允价值计量。

（1）对于成熟的被投资企业，企业可采用市场法计量。

首先，企业选择可比公司作为基准公司时，应当重点考虑业务的性质、业务的盈利能力及所在地。企业无法找到与被投资企业在同一行业的上市公司时，可选择最相近行业和具有相似经营风险和利润率的公司作为替代。

其次，企业选定可比公司后，应当对关键指标的差异进行调整，从而增强市场法的适用性和可靠性。这些所需调整的关键指标差异包括可比公司所在不同市场的估值水平，可比公司与被投资企业之间增长性、盈利能力、股本回报率、流动性差异等。另外，企业也可使用行业特定的一些业务驱动因素进行比较（如股价/页面浏览量、股价/床位）。

（2）对于迅速成长的被投资企业，企业可采用收益法计量。

首先，企业使用该方法时，需要进行一系列的财务预测，预测时间至少包括企业一个业务周期，一般不少于5年。

其次，如果被投资企业已经确定在近期能够实现上市流通，并且相应的股价已大致确定，企业可采用投资收益折现法来确定被投资企业发行的权益工具的公允价值，使用较低的风险回报率确定计量日的现值。

最后，企业应当采用市场法对收益法的结果进行交叉检验。

【案例 12-12】资产组中单项非金融资产的公允价值计量。

主体在企业合并中取得了资产并承担了负债。所取得的其中一个资产组包括资产A、资产B和资产C。资产C是由被购买主体开发的自用收费软件，其为业务不可分割的组成部分并且与资产A和资产B（即相关资产）相结合使用。

主体按照与这些资产特定的计量单元一致的方式逐个计量每一单项资产的公允价值。主体确定这些资产的最高效和最佳使用是其当前的使用，并且每一项资产将主要通过与其他资产或者其他资产和负债（即配套资产和相关负债）的结合使用来为市场参与者提供最大价值。没有证据表明这些资产的当前使用并非其最高效和最佳使用。

在这种情况下，主体将在最初购买资产的市场上出售该资产（即对主体而言进入市场与退出市场是相同的）。在该市场中与主体进行交易的买家有两种类型，第一是战略买家（如竞争对方），第二是金融买家（如不具有补充性投资的私募股权或风险资本机构），并且包括那些最初对该资产进行投标的买家。在许多情况下每一类中的市场参与者之间仍存在差异，反映了诸如对资产的不同使用及不同经营策略。

单项资产公允价值的指示值的差异主要与不同资产组内市场参与者对该资产的使用相关：

（1）战略买家资产组。主体确定战略买家拥有能够提升包含对该资产使用的资产组合价值的相关资产（即市场参与者的协同效应）。此类资产包括资产C（收费软件）的替代资产，该资产只会在有限的过渡期内使用，且在过渡期结束时无法单独出售。由于战略买家拥有替代资产，资产C将不会在其整个剩余经济寿命内被使用。战略买家资产组内资产A、资产B和资产C的公允价值指示值（反映对该资产组内资产的使用所产生的协同效应）分别为360万元、260万元和30万元，整个资产组的公允价值合计为650万元。

（2）金融买家资产组。主体确定金融买家不拥有能够提升包含对该资产使用的资产组合价值的相关资产或替代资产。由于金融买家没有替代资产，资产C（收费软件）将在其整个剩余经济寿命内被使用。金融买家资产组内资产A、资产B和资产C的公允价值指示值分别为300万元、200万元和100万元，整个资产组的公允价值合计为600万元。

要求：资产C的公允价值是多少。

解析：由于战略买家资产组内整个资产组的合计为650万元，虽然战略买家资产组内资产的使用并未实现每一单项资产公允价值的最大化，但是能够实现整个资产组公允价值的最大化，因此，资产C的公允价值为30万元。

【案例12－13】 软件资产的公允价值计量。

主体取得一个资产组。该资产组包括一项内部开发的通过向客户授予许可证赚取收入的软件资产，及其配套资产（包括与该软件资产结合使用的相关数据库）和相关负债。为将资产组的成本分摊至所取得的单项资产，主体计量该软件资产的公允价值。

主体确定该软件资产将通过与其他资产或者其他资产和负债（即其配套资产及相关负债）相结合使用来为市场参与者提供最大价值。并没有证据表明该软件资产的当前使用并非其最高效和最佳使用。因此，该软件资产的最高效和最佳使用是其当前使用（在本例中，授予软件资产的许可证本身并未表明该资产的公允价值可通过该资产单独被市场参与者使用而实现最大化）。

主体确定，除收益法外，还可获得应用成本法的充分数据，但无法获得应用市场法的充分数据，因为无法获得关于可比软件资产的市场交易信息。收益法和成本法应用如下：

（1）应用收益法时，将采用现值技术。该技术所使用的现金流量反映软件资产在其经济寿命内预期产生的收入流（向客户收取的许可证费用）。该方法所得出的公允价值为150万元。

（2）应用成本法时，将估计当前建造具有可比用途的替代软件资产所需的金额（即考虑功能性陈旧以及经济性陈旧）。该方法所得出的公允价值为100万元。

通过应用成本法，主体确定市场参与者将无法建造具有可比用途的替代软件资产。该软件资产是利用专有信息开发的，其具有某些独有特征且不易被复制。

要求： 该软件资产的公允价值是多少。

解析： 应当采用收益法得出的150万元。因为市场参与者无法取得可比的替代软件资产，说明成本法对市场参与者不相关。

【案例12－14】 非金融资产公允价值计量。

2×14年10月16日（购买日），甲企业在非同一控制下的企业合并中获得一台可辨认的机器。按照《CAS20——企业合并》的要求，甲企业需要估计该资产在购买日的公允价值。被购买方最初通过外购取得该机器，并对该机器进行了小范围的特定配置，以适用于自身经营。甲企业自取得该机器后将其用于生产经营。

甲企业发现，该资产将在为使用安装或配置后通过与其他资产结合使用来为市场参与者提供最大价值，并且没有证据表明该机器的当前用途不是最佳用途。因此，该机器的最佳用途是与其他资产相结合的当前用途。

假定甲企业可获得应用成本法和市场法的充分数据。考虑到甲企业无法通过该机器取得单独可辨认收入作为未来现金流量的可靠估计，并且甲企业无法获得类似二手机器的租赁费率（即资产剩余服务寿命内的租赁付款额）用以预测该机器的未来收入，因此，甲企业未使用收益法。

甲企业关于市场法和成本法的应用如下：

（1）甲企业应用市场法时，将采用类似机器的报价，并就该配置后的机器与类似机器之间的差异进行调整。甲企业考虑了该机器当前状况及地理位置。甲企业运用市场法确定该机器在购买日的公允价值为60万元。

（2）甲企业应用成本法时，需要估计当前建造具有类似用途并且经过配置后的替代机器所需的金额。甲企业应当考虑机器的现状及其运行所处的环境，包括实体性损耗、功能性贬值、经济性贬值，以及安装成本。甲企业运用成本法确定该机器在购买日的公允价值为65万元。

（3）市场法所使用的输入值（类似机器的报价）仅需作出较少调整。

要求：如何确定该机器的公允价值。

解析：由于市场法所使用的输入值（类似机器的报价）仅需作出较少调整，甲企业认为市场法得出的估计值更能代表该机器的公允价值。因此，甲企业确定该机器在购买日的公允价值为60万元。如果对该机器的特定配置涉及范围较广，或者无法获得应用市场法的充分数据，甲企业将应用成本法。

【案例12－15】其他方未持有的负债的公允价值计量。

2×14年1月1日，甲企业通过非同一控制下的企业合并取得乙公司的控制权。乙公司为在东海海域开采石油，建立了一个钻井平台，并于2×14年1月1

日投入使用。根据相关法律要求，乙公司在东海海域钻井平台寿命期结束后将其拆除，该平台的寿命期预计为10年。甲企业为编制合并日资产负债表，需要估计各可辨认资产和负债的公允价值。

甲企业使用期望现金流量法来计量该弃置义务（即退役负债）的公允价值。承担该弃置义务的市场参与者使用下列输入值估计预计将会收到的价格，适当时使用其加权平均数：

（1）人工成本。

（2）间接费用的分摊。

（3）市场参与者因实施相关活动及承担与拆除该资产相关的风险而要求的补偿。此类补偿包括下列两项：①来自人工成本和间接费用的利润；②实际现金流出可能不同于预计现金流出的风险，不包括通货膨胀影响。

（4）通货膨胀对估计的成本和利润的影响。

（5）货币时间价值，通过无风险利率反映。

（6）与甲企业不履行义务风险相关的不履约风险，包括甲企业自身信用风险。

基于市场参与者将考虑的上述输入值，甲企业以公允价值计量该弃置义务所使用的重大假设如下：

（1）人工成本依据当前市场条件下聘请承包商拆除海上钻井平台的薪酬水平确定，并就预期未来薪酬增长进行调整。甲企业对估计区间内的现金流量值进行评估，如表12－32所示。

表12－32　　可能的现金流量及概率　　单位：万元

现金流量估计值	概率	期望现金流量
20 000	25%	5 000
25 000	50%	12 500
35 000	25%	8 750
合计		26 250

其中，概率评估是基于甲企业履行此类义务的经验及其对市场的了解而确定的。

（2）甲企业采用人工成本的一定比率（预计为人工成本的80%）估计应分

摊的间接费用和设备运行成本。这与市场参与者的成本结构相符。

（3）甲企业估计市场参与者实施相关活动及承担与拆除该资产相关的风险而要求的补偿如下：

①第三方承包商通常对人工成本及分摊的内部成本进行加成以保证工程的利润率。所使用的利润率（20%）反映了甲企业对业内承包商拆除海上钻井平台通常赚取的经营利润的了解。甲企业认为该利润率与市场参与者就实施相关活动而要求的补偿率一致。

②由于为可能在10年内都不会进行的项目锁定当前价格存在固有不确定性，承包商通常要求就实际现金流出可能不同于预计现金流出的风险作出补偿。甲企业估计溢价金额为期望现金流量的5%，并包括了通货膨胀的影响。

（4）甲企业根据可获得的市场数据，假设10年期间的通货膨胀率为4%。

（5）2×14年1月1日，10年期无风险利率为5%。甲企业为反映不履约风险，在无风险利率基础上增加3.5%。因此，用于计算现金流量现值的折现率为8.5%。

要求：评估甲企业该弃置义务在2×14年1月1日的公允价值金额。

解析：甲企业认为上述假设与市场参与者的假设是一致的。如表12－33所示，甲企业估计该弃置义务在2×14年1月1日的公允价值为38 977万元。

表12－33　　甲企业估计弃置业务的公允价值　　单位：万元

计算步骤	金额
（1）预计人工成本	26 250
（2）分摊的间接费用和设备成本＝0.80×（1）	21 000
（3）承包商的利润加成＝0.20×[（1）＋（2）]	9 450
（4）通货膨胀调整前的期望现金流量＝（1）＋（2）＋（3）	56 700
（5）10年期4%通货膨胀率的系数	1.480 2
（6）通货膨胀调整后的期望现金流量＝（4）×（5）	83 927
（7）市场风险溢价＝0.05×（6）	4 196
（8）市场风险调整后的期望现金流量＝（6）＋（7）	88 123
（9）8.5%折现率的系数	0.442 3
（10）折现后的期望现值＝（8）×（9）	38 977

【链接】在IFRS13应用指南中，还规定了现值技术的运用，供参考。

一、现值计量的构成

现值计量的构成如表 12－34 所示。

表 12－34　　　　　　　现值计量的构成

1. 概念	现值（即收益法的一种应用）是运用折现率将未来金额（如现金流量或价值）与现在金额联系起来所使用的工具
2. 考虑的要素	使用现值技术计量资产或负债的公允价值涵盖了计量日从市场参与者角度考虑的下列所有要素：
	（1）对被计量资产或负债未来现金流量的估计 （2）对代表现金流量固有不确定性的现金流量金额和时间可能变动的预期 （3）资金的时间价值，由无风险货币资产的利率代表，该资产的到期日或期限与现金流量覆盖的期限相一致，且对持有人而言不存在时间的不确定性或违约风险（即无风险利率） （4）因承受现金流量固有不确定性要求的价格（即风险溢价） （5）市场参与者在当前情况下考虑的其他因素 （6）对于负债，负债相关的不履约风险，包括主体（即债务人）的自身信用风险

二、一般原则

现值技术因其如何获取上述列举的要素不同而有所不同。但是，计量公允价值所使用的任何现值技术在应用中都应遵循下列一般原则：

（1）现金流量和折现率应反映市场参与者对资产或负债定价时使用的假设；

（2）现金流量和折现率应仅考虑与被计量资产或负债相关的特定因素；

（3）为避免重复计算或忽略风险因素的影响，折现率应反映与现金流量内在假定相一致的假设【1】；

（4）关于现金流量和折现率的假设应具有内在一致性【2】；

（5）折现率应与现金流量计价货币的基础经济因素相一致。

【释 1】例如，如果使用贷款的合同现金流量，反映未来违约预期不确定性的折现率（即折现率调整技术）是适当的。如果使用预期（即概率加权）现金流量（即预期现值技术）就不应采用该折现率，因为预期现金流量已经反映了对未来违约不确定性的假设；相反，应采用与预期现金流量固有风险相匹配的折现率。

【释 2】例如，包含了通货膨胀影响的名义现金流量应采用包含通货膨胀影响的比率折现。名义无风险利率包含了通货膨胀的影响。排除了通货膨胀影响的实际现金流量应采用排除通货膨胀影响的比率折现。类似地，税后现金流量应采用税后折现率折现。税前现金流量应采用与这些现金流量一致的比率折现。

三、风险和不确定性

采用现值技术计量公允价值是在不确定的条件下进行的，因为使用的现金流量是估计的而不是已知金额。很多情况下，现金流量的金额和时间都不确定。即使是合同固定的金额（如贷款支付额），在存在违约风险时也是不确定的。

市场参与者一般会为承担资产或负债现金流量中的固有不确定性而要求补偿（即风险溢价）。公允价值计量应包括风险溢价，以反映市场参与者就现金流量固有不确定性所要求的补偿金额。否则，该计量将无法如实代表公允价值。在某些情况下，确定合适的风险溢价可能很困难。但是，困难程度本身不足以作为不考虑风险溢价的理由。

现值技术因对风险的调整方式和采用现金流量的类型的不同而不同。主要有如下三种调整方式：

（1）折现率调整技术使用风险调整折现率和合同、承诺或最可能现金流量；

（2）预期现值技术的方法 1 使用风险调整预期现金流量和无风险利率；

（3）预期现值技术的方法 2 使用未经风险调整的预期现金流量和包含市场参与者要求的风险溢价的折现率。该折现率与折现率调整技术中使用的比率不同。

四、折现率调整技术

折现率调整技术如表 12 – 35 所示。

表 12－35　折现率调整技术

1. 现金流量	折现率调整技术使用可能的估计金额范围内一组单一的现金流量中的合同、承诺（如债券）或最可能现金流量。在任何情况下，这些现金流量都是以特定事项的出现为条件的（如债券的合同或承诺现金流量是以债务人不存在违约为条件的）
2. 折现率	折现率调整技术使用的折现率源自市场上交易的可比资产或负债的可观察收益率。相应地，合同、承诺或最可能现金流量以这些附条件现金流量的可观察的或估计的市场利率（即市场回报率）进行折现
3. 可比分析	折现率调整技术要求对可比资产或负债的市场数据进行分析
	在确定是否可比时，需要考虑现金流量的性质（如现金流量是合同现金流量还是非合同现金流量、现金流量对经济条件的改变会否作出类似反应）以及其他因素（如信用状况、抵押品、期限、限制性合同和流动性）
	如果单一的可比资产或负债无法公允反映被计量资产或负债现金流量的固有风险，可能通过使用多项可比资产或负债的数据并结合无风险利率曲线推演出折现率（即使用"构建法"）
4. 应用	当折现率调整技术应用于固定收入或支出时，折现率中应包括对被计量资产或负债现金流量中固有风险的调整
	当折现率调整技术应用于现金流量不是固定收入或支出的情况时，可能需要对现金流量进行调整，以使其与推演出折现率的可观察资产或负债具有可比性

【案例 12－16】构建法的运用。

假定 A 资产是在一年内收取 800 万元的合同权利（即不存在时间不确定性）。存在可比资产的现成市场，且关于这些资产的信息，包括价格信息，是可获得的。这些可比资产中：

（1）B 资产是在一年内收取 1 200 万元的合同权利，且市价为 1 083 万元。因此，内含的年度收益率（即一年的市场回报率）为 $1\ 200 \div 1\ 083 - 1 = 10.8\%$。

（2）C 资产是在两年内收取 700 万元的合同权利，且市价为 566 万元。因此，内含的年度收益率（即两年的市场回报率）为 $(700 \div 566)^{0.5} - 1 = 11.2\%$。

（3）三项资产在风险方面（即可能的支付分布和信用状况）是可比的。

基于 A 资产相对于 B 资产和 C 资产收到合同支付的时间（即 B 资产一年，C 资产两年），B 资产被认为与 A 资产更可比。利用 A 资产收到的合同支付 800 万元和从 B 资产推演的一年期市场利率 10.8%，计算得到 A 资产的公允价值为 $800 \div (1 + 10.8\%) = 722$ 万元。

此外，如果不能获得B资产的市场信息，可以采用构建法从C资产推演出一年期市场利率。在这种情况下，可以利用无风险收益率曲线的期限结构将C资产计算出的两年期市场利率（11.2%）调整为一年期市场利率。为确定一年期和两年期资产的风险溢价是否相同，可能要求获取更多信息和进行额外分析。如果确定一年期资产和两年期资产的风险溢价不同，两年期市场收益率将对这一影响作进一步调整。

五、预期现值技术

预期现值技术如表12－36所示。

表12－36　　　　预期现值技术

1. 概念	预期现值技术以反映所有可能未来现金流量加权平均的一组现金流量（即预期现金流量）为起点。得到的估计值应与期望值相同，期望值在统计术语中是指离散随机变量的可能值以各自概率作为权重计算的加权平均值
	由于对所有可能的现金流量都给予了概率加权，得到的预期现金流量不再以特定事项的出现为条件（与折现率调整技术中使用的现金流量不同）
	在作出投资决策时，风险厌恶型市场参与者将考虑实际现金流量可能不同于预期现金流量的风险【1】
2. 风险类型	组合理论将下列两种风险区分开来： （1）非系统性（可分散）风险，即个别资产或负债的特定风险 （2）系统性（不可分散）风险，即分散化组合中资产或负债与其他项目承担的共同风险
	组合理论认为，在市场均衡的情况下，市场参与者仅会因承担现金流量的固有系统性风险而得到补偿（在市场无效或不均衡时，可能存在其他形式的回报或补偿）
3. 两种方法	（1）预期现值技术的方法1，通过扣减现金风险溢价（即风险调整预期现金流量）对资产预期现金流量的系统性（即市场）风险进行调整。经风险调整后的预期现金流量代表确定的等值现金流量，并按照无风险利率折现
	（2）预期现值技术的方法2，通过在无风险利率之上应用风险溢价对系统性（即市场）风险进行调整。相应地，预期现金流量以与概率加权现金流量相关的预期利率相对应的利率（即预期回报率）进行折现。可以使用对风险资产进行计价的模型，如资本资产定价模型来估计预期回报率
4. 折现率差异	由于折现率调整技术中使用的折现率是与附条件现金流量相关的回报率，该折现率可能比预期现值技术方法2中使用的折现率高，方法2中的折现率是与预期或概率加权现金流量相关的预期回报率

【释1】确定的等值现金流量是指经风险调整后的预期现金流量（如定义）。例如，如果市场参与者愿意以1 200万元的预期现金流量交换1 000万元的确定现金流量，该1 000万元即为1 200万元的确定等值金额（即200万元代表现金风险溢价）。在这种情况下，市场参与者对于所持有的资产不存在偏好。

【案例12－17】预期现值计算两种方法的比较。

计算确定资产在一年内拥有780万元的预期现金流量。适用的一年期现金流量无风险利率为5%，具有相同风险状况的资产的系统性风险溢价为3%。

理论上讲，无论使用方法1还是方法2确定的资产现金流量的现值（即公允价值）都是一样的，分析如下：

（1）使用方法1时，预期现金流量因系统性（即市场）风险而进行调整。当直接表示风险调整金额的市场数据缺失时，这种调整可以从资产定价模型推演出来并使用确定等值额概念。风险调整预期现金流量＝780×1.05÷1.08＝758万元，这是与780万元的确定现金流量的等值额，并以无风险利率（5%）折现。现金风险溢价＝780－758＝22万元，可以通过使用3%的系统性风险溢价确定。

资产的现值（即公允价值）为758÷1.05＝722万元。

（2）使用方法2时，预期现金流量不因系统性（即市场）风险而进行调整。对这一风险的调整被包括在折现率中。因此，预期现金流量以8%（即5%的无风险利率加上3%的系统性风险溢价）的预期回报率折现。

资产的现值（即公允价值）为780÷1.08＝722万元。

当使用预期现值技术计量公允价值时，方法1或方法2均可使用。对方法1或方法2的选择取决于被计量资产或负债的特定事实和环境，以及可获取足够数据和运用判断的程度。

六、对未被其他方作为资产持有的负债和主体自身权益工具运用现值技术

对未被其他方作为资产持有的负债和主体自身权益工具运用现值技术的相关规定如表12－37所示。

表 12－37　对未被其他方作为资产持有的负债和主体自身权益工具运用现值技术

1. 估计的现金流出	当使用现值技术计量未被其他方作为资产持有的负债（即退役负债）的公允价值时，主体应估计市场参与者为履行义务预期将引起的未来现金流出。这些未来现金流出应当包括市场参与者关于履行义务成本的预期以及市场参与者为承担义务所要求的补偿
2. 补偿内容	该补偿包括市场参与者因下列方面所要求的回报： （1）采取此行动（即履行义务的价值，如使用了本可用于其他用途的资源） （2）承担与该义务相关的风险（即反映实际现金流出可能不同于预期现金流出风险的风险溢价）【1】
3. 风险溢价的调整方法	主体可以通过下列方法，在对未被其他方作为资产持有的负债和主体自身权益工具进行公允价值计量中时考虑风险溢价： （1）通过调整现金流量（即增加现金流出金额） （2）通过调整用于将未来现金流量折现到现值的比率（即降低折现率）
4. 不得重复调整	主体应确保不重复计算或忽略对风险的调整。例如，如果因考虑与承担义务相关的风险补偿而增加了估计现金流量，则折现率不应为反映该风险而作出调整

【释1】例如，一项非金融负债不含有合同回报率，也无该负债可观察的市场收益率。有些情况下，市场参与者所要求回报的成分无法相互分离（如使用合同第三方承包商在固定费用基础上确定的价格）。另一些情况下，主体需要对各成分单独估计（如使用合同第三方承包商在成本加成基础上确定的价格，因为该承包商不愿承担未来成本变化的风险）。

【案例 12－18】现值技术中折现率的评估。

甲企业在 2×14 年 1 月 1 日（证券发行日）购入 AAA 级住房抵押贷款的次级证券，作为其他债权投资持有，并以公允价值进行后续计量。该次级证券在三个次级证券的优先次序中位列第二位。住房抵押贷款证券的基础担保品为 2×12 年 9 月 1 日签出的、无担保的住房抵押贷款。

在 2×14 年 12 月 31 日（计量日），该次级证券的评级为 A 级。该住房抵押贷款次级证券之前通过经纪人市场进行交易。但是，该市场中的交易量较少，在 2×14 年 1 月 1 日至 2×14 年 3 月 31 日之间每月仅发生过几宗交易，而在 2×14 年 12 月 31 日前 9 个月内几乎没有任何交易活动。甲企业在评价了相关因素的重要性和相关性之后，考虑到计量日前的较长一段期间内几乎没有任何交易活动，认为该住房抵押贷款次级证券的交易量或交易活跃程度已显著下降。由于不存在采用市场法估值技术可依据的交易活动，甲企业决定使用收益法，通过折现率调整法来计量住房抵押贷款次级证券在计量日的公允价值。甲企业使用了住房抵押贷款证券的合同现金流量，随后估计对该合同现金流量进行折现的折现率（即市场回报率）。市场回报率采用下列两项进行估计：

（1）无风险利率。

（2）针对可获得的市场数据与甲企业投资的住房抵押贷款次级证券之间的差异进行的估计调整。该调整反映了市场参与者在计量日进行的有序交易中，按照当前市场状况对资产进行定价时，将考虑的预计不履约风险及其他风险（如违约风险、抵押品价值风险和流动性风险）的可获得的市场数据。

甲企业在估计调整时考虑了下列信息：

（1）初始交易价格反映的该住房抵押贷款次级证券在发行日的信用利差。

（2）自发行日至计量日之间可比的住房抵押贷款证券的任何可观察价格或基于相关指数所反映的信用利差的变化。

（3）该住房抵押贷款次级证券相对于可比住房抵押贷款证券或指数的特征，包括下列各项：①基础资产的质量，即有关基础抵押贷款的履约信息，如拖欠率和止赎率、历史损失经验和提前偿付率；②所持有的住房抵押贷款证券的优先次序；③其他相关因素。

（4）分析师及信用评级机构发布的相关报告。

（5）由诸如经纪人或第三方报价机构提供的报价。

甲企业估计，市场参与者在对该住房抵押贷款次级证券进行定价时，将使用的其中一个指导性市场回报率为12%（1 200 个基点）。

甲企业对该市场回报率估计如下：

（1）2×14 年 12 月 31 日无风险利率为 300 个基点，并以此为起点。

（2）针对该次级证券在 2×14 年 1 月发行时无风险利率的信用利差，加上 250 个基点。

（3）针对该次级证券自 2×14 年 1 月 1 日至 12 月 31 日的无风险利率信用利差的估计变动，加上 700 个基点。该估计是基于该期间内可获得的最具可比性指数的变动作出的。

(4) 针对用于估计信用利差变动的指数与该次级证券之间的差异，作出减少50个基点（净值）的调整。所参考的指数包括次级抵押贷款，而甲企业持有的住房抵押贷款次级证券由具有更高信用状况的类似抵押贷款构成（从而对市场参与者更具吸引力）。但是，该指数并未反映当前市场状况下该次级证券的流动性风险溢价。因此，50个基点的调整是下列两项调整相抵后的净值：

①第一项调整为350个基点的调减，该估计是通过比较2×13年3月住房抵押贷款证券的最近一期交易的内含收益率与相同日期的指数价格的内含收益率取得的。没有信息表明甲企业的证券与该指数之间的关系已发生了变化。

②第二项调整为300个基点的调增，这是甲企业在与相关指数比较后对其证券固有的额外流动性风险作出的最佳估计。该估计是考虑了一系列类似证券近期现金交易的内含流动风险溢价后得出的。

作为额外的市场回报率指示值，甲企业考虑了由声誉良好的住房抵押贷款证券次级份额经纪人提供的两项近期指示性报价（即非约束性报价），其内含收益率为15%—17%。甲企业无法评价用于确立该报价的估值技术或输入值。但是，甲企业能够确定该报价未能反映交易的结果。

由于甲企业拥有市场参与者在计量公允价值时将考虑的多项市场回报率指示值，甲企业对各回报率指示值分别进行了评价和权衡，并考虑了相关结果区间的合理性。甲企业认为，13%是市场回报率指示值范围内最能代表当前市场状况下公允价值的比率。甲企业更多地考虑12%的市场回报率（即其自身对市场回报率的估计），原因如下：

(1) 甲企业认为，其自身的估计适当考虑了市场参与者在有序交易中按当前市场状况对资产进行定价时所考虑的风险（如违约风险、抵押品价值风险和流动性风险）。

(2) 经纪人报价为非约束性报价且未能反映交易的结果，并且甲企业无法评价用于确定该报价的估值技术或输入值。

第十三章

在其他主体中权益的披露

国际会计准则理事会2011年发布了《国际会计准则第12号——在其他主体中权益的披露》（以下简称“IFRS12”），本准则的发布，是由于财务报表使用者一致要求改善报告主体在其他主体中权益的披露，以帮助确定报告主体可获得的损益和现金流量，并确定在报告主体当前或未来投资的价值。财务报表使用者对纳入合并财务报表范围的子公司以及主体在未纳入合并财务报表范围但具有特殊关系的合营安排、联营企业中的权益有更多的信息需求。

2008年爆发的全球金融危机也集中说明有关报告主体因涉入结构化主体（包括主体发起的结构化主体）而面临的风险缺乏透明度。为响应报表使用者和包括二十国集团领导人和金融稳定理事会在内的其他方面的建议，理事会决定在IFRS12中明确，当报告主体与上述其他主体具有特殊关系时，改善报告主体在其他主体中权益的披露的必要性。

本准则发布之前，主体在子公司、合营安排、联营企业中的权益的披露的要求存在重叠；另外，有关在未纳入合并财务报表范围的结构化主体中的权益的披露要求不应当体现在合并财务报表准则中。因此，理事会将有关子公司、合营安排、联营企业和未纳入合并财务报表范围的结构化主体的披露要求整合为一项准则，建立了统一的关于权益披露的整体框架。

主体披露的信息应有助于财务报表使用者：

（1）理解确定在其他主体或安排中权益的性质（即控制、共同控制或重大影响），以及确定其拥有权益的合营安排类型时，所作的重大判断和假设（以及对这些判断和假设所作的变更）；以及非控制权益方在集团活动和现金流量中拥有的权益。

（2）评估。

①对主体使用集团资产和清偿集团负债能力的重大限制的性质和程度。

②与主体在纳入合并财务报表范围的结构化主体中权益相关的风险性质及其变化。

③主体在未纳入合并财务报表范围的结构化主体中的权益的性质和程度，以及与这些权益相关的风险的性质及其变化。

④主体在合营安排、联营企业中的权益的性质、范围及其财务影响，以及与这些权益相关的风险的性质。

⑤母公司在子公司的所有者权益变动的结果，该变化不导致母公司失去对子公司的控制。

⑥在报告期失去对子公司控制的结果。

本准则规定了主体必须提供的最低披露要求，如果不足以实现披露目标，主体应当披露实现披露目标的其他信息。

因此，我国会计准则为了保持国际趋同，于 2014 年发布了《企业会计准则第 41 号——在其他主体中权益的披露》（下文简称“CAS41”）规范了在其他主体中权益的披露。

第一节　概　　述

一、CAS41 的总体要求

CAS41 的总体要求如表 13－1 所示。

表 13－1　　CAS41 的总体要求

1. 披露目的	企业披露的在其他主体中权益的信息，应当有助于财务报表使用者评估企业在其他主体中权益的性质和相关风险，以及该权益对企业财务状况、经营成果和现金流量的影响
2. 披露方式	企业应当应用重要性原则，从定性和定量两方面综合考虑各项权益的风险特征和回报特征，判断各项信息披露的详细程度，以免有用的信息因淹没在大量不重要细节中或因将具有不同特征的项目予以加总而被模糊处理【1】

续表

3. 衔接规定	（1）追溯调整：企业比较财务报表中披露的本准则施行日之前的信息与本准则要求不一致的，应当按照本准则的规定进行调整
	（2）豁免：有关未纳入合并财务报表范围的结构化主体的披露不需要调整【2】
4. 在其他主体中的权益	是指通过合同或其他形式能够使企业参与其他主体的相关活动并因此享有可变回报的权益【3】

【释1】对企业或企业集团而言重要的权益，需要单独且详尽地披露；对企业或企业集团而言重要性程度不足以单独披露的权益，可以汇总披露。

对汇总披露的信息，企业需要明确分类汇总的依据，例如，按照其他主体的业务性质、所在行业，以及所在国家和地区等进行分类。

【释2】为了确保企业比较财务信息具有可比性，在本准则施行日当年的年报中，企业应当按照本准则的规定对以前年度的相关信息进行调整，将调整后的信息作为比较信息披露在年报中。但是，由于对企业在未纳入合并财务报表范围的结构化主体中权益的披露要求是本准则新增的披露要求，企业对这部分权益只需要提供本准则施行日当年的信息，不需要提供以前年度的比较信息。

【释3】“相关活动”和“可变回报”执行CAS33中规定的概念。企业因其在其他主体中的权益承受了其他主体经营业绩变动的风险。

主体与其他主体的关系如图13－1所示。

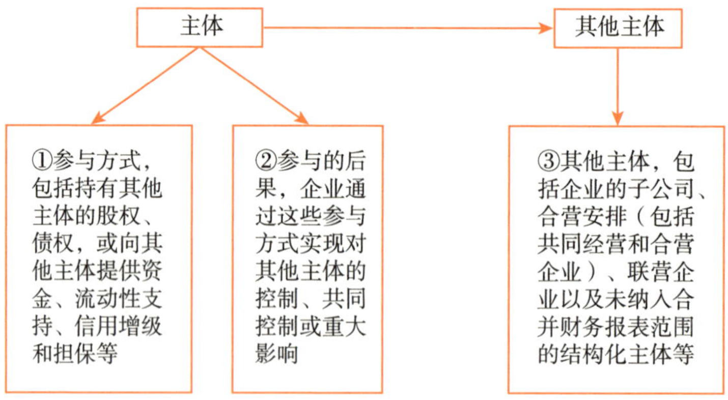

图13－1　主体与其他主体的关系

如果主体不能对其他主体实施控制、共同控制或重大影响，则主体在其他主体中的权益按照 CAS37 的规定披露。

二、结构化主体

结构化主体的相关概念如表 13 -2 所示。

表 13 -2　　结构化主体相关概念

1. 结构化主体	是指在确定其控制方时没有将表决权或类似权利作为决定因素而设计的主体【1】
2. 结构化主体的特征	结构化主体通常具有下列特征中的多项或全部特征： （1）业务活动范围受限【2】 （2）有具体明确的目的，而且目的比较单一【3】 （3）股本（如有）不足以支撑其业务活动，必须依靠其他次级财务支持【4】 （4）通过向投资者发行不同等级的证券（如分级产品）等金融工具进行融资【5】

【释 1】通常情况下，结构化主体在合同约定的范围内开展业务活动，表决权或类似权利仅与行政性管理事务相关。在判断某一主体是否为结构化主体，以及判断该主体与企业的关系时，应当综合考虑结构化主体的定义和特征。

发起人在结构化主体中一般持有较少的份额，但是承担较大的责任，例如，向结构化主体提供次级财务支持，当结构化主体触发某类事件时承担损失等。因此，结构化主体产生的风险比较大，所以，CAS41 对于纳入和不纳入合并财务报表范围的结构化主体都规定了相应的披露要求。

【释 2】例如，从事信贷资产证券化业务的结构化主体，在发行资产支持证券募集资金和购买信贷资产后，根据相关合同，其业务活动是将来源于信贷资产的现金向资产支持证券投资者分配收益。

【释 3】结构化主体通常是为了特殊目的而设立的主体。例如，有的企业发起结构化主体是为了将企业的资产转让给结构化主体以迅速回收资金，并改变资产结构来满足资产负债管理的需要；有的企业发起结构化主体是为了满足客户特定的投资需求，吸引到更多的客户；还有的企业发起结构化主体是为了专门从事研究开发活动，或开展租赁业务等。

【释 4】次级财务支持是指承受结构化主体部分或全部预计损失的可变权益，

其中的“次级”代表受偿顺序在后。股本本身就是一种次级财务支持，其他次级财务支持包括次级债权、对承担损失作出的承诺或担保义务等。通常情况下，结构化主体的股本占资产规模的份额较小，甚至没有股本。当股本很少或没有股本，不足以支撑结构化主体的业务活动时，通常需要依靠其他次级财务支持来为结构化主体注入资金，支撑结构化主体的业务活动。

【释5】不同等级的证券，信用风险及其他风险的集中程度也不同。例如，以发行分级产品的方式融资是对各级产品的受益权进行了分层配置。购买优先级的投资者享有优先受益权，购买次级的投资者享有次级受益权。投资期满后，投资收益在逐级保证受益人本金、预期收益及相关费用后，其余额归购买次级的投资者，如果出现投资损失，先由购买次级的投资者承担。由于不同等级的证券具有不同的信用风险、利率风险或流动性风险，发行分级产品可以满足不同风险偏好投资者的投资需求。

【案例13－1】结构化主体。

甲银行（发起人）委托某信托公司设立乙信托（结构化主体）。甲银行将其信贷资产转让给乙主体，以满足甲银行自身资产负债管理的需要，这是一种结构化设计。乙主体以信贷资产产生的现金流为基础通过承销商向投资者发行不同等级的资产支持证券筹集资金，并向甲银行支付信贷资产转让对价。信贷资产产生的现金流是资产支持证券投资者的收益来源。

该资产支持证券分为优先级和次级，其中优先级还分为优先A档、优先B档和优先C档，不同等级的证券对应着不同等级的受益权，这也是一种结构化设计。

根据约定，甲银行持有乙主体发行的次级档资产支持证券，其持有规模为资产支持证券发行总规模的5%。甲银行同时向乙主体提供资产管理服务，乙主体因此向甲银行支付服务费。乙主体在信托合同等相关合同或协议约定的范围内开展业务活动，由于权益结构比较分散，表决权或类似权力不作为确定乙主体的控制方的决定性因素。

该信贷资产证券化的交易结构与资金流如图13－2和13－3所示。

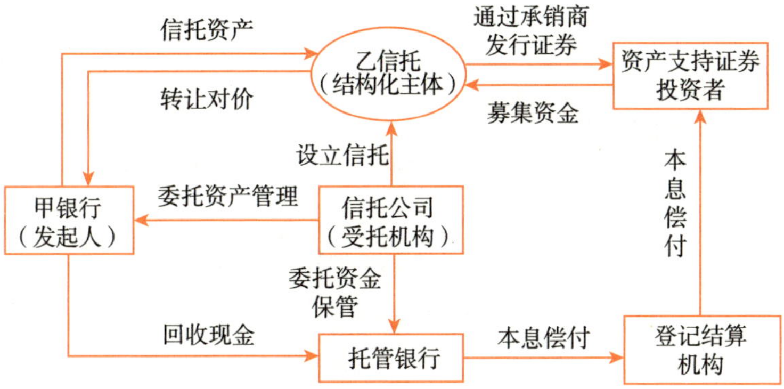

图 13－2　信贷资产证券化的交易结构

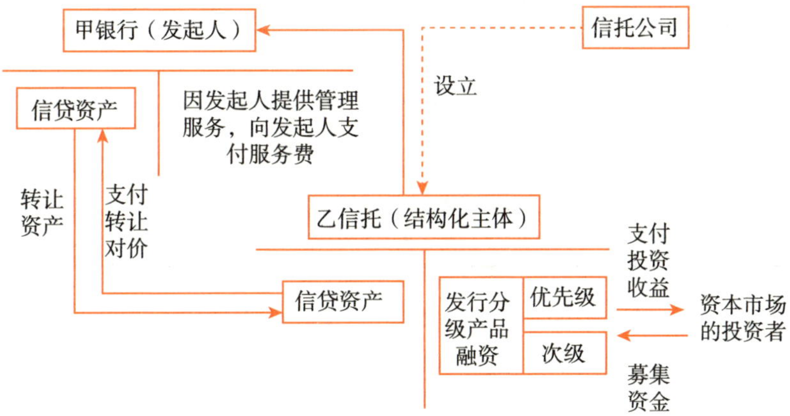

图 13－3　信贷资产证券化的现金流

三、CAS41 适用范围

CAS41 的适用范围如表 13－3 所示。

表 13－3　　CAS41 适用范围

1. 适用 CAS41	（1）子公司： ①企业为非投资性主体，子公司也是非投资性主体 ②企业为非投资性主体，子公司是纳入合并范围的结构化主体 ③企业为投资性主体，子公司是未纳入合并范围的主体

续表

1. 适用 CAS41	（2）合营安排（包括共同经营和合营企业）和联营企业【1】 ①企业为非投资性主体 ②企业为投资性主体 ③企业在合营安排中不享有共同控制但享有重大影响的权益 ④合营安排是结构化主体
	（3）未纳入合并范围的结构化主体【2】
2. 双重披露	企业持有权益的合营安排或联营企业本身是结构化主体（CAS41）【3】
	企业在以公允价值计量且其变动计入当期损益的合营企业或联营企业中的权益（CAS37/41）【4】
	企业对合营安排不享有共同控制也不施加重大影响，但合营安排是结构化主体（CAS37/41）【5】
3. 适用 CAS37	企业在合营安排中既不享有共同控制又不施加重大影响，且合营安排不是结构化主体的权益
	由 CAS22 规范的在其他主体中的权益
4. 适用 CAS9	离职后福利计划或其他长期职工福利计划【6】
5. 无须重复披露	企业同时提供合并财务报表和母公司个别财务报表的，应当在合并财务报表附注中披露本准则要求的信息，不需要在母公司个别财务报表附注中重复披露相关信息

【释 1】在共同经营中的权益不一定代表在其他主体中的权益，但是，将所有有关合营安排的披露要求放在一起，胜过放在其他准则中。

【释 2】由于结构化主体产生的风险比较大，因此，对于纳入合并报表范围的结构化主体按照对子公司的要求披露，对于未纳入合并范围的结构化主体，CAS41 也专门规定了披露要求。

【释 3】既要披露主体在合营企业或联营企业中拥有的权益，以符合在非合并结构化主体中的权益的披露要求，又要披露结构化主体的风险信息，这不会显著增加主体提供的信息量。

【释 4】由于会计处理方法的选择权并不改变权益的性质，所以对于这部分权益，既要按照 CAS41 披露在合营企业或联营企业中的权益，又要按照 CAS37 披露金融工具的风险。

CAS37 中的披露要求是根据金融工具的特点，侧重于披露权益的金融工具属性，例如披露与金融工具相关的信用风险、流动性风险、市场风险及其他风险的定性和定量信息。CAS41 采用了不同的视角，披露要求是根据主体之间的关系，侧重于披露权益的主体属性，要求主体披露其在结构化主体中的权益产生的风险。例如，主体与结构化主体交易的范围，因与主体进行交易的其他主体的性质而产生的风险集中度，使主体面临风险的特定交易。两者是相互补充的。

【释5】由于企业对合营安排不享有共同控制也不施加重大影响，应当确认为一项金融资产，既要按照CAS37的规定披露金融工具的信息，又要按照CAS41的规定披露结构化主体的信息。

【释6】虽然企业在离职后福利计划或其他长期职工福利计划中也享有一定的权益，但是，由于这种权益不能向股权投资的权益那样通过控制、共同控制或重大影响产生可变回报，因此与CAS41规范的权益含义不同，信息披露适用CAS9。

四、重大判断和假设的披露

企业对其他主体影响的性质不同，适用的会计准则和采用的会计方法就不同，从而在会计报表中列报的信息就不同。因此，企业如何认定对其他主体的权益的性质，采用了哪些重大判断和假设，这些信息对报表使用者非常重要，需要详细披露。

重大判断和假设的披露如表13－4所示。

表13－4　　重大判断和假设的披露

1. 企业应当披露对其他主体实施控制、共同控制或重大影响的重大判断和假设，以及这些判断和假设变更的情况，包括但不限于下列各项：	（1）企业持有其他主体半数或以下的表决权但仍控制该主体的判断和假设，或者持有其他主体半数以上的表决权但并不控制该主体的判断和假设
	（2）企业持有其他主体20%以下的表决权但对该主体具有重大影响的判断和假设，或者持有其他主体20%或以上的表决权但对该主体不具有重大影响的判断和假设
	（3）企业通过单独主体达成合营安排的，确定该合营安排是共同经营还是合营企业的判断和假设
	（4）确定企业是代理人还是委托人的判断和假设。企业应当根据合并财务报表准则的规定，判断企业是代理人还是委托人

续表

2. 投资性主体的重大判断和假设	（1）企业应当披露按照《CAS33——合并财务报表》被确定为投资性主体的重大判断和假设，以及虽然不符合投资性主体的一项或多项特征但仍被确定为投资性主体的原因
	（2）企业（母公司）由非投资性主体转变为投资性主体的，应当披露该变化及其原因，并披露该变化对财务报表的影响，包括对变化当日不再纳入合并财务报表范围子公司的投资的公允价值、按照公允价值重新计量产生的利得或损失以及相应的列报项目
	（3）企业（母公司）由投资性主体转变为非投资性主体的，应当披露该变化及其原因

【案例13－2】控制子公司的重大判断和假设的披露。

甲企业集团持有乙公司40%的股份，但甲集团认为其能够控制乙公司。甲集团在其2×14年年报的合并财务报表附注中作出如下披露：

本集团持有乙公司40%的股权，对乙公司的表决权比例亦为40%。虽然本集团持有乙公司的表决权比例未达到半数以上，但本集团能够控制乙公司，理由如下：

（1）乙公司的其他股东的表决权比例均不超过1%，且没有迹象表明其他股东会集体表决；

（2）近5年来其他股东出席或通过代理人出席股东大会、行使表决权的比例未超过乙公司总表决权的20%；

（3）本集团有权任免乙公司董事会中的多数成员；

（4）本集团有权主导乙公司的经营活动并享有可变回报。

【案例13－3】具有重大影响的重大判断和假设的披露。

甲企业集团持有乙公司17%的股份，但甲集团认为其能够对乙公司实施重大影响。甲集团在其2×14年年报的合并财务报表附注中作出如下披露：

本集团持有乙公司17%的股权，对乙公司的表决权比例亦为17%。虽然该比例低于20%，但由于本集团在乙公司董事会中派有代表并参与对乙公司财务和经营政策的决策，所以本集团能够对乙公司施加重大影响。

第二节 在子公司中权益的披露

一、集团信息与重要的少数股东权益的披露

集团信息与重要的少数股东权益的披露如表 13 – 5 所示。

表 13 – 5　　集团信息与重要的少数股东权益的披露

1. 集团信息披露	企业应当在合并财务报表附注中按下表披露企业集团的构成，包括子公司的名称、主要经营地及注册地（一般指国家或地区）、业务性质、企业的持股比例（或类似权益比例，下同）等【1】
	企业对子公司的持股比例不同于企业持有的表决权比例的，还应当披露该表决权比例
	纳入合并范围的子公司财务报表的报告期期末日与合并财务报表不同时，主体应当披露：子公司财务报表报告期期末日，以及使用不用日期或期间的原因
2. 重要的少数股东权益的披露	子公司少数股东持有的权益对企业集团重要的，企业还应当在合并财务报表附注中披露下列信息：
	（1）子公司少数股东的持股比例。子公司少数股东的持股比例不同于其持有的表决权比例的，企业还应当披露该表决权比例，因为这些信息有助于使用者了解分别归属于母公司股东和非控制权益方的损益和现金流量 （2）当期归属于子公司少数股东的损益以及向少数股东支付的股利 （3）子公司在当期期末累计的少数股东权益余额 （4）子公司的主要财务信息。企业在子公司中的权益（或权益的一部分）按照 CAS42 划分为持有待售资产的，不需要披露本条信息【2】
	如果单个非全资子公司的少数股东权益对企业集团而言并不重要，则不需要披露上述信息。

【释 1】披露子公司的名称，因为对集团而言重要的非控制权益以子公司命名，有助于财务报表使用者搜索子公司有关的其他有用信息。

披露主要经营地，因为这些信息有助于使用者了解与子公司有关的政治、经济和货币风险以及子公司必须遵循的法律（见表 13 – 6）。

表 13－6　集团信息披露的内容

子公司名称	主要经营地	注册地	业务性质	持股比例

【释2】因为划分为持有待售的子公司，采用公允价值减去出售费用后的净额计量，不需要披露权益相关的信息。

上述（1）至（3）项要求的信息可以采用表 13－7 的格式来披露。

表 13－7　主要非全资子公司信息披露的内容

子公司名称	少数股东的持股比例	当期归属于少数股东的损益	当期向少数股东支付的股利	期末累计少数股东权益

上述（4）披露重要非全资子公司的主要财务信息，目的是帮助财务报表使用者了解重要的少数股东权益对整个企业集团的业务活动和现金流量的影响，可以采用表 13－8 的格式来披露。

表 13－8　重要非全资子公司的主要财务信息

	本期数			上期数		
	A 公司	B 公司	……	A 公司	B 公司	……
流动资产						
非流动资产						
资产合计						
流动负债						
非流动负债						
负债合计						
营业收入						
净利润						
综合收益总额						
经营活动现金流量						

二、重大限制与纳入合并范围的结构化主体的披露

重大限制与纳入合并范围的结构化主体的披露如表 13－9 所示。

表 13－9　　重大限制与纳入合并范围的结构化主体的披露

1. 重大限制的披露	企业集团成员企业使用企业集团资产和清偿企业集团债务可能因法律、行政法规的规定以及合同协议的约定而受到重大限制。企业根据重要性原则判断限制是否重大。如果存在重大限制的，企业应当在合并财务报表附注中披露下列信息： (1) 该限制的内容，包括对母公司或其子公司与企业集团内其他主体相互转移现金或其他资产的限制，以及对企业集团内主体之间发放股利或进行利润分配、发放或收回贷款或垫款等的限制 (2) 子公司少数股东享有保护性权利，并且该保护性权利对企业使用企业集团资产或清偿企业集团负债的能力存在重大限制的，该限制的性质和程度。例如，根据协议，母公司动用子公司资产、清偿子公司债务必须经过子公司少数股东的批准 (3) 上述重大限制对企业集团的资产和负债产生一定影响，披露该限制涉及的资产和负债在合并财务报表中的金额
2. 纳入合并范围的结构化主体的披露	与结构化主体相关的风险，主要是指企业或其子公司需要依合同约定或因其他原因向结构化主体提供财务支持或其他支持，包括帮助结构化主体取得财务支持
	企业存在纳入合并财务报表范围的结构化主体的，应当在合并财务报表附注中披露下列信息： (1) 合同约定企业或其子公司向该结构化主体提供财务支持的，应当披露提供财务支持的合同条款，包括可能导致企业承担损失的事项或情况 (2) 在没有合同约定的情况下，企业或其子公司当期向该结构化主体提供了财务支持或其他支持，应当披露所提供支持的类型、金额及原因，包括帮助该结构化主体获得财务支持的情况。其中，企业或其子公司当期对以前未纳入合并财务报表范围的结构化主体提供了财务支持或其他支持并且该支持导致企业控制了该结构化主体的，还应当披露决定提供支持的相关因素 (3) 企业存在向该结构化主体提供财务支持或其他支持的意图的，应当披露该意图，包括帮助该结构化主体获得财务支持的意图【1】

表 13－7 的数据来源于重要非全资子公司的财务报表，不是根据少数股东的持股比例计算出来的金额。该数据还需要经过一定调整，包括以合并日子公司可辨认资产和负债的公允价值为基础进行的调整，以及因母公司与子公司会计政策不一致而按照母公司会计政策对子公司财务报表进行的调整等，但不需要抵销企

业集团成员企业之间的内部交易。

【释1】CAS41 所指的支持不属于企业日常的经营活动，通常是由特定事项触发的交易。例如，当纳入合并财务报表范围的结构化主体流动性紧张或资产信用评级被降低时，企业作为母公司可能需要向结构化主体提供流动性支持，或与结构化主体进行资产置换来提高结构化主体的资产信用评级，使结构化主体恢复到正常的经营状态。

CAS41 所指的“财务支持”（即直接或间接地向结构化主体提供经济资源）通常包括：向结构化主体无偿提供资金；增加对结构化主体的权益投资；向结构化主体提供长期贷款；豁免结构化主体所欠的债务；从结构化主体购入资产，或购买结构化主体发行的证券；按照偏离市场公允价值的价格与结构化主体进行交易，造成企业资源的净流出；企业就结构化主体的经营业绩向第三方提供保证或承诺；其他情形。

CAS41 所指的“其他支持”，通常是非财务方面的支持，例如，提供人力资源管理或其他管理服务等。

“意图”是指企业基本决定将在未来期间向结构化主体提供财务支持或其他支持，具体表现为适当级别的企业高管批准了企业向结构化主体提供支持的计划或者方案。如果计划或者方案仅处于酝酿阶段，尚未获得企业高管批准，则不属于 CAS41 所称的意图，也不需要进行披露。

三、在子公司中权益发生变化与投资性主体的披露

在子公司中权益发生变化与投资性主体的披露如表 13－10 所示。

表 13－10　在子公司中权益发生变化与投资性主体的披露

1. 企业在其子公司的所有者权益份额发生变化的披露	（1）未丧失控制权的披露，企业在其子公司所有者权益份额发生变化且该变化未导致企业丧失对子公司控制权的，应当在合并财务报表附注中披露该变化对本企业所有者权益的影响【1】
	（2）丧失控制权的披露，企业丧失对子公司控制权的，应当在合并财务报表附注中披露按照《CAS33——合并财务报表》计算的下列信息： ①由于丧失控制权而产生的利得或损失以及相应的列报项目 ②剩余股权在丧失控制权日按照公允价值重新计量而产生的利得或损失

续表

2. 投资性主体的披露	企业是投资性主体且存在未纳入合并财务报表范围的子公司、并对该子公司权益按照公允价值计量且其变动计入当期损益的，应当披露该子公司的基础信息和与权益相关的风险信息
	（1）未纳入合并财务报表范围的子公司的基础信息 ①子公司的名称、主要经营地及注册地（一般指国家或地区） ②企业对子公司的持股比例。持股比例不同于企业持有的表决权比例的，企业还应当披露该表决权比例 ③企业的子公司也是投资性主体且该子公司存在未纳入合并财务报表范围的下属子公司的，企业应当按照上述要求披露该下属子公司的相关信息
	（2）与权益相关的风险信息 ①该未纳入合并财务报表范围的子公司以发放现金股利、归还贷款或垫款等形式向企业转移资金的能力存在重大限制的，企业应当披露该限制的性质和程度 ②企业存在向未纳入合并财务报表范围的子公司提供财务支持或其他支持的承诺或意图的，企业应当披露该承诺或意图，包括帮助该子公司获得财务支持的承诺或意图。在没有合同约定的情况下，企业或其子公司当期向未纳入合并财务报表范围的子公司提供财务支持或其他支持的，企业应当披露提供支持的类型、金额及原因 ③合同约定企业或其未纳入合并财务报表范围的子公司向未纳入合并财务报表范围，但受企业控制的结构化主体提供财务支持的，企业应当披露相关合同条款，以及可能导致企业承担损失的事项或情况。在没有合同约定的情况下，企业或其未纳入合并财务报表范围的子公司当期向原先不受企业控制且未纳入合并财务报表范围的结构化主体提供财务支持或其他支持，并且所提供的支持导致企业控制该结构化主体的，企业应当披露决定提供上述支持的相关因素

【释1】在不丧失控制权的情况下，子公司仍纳入合并财务报表范围，但这一交易会影响合并财务报表中少数股东权益等金额，对本企业所有者权益产生影响，因此需要披露。

【案例13－4】对使用企业集团资产和清偿企业集团债务的重大限制的披露。

甲企业集团主要从事金融业务，总部设在中国，并在多个国家设立了子公司。甲集团在其2×15年年报的合并财务报表附注中就集团成员企业使用企业集团资产和清偿企业集团债务受到的重大限制作出如下披露：

本集团在欧洲的子公司乙公司因当地法律中有关银行资本充足率的规定使乙公司向母公司转移现金或其他资产的能力受到重大限制，该项限制涉及的资产在合并财务报表中的金额为73亿元（2×14年的金额为71亿元）。

本集团在欧洲的子公司丙公司需要遵循当地政府有关金融企业保持流动性的要求，根据该要求，丙公司不能使用已确认但未实现的收益进行利润分配。该限制涉及的金额为350万元（2×14年的金额为400万元）。

本集团有多家投资基金，这些投资基金是纳入合并财务报表范围的结构化主体。投资基金持有的资产具有专门用途，按照相关合同约定，对这部分资产不得擅自改变用途并转移至本集团的其他成员企业。该限制涉及的资产在合并财务报表中的金额为4.8亿元（2×14年的金额为4.5亿元）。

本集团在非洲的子公司丁公司需要遵循当地外汇管理政策，根据该政策，丁公司必须经过当地外汇管理局的批准才能向母公司及其他投资者支付现金股利。丁公司2×15年12月31日现金及现金等价物的金额为500万元（2×14年的金额为480万元）。

【案例13－5】有合同约定的情况。

甲公司是乙结构化主体的发起人，能够控制乙主体并将其纳入合并财务报表范围。甲公司在其2×15年报的合并财务报表附注中对有关事项披露如下：

甲公司与乙主体以合同方式约定，如果乙主体资产的信用评级降至AAA级以下，甲公司将同乙主体进行资产交换，甲公司用信用评级为AAA级资产换取乙主体相同公允价值但信用评级低于AAA级的资产，用于交换的资产的公允价值上限为1 000万元。

【案例13－6】没有合同约定的情况。

甲公司是乙结构化主体的发起人，能够控制乙主体并将其纳入合并财务报表范围。甲公司在其2×15年年报的合并财务报表附注中对有关事项披露如下：

2×15年7月，乙主体所持有的资产信用评级下降，由原先的AAA级下降至AA级，很有可能被迫回购其发行的中长期债券。为此，本公司在没有合同约定的情况下，仍将信用评级为AAA的资产按照该资产的公允价值2 000万换取乙主体相同公允价值但信用评级为AA级的资产，使乙主体资产的信用评级维持在AAA级。

【案例 13－7】不丧失控制权的披露。

甲公司持有乙公司 80% 的股权，能够对乙公司实施控制。2×14 年 1 月，甲公司将其持有的乙公司的部分股份对外出售（占乙公司股份的 20%），该项交易未导致甲公司丧失对乙公司的控制权。甲公司在 2×14 年年报的合并财务报表附注中对该项交易的披露如下：

甲公司于 2×14 年 1 月处置部分对乙公司的投资（占乙公司股份的 20%），但未丧失对乙公司的控制权。

处置股权取得的对价为 2 600 万元，该项交易导致少数股东权益增加 2 400 万元，资本公积增加 200 万元。

【案例 13－8】丧失控制权的披露。

甲公司持有乙公司 60% 的股权，能够对乙公司实施控制。2×14 年 6 月，甲公司将其持有的乙公司的部分股份对外出售（占乙公司股份的 40%），该项交易导致甲公司丧失了对乙公司的控制权，但仍对乙公司具有重大影响。甲公司在 2×14 年年报的合并财务报表附注中对该项交易的披露如下：

甲公司 2×14 年 6 月处置部分对乙公司的投资（占乙公司股份的 40%），丧失了对乙公司的控制权。

处置股权取得的对价为 6 000 万元，该项交易的收益为 720 万元，列示在合并财务报表的“投资收益”项目中。

处置当日剩余股权的公允价值为 3 000 万元，剩余股权按照公允价值计量而产生的利得为 200 万元。

第三节　合营安排或联营企业中权益的披露

一、重要的合营安排或联营企业的披露

CAS41 对合营安排的披露主要是对合营企业的披露，因为企业对享有的共同经营的资产、负债等信息已经在财务报表中列示了，需要披露的信息比较少。

重要的合营安排或联营企业的披露如表 13－11 所示。

表 13－11　　重要的合营安排或联营企业的披露

1. 重要的合营安排或联营企业的披露	（1）合营安排或联营企业的名称、主要经营地及注册地
	（2）企业与合营安排或联营企业的关系的性质，包括合营安排或联营企业活动的性质，以及合营安排或联营企业对企业活动是否具有战略性等
	（3）企业的持股比例。持股比例不同于企业持有的表决权比例的，企业还应当披露该表决权比例【1】
2. 重要的合营企业或联营企业还应当披露	（1）对合营企业或联营企业投资的会计处理方法，从合营企业或联营企业收到的股利，以及合营企业或联营企业在其自身财务报表中的主要财务信息，即披露按照权益法对合营企业或联营企业相关财务信息调整后的金额，以及按照权益法调整至企业对合营企业或联营企业投资账面价值的调节过程
	（2）企业对合营企业或联营企业投资采用权益法进行会计处理但该投资存在公开报价的，还应当披露其公允价值
	（3）由于企业对合营企业相关活动的参与程度更高，对于重要的合营企业，除披露上述信息外，还需要披露的信息有：现金和现金等价物；财务费用（分别披露利息收入和利息费用）；所得税费用。对于重要的联营企业，披露项目比合营企业稍微简化
	（4）企业根据其他相关会计准则，对重要的合营企业或联营企业投资采用权益法以外的其他方法进行会计处理的（即按照公允价值计量的），需要区分两种情况： ①企业是投资性主体的，不需要披露合营企业或联营企业的主要财务信息。因为投资性主体采用公允价值计量对合营企业或联营企业投资，所以无须披露权益法的信息 ②企业不是投资性主体的，披露的合营企业或联营企业的主要财务信息直接来源于合营企业或联营企业的财务报表，不需要经过调整，也不包括调节过程
	（5）企业在合营企业或联营企业中的权益（或权益的一部分）按照《CAS30——财务报表列报》划分为持有待售资产的，不需要披露合营企业或联营企业的上述主要财务信息。因为划分为持有待售采用公允价值减去出售费用后的净额计量，所以无须披露权益法的信息【2】

【释 1】重要合营安排或联营企业的基础信息披露格式如表 13－12 所示。

表 13－12　　重要合营安排或联营企业的基础信息

企业名称	主要经营地	注册地	持股比例	业务性质	对企业活动是否具有战略性

【释 2】 重要合营企业的主要财务信息披露格式如表 13－13 所示。

表 13－13　　　　重要合营企业的主要财务信息

	本期数			上期数		
	A 企业	B 企业	……	A 企业	B 企业	……
流动资产						
其中：现金和现金等价物						
非流动资产						
资产合计						
流动负债						
非流动负债						
负债合计						
净资产						
按持股比例计算的净资产份额						
调整事项						
对合营企业权益投资的账面价值						
存在公开报价的权益投资的公允价值						
营业收入						
财务费用						
其中：利息收入						
利息费用						
所得税费用						
净利润						
其他综合收益						
综合收益总额						
企业本期收到的来自合营企业的股利						

（注：存在终止经营的净利润的，还应当在表 13－13 中单列项目披露）

表 13－13 的数据来源于重要合营企业的财务报表，不是根据持股比例计算出来的金额。来源于合营企业财务报表的数据还需要经过一定调整。例如，以取得投资时被投资方可辨认资产和负债的公允价值为基础进行的调整，或者因被投资方与企业的会计政策不一致而对被投资方财务信息进行的调整等，但不需要抵销企业与合营企业之间的内部交易。假设甲公司是对乙企业享有共同控制的合营方，在取得对乙企业的投资时，乙企业一项固定资产的账面价值为 500 万元，公

允价值为600万元，剩余摊销年限为10年。在编制表13－13时，甲公司应当以600万元为基础调整乙企业财务报表的金额，按调整后的金额填列“非流动资产”项目、“净利润”项目，以及“综合收益”项目等。

表13－13中的“调整事项”包括取得投资时形成的商誉，即取得投资时企业的初始投资成本大于投资时应享有合营企业可辨认净资产公允价值份额的金额，还包括抵销企业与合营企业之间的内部交易、减值准备等其他事项。

重要联营企业的主要财务信息披露格式如表13－14所示。

表13－14　　重要联营企业的主要财务信息

	本期数			上期数		
	A企业	B企业	……	A企业	B企业	……
流动资产						
非流动资产						
资产合计						
流动负债						
非流动负债						
负债合计						
净资产						
按持股比例计算的净资产份额						
调整事项						
对联营企业权益投资的账面价值						
存在公开报价的权益投资的公允价值						
营业收入						
净利润						
其他综合收益						
综合收益总额						
企业本期收到的来自联营企业的股利						

（注：存在终止经营的净利润的，还应当在表13－14中单列项目披露）

二、不重要的合营企业或联营企业的披露

不重要的合营企业或联营企业的披露如表13－15所示。

表 13－15　不重要的合营企业或联营企业的披露

1. 不重要的合营企业或联营企业	企业在单个合营企业或联营企业中的权益不重要的，应当分别就合营企业和联营企业两类披露下列汇总财务信息：
	（1）按照权益法进行会计处理的对合营企业或联营企业投资的账面价值合计数
	（2）对合营企业或联营企业的净利润、终止经营的净利润、其他综合收益、综合收益等项目，企业按照其持股比例计算的金额的合计数
2. 无须披露	企业是投资性主体的，不需要披露上述信息。因为投资性主体对其投资采用公允价值计量，所以无须披露权益法的信息

不重要的合营企业和联营企业的汇总信息披露格式如表 13－16 所示。

表 13－16　不重要的合营企业和联营企业的汇总信息

项目	本期数	上期数
合营企业：		
投资账面价值合计		
下列各项按持股比例计算的合计数		
净利润		
其他综合收益		
综合收益总额		
联营企业：		
投资账面价值合计		
下列各项按持股比例计算的合计数		
净利润		
其他综合收益		
综合收益总额		

（注：存在终止经营的净利润的，还应当在表 13－16 中单列项目披露）

三、与企业在合营企业或联营企业中权益相关的风险信息

与企业在合营企业或联营企业中权益相关的风险信息如表 13－17 所示。

表 13－17　与企业在合营企业或联营企业中权益相关的风险信息

1. 对转移资金能力的重大限制	合营企业或联营企业以发放现金股利、归还贷款或垫款等形式向企业转移资金的能力存在重大限制的，企业应当披露该限制的性质和程度
	例如，某联营企业与独立第三方银行签订借款合同，合同约定：如果联营企业未能清偿到期债务，就不能向其投资方支付股利。在这种情况下，联营企业向企业（投资方）转移资金的能力就受到了限制，如果该项限制属于重大限制，企业应当在其财务报表附注中披露该项限制的性质和程度
2. 超额亏损	企业对合营企业或联营企业投资采用权益法进行会计处理，被投资方发生超额亏损且投资方不再确认其应分担合营企业或联营企业损失份额的，应当披露未确认的合营企业或联营企业损失份额，包括当期份额和累积份额。企业可以采用下表或文字形式披露相关信息【1】
3. 未确认承诺	企业应当单独披露与其对合营企业投资相关的未确认承诺 未确认承诺，是指企业已作出但未确认的各项承诺，既包括企业单独作出的未确认承诺，又包括企业与其他参与方共同作出的未确认承诺中企业所承担的份额
	未确认承诺的具体内容包括但不限于： （1）企业作出的提供资金或资源的未确认承诺【2】 （2）企业购买合营企业其他参与方在合营企业的全部或部分权益的未确认承诺。企业是否需要履行这一承诺通常取决于特定事件是否在未来期间发生
4. 或有负债	企业应当按照《CAS13——或有事项》来判断某一事项是否属于或有负债。企业应当单独披露与其对合营企业或联营企业投资相关的或有负债，但不包括极小可能导致经济利益流出企业的或有负债
	如果企业与合营企业的其他参与方、联营企业的其他投资方共同承担某项或有负债，企业应当在财务报表附注中披露在该项或有负债中企业所承担的份额
	在或有负债较多的情况下，企业可以按照或有负债的类别进行汇总披露

企业对合营企业或联营企业发生超额亏损的分担额的披露格式如表 13－18 所示。

表 13－18　企业对合营企业或联营企业发生超额亏损的分担额

项目	前期累积未确认的损失份额	本期未确认的损失份额（或本期实现净利润的分享额）	本期末累积未确认的损失份额
合营企业：			
（1）			
……			
小计			

续表

项目	前期累积未确认的损失份额	本期未确认的损失份额（或本期实现净利润的分享额）	本期末累积未确认的损失份额
联营企业：			
(1)			
……			
小计			
合计			

【释2】例如，企业对合营企业的出资承诺，对于合营企业承担的资本性支出企业将提供支持的承诺，企业承诺从合营企业购买或代表合营企业购买设备、存货或服务等无条件购买义务，企业向合营企业承诺提供贷款或其他财务支持，以及企业作出的与对合营企业投资相关的其他不可撤销的承诺。

【案例13－9】超额亏损的披露。

甲公司持有乙公司40%的股权，能够对乙公司实施重大影响。2×14年度，乙公司发生巨额亏损。甲公司在其2×14年年报的财务报表附注中对该事项披露如下：

2×14年度乙公司亏损10 000万元，本公司按照持股比例应分担损失4 000万元，但本公司对乙公司权益投资的账面价值仅为3 500万元，本公司不存在长期应收款等其他实质上构成对乙公司净投资的权益项目，本公司确认了3 500万元的投资损失，当期未确认的对乙公司投资的损失份额为500万元，本期末累积未确认的对乙公司投资的损失份额为500万元。

甲公司也可以采用表13－19的形式披露。

表13－19　2×14年甲公司对乙公司发生超额亏损的分担额　单位：万元

项目	前期累积未确认的损失份额	本期未确认的损失份额	本期末累积未确认的损失份额
联营企业：			
乙公司	0	500	500
合计	0	500	500

【案例13－10】未确认承诺的披露。

2×14年7月1日，甲公司、乙公司和丙公司共同出资设立丁企业，出资比例分别为50%、40%及10%，各参与方的表决权比例与其出资比例相同。假设根据协议，甲公司和乙公司对丁企业具有共同控制，且该合营安排为合营企业。协议约定，乙公司承诺丙公司在丁企业成立届满3年后，丙公司可以选择将其在丁企业中的财产份额全部转让给乙公司，由乙公司一次性全额向丙公司支付丙公司初始投资成本的120%。丙公司的初始投资成本为150万元，乙公司承担的未确认承诺为180万元。

乙公司在其2×14年年报的财务报表附注中对该项未确认承诺披露如下：

本公司对丁企业（2×14年7月成立）享有共同控制，表决权比例为40%。根据协议，如果丁企业的参与方丙公司选择在丁企业成立届满3年后将其在丁企业中财产份额转让给本公司，本公司需要一次性全额向丙公司支付180万元。

【案例13－11】或有负债的披露。

甲公司在其2×15年年报的财务报表附注中对与联营企业相关的或有负债单独披露如下：

2×15年12月31日，本公司为联营企业提供财务担保的金额为4 625万元（2×14年的金额为4 519万元），半数以上的财务担保将在一年内到期。上述金额代表联营企业违约将给本公司造成的最大损失。由于不符合预计负债确认条件，上述财务担保属于未确认或有负债。

第四节　在未纳入合并财务报表范围的结构化主体中权益的披露

未纳入合并财务报表范围的结构化主体，例如，证券化工具和资产支持的融资安排，属于“表外活动”。如果主体在非合并结构化主体中拥有权益，财务报表使用者将受益于主体在该权益方面的风险的信息披露。这一信息与评估主体未来现金流量的金额、时间和不确定性相关。

其中，结构化主体的规模通常以资产总额或者所发行证券的规模来表示，融资方式包括股权融资、债权融资以及其他融资方式。CAS41不要求逐个披露结构化主体的信息，企业应当按照重要性原则来确定信息披露的详细程度，只要不影响财务报表使用者评价企业与结构化主体之间的关系及企业因涉入结构化主体业务活动而面临的风险，企业可以根据需要汇总披露相关信息。

主体应提供与其在结构化主体中的权益相关的风险敞口，无论这一风险是来自其在该结构化主体中的现有权益还是来自其在以前期间对该结构化主体的涉入所产生的风险，即使主体在报告期末不再根据合同要求涉入结构化主体。

一、未纳入合并财务报表范围的结构化主体的信息

在未纳入合并范围的结构化主体的信息如表 13－20 所示。

表 13－20　　在未纳入合并范围的结构化主体的信息

1. 未纳入合并财务报表范围的结构化主体的基础信息	对于未纳入合并财务报表范围的结构化主体，企业应当披露该结构化主体的性质、目的、规模、活动及融资方式，包括与之相关的定性信息和定量信息
2. 披露要求	企业在未纳入合并财务报表范围的结构化主体中有权益的，还应当披露下列信息：
	（1）在财务报表中确认的与企业在未纳入合并财务报表范围的结构化主体中权益相关的资产和负债的账面价值及其在资产负债表中的列报项目
	（2）在未纳入合并财务报表范围的结构化主体中权益的最大损失敞口及其确定方法。企业不能量化最大损失敞口的，应当披露这一事实及其原因【1】
	（3）在财务报表中确认的与企业在未纳入合并财务报表范围的结构化主体中权益相关的资产和负债的账面价值与其最大损失敞口的比较。因为这一信息有助于报表使用者更好地理解最大损失敞口与主体是否可能承担全部或部分最大损失的期望之间的差距

【释 1】最大损失敞口应当是企业因在结构化主体中持有权益而可能发生的最大损失。在确定最大损失敞口时，不需要考虑损失发生的可能性，因为最大损失敞口并不是企业的预计损失。

要求披露最大损失敞口，是因为主体经常会确定其在非合并结构化主体中的权益获得正期望回报，从而主体将不披露任何损失敞口。因此，规定了披露最大损失敞口的要求。

二、企业是结构化主体的发起人但在结构化主体中没有权益的披露

企业作为发起人，通常与其发起的结构化主体之间保持着业务联系，仍可能

通过涉入结构化主体的相关活动而承担风险。即使在结构化主体中没有权益，也可能取得来自结构化主体的收益。例如，向结构化主体提供管理或咨询服务并收取服务费；向结构化主体转移资产而取得收益；以及原先在结构化主体中持有权益，当期处置了相关权益，虽然资产负债表日企业不再持有权益，但当期取得了处置收益。尤其是在2008年爆发的全球金融危机中，基本没有主体披露有关它们发起设立结构化主体投资工具的信息。因此，投资者很难评价企业潜在的风险。

企业发起设立未纳入合并财务报表范围的结构化主体，虽然资产负债表日在该结构化主体中没有权益的，不需要披露与权益相关的资产负债的账面价值及最大损失敞口。但是应当披露表13－21所示的信息。

表13－21　企业是结构化主体的发起人但在结构化主体中没有权益的披露

1. 企业作为该结构化主体发起人的认定依据	存在下列情况的，可能说明企业是结构化主体的发起人【1】 （1）企业单独创建了结构化主体 （2）企业参与创建结构化主体，并参与结构化设计的过程 （3）企业是结构化主体的最主要的服务对象【2】 （4）企业的名称出现在结构化主体的名称或结构化主体发行的证券的名称中 （5）其他能够说明企业是结构化主体发起人的情形
2. 分类披露	分类披露企业当期从该结构化主体获得的收益及收益类型
3. 转移资产	当期转移至该结构化主体的所有资产在转移时的账面价值

【释1】即如何判断企业是该结构化主体的发起人。企业的发起人身份可能给企业带来一定风险。例如，当结构化主体的经营遇到困难时，企业作为发起人很可能向结构化主体提供财务支持或其他支持，在帮助结构化主体渡过难关的同时维护企业的声誉。

【释2】例如，结构化主体为企业提供资金，或者结构化主体所从事的业务活动是企业主要业务活动的组成部分，企业即使没有发起结构化主体，自身也要开展这些业务活动。

三、向未纳入合并财务报表范围的结构化主体提供支持的披露

为什么要披露向未合并的结构化主体提供支持的信息？因为在2008年爆发的全球金融危机中，一些主体的行动表明，主体因涉入结构化主体而面临

风险，即使在报告日主体可能并不控制该结构化主体或没有在合同中明确涉入该结构化主体。例如，结构化主体的倒闭可能破坏主体的声誉，这就迫使主体为保护其声誉而向结构化主体提供支持，即使没有法律或合同要求主体这样做。

向未纳入合并财务报表范围的结构化主体提供支持的披露如表13－22所示。

表13－22　　向未纳入合并财务报表范围的结构化主体提供支持的披露

1. 支持的意图	企业应当披露其向未纳入合并财务报表范围的结构化主体提供财务支持或其他支持的意图，包括帮助该结构化主体获得财务支持的意图
2. 支持的事实	在没有合同约定的情况下，企业当期向结构化主体（包括企业前期或当期持有权益的结构化主体）提供财务支持或其他支持的，还应当披露提供支持的类型、金额及原因，包括帮助该结构化主体获得财务支持的情况

四、未纳入合并财务报表范围结构化主体的额外信息的披露

如果企业按照CAS41要求披露的有关未纳入合并财务报表范围的结构化主体的信息，仍不能充分反映相关风险及其对企业的影响，企业还应当额外披露表13－23所示的信息。

表13－23　　向未纳入合并财务报表范围的结构化主体提供支持的披露

1. 合同约定向结构化主体提供支持的	合同约定企业在特定情况下需要向未纳入合并财务报表范围的结构化主体提供财务支持或其他支持的，企业应当披露相关的合同条款及有关信息，有关信息包括在何种情况下企业需要向结构化提供支持并可能因此遭受损失，是否存在其他约定对企业向结构化主体履行支持义务产生约束，在多方向结构化主体提供支持的情况下各方提供支持的先后顺序等
2. 支持事实的披露	企业应当披露第三方提供的、对企业在未纳入合并财务报表范围的结构化主体中权益的公允价值或风险可能产生影响的流动性支持、担保、承诺等
3. 损失的披露	企业因在未纳入合并财务报表范围的结构化主体中持有权益而当期遭受损失的，企业应当披露损失的金额，包括计入当期损益的金额和计入其他综合收益的金额
	在合同约定企业和其他主体需要承担未纳入合并财务报表范围结构化主体的损失的情况下，企业应当披露企业和其他主体需要承担损失的最大限额以及承担损失的先后顺序

续表

4. 收益的披露	如果企业当期取得与该权益相关的收益，企业应当披露收益的类型。收益类型主要包括：服务收费；利息收入；利润分配收入；处置债权或股权的收益；以及企业向结构化主体转移资产取得的收益等
5. 融资信息披露	企业应当披露当期未纳入合并财务报表范围的结构化主体在融资活动中遇到的困难，主要是指债务融资或股权融资遇到的困难
	企业应当披露与未纳入合并财务报表范围的结构化主体融资业务有关的信息，包括融资形式（如商业票据、中长期票据）及其加权平均期限。特别是当结构化主体投资长期资产但资金来源于短期负债时，企业需要分析该结构化主体资产和负债的期限结构，并披露这一情况

【案例13－12】未纳入合并范围的结构化主体基础信息的披露。

甲企业集团在其2×15年年报中就未纳入合并财务报表范围的结构化主体的基础信息披露如下：

2×15年12月31日，与本集团相关联、但未纳入本集团合并财务报表范围的结构化主体主要从事信贷资产证券化业务，从本集团成员企业购买信贷资产，以信贷资产产生的现金流为基础发行资产支持证券融资。

这类结构化主体2×15年12月31日的资产总额为5亿元（2×14年的金额为4.8亿元）。

【案例13－13】账面价值与最大损失敞口的披露。

甲企业集团2×15年年报中，与在未纳入合并财务报表范围的结构化主体中权益相关的资产负债账面价值和最大损失敞口的信息披露如13－24所示。

表13－24　2×15年与未纳入合并范围的结构化主体中权益相关的资产负债账面价值和最大损失敞口的信息披露　单位：万元

项目	账面价值	最大损失敞口	账面价值	最大损失敞口
	2×15年	2×15年	2×14年	2×14年
优先级债券	430	430	400	400
次级债券	200	200	220	220
信用违约互换（负债）	（100）	（1 600）	（90）	（1 500）

优先级债券列示在财务报表的“交易性金融资产”项目中。最大损失敞口为优先级债券在资产负债表日的账面价值（公允价值）。

次级债券列示在财务报表的“债权投资”项目中。最大损失敞口为次级债券在资产负债表日的账面价值（摊余成本）。

信用违约互换列示在财务报表的“衍生金融负债”项目中。最大损失敞口为相关贷款全部违约情况下企业需要偿付的本金和利息之和。

【案例 13－14】发起人认定依据的披露。

甲企业集团在其 2×14 年年报的合并财务报表附注中披露结构化主体发起人的认定依据。本集团作为结构化主体发起人的认定依据为：

在发起设立结构化主体的过程中，或者组织其他有关各方共同设立结构化主体过程中发挥了重要作用，而且该结构化主体是本集团主要业务活动的延伸，在结构化主体设立后，仍与本集团保持密切的业务往来。

【案例 13－15】从结构化主体获得收益及转移资产的披露。

甲公司发起多个结构化主体，但在结构化主体中均不持有权益。2×14 年，甲公司从其发起的结构化主体获得收益的情况以及当期向结构化主体转移资产的情况，如表 13－25 所示。

表 13－25　2×14 年甲公司从结构化主体获得收益及向结构化主体转移资产的情况

单位：万元

结构化主体类型	当期从结构化主体获得的收益			当期向结构化主体转移资产账面价值
	服务收费	向结构化主体出售资产的利得（损失）	合计	
信用资产证券化	10	8	18	258
投资基金	5	—	5	
合计	15	8	23	258

第十四章
持有待售的非流动资产、处置组和终止经营

为了与国际会计准则保持趋同，我国根据 IFRS5 发布了《企业会计准则第 42 号——持有待售的非流动资产、处置组和终止经营》（下文简称“CAS42”），规范了企业持有待售的非流动资产或处置组的分类、计量和列报，以及终止经营的列报。在 IFRS5 中，还包括持有待分配给所有者的规定，CAS42 中没有。

持有待售的非流动资产和处置组，就是企业对持有的非流动资产不再在经营过程中使用收回账面价值，而是准备出售收回账面价值，这样导致非流动资产产生的现金流量的时间、金额和风险，在出售方式下与经营使用方式下大不相同。因此，应当将持有待售的非流动资产和处置组，单独划分为持有待售类别，在报表中单独列报，与企业经营使用的非流动资产项目区分开，从而实现财务报告的基本目标，就是反映不同类型资产未来产生现金流量的时间、金额和风险的会计信息。

终止经营，就是企业把某个业务关闭或停止了，这部分业务未来不再产生持续的利润或现金流量了。由于终止经营是重大的事项，对评价企业的持续经营能力非常重要，因此，为了提高利润表中利润的质量，便于报表使用者评价企业可以持续的盈利能力，在利润表中应当单独列报终止经营利润，与未来能够产生持续的利润信息分开列报。

持有待售与终止经营两者之间既有联系又有区别，有些持有待售资产也属于终止经营的一部分，有些持有待售资产与终止经营无关，二者不是直接对应的关系。

第一节　CAS42概念与适用范围

一、非流动资产与处置组的概念

表14－1　　非流动资产与处置组的概念

1. 非流动资产	应当根据《CAS30——财务报表列报》的规定进行分类
	只有在符合CAS42有关划归为持有待售的标准时，才能重新划归为流动资产
	仅为了再售而取得的非流动资产，如果符合CAS42有关划归为持有待售的标准应当分类为持有待售资产，否则应当分类为非流动资产
2. 处置组	是指在一项交易中作为整体通过出售或其他方式一并处置的一组资产（如流动资产、非流动资产、金融资产），以及在该交易中转让的与这些资产直接相关的负债
	处置组所属的资产组或资产组组合按照《CAS8——资产减值》分摊了企业合并中取得的商誉的，该处置组应当包含分摊至处置组的商誉
	处置组和资产组的区别：处置组是基于处置的目的进行的分类，是计划整体处置的一组资产和负债的组合，而资产组是基于减值测试的目的，从能否产生独立现金流量的角度分类
	持有待售的处置组中的资产和负债，应当分拆为"持有待售资产"和"持有待售负债"项目分别列报

二、CAS42的适用范围

CAS42的适用范围如表14－2所示。

表14－2　　CAS42的适用范围

1. 分类和列报规定	适用于所有非流动资产和处置组
2. 计量规定不适用于下列各项：	（1）采用公允价值模式进行后续计量的投资性房地产适用《CAS3——投资性房地产》
	（2）采用公允价值减去出售费用后的净额计量的生物资产适用《CAS5——生物资产》
	（3）由金融工具相关会计准则规范的金融资产适用金融工具相关会计准则
	（4）职工薪酬形成的资产适用《CAS9——职工薪酬》
	（5）递延所得税资产适用《CAS18——所得税》
	（6）保险合同所产生的权利适用《CAS25——保险合同》
	（7）处置组中的流动资产、金融资产、负债的计量适用其他相关会计准则

为什么计量规定将上面7项排除在外？因为，第1—3项已经按照公允价值计量，而且公允价值变动计入损益了。第4—6项一般不是以出售为主要目的，因此难以确定公允价值减去出售费用后的净额。第7项，负债一般按照摊余成本计量，不按照公允价值计量，除非是交易性的或者为了消除会计错配指定为公允价值计量。

三、终止经营的概念

（一）终止经营业务范围的判断（见图14－1）

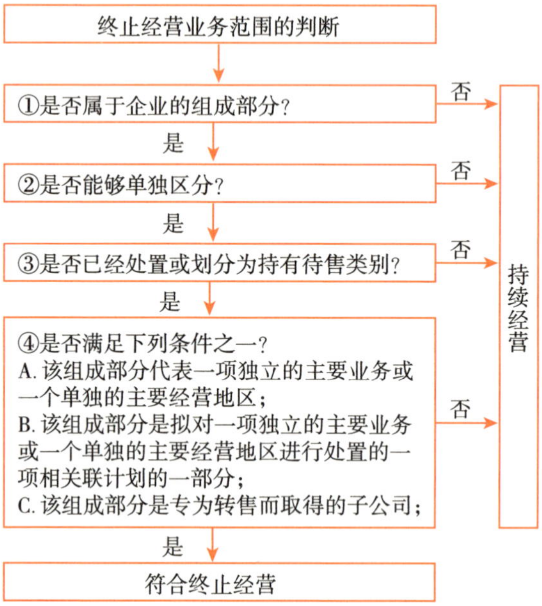

图14－1　终止经营业务范围的判断

【释④】终止经营的组成部分可能是一个分部，一个报告单元，一个子公司或是一个资产组，在经营上和为财务报告目的，能够与主体其他部分明确区分开的经营和现金流量。

终止经营的应当是一条业务线，其范围可能大于一个独立的子公司，也可能小于一个独立的子公司。一般来说，构成报告分部的组成部分（如业务分部或地区分部）可以认为符合终止经营的业务。例如，甲企业有男装、女装、童装三个业务，女装构成一个独立的主要业务，现在计划将女装业务出售给乙企业，符合持有待售的划分条件，因此符合终止经营的概念。

有的子公司不构成终止经营的业务。例如，甲餐饮企业在北京有20家连锁门店，每家门店都是一个独立的子公司。其中，有5家经营的不好，将其转让，则该5家门店不符合终止经营的业务，因为在北京地区的业务没有全部终止经营，还有其他的门店在继续营业，或者以后在北京地区还要开发新的门店。

如果甲企业计划将北京地区的20家门店都转让出去，本报告期已转让了其中5家门店，剩余的门店预计在下个报告期完成转让，则5家门店属于终止经营业务的一部分，在本报告期符合终止经营的条件，但另外15家在本报告期不符合终止经营的条件，等到以后报告期符合持有待售条件或转让时才符合终止经营的条件。

专为转售而取得的子公司，例如，有的子公司被购买的目的是与其他子公司进行重组后打包出售。再如，投行收购非上市企业的子公司，进行重组和规范后卖给上市公司。

（二）终止经营与持有待售的关系（见表14－3）

表14－3　　终止经营与持有待售的关系

	持有待售	终止经营
区别	强调的是计划出售一项资产或处置组	强调的是终止的是一个经营业务，而不是终止某项资产或处置组
联系	如果持有待售的处置组构成一个经营业务，那么既属于持有待售，也属于终止经营	终止经营业务包含的资产有可能已经划分为持有待售，有可能已经处置

【案例14－1】学天海集团公司的下列交易或事项，分部判断说法是否正确并说明理由。

1. 将一栋办公楼划分为持有待售类别。该办公楼符合终止经营的条件。

解析：不正确。办公楼属于单项资产，不构成业务，不符合终止经营的条件。

2. 参股的联营企业甲公司计划停止经营，准备解散。甲公司符合终止经营的条件。

解析：不正确。参股的联营企业对学天海公司来说属于一项长期股权投资，不纳入学天海的合并报表中，也是单项资产，所以不构成业务，不符合终止经营的条件。

3. 出售了上海地区全部10家门店。该10家门店符合终止经营的条件。

解析：正确。一个地区的全部门店整体构成业务，符合终止经营的条件。

4. 将广东地区8家门店中的一家门店划分为持有待售类别。这一家门店符合终止经营的条件。

解析：不正确。一家门店不构成业务，可能属于处置组，不符合终止经营的条件。

5. 拥有一家经营药品批发业务的子公司A公司，药品批发构成学天海集团的一项独立的主要业务，且A在全国多个城市设立了营业网点。由于经营不善，学天海决定停止A的所有业务。截至2×17年10月13日，已处置了该子公司所有存货并辞退了所有员工，但仍有一些债权等待收回，部分营业网点门店的租约尚未到期，仍需支付租金费用。A公司符合终止经营的条件。

解析：正确。由于A子公司原药品批发业务已经停止，收回债权、处置租约等尚未结算的交易并不构成上述持续经营业务的延续，因此该子公司2×17年10月13日后符合终止经营的条件。

6. 正在关闭其主要从事放贷业务的B子公司，自2×17年2月1日起，B公司不再贷出新的款项，但仍会继续收回未结贷款的本金和利息，直到原设定的贷款期结束。则B公司符合终止经营的条件。

解析：不正确。由于B子公司仍在从事收回原贷款本金和利息的日常经营活动，直至最后一期本金和利息被收回之前，该子公司不能被认为已被处置，也不符合终止经营的定义。

7. 决定关闭从事工程承包业务的分部C，要求分部C在完成现有承包合同后不再承接新的承包合同。则分部C符合终止经营的条件。

解析：不正确。在完成现有合同的期间，分部C仍在从事与持续经营相关的日常活动，无论分部C是否构成业务，在此期间都不符合终止经营的定义。

8. 决定出售其专门从事酒店管理的下属子公司D公司，酒店管理构成学天海集团的一项主要业务。D公司管理一个酒店集团和一个连锁健身中心。为了获取最大利益，学天海集团决定允许将酒店集团和连锁健身中心出售给不同买家，但酒店和健身中心的转让是相互关联的，即两者或者均出售，或者均不出售。学天海集团于2×17年12月6日与丙公司就转让连锁健身中心正式签订了协议，假设此时连锁健身中心符合了持有待售类别的划分条件，但酒店集团尚不符合持有待售类别的划分条件。则酒店集团和连锁健身中心都符合终止经营的条件。

解析：不正确。处置酒店集团和连锁健身中心构成对一项独立的主要业务进行处置的一项相关联计划的一部分，由于连锁健身中心符合了持有待售类别的划分条件，因此连锁健身中心符合终止经营的定义，但是，酒店集团尚不符合持有待售类别的划分条件，因此不符合终止经营的定义，需要等到未来符合持有待售类别划分条件时才符合终止经营的定义。

9. 在北京地区有两家从事同类产品贸易的全资子公司。为集中资源支持其中一家规模较大子公司的发展，学天海集团当年将其中另一家规模较小的子公司的全部股权转让给第三方。则被处置的子公司符合终止经营的条件。

解析：不正确。因为被处置的子公司不能代表一项独立的主要业务或一个单独的主要经营地区，也不是拟对一项独立的主要业务或一个单独的主要经营地区进行处置的一项相关联计划的一部分，因此，不符合终止经营的条件。

第二节　持有待售的确认

一、持有待售确认的逻辑

持有待售确定的会计逻辑如图14－2所示。

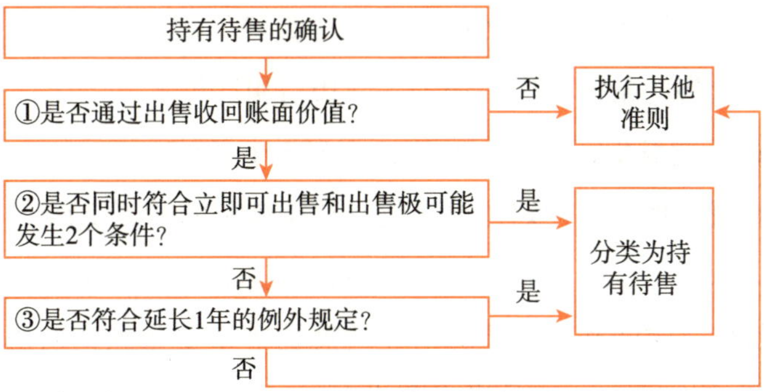

图14－2　持有待售确认的会计逻辑

1. 企业主要通过出售（包括具有商业实质的非货币性资产交换，下同）而非持续使用一项非流动资产或处置组收回其账面价值的，应当将其划分为持有待售类别。即使非流动资产或处置组能够产生零星收入，只要主要目的是通过出售收回现金流量的就应当划分为持有待售类别。

具有商业实质的非货币性资产交换也是出售的一种方式。

2. 出售应当同时符合下列2个条件

（1）根据类似交易中出售此类资产或处置组的惯例，在当前状况下即可立即出售。

例如，甲公司承诺出售其总部办公大楼的计划，并已获得购买承诺。合同约定，甲公司要两个月后才能将大楼转让给买方，因为甲公司需要将大楼清空，这个时间是符合正常惯例的。那么，这种情况下符合当前状况下立即可出售的条件。

如果合同约定，甲公司将继续使用该总部大楼，直至新的总部大楼建成后才将原来的总部大楼交付给买方。那么，就不符合当前状况下立即可出售的条件。

再如，丙公司承诺出售一台生产设备的计划，并已获得购买承诺，但积压了一些需要用该设备生产的客户订单。丙公司打算将生产设备连同客户订单一起转让给买方。那么，这种情况下符合当前状况下立即可出售的条件。

如果丙公司计划只出售生产设备，而不出售客户订单，将这些客户订单生产完成后，再将生产设备交付给买方。那么，生产客户订单的时间拖延了交付生产设备的时间，就不符合当前状况下立即可出售的条件。

例如，一主体承诺“出售”一项使用中的不动产的计划，已经获得确定的购买承诺，但是转让协议中约定，转让后立即再租回使用该资产。则该不动产的转让不符合立即可出售的条件，应当作为一项售后租回核算。

（2）出售极可能发生，应当同时符合下列3个条件：

①企业已经就一项出售计划作出决议且获得确定的购买承诺。

确定的购买承诺，是指企业与其他方签订的具有法律约束力的购买协议，该协议包含交易价格、时间和足够严厉的违约惩罚等重要条款，使协议出现重大调整或者撤销的可能性极小。该承诺已经获得企业董事会或股东会等权力机构批准了。

②有关规定要求企业相关权力机构或者监管部门批准后方可出售的，应当已经获得批准。

获得批准包括获得企业内部和外部所需要的批准。外部批准，例如，如果国有企业处置资产需要国资委批准，如果处置资产或股权给外资需要商务部批准，金融企业处置资产需要银保监会批准。

③预计出售将在一年内完成。这个条件表明了持有待售资产属于流动资产。

由于非流动资产重分类为持有待售资产后，能够不提折旧或摊销，从而增加利润，因此实务中，对于“预计出售在一年内完成”的判断容易出现人为操纵的空间，在持有待售资产初始确认时无法判断，只能由合并方管理层提供一项主观承诺。未来如果在一年内未能出售，应当按照差错更正的原则追溯调整，只能“秋后算账”了。

3. 延长一年的例外规定

同时符合下列 4 个条件且有充分证据表明企业仍然承诺出售非流动资产或处置组的，企业应当继续将非流动资产或处置组划分为持有待售类别：

（1）因企业（出售方）无法控制的原因导致逾期了没卖掉。防止人为构造交易结果。

（2）属于非关联方之间的交易。如果是关联方之间的交易，只要逾期就应当转回为非流动资产。

（3）买方或其他方意外设定导致出售延期的条件，企业针对这些条件已经及时采取行动，且预计能够自设定导致出售延期的条件起一年内顺利化解延期因素。或者，因发生罕见情况，导致持有待售的非流动资产或处置组未能在一年内完成出售，企业在最初一年内已经针对这些新情况采取必要措施且重新满足了持有待售类别的划分条件。

罕见情况，主要是指因不可抗力引发的情况、宏观经济形势发生急剧变化等不可控的情况。

（4）自发生导致延期出售的条件时起，预计一年内能够重新出售。

例如，甲电力公司承诺出售一处置组的计划，该处置组的出售需要监管部门的批准，甲公司需要明确购买方并获得确定购买承诺后，才能申请监管部门批准。这将延长完成出售所需期限使其超过一年。在这种情况下，符合关于一年期要求的例外情况的条件。

4. 不符合分类为持有待售的情形（见表 14－4）

表 14－4　　不符合分类为持有待售的情形

1. 拟放弃的非流动资产	拟放弃的非流动资产（或处置组），是指将被结束使用而非出售的非流动资产（或处置组）。因为其账面价值是通过持续使用收回而不是主要通过出售收回
	如果拟放弃的处置组符合终止经营的标准，则主体应在其停止使用日，将处置组的成果和现金流量作为终止经营列报
2. 暂时停用的非流动资产	这类资产不同于拟放弃的资产，也不符合持有待售类别划分条件。可能需要继续计提折旧或摊销
3. 日后期间符合持有待售标准的	如果在报告期后才符合持有待售分类标准的，主体不应在其报出的财务报表中将该项非流动资产（或处置组）划归为持有待售。但是，应在附注中披露

【案例 14－2】持有待售条件的判断。

甲公司计划将整套钢铁生产厂房和设备（即处置组）出售给非关联方乙公司，双方已于 2×17 年 9 月 16 日签订了转让合同，甲公司可以在 2×17 年 9 月 16 日开始将该处置组划分为持有待售类别。因该厂区的污水排放系统存在缺陷，对周边环境造成污染。

要求：根据下列三种分别判断是否符合立即可出售的条件？

情形一：在合同签署日甲公司不知晓土地污染情况，2×17 年 11 月 6 日，乙公司在对生产厂房和设备进行检查过程中发现污染，并要求甲公司进行补救。甲公司立即着手采取措施，预计至 2×18 年 10 月底环境污染问题能够得到成功整治，即从发现之日起预计将在一年内消除延期因素。

解析：属于符合延长一年的例外规定。11 月 6 日发现延期事项后，立即采取措施，该处置组符合立即可出售的条件。

情形二：甲公司知晓土地污染情况，在转让合同中承诺将自 2×17 年 10 月 1 日起开展污染清除工作，清除工作预计将持续 8 个月。

解析：这种情况不属于例外情形，虽然买卖双方已经签订协议，但是在污染得到整治前，甲公司承担了清除污染的义务，该处置组当前状态下不符合立即可出售的条件。

情形三：甲公司知晓土地污染情况，在协议中标明甲公司不承担清除污染义务，并在确定转让价格时考虑了该污染因素，预计转让将于9个月内完成。

解析：这种情况下，甲公司转让的是带污染的土地，该处置组在当前状态下符合可立即出售的条件。

【案例14-3】持有待售类别划分的判断。

A企业拟将一栋原自用的写字楼转让，于2×17年12月6日与非关联方B企业签订了房产转让协议，预计将于10个月内完成转让，假定当日符合划分为持有待售类别的条件。2×18年发生全球金融危机，市场状况迅速恶化，房地产价格大跌，B企业认为原协议价格过高，决定放弃购买，并于2×18年9月21日按照协议约定缴纳了违约金。

要求：根据下列三种情形分别判断是否符合划分为持有待售的条件？

情形一：A企业决定在考虑市场状况变化的基础上降低写字楼售价，并积极开展市场营销，于2×18年12月1日与C企业重新签订了房产转让协议，预计将于9个月内完成转让。

解析：这种情形属于发生市场恶化、买方违约的罕见事件。在将写字楼划分为持有待售类别之日2×17年12月6日起，一年内2×18年12月1日，A企业与C企业已经重新签署转让协议，并预计将在一年内完成，使写字楼重新符合了持有待售类别的划分条件。因此，A企业可以将该资产继续划分为持有待售类别。

情形二：如果A企业在将写字楼划分为持有待售类别的最初一年内，始终没有找到合适的买家。

解析：由于A企业没有采取积极的出售措施，因此不再符合持有待售类别的划分条件。

情形三：如果A企业预计2×19年市场环境会好转，从而没有再降价。资产仍旧持有待售，但价格超出其目前的公允价值。

解析：这种情况下，不降价表明资产尚不能立即出售，持有待售资产应当以符合其当前公允价值的合理价格进行市场交易。因此，就不符合关于一年期要求的例外情况的条件，应将资产重新划归为非持有待售资产处理。

二、分类为持有待售的特殊情形

分类为持有待售的特殊情形如表 14－5 所示。

表 14－5　　分类为持有待售的特殊情形

1. 专为转售而取得的资产	企业专为转售而取得的非流动资产或处置组，在取得日满足“预计出售将在一年内完成”的规定条件，且短期（通常为 3 个月）内很可能满足持有待售类别的其他划分条件的，企业应当在取得日将其划分为持有待售类别。这是专为转售目的而取得的资产的简化处理规定
2. 拟出售的长期股权投资	区分成本法与权益法两种情形分别处理（如图 14－3）

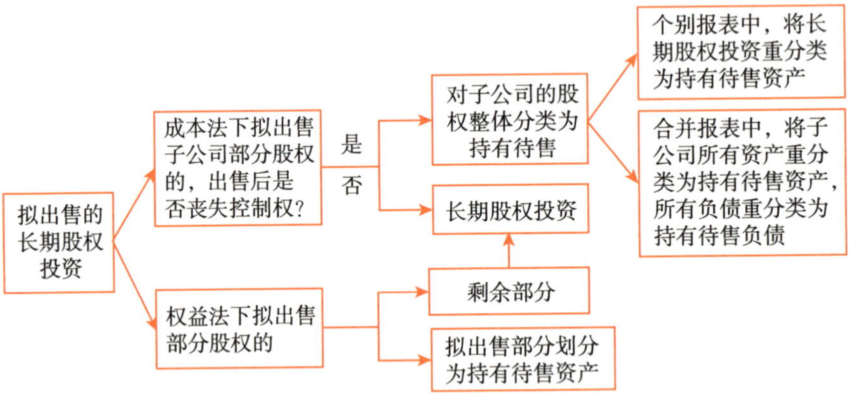

图 14－3　拟出首的长期股权投资的两种情形

成本法下，应当从整体考虑报表项目的分类和列报：如果母公司拟出售子公司控制权的，丧失控制权是一项改变投资性质的重大交易，说明母公司持有该股权主要通过出售收回账面价值，不论拟出售后剩余股权分类为权益法还是公允价值计量的股权投资，都应当将子公司全部股权在个别报表和合并报表中分类为持有待售。因此，母公司个别报表中，对子公司的长期股权投资要全部重分类为持有待售资产（不管出售比例是多少，不应当仅将拟处置的部分划分为持有待售类别）；合并报表中，将子公司的全部资产总额（若有商誉的包括商誉）都列示在持有待售资产项目中，将子公司的全部负债都列示在持有待售负债项目中，不再列示子公司具体的各项资产和负债项目。

如果母公司拟出售子公司部分股权后未丧失控制权的，说明母公司持有该股权的主要目的不是主要通过出售收回账面价值，因此，不应当将拟出售部分的长期股权投资划分为持有待售类别，即在个别报表中，全部股权投资继续按照长期股权投资列报，在合并报表中，继续列示子公司具体的各项资产和负债项目。

合并报表的范围不受子公司股权是否划分为持有待售的影响，编制合并报表始终按照 CAS33 的规定，在丧失控制权之前继续纳入合并报表范围（即持有待售期间纳入合并范围），在丧失控制权之后不再纳入合并报表范围。

权益法下，拟出售部分与剩余部分应当分拆考虑报表项目的分类和列报。拟出售部分应当停止权益法核算，剩余部分继续采用权益法核算。例如，甲集团拥有联营企业 35% 的股权，20×7 年 12 月 15 日拟出售 30% 的股权，当日符合持有待售条件，剩余的 5% 股权对被投资方不具有重大影响，20×8 年 8 月 15 日与买方办理股权过户手续等事宜。则甲集团应当在 20×7 年 12 月 15 日将拟出售的 30% 股权划分为持有待售类别，不再按权益法核算，按照 CAS42 规定进行后续计量，剩余 5% 的股权在前述 30% 的股权处置前（即 20×8 年 8 月 15 日前），应当继续采用权益法进行会计处理，在前述 30% 的股权处置后（即 20×8 年 8 月 15 日后），剩余 5% 的股权应当按照《CAS22——金融工具确认和计量》有关规定进行会计处理（即从长期股权投资权益法转换为公允价值计量的金融资产）。

【案例 14－4·单选题】 2×17 年 12 月 15 日，甲公司与乙公司签订具有法律约束力的股权转让协议，拟将丙公司 70% 的股权转让给乙公司。甲公司原持有丙公司 90% 的股权，转让完成后，甲公司将失去对丙公司的控制，但能够对丙公司实施重大影响。截至 2×17 年 12 月 31 日，上述股权转让的交易尚未完成。假定甲公司拟出售的对丙公司投资满足持有待售类别的条件，不考虑其他因素，下列各项关于甲公司 2×17 年 12 月 31 日合并资产负债表列报的表述中，正确的是（　　）。

A. 将丙公司全部资产和负债按其净额在持有待售资产或持有待售负债项目列报

B. 将丙公司全部资产在持有待售资产项目列报，全部负债在持有待售负债项目列报

C. 将丙公司全部资产和负债按照其在丙公司资产负债表中的列报形式在各个资产和负债项目分别列报

D. 将拟出售的丙公司 70% 的股权部分对应的净资产在持有待售资产或持有

待售负债项目列报，其余丙公司20%的股权部分对应的净资产在其他流动资产或其他流动负债项目列报

答案：B

解析：丧失控制权时，母公司在合并财务报表中应当将子公司所有资产和负债划分为持有待售类别列报。

三、持有待售的终止确认

持有待售的终止确认如表14－6所示。

表14－6　　持有待售的终止确认

1. 不再符合持有待售条件的	持有待售转为非持有待售（即划分为持有待售之前的资产或负债）： （1）整体不符合的，整体转为非持有待售 （2）部分不符合的，部分转为非持有待售，剩余部分仍然满足持有待售划分条件的，划分为新的持有待售类别 （3）如果转为非持有待售的资产原来是长期股权投资，则应当自划分为持有待售之日起追溯调整
2. 出售	将尚未确认的利得或损失计入当期损益 借：银行存款等 　　持有待售资产减值准备（转销余额） 　　贷：持有待售资产（转销余额） 　　　　资产处置损益等科目（倒挤）【1】

【释1】如果持有待售的处置组中包含其他资产，则处置损益计入该资产相关的损益类科目。例如，金融资产的处置损益计入投资收益，投资性房地产的处置损益计入其他业务收入与其他业务成本等。

第三节　持有待售的计量

一、持有待售的初始计量

持有待售的初始计量如表14－7所示。

表 14－7　　持有待售的初始计量

1. 划分为持有待售前	所有资产和负债的账面价值，按照原相关会计准则的规定计量至划分为持有待售类别之日，并考虑进行减值测试【1】
2. 划分为持有待售时	（1）属于7种计量除外的资产和负债，按照原相关会计准则的规定计量
	（2）非企业合并中的现有资产划分为持有待售的，以公允价值减去出售费用后的净额与划分为持有待售前的账面价值孰低作为初始计量金额，两者之间的差额计入当期损益（资产减值损失）【2】 借：持有待售资产 　　××资产累计折旧 　　××资产减值准备 　　贷：××资产 借：资产减值损失 　　贷：持有待售资产减值准备
	（3）企业合并中取得的资产划分为持有待售的 ①非同一控制下的企业合并中新取得的非流动资产或处置组划分为持有待售类别的，应当按照公允价值减去出售费用后的净额计量 ②同一控制下的企业合并中新取得的非流动资产或处置组划分为持有待售类别的，应当按照合并日在被合并方的账面价值与公允价值减去出售费用后的净额孰低计量【3】
	（4）新取得的资产在取得日立即划分为持有待售的（这类资产没有划分为持有待售前的账面价值） ①如果属于企业合并中取得的，按照上述（3）关于企业合并的规定处理 ②如果属于非企业合并中取得的，初始计量时应当比较假定其不划分为持有待售类别情况下的初始计量金额（即虚拟账面价值）与公允价值减去出售费用后的净额，以两者孰低计量
	（5）如果公允价值减去出售费用后的净额为负数的，持有待售的非流动资产或处置组中资产的账面价值应当以减记至零为限；是否需要确认相关预计负债，应当按照《CAS13——或有事项》的规定进行会计处理

【释1】为什么要区分划分为持有待售前的计量与划分为持有待售时的计量？区分这两步分别处理，是因为按照CAS8的规定，持有待售前的减值以后不得转回，而按照CAS42的规定，划分为持有待售时的减值以后可以转回。

【释2】公允价值按照CAS39评估。

出售费用包括出售环节预计发生的各种增量交易费用，但不包括财务费用和所得税费用。

为什么持有待售资产要减去出售费用呢？在理论上，资产的计价基础应当以公允价值计量，不应当减去出售费用，因为资产负债表应当给报表使用者提供资产的真实价值。例如，金融资产计价以公允价值计量，没有减去出售费用，固定资产、无形资产虽然以历史成本计量，但是，也没有减去出售费用，因为持有待售资产已经与购买方签订了销售合同，出售费用必然要发生，减去出售费用后的金额能够提供该资产未来产生的净现金流量的信息，而其他资产没有与购买方签订销售合同，企业没有承担出售费用相关的现金流出的义务，所以，出售费用不纳入计量。

为什么按照孰低原则计量？因为根据谨慎性原则，未实现的增值暂时不确认。

【释3】非同一控制下企业合并采用购买法，购买方取得被购买方的资产应当按照公允价值计量，但取得的持有待售资产或处置组，打破了这个计量原则，而是按照公允价值减去出售费用后的净额计量，因为持有待售资产相关的出售费用必然减少现金流量。而同一控制下企业合并，按照统一的孰低原则计量。

CAS42相关的会计科目如表14－8所示。

表14－8　　CAS42相关的会计科目

1. 持有待售资产	核算持有待售的非流动资产和持有待售的处置组中的资产。本科目按照资产类别进行明细核算
	本科目期末借方余额，反映企业持有待售的非流动资产和持有待售的处置组中资产的账面余额
2. 持有待售资产减值准备	核算适用持有待售准则计量规定的持有待售的非流动资产和持有待售的处置组中资产计提的减值准备。本科目按照资产类别进行明细核算
	本科目期末贷方余额，反映企业已计提但尚未转销的持有待售资产减值准备
3. 持有待售负债	核算持有待售的处置组中的负债。本科目按照负债类别进行明细核算。企业将相关处置组划分为持有待售类别时，按相关负债的账面余额，借记"应付账款"等负债类科目，贷记本科目
	本科目期末贷方余额，反映企业持有待售的处置组中的负债的账面余额

【案例14－5】持有待售的非流动资产的初始计量。

2×21年12月31日，A公司与某非关联方签订了一份不可撤销转让协议，约定于2×22年初以500万元价格向其转让一台已计提折旧50万元、账面价值为550万元的旧设备（账面作为固定资产核算），并由A公司另行承担处置费用10

万元。当日，预计旧设备的未来现金流量的现值是530万元，预计其公允价值减去出售费用后的净额为490万元。不考虑其他因素。

要求： 编制A公司相关的会计分录。

解析： 划分为持有待售资产之前，先按照固定资产准则与资产减值准则的规定对固定资产进行减值测试：账面价值为550万元，可收回金额为530万元，发生减值550 - 530 = 20万元。

借：资产减值损失　　200 000

　　贷：固定资产减值准备　　200 000

划分为持有待售资产时，按照减值后的账面价值530万元与公允价值减去处置费用后的净额490万元孰低进行计量：发生持有待售资产减值530 - 490 = 40万元。

借：持有待售资产　　530 0000

　　累计折旧　　50 0000

　　固定资产减值准备　　20 0000

　　贷：固定资产　　(5500 000 + 500 000) 600 0000

借：资产减值损失　　400 000

　　贷：持有待售资产减值准备　　400 000

【案例14 - 6】 取得转为转售的子公司股权的处理。

学天海公司2×17年3月1日购入乙公司全部股权，支付价款1 600万元。购入该股权之前，学天海公司的管理层已经做出决议，一旦购入乙公司股权将在一年内将其出售给丙公司，乙公司在当前状况下即可立即出售。

学天海公司预计还将为出售该乙公司股权支付12万元的出售费用。学天海公司与丙公司计划于2×17年3月31日签署股权转让合同，初步议定股权转让价格为1 620万元。

要求： 说明学天海公司取得的乙公司股权的会计处理方法，编制2×17年3月1日学天海公司取得的乙公司股权的会计分录。

解析： 乙公司属于专为转售而取得的子公司，符合分类为持有待售类别的条件，公允价值减去出售费用后的净额为1 608万元（1 620 - 12），假设不划分为持有待售类别情况下的初始计量金额应当为1 600万元，按照两者孰低计量。

借：持有待售资产　　16 000 000

　　贷：银行存款　　16 000 000

【拓展】如果2×17年3月1日学天海公司转让给丙公司的价格尚未确定。

2×17年3月31日，学天海公司与丙公司签订合同，转让所持有乙公司全部股权，转让价格为1 602万元，预计出售费用调整为15万元。

2×17年6月25日，学天海公司为转让乙公司股权实际支付中介机构服务费15万元。

2×17年6月29日，学天海公司完成对乙公司股权的转让，收到价款1 602万元。

要求：编制学天海公司2×17年3月1日至2×17年6月29日有关会计分录。

解析：2×17年3月1日：假设不划分为持有待售时初始计量金额为1 600万元，划分为持有待售资产时的公允价值减去出售费用后的净额为1 600 - 12 = 1 588万元，按照两者孰低计量；

借：持有待售资产——长期股权投资　　15 880 000

　　资产减值损失　　（倒挤）120 000

　　贷：银行存款　　16 000 000

2×17年3月31日：持有待售资产公允价值减去出售费用后的净额为1 587万元（1 602 - 15），账面价值为1 588万元，以两者孰低计量。

借：资产减值损失　　10 000

　　贷：持有待售资产减值准备　　（15 870 000 - 58 80 000）10 000

2×17年6月25日：支付中介机构服务费。

借：投资收益　　150 000

　　贷：银行存款　　150 000

由于不是企业合并交易，因此，中介费不能计入管理费用。这属于持有待售的股权投资，因此中介费计入股权投资的损益，即投资收益。

2×17年6月29日：终止确认持有待售资产。

借：银行存款　　16 020 000

　　持有待售资产减值准备　　（转销余额）10 000

贷：持有待售资产　　　　（转销余额）15 880 000
　　投资收益　　　　　　（倒挤）150 000

【案例 14 -7】长期股权投资转为持有待售资产的初始计量。

A 公司于 2×19 年 1 月出资 1 000 万元设立 B 公司，拥有 B 公司 100% 股份。

2×20 年 12 月 20 日，A 公司与 C 公司签订股权转让协议，计划将 B 公司全部股权转让给 C 公司，股权转让总价 2 200 万元。合同约定，在协议签订后的 10 日内完成 B 公司 50% 股权的交割，在 2×21 年 6 月完成剩余的 B 公司 50% 股权的交割。协议约定股权交割未完成时，A、C 双方按照实际持有的股权比例享有对 B 公司的表决权。

2×20 年 12 月 31 日，B 公司全部净资产的账面价值为 1 500 万元，其中：实收资本 1 000 万元，未分配利润 500 万元。当日 A 公司对 B 公司的投资成本仍是 1 000万元。当日 A 公司已收到 C 公司支付的 2 200 万元价款，且已经完成 50% 的股权交割，A 公司由于转让股权已丧失了对 B 公司的控制权，但仍然可以对 B 公司实施共同控制。

2×20 年 12 月 31 日 B 公司符合划分为持有待售的条件。不考虑其他因素。

要求：计算 A 公司 2×20 年 12 月 31 日在个别报表与合并报表中与持有待售资产有关的金额。

解析：在个别报表中，根据 CAS2 的相关规定，母公司丧失对子公司控制权的，应当按照成本法转为权益法处理。个别报表应当改按权益法核算。因此，对持有的剩余 50% 股权按照权益法计量的结果为：1 500×50% =750 万元，则个别报表中划分为持有待售资产的金额为 750 万元。

在合并财务报表中，根据 CAS33 的相关规定，对于剩余股权应当按照丧失控制权日的公允价值进行重新计量。剩余 50% 股权重新计量的结果为：2 200×50% =1 100 万元，则合并报表中划分为持有待售资产的金额为 1 100 万元。

二、持有待售的后续计量

持有待售的后续计量如表 14 -9 所示。

表 14－9　　持有待售的后续计量

1. 计量原则	持有待售资产不应计提折旧或摊销【1】
	持有待售的处置组中负债的利息和其他费用（如长期应付款、含有弃置费用的固定资产形成的预计负债）应当继续予以确认【2】
2. 重新计量	企业在资产负债表日，应当重新计量持有待售资产的账面价值，如果发生减值的确认资产减值损失，但是，6 种不适用 CAS42 计量规定的资产按照原会计准则的规定重新计量
	持有待售的处置组，应当首先按照其他准则规定计量处置组中 7 种不适用 CAS42 计量规定的资产和负债的账面价值，计算处置组的总账面价值，再和资产负债表日处置组的公允价值减去出售费用后的净额比较，如果发生减值的，减值金额应当先抵减处置组中商誉的账面价值，再根据处置组中适用 CAS42 计量规定的各项非流动资产账面价值所占比重，按比例抵减其账面价值【3】
3. 减值转回	资产负债表日，持有待售的非流动资产或者处置组公允价值减去出售费用后的净额增加的，应当在原来计提的持有待售资产减值准备金额范围内予以恢复，转回金额计入当期损益（资产减值损失）【4】
	持有待售的处置组的公允价值减去出售费用后的净额增加的，转回金额应当根据处置组中除商誉外适用 CAS42 计量规定的各项非流动资产账面价值所占比重，按比例增加其账面价值。不按照 CAS42 计量的资产和流动资产不参与减值转回的分摊，已抵减的商誉账面价值与划分为持有待售类别前的非流动资产确认的资产减值损失，均不得转回【5】 借：持有待售资产减值准备 　　贷：资产减值损失
4. 持有待售资产转为非持有待售资产	按照划分为持有待售类别前的账面价值，假定不划分为持有待售类别情况下按照原准则规定计量至转回日的账面价值（虚拟账面价值），与转回日的可收回金额，两者孰低计量，（真实的）持有待售账面价值与孰低金额之间的差额计入当期损益（调整资产减值损失）【6】

【释 1】为什么持有待售资产不应计提折旧或摊销？因为第一，持有待售的资产主要通过出售而不是使用收回账面价值，如果资产价值下跌，将通过减值来重新计量，而折旧或摊销反映的是使用过程中发生的价值消耗，反映的是一个价值分配问题。第二，即使持有待售资产在出售前的短暂期间内尚在使用中，也几乎可以忽略不计。第三，如果继续计提折旧或摊销，有可能导致账面价值低于公允价值减去出售费用后的净额，从而不符合资产账面价值应当反映未来能够收回的价值这一基本原则。

【释 2】为什么负债的利息继续确认？因为负债中的利息费用是企业承担的义务，不会由于分类为持有待售类别就不承担义务了。

【释 3】这个减值分摊的方法与 CAS8 是一致的。但是，7 种不按照 CAS42 计量的资产和负债不参与减值的分摊，因为这 7 种资产和负债按照原准则规定计量。

【释 4】为什么持有待售资产的减值允许转回？因为持有待售资产属于流动资

产，价值很快能收回，所以减值允许转回。而非流动资产执行CAS8，所以减值不允许转回。持有待售资产减值转回有可能发生在持有待售合同变更或者卖给其他方，导致销售价格变化，从而导致公允价值减去出售费用后的净额变化。

【释5】持有待售减值转回的原则：分类为持有待售之前的减值转回执行分类前相关的会计准则；分类为持有待售之后的减值只能在分类为持有待售之后计提的减值准备范围内转回。这样与其他准则关于减值转回的逻辑保持一致。

持有待售资产类似于存货，因此，持有待售资产采用类似存货的会计方法进行会计处理，账面价值按照账面金额与公允价值减去出售费用后的余额孰低计量，相当于存货采用成本与可变现净值孰低计量，持有待售期间停止计提折旧，发生的减值可以转回，与存货不提折旧、减值可以转回的方法一样。

【释6】这样处理的结果是，原来划分为持有待售的非流动资产或处置组在重分类后的账面价值，与其从未划分为持有待售类别情况下的账面价值保持一致。

会计筹划：将非流动资产分类为持有待售之后，对企业的影响：

（1）对融资能力产生有利的影响：企业的流动资产增加，非流动资产减少，流动比率增加，流动比率 = 流动资产/流动负债，短期偿债能力增强。

（2）对损益的影响：一是转换时点可能减少损益不会增加损益，二是转换后不提折旧或不摊销会增加损益。因此，要看企业当年是需要增加损益还是需要减少损益，最后决定是转回还是不转回。会计核算是技术，盈余管理是艺术，利润操纵是魔术，最后清算是算术。

【案例14－8】持有待售资产的后续计量。

2×18年7月1日，学天海公司持有一项固定资产，原值3 000万元，累计折旧1 000万元。拟出售并满足持有待售的条件，售价1 900万元，出售费用100万元。预计2×19年3月1日办理转让相关手续。

2×18年12月31日，该固定资产公允价值下降到1 800万元，出售费用还是100万元。

2×19年3月1日，双方按照合同约定办理了转让相关手续并收取了款项。

要求：编制学天海公司上述业务相关的会计分录。

解析：2×18年7月1日，原账面价值为3 000－1 000＝2 000万元，公允价值减去出售费用后的净额为1 900－100＝1 800万元，按照孰低计量：

借：持有待售资产　　20 000 000

　　累计折旧　　10 000 000

　　贷：固定资产　　30 000 000

借：资产减值损失　　（20 000 000－18 000 000）2 000 000

　　贷：持有待售资产减值准备　　2 000 000

2×18年12月31日，账面价值1 800万元，公允价值减去出售费用后的净额为1 800－100＝1 700万元，按照孰低计量：

借：资产减值损失　　（18 000 000－17 000 000）1 000 000

　　贷：持有待售资产减值准备　　1 000 000

2×19年3月1日，出售资产：

借：银行存款　　（19 000 000－1 000 000）18 000 000

　　持有待售资产减值准备　　（转销余额）3 000 000

　　贷：持有待售资产　　（转销余额）20 000 000

　　　　资产处置损益　　（倒挤）1 000 000

【案例14－9】 持有待售的处置组的减值及转回的处理。

经董事会批准，学天海公司2×16年9月20日与非关联方乙公司签订一项不可撤销的销售合同，将下属子公司整体转让给乙公司，当日符合划分为持有待售的条件。

子公司的资产和负债具体情况如表14－10所示。（单位：万元）

表14－10　　子公司的资产和负债具体情况

项目	划分为持有待售前（2×16年9月20日）的账面价值
商誉	500
无形资产	600
固定资产	700
存货	300
应收账款	700
应付账款	－200
合计净资产	2 600

对该子公司按照 CAS8 进行减值测试时，子公司整体被认定为一个资产组，估计其可收回金额为：未来现金流量现值为 2 400 万元，公允价值减去处置费用后的净额为 1 450 万元。

要求（1）：计算 2×16 年 9 月 20 日划分为持有待售类别前的账面价值，并编制相关会计分录。

解析：按照 CAS8 的规定，资产组的可收回金额为 2 400 万元，低于账面价值 2 600 万元，因此，划分为持有待售类别前的账面价值为 2 400 万元。分析如表 14－11 所示。

表 14－11　　　　资产组账面价值及减值分析

2×16 年 9 月 20 日	按 CAS8 调整前的账面价值	按 CAS8 确认的减值	按 CAS8 调减后的账面价值
商誉	500	－200	300
无形资产	600		600
固定资产	700		700
存货	300		300
应收账款	700		700
应付账款	－200		－200
合计净资产	2 600	－200	2 400

借：资产减值损失　　　　2 000 000

　　贷：商誉　　　　2 000 000

要求（2）：计算 2×16 年 9 月 20 日划分为持有待售类别时无形资产和固定资产的账面价值，并编制相关会计分录。

解析：由于划分为持有待售时，处置组的账面价值为 2 400 万元，高于公允价值减去处置费用后的净额 1 450 万元，因此，应当确认 2 400－1 450＝950 万元持有待售资产减值损失，先冲减商誉账面价值 300 万元，剩余 950－300＝650 万元分配给按照 CAS42 规定计量的无形资产与固定资产。

无形资产分配 650×600÷(600＋700)＝300（万元）

固定资产分配 650×700÷(600＋700)＝350（万元）

分析如表 14－12 所示。

表 14－12　　划分为持有待售类别时无形资产和固定资产的账面价值分析

2×16 年 9 月 20 日	按 CAS8 调减后的账面价值	按 CAS42 分配的减值	按 CAS42 分配减值后的账面价值
商誉	300	－300	0
无形资产	600	－300	300
固定资产	700	－350	350
存货	300		300
应收账款	700		700
应付账款	－200		－200
合计净资产	2 400	－950	1 450

因此，划分为持有待售类别时：

无形资产的账面价值为 600－300＝300（万元）

固定资产的账面价值为 700－350＝350（万元）

借：持有待售资产　　（倒挤）26 000 000
　　贷：商誉　　3 000 000
　　　　无形资产　　6 000 000
　　　　固定资产　　7 000 000
　　　　存货　　3 000 000
　　　　应收账款　　7 000 000

借：应付账款　　2 000 000
　　贷：持有待售负债　　2 000 000

借：资产减值损失　　9 500 000
　　贷：持有待售资产减值准备——商誉　　3 000 000
　　　　　　　　　　　　　　——无形资产　　3 000 000
　　　　　　　　　　　　　　——固定资产　　3 500 000

（3）如果 2×16 年 12 月 31 日，处置组的公允价值减去出售费用后的净额回升至 2 500 万元。由于应收账款已经收回 500 万元，应付账款已经支付 100 万元，学天海公司根据相关准则对处置组中不适用 CAS42 计量规定的资产、负债进行重新计量，导致处置组中的资产、负债的账面价值如表 14－13 所示。

表 14－13　　处置组中的资产、负债的账面价值

项目	2×16 年 12 月 31 日的账面价值
商誉	0
无形资产	300
固定资产	350
存货	300
应收账款	200
应付账款	－100
合计净资产	1 050

要求：编制相关资产减值转回的分录。

解析：2×16 年 12 月 31 日，处置组的账面价值为 1 050 万元，公允价值减去出售费用后的净额为 2 500 万元，应当转回减值 2 500－1 050＝1 450 万元。但是，只有划分为持有待售类别之后的无形资产与固定资产的减值才能转回，而划分为持有待售类别之前的减值、商誉的减值均不得转回。

无形资产减值转回分配 650×600÷(600＋700)＝300（万元）

固定资产减值转回分配 650×700÷(600＋700)＝350（万元）

分析如表 14－14 所示。

表 14－14　　相关资产减值转回的分析

2×16 年 12 月 31 日	减值转回前的账面价值	按 CAS42 允许转回的减值	按 CAS42 转回减值后的账面价值
商誉	0	0	0
无形资产	300	300	600
固定资产	350	350	700
存货	300		300
应收账款	200		200
应付账款	－100		－100
合计净资产	1 050	650	1 700

借：持有待售资产减值准备——无形资产　　3 000 000

　　　　　　　　　　　　——固定资产　　3 500 000

　贷：资产减值损失　　　　　　　　　　　6 500 000

（4）如果2×16年12月31日，处置组的公允价值减去出售费用后的净额回升至1 310万元。其他条件同资料（3）。

要求： 编制相关资产减值转回的分录。

解析： 2×16年12月31日，处置组的账面价值为1 050万元，公允价值减去出售费用后的净额为1 310万元，应当转回减值1 310 − 1 050 = 260万元。但是，只有划分为持有待售类别之后的无形资产与固定资产的减值才能转回，而划分为持有待售类别之前的减值、商誉的减值均不得转回。

无形资产减值转回分配260 × 600 ÷ (600 + 700) = 120（万元）

固定资产减值转回分配260 × 700 ÷ (600 + 700) = 140（万元）

分析如表14 − 15所示。

表14 − 15　　相关资产减值转回的分析

2×16年12月31日	减值转回前的账面价值	按CAS42允许转回的减值	按CAS42转回减值后的账面价值
商誉	0	0	0
无形资产	300	120	420
固定资产	350	140	490
存货	300		300
应收账款	200		200
应付账款	− 100		− 100
合计净资产	1 050	260	1 310

借：持有待售资产减值准备——无形资产　　1 200 000
　　　　　　　　　　　——固定资产　　1 400 000
　贷：资产减值损失　　2 600 000

【案例14 − 10】 持有待售转为非持有待售的处理。

2×11年12月10日，学天海公司购入一台无须安装的办公设备，原价64万元，预计使用10年，净残值为4万元，采用年限平均法按月计提折旧。

2×13年12月10日，学天海公司决定处置该设备，并与非关联方A企业签订一份不可撤销的转让协议，约定于2×14年10月31日按43万元转让该设备，预计将发生清理费3万元。此前，该设备未发生减值。

2×14 年6 月30 日，该设备发生减值迹象，公允价值为38 万元，预计清理费 2 万元。

2×14 年9 月20 日，学天海公司启动一个新项目，决定重新启用该设备，并与 A 企业达成和解协议，当天该设备可收回金额为35 万元。假设减值后不改变其经济利益实现方式（折旧年限和折旧方法不变，但原净残值为零）。

要求：（1）编制学天海公司2×13 年12 月10 日与该设备相关的会计分录。

（2）编制学天海公司2×14 年6 月30 日与该设备相关的会计分录。

（3）编制学天海公司2×14 年9 月20 日与该设备相关的会计分录。

解析：（1）2×13 年12 月10 日转为持有待售资产：账面价值 =64 –（64 –4）÷10 ×2 =52 万元；公允价值减去出售费用后的净额 =43 –3 =40 万元，按照孰低计量，2×14 年1 月后不再计提折旧。

借：持有待售资产		520 000
累计折旧		120 000
贷：固定资产		640 000
借：资产减值损失		120 000
贷：持有待售资产减值准备	（520 000 –400 000）	120 000

（2）2×14 年6 月30 日，持有待售资产公允价值减去出售费用后的净额 =38 –2 =36 万元：

借：资产减值损失		40 000
贷：持有待售资产减值准备	（400 000 –360 000）	40 000

（3）2×14 年9 月20 日持有待售资产转为非持有待售资产，按照划分为持有待售类别前的账面价值，假定不划分为持有待售类别情况下按照原准则规定计量至转回日的账面价值，与转回日的可收回金额，两者孰低计量。

借：固定资产	（倒挤）	360 000
持有待售资产减值准备	（转销余额）	160 000
贷：持有待售资产	（转销余额）	520 000

假设没有划分为持有待售资产，按照原固定资产准则计量的账面价值为：2×14 年6 月30 日账面价值为64 –（64 –4）÷120 ×30 =49 万元，计提减值准备为49 – 可收回金额36 =13 万元，减值后月折旧额为36 ÷90（7 年半）=0.4（万

元），2×14 年 9 月 20 日账面价值 = 36 − 3 ×0.4 = 34.8（万元）；

可收回金额为 35 万元；

借：资产减值损失　　　　　　　　（360 000 − 较低者 348 000）12 000

　　贷：固定资产减值准备　　　　　　　　　　　　　　　　　12 000

【案例 14 − 11 · 单选题】2×19 年 10 月 12 日，学天海公司董事会作出决议，决定从 B 公司购入一项大型工程设备甲，并计划将其转售给另一客户 C 公司，该项工程设备已被使用 3 年，预计尚可使用 10 年。2×19 年 10 月 20 日，学天海公司实际购入该项甲工程设备。同时，学天海公司与 C 公司就转售该项甲工程设备而开展的相关谈判已取得实质性进展，预计双方很可能在 1 个月内签订不可撤销的设备转售合同，并将在 1 年内将该设备转售给 C 公司。不考虑其他因素，下列学天海公司的会计处理说法中正确的是（　　）。

A. 应将取得的甲工程设备确认为库存商品

B. 应从 2×19 年 11 月开始对甲工程设备计提折旧

C. 应在 2×19 年 10 月 20 日将甲工程设备确认为持有待售资产

D. 应在购入甲工程设备时先将其确认为固定资产，然后在与 C 公司签订不可撤销合同时将其转入持有待售资产

答案：C

解析：选项 C，属于专为转售而取得的资产，应当在取得日将其划分为持有待售类别。

第四节　列　　报

主体应列示和披露使财务报表使用者能够评价终止经营和处置非流动资产（或处置组）的财务影响的信息。

一、持有待售的列报

持有待售的列示与披露如表 14 − 16 所示。

表 14－16　持有待售的列示与披露

1. 分别列报	持有待售资产项目和持有待售负债项目应当单独列报，分别作为流动资产和流动负债列示，不应当相互抵销【1】
2. 比较报表	对于当期首次满足持有待售类别划分条件的非流动资产或处置组，不应当调整可比会计期间资产负债表【2】
3. 披露	（1）持有待售的非流动资产或处置组的出售费用和主要类别，以及每个类别的账面价值和公允价值
	（2）持有待售的非流动资产或处置组的出售原因、方式和时间安排
	（3）列报持有待售的非流动资产或处置组的分部
	（4）持有待售的非流动资产或持有待售的处置组中的资产确认的减值损失及其转回金额
	（5）与持有待售的非流动资产或处置组有关的其他综合收益累计金额
	（6）非流动资产或处置组在资产负债表日后期间满足持有待售类别划分条件的，应当作为资产负债表日后非调整事项进行会计处理，并按照本条（1）至（3）的规定进行披露
	（7）企业专为转售而取得的持有待售的子公司，应当按照本条（2）至（5）的规定进行披露，并披露归属于母公司所有者的持续经营损益和终止经营损益

【释1】持有待售的列报格式如表 14－17 所示。

表 14－17　资产负债表　会企 01 表

编制单位：　年　月　日　单位：元

资产	期末余额	上年年末余额	负债和所有者权益（或股东权益）	期末余额	上年年末余额
流动资产：			流动负债：		
……			……		
持有待售资产			持有待售负债		
……			……		
非流动资产：			非流动负债：		
……			……		
资产总计			负债和股东权益总计		

【释2】因为可变期间不符合持有待售的分类条件。

二、终止经营的列报

终止经营的列示与披露如表 14－18 所示。

表 14－18　　终止经营的列示与披露

1. 分别列报	在利润表中分别列示“持续经营损益”和“终止经营损益”【1】
2. 终止经营的披露	(1) 终止经营的收入、费用、利润总额、所得税费用（收益）和净利润
	(2) 终止经营的资产或处置组确认的减值损失及其转回金额
	(3) 终止经营的处置损益总额、所得税费用（收益）和处置净损益
	(4) 终止经营的经营活动、投资活动和筹资活动现金流量净额
	(5) 归属于母公司所有者的持续经营损益和终止经营损益
3. 比较报表	应当调整可比期间的利润表，将原来作为持续经营损益列报的信息重新作为可比会计期间的终止经营损益列报，并按照第 2 条中的（1）、（2）、（4）、（5）的规定披露可比会计期间的信息
4. 终止经营损益	(1) 列报的终止经营损益应当包含整个报告期间，而不仅仅包含认定为终止经营后的报告期间
	(2) 终止经营的减值损失和转回金额等经营损益及处置损益，包括终止经营业务相关的销售商品、提供服务的收入、相关成本和费用等，应当作为终止经营损益列报
	(3) 拟结束使用而非出售的处置组满足终止经营定义的，应当自停止使用之日起作为终止经营列报【2】
	(4) 符合终止经营定义的专为转售而取得的持有待售的子公司的净利润，应当作为终止经营损益列报
	(5) 企业因出售对子公司的投资等原因导致其丧失对子公司控制权，且该子公司符合终止经营定义的，应当在合并利润表中列报相关终止经营损益，并按照第 2 条中的（1）至（5）的规定进行披露
	(6) 企业应当在利润表中将终止经营处置损益的调整金额作为终止经营损益列报，并在附注中披露调整的性质和金额。可能引起调整的情形包括： ①最终确定处置条款，如与买方商定交易价格调整额和补偿金 ②消除与处置相关的不确定因素，如确定卖方保留的环保义务或产品质量保证义务 ③履行与处置相关的职工薪酬支付义务【3】

续表

5. 持续经营损益	(1) 不符合终止经营定义的持有待售的非流动资产或处置组，其减值损失和转回金额及处置损益应当作为持续经营损益列报。如果符合终止经营定义的，则前述损益应当作为终止经营损益列报
	(2) 终止经营不再满足持有待售类别划分条件的，企业应当在当期财务报表中，将原来作为终止经营损益列报的信息重新作为可比会计期间的持续经营损益列报，并在附注中说明这一事实
	(3) 非流动资产或处置组不再继续划分为持有待售类别或非流动资产从持有待售的处置组中移除的，企业应当在当期利润表中将非流动资产或处置组的账面价值调整金额作为持续经营损益列报
	(4) 企业的子公司、共同经营、合营企业、联营企业以及部分对合营企业或联营企业的投资不再继续划分为持有待售类别或从持有待售的处置组中移除的，企业应当在当期财务报表中相应调整各个划分为持有待售类别后可比会计期间的比较数据。 企业应当在附注中披露下列信息： ①企业改变非流动资产或处置组出售计划的原因 ②可比会计期间财务报表中受影响的项目名称和影响金额

【释1】为什么要分别列示“持续经营损益”和“终止经营损益”？根据有关研究文献表明，报表使用者更关注的是持续经营损益，因此，实务中有些企业将终止经营的损益转移到持续经营损益中，从而虚增持续经营业务的盈利能力，进行财务分析时需要关注。

持有待售的列报格式如表 14－19 所示。

表 14－19 **利润表** 会企 02 表

编制单位： 年 月 单位：元

项目	本期金额	上期金额
一、营业收入		
……		
四、净利润（净亏损以“－”号填列）		
（一）持续经营净利润（净亏损以“－”号填列）		
（二）终止经营净利润（净亏损以“－”号填列）		
……		

【释2】拟结束使用的资产组不符合持有待售的分类条件，但是，有可能符合终止经营条件。

【释3】这些调整情形主要是以前期间已经在财务报表中按照终止经营披露，但是本期又发生了上述调整情形，因此，需要在终止经营中单独分类披露。

【案例14－12·多选题】下列各项关于终止经营列报的表述中，错误的有（　　）。

A. 终止经营的经营损益作为持续经营损益列报

B. 终止经营的处置损益以及调整金额作为终止经营损益列报

C. 拟结束使用而非出售的处置组满足终止经营定义中有关组成部分条件的，自停止使用日起作为终止经营列报

D. 对于当期列报的终止经营，在当期财务报表中将处置日前原来作为持续经营损益列报的信息重新作为终止经营损益列报，但不调整可比会计期间利润表

答案：AD

解析：选项A，应当作为终止经营损益列报；选项D，应当调整可比会计期间利润表。

【案例14－13】终止经营的判断及处理。

学天海公司是一家经营日用品超市业务的境内上市公司，在全国拥有500多家超市（为非法人分支机构），其中在乙省拥有超市80家，2×17年11月20日，学天海公司董事会决定将其位于乙省某小镇的丙超市予以出售。相关资料如下：

（1）2×17年12月25日，学天海公司与丁公司签订转让丙超市的协议，协议规定转让价格为500万元；转让时间点为2×18年2月10日，转让日丙超市所有资产负债均由丁公司承接；如果任何一方违约，违约一方需按照转让价格的20%支付另一方违约金。该协议满足《合同法》规定的所有要件。学天海公司、丁公司的管理层已经批准该协议。

（2）2×17年12月31日，丙超市停止营业。当日，丙超市的资产总额为800万元，负债总额为350万元（其中，应付2×17年度超市房屋租赁费50万元，将于2×18年1月10日支付）。学天海公司预计因出售丙超市需支付的相关税费为60万元。

（3）2×18年2月10日，丙超市的资产总额为750万元（其中，银行存款

300万元，库存商品360万元，应收账款90万元)，负债总额为300万元（全部为应付账款)。学天海公司与丁公司办理了丙超市相关资产和负债的交接手续。当日，丁公司向学天海公司支付转让价款500万元，学天海公司已存收银行。

(4) 学天海公司和丁公司不存在关联方关系，学天海公司2×17年年度财务报表于2×18年3月15日对外提供，除上述所给资料外，不考虑其他因素。

要求：(1) 判断学天海公司出售的丙超市是否构成终止经营，并说明理由。

(2) 判断学天海公司出售丙超市的交易在2×17年对外提供的财务报表中应当作为资产负债表日后调整事项处理还是作为非调整事项处理，并说明理由。

(3) 说明拟出售丙超市的资产及负债在学天海公司2×17年年末资产负债表中应列表的项目名称及金额，计算拟出售丙超市的交易对学天海公司2×17年年度利润表的影响金额。

解析：(1) 不构成终止经营。理由：丙超市是一个处置组，符合持有待售类别的划分条件，但相对于学天海公司在全国以及乙省经营的规模来说，该超市不能代表一项独立的主要业务或一个独立的主要经营地区，也不构成拟对一项独立的主要业务或一个独立的主要经营地区进行处置的一项相关联计划的一部分，因此该处置组并不构成企业的终止经营。

(2) 属于日后非调整事项。理由：因为在2×17年12月31日丙超市已经符合持有待售分类条件，日后期间对持有待售的处置组进行出售属于正常业务，不属于对资产负债表日已经存在的情况提供了新的或进一步证据的事项。

(3) 该处置组的账面价值为800－350＝450万元，公允价值减去出售费用后的净额为500－60＝440万元，因此应计提减值准备450－440＝10万元，计提减值准备后的资产总额为800－10＝790万元；拟出售丙超市的资产在学天海公司2×17年年末资产负债表中应列表的项目为“持有待售资产”，列示金额为790万元。

拟出售丙超市的负债在学天海公司2×17年末资产负债表中应列表的项目为“持有待售负债”，列示金额350万元。

拟出售丙超市的交易对学天海公司2×17年度利润表的影响金额为－10万元。

【案例14－14】持有待售的会计处理。

学天海公司拥有一个销售门店，2×17年6月15日，该门店的部分科目余额表如表14－20所示。当日，学天海公司与企业B签订转让协议，将该门店整体转让，转让初定价格为1 900 000元。转让协议同时约定，对于门店2×17年6月10日购买的一项作为其他债权投资核算的债券投资，其转让价格以转让完成当日市场报价为准。假设该门店满足划分为持有待售类别的条件，但不符合终止经营的定义。

表14－20　　2×17年6月15日门店部分科目余额表

（考虑持有待售会计前）

单位：元

科目名称	借方余额	贷方余额
现金	310 000	
应收款项	260 000	
库存商品	300 000	
存货跌价准备		100 000
其他债权投资	380 000	
固定资产	1 100 000	
累计折旧		30 000
固定资产减值准备		15 000
无形资产	950 000	
累计摊销		14 000
无形资产减值准备		5 000
商誉	200 000	
应付账款		310 000
应付职工薪酬		560 000
预计负债		250 000

至2×17年6月15日，固定资产还应当计提折旧5 000元，无形资产还应当计提摊销1 000元，固定资产和无形资产均用于管理用途。

2×17年6月15日，其他债权投资公允价值降至360 000元，固定资产可收回金额降至1 020 000元。当日，该门店的公允价值为1 900 000元，学天海公司预计为转让门店还需支付律师和注册会计师专业咨询费共计70 000元。不考虑税费及其他因素。

2×17年6月30日，该门店尚未完成转让，学天海公司作为其他债权投资核算的债券投资市场报价上升至370 000元，假设其他资产价值没有变化。企业B在对门店进行检查时发现一些资产轻微破损，学天海公司同意修理，预计修理费用为5 000元，学天海公司还将律师和注册会计师咨询费预计金额调整至40 000元。当日，门店处置组整体的公允价值为1 910 000元。

2×17年9月19日，该门店完成转让，学天海公司以银行存款分别支付维修费用5 000元和律师、注册会计师专业咨询费37 000元。当日学天海公司作为其他债权投资核算的债券投资市场报价为374 000元，企业B以银行存款支付所有转让价款为1 914 000元。

要求：（1）编制学天海公司2×17年6月15日有关的会计分录。

（2）编制学天海公司2×17年6月30日有关的会计分录。

（3）说明该门店在学天海公司2×17年6月30日资产负债表中应当列报的项目名称及金额。

（4）编制学天海公司2×17年9月19日有关的会计分录。

（5）计算学天海公司转让该门店累计实现的损益金额。

解析：（1）2×17年6月15日，将该处置组划分为持有待售类别前，应当按照适用的其他会计准则计量各项资产和负债的账面价值。

借：管理费用　　6 000

　　贷：累计折旧　　5 000

　　　　累计摊销　　1 000

借：其他综合收益　　20 000

　　贷：其他债权投资　　（380 000－360 000）20 000

借：资产减值损失

　　（1 100 000－30 000－15 000－5 000－1 020 000）30 000

　　贷：固定资产减值准备　　30 000

2×17年6月15日转为持有待售时：

借：持有待售资产　　（倒挤）3 280 000

　　存货跌价准备　　（转销余额）100 000

　　固定资产减值准备　　（转销余额）45 000

　　累计折旧　　（转销余额）35 000

累计摊销（转销余额）15 000

无形资产减值准备（转销余额）5 000

贷：现金（转销余额）310 000

应收账款（转销余额）260 000

库存商品（转销余额）300 000

其他债权投资（转销余额）360 000

固定资产（转销余额）1 100 000

无形资产（转销余额）950 000

商誉（转销余额）200 000

借：应付账款 310 000

应付职工薪酬 560 000

预计负债 250 000

贷：持有待售负债 1 120 000

比较持有待售的处置组的账面价值和公允价值减去出售费用后的净额，按照孰低计量。持有待售处置组的账面价值为 3 280 000 - 1 120 000 = 2 160 000 元，高于公允价值减去出售费用后的净额 1 900 000 - 70 000 = 1 830 000 元，应当以 1 830 000 元计量处置组，并计提持有待售资产减值准备 2 160 000 - 1 830 000 = 330 000 元，计入当期损益。

持有待售资产的减值损失应当先抵减处置组中商誉的账面价值 200 000 元，剩余金额 130 000 元，再根据固定资产、无形资产账面价值所占比重，按比例抵减其账面价值，其他不适用 CAS42 计量的资产不参与分摊。

固定资产分摊减值前账面价值为 1 020 000 元（即可收回金额），无形资产分摊减值前账面价值为 950 000 - 15 000 - 5 000 = 930 000 元，所以，固定资产分摊减值 130 000 × 1 020 000 ÷ (1 020 000 + 930 000) = 68 000 元，无形资产分摊减值 130 000 × 930 000 ÷ (1 020 000 + 930 000) = 62 000 元。

借：资产减值损失 330 000

贷：持有待售资产减值准备——商誉 200 000

——固定资产 68 000

——无形资产 62 000

（2）2×17年6月30日其他债权投资价值上升：

借：持有待售资产——其他债权投资　　10 000

　　贷：其他综合收益　　（370 000－360 000）10 000

当日持有待售处置组的账面价值为1 830 000＋10 000＝1 840 000元，低于高于公允价值减去出售费用后的净额1 910 000－45 000＝1 865 000元，1 865 000－1 840 000＝25 000元应当在原来计提减值130 000元的范围内转回，只有原分摊减值的固定资产和无形资产可以转回。固定资产转回25 000×1 020 000÷（1 020 000＋930 000）＝13 077元，无形资产转回25 000×930 000÷（1 020 000＋930 000）＝11 923元；

借：持有待售资产减值准备——固定资产　　13 077

　　——无形资产　　11 923

　　贷：资产减值损失　　25 000

（3）2×17年6月30日资产负债表中，持有待售资产账面价值＝转入持有待售价值3 280 000－持有待售减值准备330 000＋其他债权投资公允价值上升10 000＋持有待售减值转回25 000＝2 985 000元，因此，在持有待售资产项目列报2 985 000元，持有待售负债项目列报金额为1 120 000元。

（4）2×17年9月19日支付维修费及咨询费：

借：资产处置损益　　42 000

　　贷：银行存款　　（5 000＋37 000）42 000

借：银行存款　　1 914 000

　　持有待售资产减值准备　　（转销余额）305 000

　　持有待售负债　　（转销余额）1 120 000

　　贷：持有待售资产　　（转销余额）3 290 000

　　　　其他综合收益　　（转销余额）10 000

　　　　资产处置损益　　（倒挤）39 000

（5）累计损益＝管理费用0－6 000－固定资产减值30 000－持有待售减值330 000＋持有待售减值转回25 000－处置费用42 000＋处置损益39 000

＝售价1 914 000－处置费用42 000－考虑持有待售会计前的账面价值2 216 000

＝－344 000元。

主要参考文献

［1］财政部会计准则委员会网站：http：//www. casc. org. cn

［2］财政部会计司编写组．企业会计准则讲解［M］．北京：人民出版社，2010.

［3］财政部会计司编写组．企业会计准则应用指南［M］．北京：中国财政经济出版社，2020.

［4］财政部会计司．关于修订印发 2019 年度一般企业财务报表格式的通知．2019.

［5］IASB. IFRS Standards Issued at 1 January 2021［M］．IFRS Foundation，2021.

［6］国际会计准则理事会网站：http：//www. ifrs. org

［7］汪祥耀，邓川，等．国际会计准则与国际财务报告准则研究与比较（第二版）［M］．上海：立信会计出版社，2017.

［8］汪祥耀，邵毅平．美国会计准则研究［M］．上海：立信会计出版社，2010.

［9］汪祥耀，等．英国会计准则研究与比较［M］．上海：立信会计出版社，2012.

［10］本哈德·裴仁斯，等．国际财务报告准则阐释与应用（第三版）［M］．上海：上海财经大学出版社，2019.

［11］澳大利亚公共会计师协会．国际财务报告准则解读与案例［M］．北京：中国财政经济出版社，2020.

［12］周红，等．国际会计准则（第三版）［M］．大连：东北财经大学出版社，2018.

［13］葛家澍，林志军．现代西方会计理论（第三版）［M］．厦门：厦门大学出版社，2019.

[14] 证监会会计部．上市公司执行企业会计准则案例解析［M］．北京：中国财政经济出版社，2020.

[15] 上海证券交易所网站：http：//www. sse. com. cn

[16] 深圳证券交易所网站：http：//www. szse. cn

[17] 证监会网站：http：//www. csrc. gov. cn

[18] 国家税务总局网站：http：//www. chinatax. gov. cn

[19] 美国财务会计准则委员会网站：http：//www. fasb. org

[20] 英国会计准则委员会网站：http：//www. frc. org. uk

[21] IASB. 财务报告概念框架［M］．中国会计准则委员会，译．北京：中国财政经济出版社，2019.

[22] IASB. 国际财务报告准则［M］．中国会计准则委员会，译．北京：中国财政经济出版社，2015.

[23] 常勋．财务会计四大难题［M］．上海：立信会计出版社，2008.